B1-I 44,- / 6 / 94

DON BOSCO
VERLAG

Norbert Schuster

GEMEINDELEITUNG UND PFARRGEMEINDERAT

Theorie und Praxis

Don Bosco Verlag

Die Deutsche Bibliothek – CIP-Einheitsaufnahme

Schuster, Norbert:
Gemeindeleitung und Pfarrgemeinderat : Theorie und Praxis /
Norbert Schuster. - 1. Aufl. - München : Don-Bosco-Verl., 1994
    Zugl.: Freiburg (Breisgau), Univ., Diss., 1992
    ISBN 3-7698-0735-9

D 25

1. Auflage 1994 / ISBN 3-7698-0735-9
© by Don Bosco Verlag, München
Gesamtherstellung: Salesianer Druck, Ensdorf

Vorwort

Wer als Vorsitzender eines Pfarrgemeinderates das Gefühl hat, es könnte mehr dabei herauskommen, wer als Pfarrer den Wunsch hat, die unzähligen Sitzungen und Abendtermine sollten sich lohnen, wer immer wieder - wie ich - mehr oder weniger vergeblich in die (Motten-)Kiste der "Tips und Tricks" gegriffen hat, um die Arbeit des PGR effektiver zu "machen", den stelle ich mir als Leser dieses Buches vor.

Zwei Jahre sind vergangen seit der Fertigstellung des Manuskriptes. Vieles von dem, was hier beschrieben wurde, ist weitergegangen. Trotz mehr als 400 Seiten ist das hier Geschriebene nur Zwischenbilanz. Wenn dieses Buch aber dazu dient, andere anzuregen, Praxis und Theorie ihres Pfarrgemeinderates weiterzuentwickeln, hat es seinen Zweck erfüllt.

Am 21. Mai 1992 hat die Theologische Fakultät der Albert-Ludwigs-Universität Freiburg im Breisgau diese Arbeit als Inaugural-Dissertation angenommen. Mein Dank gilt Professor Dr. Josef Müller. Er hat diese Arbeit ermöglicht, indem er mich mit viel Geduld in den zurückliegenden Jahren bestärkte, nicht trotz, sondern gerade wegen meiner Aufgaben als Pfarrer (von zunächst einer, dann drei, jetzt vier Gemeinden) am Anspruch wissenschaftlich verantworteten Tuns festzuhalten. Prof. Dr. Norbert Glatzel, dem Zweitgutachter, danke ich für seine sorgfältige, freundschaftliche Unterstützung.

Das Thema "Pfarrgemeinderat" fand Mitdenker, gleichermaßen in den Gemeinden wie an der Universität. Stellvertretend für all jene, die dieses Projekt aus dem Blickwinkel der Gemeinde begleiteten, danke ich Werner Schwier aus Hecklingen. Für jene, die mit kritischer Distanz von außen beobachteten, seien Albrecht Stolz und Martin Wichmann genannt.

Beim Korrekturlesen haben mir neben anderen Ingrid Sies und in bewundernswertem Einsatz Heidrun Voll geholfen. Martin Wichmann besorgte das Layout. Das Erzbischöfliche Ordinariat Freiburg gewährte einen großzügigen Zuschuß zu den Druckkosten.

Ich möchte dieses Buch dem Andenken dessen widmen, der mich als Priester wie kein anderer geprägt hat, dem 1991 verstorbenen langjährigen Pfarrer von Maria Hilf und Rektor des Erzbischöflichen Seelsorgeamtes in Freiburg, Hermann Klein.

Kenzingen, im Dezember 1993

Norbert Schuster

Einleitung
Das Anliegen der Arbeit

1. Das persönliche Interesse an diesem Thema

Die Beziehung zwischen Laien und Klerus, ihre Gestaltung und Aus-
formung, ist ein Indiz dafür, wie "Kirche auf die gegenwärtigen und
zukünftigen Herausforderungen aufgrund der veränderten soziokulturellen Lage einzugehen gedenkt"[1]. Gerade die Leitung einer
Pfarrgemeinde, bei der Pfarrer und ehrenamtliche Mitarbeiter und
Mitarbeiterinnen der Gemeinde alltäglich aufeinander verwiesen sind,
ist wohl die deutlichste Konkretion dieses Verhältnisses von Laien
und Klerus innerhalb der Kirche. Hier entscheidet sich die Frage mit,
ob die Gemeinden Gegenwart und Zukunft haben, ob sie sich
veränderten Situationen gewachsen zeigen, ob sie immer wieder zu
ihrer Identität finden. Gleichzeitig entscheidet sich die Frage, ob die
einzelnen zueinander ein Verhältnis bestimmen können, das ihrer je
eigenen Berufung ein eindeutiges Profil verleiht.

"Identität" ist das erste große Stichwort, das anzeigt, worum es in
dieser Arbeit gehen soll: Was bedeutet es für den Pfarrer, Vorsteher
der Gemeinde zu sein und diese Leitungsverantwortung mit anderen
zusammen zu tragen? Was heißt es für die Mitarbeiter und Mitarbeiterinnen der Gemeinde, besonders für die Mitglieder des Pfarrgemeinderates, "für alle Aufgaben, die eines gemeinsamen Planens und
Handelns bedürfen"[2], Mitverantwortung zu tragen?

Das persönliche Interesse an dieser Arbeit besteht vor allem darin, die
Rolle des Pfarrers im Prozeß der - mit Mitarbeitern und Mitarbeiterinnen der Gemeinde gemeinsam wahrgenommenen - Leitung zu
klären. Wenn einer allein alles tut, haben andere nie die Möglichkeit,

---

1   METTE, Norbert: Gemeinsam im Dienst einer evangelisierenden Pastoral. In: Paul
     HOFFMANN (Hrsg.): Priesterkirche. Düsseldorf 1987, 230.
2   Gemeinsame Synode der Bistümer in der Bundesrepublik Deutschland. Synodenbeschluß:
     Räte und Verbände, 2.5.

ihr Charisma zu entdecken. Wenn viele alles Mögliche tun müssen, haben sie nie für sich selber die Möglichkeit zu entdecken, was sie eigentlich tun könnten.[3] Beide Wege werden häufig beschritten, beide sind meiner Überzeugung nach falsch.

Wer bin ich als Priester, der vom Bischof mit der Leitung einer (oder mehrerer) Gemeinde(n) betraut ist? Wer bin ich als Laie, Mitglied des Pfarrgemeinderates, der ich "in Fragen, die die Pfarrgemeinde betreffen, beratend und beschließend mitzuwirken"[4] habe? Wie gestalten wir unser Verhältnis zueinander, daß jede und jeder in seiner Aufgabe zu einem klaren Profil kommen kann, daß Leitung sinnvoll - im Sinn des Bewältigens der in der Gemeinde und in ihrem soziokulturellen Umfeld begründeten Herausforderungen - wahrgenommen werden kann und daß möglichst alle Beteiligten darin auch für sich selbst eine persönliche Erfüllung erleben können.

2. Die praktisch-theologische Fragestellung

"Nach euphorischen Erwartungen an die Einrichtung des Pfarrgemeinderats hat sich inzwischen mancherorts Ernüchterung, wenn nicht Resignation, breitgemacht. Nach wie vor verbinden aber Priester und Laien berechtigte Hoffnungen mit diesem Gremium der Mitverantwortung und -leitung."[5] In dieser Spannung, zwischen Entmutigung und dem Versuch, neue Wege zu beschreiten, leben und arbeiten viele in den Gemeinden und im Pfarrgemeinderat.

Nicht zuletzt gab gerade diese Bandbreite an unterschiedlichsten Einschätzungen, die aus der Praxis der Gemeinden über Notwendigkeit, Sinnhaftigkeit und Effizienz des Pfarrgemeinderates geäußert werden, den Anstoß, sich den Fragen zu stellen:

---

3   Vgl. dazu meinen Beitrag: Elemente einer Spiritualität des Leitens. Oder: Auf den
    Pfarrgemeinderat kommt es an. In: Josef MÜLLER u. Norbert SCHUSTER (Hrsg.): Die
    Sorge um die Gemeinden. Waldkirch 1990, 124 - 143.
4   Satzung der Pfarrgemeinderäte im Erzbistum Freiburg vom 20.Oktober 1976, §1 (2).
5   MERZ, Michael B., Josef MÜLLER, Alois SCHWARZ (Hrsg.): Auftrag und Praxis des
    Pfarrgemeinderates. Informationen, Impulse, Perspektiven. 2. Aufl. München 1991, 7.

Hat der Pfarrgemeinderat tatsächlich einen Ort in der Gemeinde gefunden? Welche der Erwartungen, die mit der Einführung dieses Gremiums verbunden waren, haben sich erfüllt?

Zunächst geht es darum, die momentane Situation, die gegenwärtig herrschende Praxis im Sinne einer Bestandsaufnahme des "status quo" möglichst umfänglich in den Blick zu bekommen. Die Erhebung und Analyse des IST-Standes ist Aufgabe praktischer Theologie.[6]

Dabei lassen sich die Überlegungen dieser Arbeit vom "Primat der Praxis" leiten,[7] einer Praxis, die zur Anfrage an die Theorie werden muß. Die Theorie des Pfarrgemeinderates ist in demselben Maß fragwürdig, wie es die Praxis des Pfarrgemeinderates (aus Sicht vieler in der Gemeinde Handelnden schon längst) ist. Einzelne Theorieelemente können nicht "unhinterfragt" - sei es explizit oder implizit - als handlungsorientierend oder -bestimmend gelten. Es gilt vielmehr, sie zu präzisieren und neuerlich mit der konkreten Praxis ins Gespräch zu bringen.

3. Die Konzeption dieser Arbeit

Die Praxis soll zur Frage an die Theorie werden. Dieser Aufgabe dient das erste Kapitel. Die Theorie soll sich in einigen Einzelelementen klären. Dies wird im zweiten Kapitel versucht werden. Theorie und Praxis sollen - miteinander im Dialog - Schritte hin zu einer veränderten Praxis "vor-gehen". Das dritte Kapitel wird hier zu einigen besonders relevanten Punkten konkrete Möglichkeiten anbieten.

Immer wieder berufen sich Handbücher, Praxisanleitungen, Materialhilfen zur Pfarrgemeinderatsarbeit u.ä. in ihren theologischen (Vor-)Überlegungen auf Aussagen des II. Vatikanischen Konzils und

---

6 Vgl. ZERFASS, Rolf: Inhalte der Praktischen Theologie. In: Günter BIEMER u. Albert BIESINGER (Hrsg.): Theologie im Religionsunterricht. München 1976, 99.

7 Vgl. die Überlegungen in METZ, Johann Baptist: Glaube in Geschichte und Gesellschaft. Mainz 1977, 47 f. Hier wird die undialektische Unterordnung der Praxis unter Theorie und Idee abgelehnt, und der Autor macht darauf aufmerksam, wie kritisch das übliche Verständnis von Praxis und Theorie als Folgeverhältnis, bei dem Praxis als Durchführung, Anwendung oder "Konkretion" einer vorgefaßten Theorie gilt, zu bewerten ist.

der Würzburger Synode. In der Tat sind es - und das gilt es in dieser Arbeit auch zu zeigen - theologische, besonders ekklesiologische Grunddaten des II. Vatikanums, die eine ganz zentrale Rolle bei der Frage nach Praxis und Theorie des Pfarrgemeinderates spielen.

"Zukunft aus der Kraft des Konzils", diesen Titel wählt KASPER für seinen Beitrag zur außerordentlichen Bischofssynode 1985.[8] "Zukunft aus der Kraft des Konzils" hätte auch als Überschrift über vielen Überlegungen der Würzburger Synode stehen können. Die Synode selbst erklärt: "Die Impulse des jüngsten Konzils ... verstehen wir deshalb auch als besondere Wege und Weisungen für unsere Kirche in der Bundesrepublik Deutschland."[9]

Trotz aller Schwierigkeiten in der Praxis der Gemeinden und ihrer Leitung, trotz aller Ungeklärtheiten und Fragen: Wer ist wer? Wer spielt welche Rolle, hat wie und wann Verantwortung?[10] ist "die Arbeit des Pfarrgemeinderates seit den Tagen des II. Vatikanischen Konzils aus dem Leben der meisten unserer Gemeinden nicht mehr wegzudenken."[11]

Das II. Vatikanische Konzil und die Gemeinsame Synode der Bistümer in der Bundesrepublik Deutschland stellen "eine Fülle von Aufgaben; wie sie verwirklicht werden sollen und können, das muß vielfach noch geklärt werden"[12]. Dies gilt gewiß auch für die Aufgabe, die Pfarrgemeinde so zu leiten, daß sich darin der Dienst des Priesters an der Leitung und gleichermaßen die Berufung und Verantwortung aller Getauften für die Sendung der Gemeinde entfalten können. Dem Pfarrgemeinderat kommt hier ein großes Gewicht zu.

---

8   Vgl. KASPER, Walter: Zukunft aus der Kraft des Konzils. Freiburg - Basel - Wien 1986.
9   Synodenbeschluß: Unsere Hoffnung, 1.
10   Zu den Rollenunsicherheiten im Pfarrgemeinderat bzw. in der Leitung der Gemeinde und ihren Auswirkungen auf die Pfarrgemeinde vgl. meinen Beitrag: Letztverantwortung. Betrachtung über einen Unbegriff. In: Josef MÜLLER u. Norbert SCHUSTER (Hrsg.): Die Sorge um die Gemeinden. Waldkirch 1990, 65 - 73.
11   LANDESKOMITEE DER KATHOLIKEN IN BAYERN (Hrsg.): Handbuch für den Pfarrgemeinderat. München 1990. Geleitwort des Erzbischofs von München und Freising, Friedrich WETTER.
12   VOLK, Hermann: Ihr seid eine Schöpfung. Nachdenkliches über Kirche, Konzil und Ökumene. Freiburg - Basel - Wien 1987, 64.

Erstes Kapitel
Praxisbeobachtungen - Beobachtungen zur Wirklichkeit des Pfarrgemeinderates

1. Zur Eigenart des methodischen Vorgehens

Beobachtungen zur Praxis in den Pfarrgemeinderäten anzustellen, ist ein erstes Ziel dieser Arbeit. Es handelt sich dabei zunächst um Wahrnehmungen, um das Sichern von einzelnen Erfahrungen, nicht um eine vollständige Situationsanalyse. Bei aller methodischen Notwendigkeit von Hypothesen, die Voraussetzung für jedes Beobachten sind, und der Anwendung von Kategorien, mittels derer das Gesammelte zusammengefaßt und ausgewertet werden soll, geht es darum, die von Pfarrgemeinderäten subjektiv erfahrene Wirklichkeit möglichst authentisch und (noch) ungedeutet zu Wort kommen zu lassen.

Dies setzt voraus, daß der Theologe, der diese Untersuchung anstellt, nicht in den Fehler verfällt, als Theologe zu früh zu werten oder vorschnell zu interpretieren, anstatt die Vorgänge und Zusammenhänge möglichst sachlich darzustellen. Auch darf er Aussagen nicht verfälschen, indem er die Aspekte, die ihm plausibel sind und die er versteht, in seiner Beobachtung überbewertet oder indem er zu rasch abstrahiert.

Deshalb sind, wenn es sich um Erfahrungsberichte aus Pfarrgemeinderäten handelt, nur solche berücksichtigt, die nicht von hauptamtlichen Theologen stammen, die Mitglied in einem Pfarrgemeinderat sind. Für diese Einschränkung habe ich mich auch deswegen entschieden, weil ich die These teile, "daß die Einrichtung des Pfarrgemeinderates von den Hauptamtlichen, besonders aber von offiziellen kirchlichen Stellen insgesamt positiver bewertet wird als von den

Laien (im Sinne ehrenamtlicher Mitarbeiter, die im Pfarrgemeinderat vertreten sind)"[13].

Aus dieser Einschätzung ergibt sich also die Notwendigkeit, um einem authentischen Gesamtbild der Wirklichkeit Pfarrgemeinderat möglichst nahe zu kommen, den Schwerpunkt auf die Dokumentation von Stellungnahmen der "Laienmitglieder" zu legen. Da die in theologischen Fachzeitschriften veröffentlichten Erfahrungsberichte aus der Pfarrgemeinderatsarbeit - soweit in Erfahrung zu bringen war - ausschließlich von Pfarrern oder anderen hauptamtlich in der Seelsorge tätigen Pfarrgemeinderatsmitgliedern stammen, müssen zum Ziel einer Datenerhebung andere Wege beschritten werden.

Teilnehmende Beobachtung:

Der Pfarrgemeinderat spielt eine zentrale Rolle bei der Leitung einer Gemeinde. Von dieser Hypothese ausgehend, beobachtete ich über zwei Jahre hinweg zwei Pfarrgemeinderäte,[14] in denen ich kraft Amtes Mitglied war. Diese spontanen vorwissenschaftlichen Beobachtungen machten mich auf erste Problemstellungen in der Pfarrgemeinderatsarbeit aufmerksam und führten mich zu der Theorie, daß sich Schwierigkeiten bei der Leitung einer Gemeinde im Pfarrgemeinderat widerspiegeln bzw. dort zumindest zum Teil ihre Ursachen haben müssen. Es war somit schon früh möglich, Probleme zu entdecken und zu einer ersten Theoriebildung zu kommen. Im weiteren Vorgehen stellte sich aber gerade dies als schwierig und als Belastung für eine wissenschaftliche Beobachtung heraus, denn der anfängliche Blickwinkel war im weiteren Vorgehen nicht völlig zu verbannen. Wie häufig in dieser Phase unterlief der Fehler, daß das beobachtet wurde, was beobachtet werden wollte, d.h., in der Praxis wurden jene Eigenheiten des Sozialverhaltens beobachtet, die die theoretischen Aussagen stützten.[15]

---

13 SCHAUPP, Klemens: Der Pfarrgemeinderat. Eine qualitative Interview-Analyse zum Thema "Biographie und Institution" (Innsbrucker theologische Studien. Bd. 26.). Innsbruck - Wien 1989, 21.

14 St. Ulrich 7512 Rheinstetten-Mörsch u. St. Ursula 7512 Rheinstetten-Neuburgweier.

15 Vgl. ATTESLANDER, Peter: Methoden der empirischen Sozialforschung. 4. Aufl. Berlin - New York 1975, 140.

Die Beobachtung der ersten beiden Jahre ergab eine Fülle von Informationen, die zunächst aber nicht auswertbar waren. Im Verlauf eines weiteren Jahres hatte ich die Möglichkeit, in einem anderen Pfarrgemeinderat[16] neu mit dem Projekt der "teilnehmenden Beobachtung" zu beginnen. Die Beobachtung sollte nun zweckgerichteter sein, d.h. innerhalb eines theoretischen Bezugsrahmens (Der Pfarrgemeinderat als Organ der Leitung der Pfarrgemeinde) vollzogen werden und einem ganz bestimmten Forschungsinteresse dienen (Wie verhält sich der Pfarrgemeinderat in der Rolle einer gemeindeleitenden Institution?). Das Vorhaben wurde systematisch geplant und die Beobachtungen konsequent aufgezeichnet. Beobachtungseinheiten waren alle Pfarrgemeinderatssitzungen (außer den Ausschußsitzungen, den informellen Zusammenkünften und der Einzelarbeit von Pfarrgemeinderäten außerhalb der Sitzungen). Es wurden Beobachtungskategorien vereinbart und festgelegt sowie die Hilfsmittel, d.h. das Verfahren zur Aufzeichnung der Beobachtungen. Da auf der einen Seite ein möglichst authentisches Gesamtbild der Situation erwünscht war, diese Situation aber nicht durch den Einsatz von Video- oder Tonbandaufnahmen beeinflußt werden sollte, wurde von den Sitzungen ein Wortprotokoll mittels Stenogramm erstellt. Dies ermöglichte - bei aller sonstigen Unzulänglichkeit - vor allem folgendes: Alle Wortmeldungen und Einwürfe einzelner sind in der richtigen Reihenfolge festgehalten, zusammen mit zumindest einigen Stichworten über den Inhalt des Beitrags. Von festgelegten bzw. ausgewählten Einzelsituationen wurde ein ausführliches Wortprotokoll angefertigt. (Später wird öfters aus diesen Wortprotokollen zitiert werden. Diese Stimmen sind mit dem Zusatz "(WP)" gekennzeichnet und anonymisiert.[17]) Durch Hinzuziehung eines weiteren Beobachters, der im Gegensatz zu mir am Pfarrgemeinderatsgeschehen nicht partizipierte, war über den gesamten Zeitraum sowohl die aktiv-teilnehmende als auch die passiv-teilnehmende Beobachtung möglich. Selbstverständlich handelte es

---

16 St. Bernhard 7530 Pforzheim.
17 Die Wiedergabe der authentischen Wortbeiträge muß in dieser anonymisierten Form erfolgen. Es handelt sich dabei um Beiträge aus zum Teil nichtöffentlichen Sitzungen eines PGR.

sich um eine offene Beobachtung,[18] denn eine verdeckte Beobachtung scheint mir in einer solch kleinen Gruppe nicht durchführbar und darüber hinaus nicht sinnvoll zu sein.

Befragung:

Im Verlauf der Arbeit stellte es sich bisweilen als sinnvoll heraus, einigen in den Wortprotokollen festgehaltenen Äußerungen nochmals "qualitativ" nachzufragen. Hierzu wurde die von SCHAUPP entwikkelte Methode des narrativen Interviews als Datenerhebungsinstrument[19] angewandt. (Ausschnitte aus diesen Gesprächen werden im folgenden mit dem Zusatz "(QN)" gekennzeichnet.)

Dokumentenanalyse:

Dieser Arbeit liegt eine ganze Reihe von Aufzeichnungen zugrunde. Neben den mir selbst zugänglichen Protokollen aus sieben Pfarrgemeinderäten wurden mir von einzelnen Diözesanräten weitere Protokolle von Pfarrgemeinderatssitzungen zur Verfügung gestellt. (Wo im folgenden aus diesen Protokollen zitiert wird, ist dies immer mit dem Zusatz "(PP)" gekennzeichnet.)

Der Wert der Protokolle als Aufzeichnungen "liegt in ihrem hohen Maß an Zuverlässigkeit. Ein Mangel hingegen ... besteht darin, daß nicht gut überprüft werden kann, was geschehen ist und nicht aufgezeichnet wurde. Aufzeichnungen ersetzen deswegen teilnehmende Beobachtung nicht."[20] Aufzeichnungen ersetzen aber auch nicht Berichte, also Dokumente, die eine Situation oder ein Ereignis erst nachträglich festhalten. Denn dies bringt immer die Gefahr mit sich, daß verzerrt und verfälscht wird, daß Fakten und individuelle Bewertungen kaum voneinander zu trennen sind. Nimmt man die veröffentlichten Stellungnahmen und Erfahrungsberichte aus Pfarrgemeinderäten, sind diese im Sinne empirischer Sozialforschung als persön-

---

18 Etwa im Sinne von ATTESLANDER: "Die beobachteten Personen kennen mindestens den Zweck der Anwesenheit des Forschers, ohne daß sie im übrigen genau zu erfahren brauchen, welche Ziele mit dieser Beobachtung verfolgt werden." ATTESLANDER: Sozialforschung, 155.
19 Ausführlich dargestellt in SCHAUPP: Pfarrgemeinderat, 89 ff.
20 ATTESLANDER: Sozialforschung, 70.

liche Dokumente zu klassifizieren. Natürlich haben sie als einzelne persönliche Dokumente vor allem symptomatischen Wert, sagen etwas über Fakten, noch mehr aber darüber, wie diese von den Berichtenden bewertet werden. Darüber hinaus ist die Repräsentativität des Materiales selbst dann, wenn es sich um Stimmen aus sehr vielen (aus ungefähr 250 Pfarrgemeinderäten liegen Stimmen vor) und regional sehr unterschiedlichen Räumen handelt (von Paderborn, Münster, dem Ruhrgebiet und Freiburg bis zu den bayrischen Diözesen), nicht beweisbar. Verallgemeinernde Schlüsse daraus sind deshalb nicht unbedingt zulässig.

Bei all den hier genannten Einschränkungen sind die Aufzeichnungen und Berichte aus den Pfarrgemeinderäten für diese Arbeit sehr wichtig. Als nichtsystematische Dokumente, d.h. als solche, die nicht zu Forschungszwecken erstellt wurden, sind sie für unseren Zweck, möglichst persönlich authentisch Praxis von Pfarrgemeinderatsarbeit in den Blick zu bekommen, unerläßlich und von hohem Wert. (Zitiert werden sie unter Hinweis auf die jeweiligen Veröffentlichungen.[21]) Diese Dokumente wurden nach der systematischen Inhaltsanalyse, d.h. unter Verwendung genau umschriebener Kategorien, vollständig und, ohne eine willkürliche Auswahl zu treffen, quantifizierend[22] auf ihre "offenbaren und manifesten Inhalte" hin bearbeitet und in einer zweiten Phase dann interpretiert.

Veröffentlichte empirische Untersuchungen:

Es gibt zwar zum Pfarrgemeinderat vergleichsweise wenig aktuelles empirisches Material, doch liegen zu einzelnen Fragekomplexen, wie etwa Zusammensetzung, Aufgabe, Arbeit, Arbeitsweise und Probleme der Pfarrgemeinderäte, zu Motiven, Werteinstellungen, Selbsteinschätzungen der Mitglieder in Pfarrgemeinderäten u.a. repräsentative

---

21 Verschiedene Diözesanräte (z.B. Freiburg, Paderborn u.a.) bzw. einzelne Verbände (KJG u.a.) haben Pfarrgemeinderäte um Erfahrungsberichte nachgesucht und diese dann gesammelt und veröffentlicht.

22 "Diese Quantifizierung braucht sich nicht unbedingt in absoluten oder Prozentzahlen niederzuschlagen, auch quantitative Ausdrücke wie z.B. "oft", "immer", "mehr" sind durchaus zulässig." ATTESLANDER: Sozialforschung, 78 f.

Untersuchungen seit Anfang der 70er Jahre vor;[23] 1979 gibt es eine größere österreichische Untersuchung;[24] eine Reihe von kleineren empirischen Arbeiten,[25] die in den 80er Jahren entstanden, steht ebenfalls zur Verfügung. Aufschlußreich sind auch Erhebungen verschiedener Diözesanräte[26] über die Aufgaben der Sachausschüsse der Pfarrgemeinderäte.

Nach dem möglichst umfänglichen Wahrnehmen der Erfahrungen einzelner Pfarrgemeinderäte geht es dann um ein Sortieren und Bündeln des Materials. "In der Phase der Auswertung und der Analyse erfolgt nun die Rückübersetzung, die immer zugleich ein Zusammensetzen bedeutet."[27] Ähnliche bzw. gleichlautende Erfahrungen werden zusammengesetzt und in Problemstellungen "rückübersetzt". D.h. Erfahrungen, als Ausdruck von subjektiv gedeuteter Wirklichkeit, sollen auch in ihrem Doppelcharakter von Faktum und Interpretation dieses Faktums zu Wort kommen und in bezug auf das Gesamt des Materials quantifiziert werden. Wo dieses Quantifizieren durch Hinzuziehen statistischen Materials ergänzt werden kann, geschieht dies.

So ist es möglich, die aus der Sicht von Pfarrgemeinderäten immer wiederkehrenden Problemstellungen ihrer Arbeit zu benennen und sie nach Häufigkeit in etwa zu gewichten. Daß das Ergebnis dieses Pro-

23 Vgl. INSTITUT FÜR KIRCHLICHE SOZIALFORSCHUNG DES BISTUMS ESSEN IKSE (Hrsg.): Mitgliederstatistik der Pfarrgemeinderäte. Bericht Nr. 79. Essen 1971; Probleme und Arbeitsweise der Pfarrgemeinderäte. Bericht Nr. 81. ebd. 1972; Einstellungen, Motive und Wertorientierungen der Pfarrgemeinderäte. Bericht Nr. 82. ebd. 1972.
24 Vgl. INSTITUT FÜR KIRCHLICHE SOZIALFORSCHUNG IKSÖ (Hrsg.): Pfarrgemeinderäte. Eine Untersuchung über Aufgabenbereiche, Arbeitsweise und Arbeitseffizienz von Pfarrgemeinderäten in Österreich. Wien 1979.
25 Vgl. LENICH, Hubert: Pfarrgemeinderäte in der Statistik. In: HAUPTABTEILUNG IM BISCHÖFLICHEN GENERALVIKARIAT MÜNSTER (Hrsg.): Mitteilungen Nr. 44. Münster 1987, 10 - 13.
   BOGENSBERGER, Hugo: Erfahrungen mit Pfarrgemeinderäten in Österreich. In: Theologisch-praktische Quartalschrift 3 (1982) 261 - 267.
   SANDERS, Rudolf u. Joachim VOSS: Eine Umfrage unter Pfarrgemeinderäten in der Seelsorgeregion Ruhrgebiet-Ost. In: Diakonia 6 (1977) 287 - 290.
   JOOS, Karl: Kirchliche Bildungsarbeit mit katholischen Kirchengemeinderäten. Dipl. theol. masch. Tübingen 1984.
   FISCHER, Michael: Der Kirchengemeinderat. Eine empirische Untersuchung über die Arbeitsweise und seine Mitglieder. Dipl. theol. masch. Tübingen 1990.
26 Hier wurde mir von den Diözesanräten der Katholiken im Erzbistum Köln, der Erzdiözese München und der Diözese Rottenburg-Stuttgart internes, nicht veröffentlichtes Zahlenmaterial überlassen.
27 ATTESLANDER: Sozialforschung, 302.

zesses keineswegs beliebig ist, wird deutlich, vergleicht man die sich ergebenden Fragestellungen z.B. mit den Erfahrungen hauptamtlicher Mitarbeiter, die in einzelnen Diözesen für Fort- und Weiterbildung bzw. für die Begleitung der Pfarrgemeinderäte zuständig sind,[28] u.a. mit den Schwerpunkten, die sie in ihrer Pfarrgemeinderatsarbeit aufgrund der Anforderungen aus den Pfarrgemeinderäten setzen. Gewiß kann auch über die Analyse vorhandener Reaktionen auf die Situation in Handreichungen, Empfehlungen und Arbeitshilfen zum Pfarrgemeinderat[29] die Situation bis zu einem gewissen Maß "rekonstruiert" werden: ganz offensichtlich läßt man sich dort von "Diagnosen" und Problemanalysen der Pfarrgemeinderatsarbeit leiten, die denen ähnlich sind, zu denen diese Untersuchung kommt.

Ziel dieses ersten Teils meiner Überlegungen ist es, die Voraussetzung dafür zu schaffen, daß die an Hand der konkreten Beobachtungen und Erfahrungen zu einzelnen Fragestellungen verdichteten, immer wiederkehrenden Themenschwerpunkte und Problemstellungen in der Arbeit der Pfarrgemeinderäte dargestellt werden. Später sollen sie in ihrer Fragestellung für eine weitere pastoraltheologische Reflexion aufgeschlüsselt werden.

2. Zusammensetzung des Pfarrgemeinderates

Wie ist "der" Pfarrgemeinderat zusammengesetzt? Bei der Durchsicht der vorliegenden Erfahrungsberichte gibt es relativ wenig Äußerungen, aus denen man Allgemeingültiges schließen könnte.

Wenn es aber darum geht, die Praxis der Pfarrgemeinderatsarbeit in den Blick zu nehmen, müssen zur Frage nach der Zusammensetzung

---

28 Hier wurden mir u.a. Unterlagen von Mitarbeitern des Erzbischöflichen Seelsorgeamtes Freiburg und des Institutes für Fort- und Weiterbildung Rottenburg zur Verfügung gestellt.

29 Vgl. u.a. DIÖZESANRAT DER KATHOLIKEN FREIBURG u. ERZBISCHÖFLICHES SEELSORGEAMT FREIBURG I.BR. (Hrsg.): "Was ein Pfarrgemeinderat wissen muß." Handbuch für Pfarrgemeinderäte. Freiburg 1983.
LANDESKOMITEE DER KATHOLIKEN IN BAYERN (Hrsg.): Handbuch für den Pfarrgemeinderat. München 1990.
STADTKATHOLIKEN-AUSSCHUSS SKA GELSENKIRCHEN (Hrsg.): Arbeitshilfe für Pfarrgemeinderäte. Oberhausen 1990.

der Pfarrgemeinderäte wenigstens einige Grunddaten vorhanden sein. So ist es also nötig, statistisches Material auszuwerten. Neben einschlägigen Untersuchungen älteren Datums[30] gibt es auch einige Analysen aus jüngerer Zeit. Besonders aufschlußreich ist hier eine Statistik aus der Diözese Münster,[31] der ausführliches Material zugrunde liegt und die durch eine hohe Rücklaufquote gekennzeichnet ist. Vergleicht man die hier erhobenen Daten mit Ergebnissen unterschiedlicher Einzeluntersuchungen anderer Diözesen,[32] sind keine auffallenden Abweichungen zu erkennen. Deshalb ist die Tendenz, die sich in der Münsteraner Untersuchung zeigt, sicher repräsentativ für die anderen Bistümer der Bundesrepublik Deutschland. So wird im folgenden immer wieder auch auf Ergebnisse dieser Untersuchung zurückgegriffen.

2.1   Zusammensetzung nach Geschlechtern

Die Verbesserung der Stellung der Frau in der Kirche ist längst überfällig. "Der Pfarrgemeinderat wäre ein Aufgabenbereich, wo sie ihren 'Mann', sprich ihre 'Frau' stehen kann."[33]

In den letzten Jahren ist der Anteil der Frauen im Pfarrgemeinderat nahezu überall gestiegen. Man kann davon ausgehen, daß in den Pfarrgemeinderäten in der BRD ein starkes Drittel der Mitglieder Frauen sind und daß ihr Anteil weiter kontinuierlich steigen wird. Diese Tendenz ist eindeutig, wenn auch regionale Unterschiede nicht übersehen werden können. "Natürlich mußten wir in den ersten Amtsperioden noch manche Schwierigkeiten überwinden: auf den Kandidatenlisten für den Pfarrgemeinderat überwogen die älteren männlichen Bewerber. So wurde es anfangs nötig, daß unser Gremium noch

---

30   Vgl. z.B. IKSE: 79.

31   Im Anschluß an die Wahl der Pfarrgemeinderäte vom 19./20. Oktober 1985 wurden von der Geschäftsstelle des Diözesanpastoralrates auf der Grundlage der eingegangenen Wahlberichte statistische Daten über die Pfarrgemeinderäte im Bistum Münster ermittelt. Diese sind veröffentlicht in: LENICH: Pfarrgemeinderäte.

32   So liegt statistisches Material aus den Diözesen Paderborn, Köln, Bamberg, München, Freiburg, Rottenburg-Stuttgart und den Bistümern Österreichs vor.

33   LUHMANN, Josef: Wünsche - Erfahrungen - Einsichten - Fragen. In: Im pastoralen Dienst (1985) 29.

Frauen dazuwählte."[34] - "Seit 1977 sind mehr Frauen und mehr junge Leute im Pfarrgemeinderat vertreten als in den Jahren 1969 - 1977."[35]

Obwohl die Frauen auch in den Pfarrgemeinderäten, gemessen an ihrem Bevölkerungsanteil, immer noch unterrepräsentiert sind, können sich die Zahlen gesamtgesellschaftlich sehen lassen. Vergleicht man den Anteil der Frauen im Pfarrgemeinderat mit dem in kommunalen Parlamenten, fällt eine in der Regel beträchtliche Differenz zugunsten der Pfarrgemeinderäte auf. Kein Bereich der politischen und gesellschaftlichen Mitverantwortung weist ein so hohes Maß an potentiell aktiven Frauen auf, wie dies in der Kirche der Fall ist.

Aus einigen Diözesen liegen konkrete Zahlen vor: In der Diözese Münster beträgt der Frauenanteil 43%,[36] im Bistum Essen 45%,[37] in der Erzdiözese Freiburg liegt er bei ca. 39%,[38] in der Diözese Rottenburg-Stuttgart bei ca. 35%,[39] in den österreichischen Diözesen liegt er bei ca. 24%.[40] Selbst für diese letzte, recht niedrige Zahl gilt das oben Gesagte: in Gemeinderäten der entsprechenden politischen Gemeinden beträgt der Frauenanteil nur 3 - 18 % der Mandate.

Der zunehmende Frauenanteil in der Mitgliedschaft findet seinen Niederschlag auch in der Funktionsverteilung im Pfarrgemeinderat. So ist in nahezu jedem fünften Pfarrgemeinderat eine Frau Vorsitzende: in der Diözese Münster z.B. 22,9%, im Erzbistum Bamberg 18,11%.[41] Unter Einschluß der durch Erfahrungswerte gesicherten Vermutung, daß bei der Position des stellvertretenden Vorsitzes der Anteil der Frauen noch wesentlich höher liegt (genaue Angaben liegen hierzu nirgends vor), kann als Trend angenommen werden, daß Frauen verstärkt in pfarrgemeinderatsleitende Funktionen hineingewählt werden. Inwieweit dies zu Recht zur Vermutung Anlaß gibt, "daß die gemeinsame partnerschaftliche Verantwortung und Mitwirkung von Männern

34 DIÖZESANRAT DER KATHOLIKEN FREIBURG: 20 Jahre Pfarrgemeinderäte - Erfahrungen und Perspektiven. In: Erzbistum Freiburg Informationen 4 (1989) 23 f.
35 Ebd. 25 f.
36 LENICH: Pfarrgemeinderäte, 11.
37 Mitgeteilt vom Diözesanrat der Katholiken in Essen. Stand November 1989.
38 Laut Auskunft des Diözesanrates der Erzdiözese Freiburg.
39 FISCHER: Kirchengemeinderat, 19.
40 BOGENSBERGER: Pfarrgemeinderäte, 263.
41 Vgl. dazu das Zahlenmaterial in FORSTER, Gerhard: Pfarrgemeinderäte/Dekanatsräte/Diözesanrat der Katholiken. In: die katholische aktion 9 (1990) 855 - 858.

und Frauen in den Pfarrgemeinderäten nicht nur als Aufgabe gesehen, sondern auch praktiziert wird,"[42] muß an dieser Stelle unbeantwortet bleiben.

2.2 Altersverteilung

"Wenn ich mir die Zusammensetzung vieler Pfarrgemeinderäte anschaue, fehlt die Altersgruppe der ca. 25 - 35jährigen fast völlig. Oft gibt es zwar noch einen Jugendvertreter, aber keine jungen Erwachsenen, kaum junge Väter und Mütter."[43]

Diese Einzelbeobachtung trifft ziemlich gut den Sachverhalt. Das Durschnittsalter der Pfarrgemeinderäte liegt bei 43-44 Jahren. Im Blick auf die letzten 10 Jahre kann man allerdings, was die Altersstruktur der Pfarrgemeinderäte anlangt, eine Tendenz nach oben beobachten. Der Pfarrgemeinderat wird langsam, aber stetig älter. Zieht man die Münsteraner Untersuchung zu Rate, wird dies deutlich: Während 1981 die Gruppe der 36- bis 45jährigen dominierte, sind in den heutigen Pfarrgemeinderäten die 46- bis 55jährigen die führende Altersgruppe. Damit verstärkt sich der bisher schon erkennbare Trend, daß die mittlere bis ältere Generation in den Pfarrgemeinderäten zunimmt. Dies ist mit der relativ hohen Wiederwahlquote allein nicht begründbar, obwohl sie gerade in den mittleren Altersgruppen besonders groß sein dürfte.

Die Zahl der Jugendlichen im Pfarrgemeinderat ist über die Jahre hinweg konstant geblieben. Das heißt, es ist in aller Regel nicht gelungen, den Anteil der Jugendlichen, obwohl sie rein zahlenmäßig im selben Zeitraum durch die geburtenstarken Jahrgänge ein größeres Gewicht in der Gemeinde bekamen, in den Pfarrgemeinderäten zu erhöhen.

---

42 LENICH: Pfarrgemeinderäte, 10.
43 DIÖZESANRAT FREIBURG: Erfahrungen, 28 f.

2.3 Wiederwahl

Die Untersuchungen von SANDERS und VOSS unterstreichen einen Sachverhalt, der so sicher allgemein gültig ist: In der Regel "stellten sich fast gleich viel Personen erneut zur Kandidatur, wie nicht mehr kandidierten"[44]. Nach den Untersuchungen von FISCHER sind 55% der befragten Pfarrgemeinderatsmitglieder zu einer neuerlichen Kandidatur bereit.[45] Dabei darf nicht übersehen werden, daß in Ausnahmefällen immer wieder eine sehr hohe Zahl von Pfarrgemeinderatsmitgliedern sich nicht mehr zur Wiederwahl stellte. Im allgemeinen wird man aber nur von einer leichten Tendenz sprechen können, daß die Bereitschaft zur neuerlichen Kandidatur von Mal zu Mal sinkt. Dieser Trend darf dennoch auf Dauer nicht übersehen werden.

Nahezu gleichbleibend ist in den zurückliegenden Jahren die Zahl derer, falls sie kandidierten, die durch Wiederwahl eine weitere Amtsperiode in den Pfarrgemeinderäten mitarbeiten. Man kann davon ausgehen, daß in der Regel die Hälfte der amtierenden Pfarrgemeinderatsmitglieder wiedergewählt wird.[46] Die durchschnittliche Verweildauer eines Pfarrgemeinderatsmitgliedes liegt damit bei 8 Jahren.

2.4 Kirchlichkeit und Religiosität

Geht man der Frage nach der Kirchlichkeit bzw. Religiosität der Mitglieder der Pfarrgemeinderäte nach, ist hier meist ein erstes Kriterium die Frage nach dem regelmäßigen Kirchenbesuch.[47] Legt man dieses Kriterium zugrunde, kommt man zu dem Ergebnis, daß durchweg ein hohes Maß an Kirchlichkeit und Religiosität gegeben ist: etwa 9 von 10 Pfarrgemeinderatsmitgliedern sind regelmäßige Dominicantes. "Regelmäßiger Kirchenbesuch bedingt ein enges Verhältnis zur Ge-

---

44 SANDERS u. VOSS: Umfrage, 287.
45 FISCHER: Kirchengemeinderat, 47.
46 In der Diözese Münster wurden bei den PGR-Wahlen 1981 45,5% derer, die bisher dem PGR angehörten, wiedergewählt, 1985 waren es 44,9%. LENICH: Pfarrgemeinderäte, 11.
47 FLECKENSTEIN, Heinz: Kirchenbesuch und aktive Mitarbeit am kirchlichen Leben - in ihrer Beziehung zum Verhältnis zur Kirche und Gemeinde. In: Karl FORSTER (Hrsg.): Befragte Katholiken. Zur Zukunft von Glaube und Kirche. Freiburg - Basel - Wien 1973, 73.

meinde und hat dies zugleich zur Voraussetzung."[48] Eine weitere Form der Bindung an die Gemeinde ist die aktive Teilnahme an kirchlicher Arbeit, Mitgliedschaft in kirchlichen und gemeindlichen Gruppen und Organisationen. Dies kann bei der weitaus überwiegenden Mehrheit der Pfarrgemeinderäte beobachtet werden. Die Mitarbeit in der Gemeinde fördert nicht nur den Bekanntheitsgrad, sondern sie ist auch für den überwiegenden Teil der Gemeindemitglieder an sich ein Wahlkriterium.[49] Die Mitglieder des Pfarrgemeinderates sind in der Regel in der Kerngemeinde beheimatet.

2.5 Mitgliedschaft in kirchlichen Verbänden und Organisationen

Trotz aller Betonung der Notwendigkeit der Verbände für das kirchliche Leben, trotz aller Warnungen vor der "Vergemeindlichung" der Verbände[50] kann nicht geleugnet werden, daß die Verbände im Leben einer Gemeinde immer weniger präsent sind. Dies ist ein Grund dafür, daß die Verbändebeteiligung in den Pfarrgemeinderäten immer geringer wird. Sie ist in den meisten deutschen Diözesen (eine Ausnahme ist hier das Bistum Münster als sog. "Verbändebistum", dort sind immerhin 38,3% der 1985 gewählten Pfarrgemeinderäte gleichzeitig Mitglied in einem kirchlichen Verband[51]) auf oft nur 4 bis 5%[52] gesunken. Dies deckt sich durchaus mit den mir vorliegenden Erfahrungsberichten aus den Pfarrgemeinderäten. Dort ist, wenn überhaupt, fast ausschließlich von den Jugendverbänden die Rede. Die Mitgliedsverbände des BDKJ spielen noch eine gewisse Rolle im Pfarrgemeinderat, was von den anderen Verbänden nicht behauptet werden kann.

---

48 SCHMIDTCHEN, Gerhard: Zwischen Kirche und Gesellschaft. Freiburg - Basel - Wien 1972, 103.
49 Vgl. dazu besonders SCHAUPP: Pfarrgemeinderat, 47 - 50.
50 Vgl. KLEIN, Hermann: Verbände und Gruppen in der Gemeinde. In: Hermann KLEIN u. Michael B. MERZ u. Peter WEIGAND (Hrsg.): Der Dienst in der Gemeinde. Düsseldorf 1986, 71 - 78.
51 LENICH: Pfarrgemeinderäte, 12.
52 Ebd.

2.6 Engagement im öffentlichen Leben

Anfang der 70er Jahre wurden ausführliche Untersuchungen u.a. zu Mitgliedschaften der Pfarrgemeinderatsmitglieder angestellt. Diese Analysen kamen damals zu dem Ergebnis: "Insgesamt entfallen auf jedes Mitglied durchschnittlich 1,6 Mitgliedschaften in irgendeinem Verein, davon 0,97 Mitgliedschaften auf nichtkirchliche Organisationen und 0,61 Mitgliedschaften auf kirchliche Organisationen."[53] Geht man davon aus, daß zumindest der Anteil der Mitgliedschaften in nichtkirchlichen Vereinen ähnlich hoch geblieben ist und daß hierbei immer noch in etwa dieselben Schwerpunkte ausgemacht werden können, dann gilt: Ein Viertel der Pfarrgemeinderatsmitglieder sind in Parteien organisiert, ein weiteres Viertel in berufsbezogenen Organisationen, ein Viertel in Sportvereinen und ein Viertel in traditionsbezogenen und geselligen Vereinen.

2.7 Berufsschichten

Angestellte, Beamte und Hausfrauen stellen einen überproportional großen Anteil der Pfarrgemeinderatsmitglieder. In den Pfarrgemeinderäten der Diözese Münster sind ein knappes Viertel der Mitglieder Angestellte, ein weiteres Viertel Hausfrauen. Ein weiteres Viertel sind Kirchliche Angestellte oder Lehrer/Beamte.[54] Dies hat sich in den zurückliegenden Jahren nicht nennenswert verändert. "Leicht angestiegen ist der Anteil der Hausfrauen von 21,9% auf 23,1%. Ein Rückgang von 5,3% auf 4,3% ergab sich bei der Gruppe der Landwirte. Um 1,7% sank die Zahl der Arbeiter und Handwerker. Ansonsten liegen die Differenzen bei bis zu 0,5% in einzelnen Berufsgruppen."[55]

Dies läßt den Schluß zu, daß kirchliche und gesellschaftliche Veränderungen, Problemstellungen, Arbeitsschwerpunkte o.ä. wenig Auswirkungen auf die Zusammensetzung nach Berufsgruppen haben. Auch nach einem mehrjährigen Pastoralschwerpunkt der Diözese

---

53 IKSE: 82, 11.
54 LENICH: Pfarrgemeinderäte, 12.
55 Ebd.

Münster "Kirche und Arbeiterschaft" ist der Anteil der Arbeiter und Handwerker im Pfarrgemeinderat nicht gestiegen, sondern hat weiter abgenommen. Dennoch gilt auch hier im Vergleich zu den Kommunalparlamenten: Sie haben noch eher in einem Pfarrgemeinderat Sitz und Stimme als in einem Gemeinde- oder Stadtrat.

Was Ausbildung und Schulabschluß anlangt, ist der Pfarrgemeinderat sehr unterschiedlich zusammengesetzt. Nach der Untersuchung von JOOS haben 31% der Pfarrgemeinderatsmitglieder Hauptschulabschluß, 27% Mittlere Reife und 42% Hochschulreife.[56] Auch wenn Berufe, Ausbildung und Mitgliedschaften der Pfarrgemeinderatsmitglieder insgesamt auf eine Mittelschichtorientierung hinweisen,[57] darf eine relativ große Divergenz beim Bildungsniveau der Mitglieder nicht übersehen werden. Hauptschulabschluß, Mittlere Reife bzw. Hochschulreife halten sich in etwa die Waage, zeigen damit aber an, wie heterogen dieses Gremium in der Regel zusammengesetzt ist.

2.8 Wahlbeteiligung

Die Wahlbeteiligung bei den Pfarrgemeinderatswahlen nimmt von Wahl zu Wahl stetig ab. Die Hauptursache dafür dürfte in den gleichermaßen gesunkenen Kirchenbesucherzahlen liegen, da sich die Wähler fast ausschließlich aus der Gruppe der regelmäßigen Kirchenbesucher rekrutieren. Dieser Rückgang verweist aber insgesamt gesehen auch auf ein tendenziell abnehmendes Interesse an den Pfarrgemeinderatswahlen. Die Wahlbeteiligung liegt in einigen Diözesen noch über 20%,[58] im Gesamtschnitt der bundesdeutschen Bistümer dürfte sie aber inzwischen wohl eher unter 20% liegen. Bezieht man die Wahlbeteiligung auf die Zahl der Kirchenbesucher, ergibt sich, daß auch regelmäßige Kirchgänger nicht an der Wahl teilnahmen.[59] Für eine Teilnahme an der Wahl des Pfarrgemeinderates ist mithin

---

56 JOOS: Bildungsarbeit, 20.
57 BOGENSBERGER: Pfarrgemeinderäte, 263.
58 Bei der Wahl am 18. März 1990 lag die Wahlbeteiligung in der Erzdiözese Freiburg bei 25,95%.
59 In manchen Diözesen, z.B. Münster, hat nur jeder 2. wahlberechtigte Kirchenbesucher an der Wahl teilgenommen.

auch aus der Gruppe der Kirchenbesucher nur der aktivere Kern der Gemeinden zu gewinnen.

Die Höhe der Wahlbeteiligung hängt offensichtlich entscheidend mit der Größe der Pfarrei zusammen: "Während von den befragten kleineren Pfarreien (bis 1000 Katholiken) fast die Hälfte eine Wahlbeteiligung von über 20% der Pfarrangehörigen aufweist, haben in den Gemeinden mit 2000 bis 4000 Seelen nur 13,1% und bei denen mit mehr als 4000 Katholiken nur 8,1% Wahlbeteiligungen von über 20% erreicht."[60]

2.9 Zusammenfassung: Signifikante Befunde

Männer sind im durchschnittlichen Pfarrgemeinderat in der Mehrheit, doch es werden immer mehr Frauen in den Pfarrgemeinderat gewählt. Setzt sich diese Entwicklung fort, wird die rein zahlenmäßige Gleichstellung der Frau in den Pfarrgemeinderäten eher erreicht sein als in den kommunalen Parlamenten. An dieser Entwicklung kann nicht abgelesen werden, daß Frauen damit automatisch stärker oder gar gleichberechtigt mit den Männern Einfluß nehmen auf die Geschicke der Pfarrgemeinde. Solche Zahlen bedeuten auch nicht per se, daß Frauen sich hier ihren Platz erkämpft hätten, es muß zumindest die Frage gestellt werden, ob nicht Männer ihr Engagement im Pfarrgemeinderat, wie in der Gemeinde überhaupt, immer mehr einstellen und ihren Platz denen überlassen, die die große Mehrheit der in der Gemeinde ehrenamtlich Tätigen stellen: den Frauen.

Der Pfarrgemeinderat wird älter. Dies bedeutet nicht unbedingt, daß keine Jugendlichen mehr Mitglied in diesem Gremium sind. Es führt aber dazu, daß bei weiterem Ausfall der mittleren Generation die Schere der repräsentierten Altersgruppen immer weiter auseinanderklafft. Wird auf Dauer der Pfarrgemeinderat immer älter, muß die Frage gestellt werden, ob dies dann Konsequenzen hat für seine Kompetenz, u.a. für Fragen der Kinder- und Jugendarbeit in der Gemeinde oder für den Sachbereich Ehe-Familie. Ebenfalls darf gefragt werden, wie es dann mit seiner innovativen und transformatorischen

---

60   SCHAUPP: Pfarrgemeinderat, 28.

Funktion bestellt ist, einer Funktion, die bislang als sehr wichtig angesehen wurde.[61]

Die Zusammensetzung des Pfarrgemeinderates bleibt über mehrere Amtsperioden hinweg relativ stabil. Ob die positive Wertung, daß dies eine zufriedenstellende Situation sei, "die vor allem auch eine gewisse Kontinuität in der Arbeit der Pfarrgemeinderäte sichert,"[62] die einzig mögliche ist, muß in Frage gestellt werden. Darüber hinaus fällt auf, daß die Frage, warum amtierende Pfarrgemeinderäte nicht mehr neuerlich kandidieren, kaum gestellt wird, daß es auch wenig verläßliche Erfahrungen darüber gibt, ob und wo sich Gemeindemitglieder, die nicht mehr für den Pfarrgemeinderat kandidierten bzw. nicht gewählt wurden, weiterhin in der Pfarrgemeinde engagieren.

Die Mitglieder des Pfarrgemeinderates kommen in aller Regel aus dem internen Kreis der aktiven Kerngemeinde. Dies bedeutet, daß damit gerechnet werden muß, daß viele einzelne und Gruppen von Gemeindemitgliedern nicht im Pfarrgemeinderat vertreten sind.

Die kirchlichen Verbände sind in den örtlichen Pfarrgemeinderäten praktisch nicht mehr vertreten. Der Pfarrgemeinderat ist in einer seiner beiden Grundfunktionen das im Sinne des Konzilsdekrets über das Apostolat der Laien (Nr. 26) geschaffene Organ zur Koordinierung des Laienapostolats in der Pfarrgemeinde. Versteht man das Laienapostolat vor allem oder gar ausschließlich getragen durch die Arbeit der katholischen Verbände, müßte folgerichtig die erste der beiden Grundfunktionen des Pfarrgemeinderates grundsätzlich in Frage gestellt werden.

Nahezu alle Pfarrgemeinderatsmitglieder sind außerhalb der Pfarrgemeinde in Organisationen und Vereinen Mitglied bzw. dort engagiert. Dies könnte bedeuten, daß eine Vielzahl von Erfahrungs- und Lebenswelten im Pfarrgemeinderat präsent ist. Gerade im eher ländlich strukturierten Raum liegt die Vereinsmitgliedschaft noch einmal bedeutend höher als im Durchschnitt der Bevölkerung, und fast ein Fünftel der Pfarrgemeinderatsmitglieder hat ein öffentliches Amt inne,

61 BOGENSBERGER: Pfarrgemeinderäte, 267.
62 LENICH: Pfarrgemeinderäte, 11.

dies kann auch zu einer unguten "Repräsentanz lokaler Machteliten im Pfarrgemeinderat"[63] führen.

Die Wahlbeteiligung an den Pfarrgemeinderatswahlen ist deutlich geringer als die Beteiligung an den Wahlen zu kommunalen Parlamenten. Sie nimmt weiter ab, und nicht einmal alle Kirchenbesucher beteiligen sich daran. Auch dieser Befund ist sehr unterschiedlich interpretierbar, er stellt aber in jedem Fall die Frage nach Ort und Gewicht des Pfarrgemeinderates in der Gemeinde.

3. Motive zur Mitarbeit im Pfarrgemeinderat

Die Mitglieder des Pfarrgemeinderates kommen in aller Regel aus der Kerngemeinde. Fast alle Pfarrgemeinderäte können auf eine Phase zurückblicken, in der sie immer mehr in die Gemeindearbeit hineingewachsen sind. Bisweilen mutet das, was berichtet wird, wie ein "Initiationsprozeß" an.

"Da gibt es so etwas wie eine Gemeindekarriere: vom Gruppenleiter zum Pfarrjugendleiter. Dann ein paar Jahre nur Gottesdienstbesuch. Irgendwann bist du dann im Kolpingsvorstand und Sprecher des Familienkreises; dann erhältst du die 'höheren Gemeindeweihen' als Lektor und Kommunionhelfer, und am Ende bist du im Pfarrgemeinderatsvorstand und Stiftungsrat."[64] - "Ich hatte mit der Zeit schon alle möglichen Aufgaben in der Gemeinde, und es machte mir auch sehr Spaß, denn es herrscht ein gutes Klima bei uns. Irgendwie kam es dann fast zwangsläufig, daß ich auch noch in den Pfarrgemeinderat ging. Ich gebe zu: Ich wollte mich dann vor dieser letzten Aufgabe auch nicht mehr drücken."(QN)

Dies bestätigen auch die Untersuchungen von SCHAUPP: "Selten bleibt es bei einer Aktivität, vielmehr 'kommt eins zum anderen', wie einige Erzähler diese Phase charakterisieren. So wird sie manchmal auch als ein Sog ständig wachsender Anfragen erlebt, und es ist gar

---

63 BOGENSBERGER: Pfarrgemeinderäte, 263.
64 DIÖZESANLEITUNG KJG ERZDIÖZESE FREIBURG (Hrsg): Jugend im Pfarrgemeinderat. Freiburg 1985, 24.

nicht leicht, sich diesem Sog zu entziehen."[65] Es bedarf deswegen offensichtlich keiner besonderen, zusätzlichen Motivation, sich zur Kandidatur für den Pfarrgemeinderat bereitzuerklären: Man arbeitet ja ohnehin schon lange in der Gemeinde mit, es ist nun selbstverständlich, auch im Pfarrgemeinderat mitzuarbeiten.

Dies bedeutet aber nicht, daß nicht immer wieder im Zusammenhang mit der Übernahme der Kandidatur von Unsicherheit und Angst, von Fragen und Unklarheiten bzgl. der neuen Aufgabe berichtet wird und davon, daß man sich in dieser persönlichen Situation von den Verantwortlichen in der Gemeinde alleingelassen fühlt. Haben sich die Kandidaten zur Kandidatur bereiterklärt, wird dies von anderen meist als Selbstverständlichkeit zur Kenntnis genommen und wenig dafür getan, einen Klärungsprozeß anzuregen bzw. zu begleiten.

"Meine Bereitschaft, dort mitzuwirken, war zugleich für mich die Frage: Was wird auf mich zukommen? Denn es war ja Neuland für mich."[66] Die Bereitschaft seitens der Gemeinde und ihrer Verantwortlichen, im Vorfeld von Pfarrgemeinderatswahlen mit Fragen und Ängsten potentieller Kandidaten umzugehen, ist gering. "Das Wichtigste war denen, daß ich möglichst schnell ja gesagt hatte, auf die Bewerberliste zu gehen. Dann hörte ich praktisch nichts mehr vom Pfarrer bis zum Wahlsonntag."(QN) - "In vielen Pfarren wurden - um überhaupt genügend Kandidaten zu finden - diese schnell vor oder nach einer Messe angeworben, etwa wie folgt: 'Sie sind nur verpflichtet zur Teilnahme an einigen Sitzungen im Jahr, bei denen Sie mitentscheiden sollen, was in der Pfarrei geschieht'."[67]

Bei der Analyse der Erfahrungsberichte aus den Pfarrgemeinderäten fällt auf, daß tatsächlich ganz selten auf eine Entscheidungssituation im Zusammenhang mit der Bereitschaft zur Kandidatur für den Pfarrgemeinderat reflektiert wird. Befragt man amtierende Pfarrgemeinderäte nach den Ursachen, nach ihrer persönlichen Veranlassung zur Mitarbeit im Pfarrgemeinderat, bekommt man auf Anhieb ebenfalls sehr wenig Antworten. "Der Entschluß, sich aufstellen zu lassen,

---

65   SCHAUPP: Pfarrgemeinderat, 184 f.
66   LUHMANN: Wünsche, 29.
67   WESS, Paul: Überlegungen zum Pfarrgemeinderat. In: Diakonia 5 (1974) 245.

wird in den Erzählungen nie länger erläutert oder problematisiert. Er scheint für die Betroffenen fast eine Selbstverständlichkeit zu sein."[68] - Ein Pfarrgemeinderatsmitglied schreibt: "Traurig ist die Motivation vieler Pfarrgemeinderäte. Ich habe mir angewöhnt nachzufragen, weshalb jemand sich für die Mitarbeit im Pfarrgemeinderat entschieden hat. Für viele ist diese Frage so 'aus der Welt', daß sie gar keine Antwort darauf geben können. Wenn ich eine Antwort bekam, dann war die häufigste, 'weil es noch nicht genügend Kandidaten gab'."[69]

Die Kandidatur zum Pfarrgemeinderat ist für die meisten der Angesprochenen nicht fragwürdig, denn es ist fast selbstverständlich, daß man um die Übernahme dieser Aufgabe gebeten wird. Auch dort, wo die Betroffenen Fragen an die neue Aufgabe haben oder Ängste formulieren und wo diese nicht geklärt werden, ändert dies nichts an der selbstverständlichen Bereitschaft zur Kandidatur. Es bleibt bei der Selbstverständlichkeit, über die allgemeine Mitarbeit in der Gemeinde hinaus sich auch noch im Pfarrgemeinderat zu engagieren. Die Gründe, hier oder dort mitzutun, sind dieselben. Deshalb geht es zunächst darum, kurz die allgemeinen Motive darzustellen, die zur Mitarbeit in der Gemeinde führen.

3.1 Grundmotive zur Gemeindearbeit

"Man muß als Christ bereit sein, für die Anliegen der Kirche etwas zu tun."[70] Die Bereitschaft zum aktiven Mittun in der durchschnittlichen Pfarrgemeinde ist in der Tat sehr hoch. Das bestätigen: Lektoren, Kommunionhelfer, Kantoren, Ministranten, Sängerinnen und Sänger in den Kirchenchören und Scholen, Mesner, Organisten, Chorleiter, Verantwortliche für den Blumenschmuck in der Kirche, für das Putzen, für das Schneeräumen im Winter, Mitglieder von Besuchs- und Kontaktdiensten, Verantwortliche für die Seniorenarbeit und den Caritaskreis, Ansprechpartner für die Sozialstationen und Kindergärten; Ehepaare, die in den Eheseminaren mitarbeiten, Mitarbeiter und Mitarbeiterinnen in der Tauf-, Kommunion- und Firmkatechese, in der

---

68   SCHAUPP: Pfarrgemeinderat, 192.
69   DIÖZESANRAT FREIBURG: Erfahrungen, 28 f.
70   Ebd. 28.

Vorbereitung von Kinder- und Familiengottesdiensten, in Ökumene-, Dritte-Welt- und Bibelkreisen. Jugendliche, die die Kindergruppen leiten, die in der Verbandsarbeit aktiv sind, die liturgische Tanzkreise leiten, die offene Jugendarbeit verantworten; erwachsene Mitarbeiter in der Jugendarbeit; Mitglieder der Dekanatsräte, der Pfarrverbandskonferenzen, der Pfarrgemeinderäte, der Sachausschüsse, des Stiftungsrates; und viele einzelne, die sich darüber hinaus engagieren.

Die Mitarbeit in weiten Bereichen kirchlichen Tuns ist für viele Gemeindemitglieder eine Selbstverständlichkeit. In der Regel handelt es sich hier um "Angehörige der sogenannten Kerngemeinden, d.h. Gemeindeglieder, die in der Kirchengemeinde einen wesentlichen Bezugspunkt ihrer sozialen Aktivitäten sehen und bei denen ein ausgeprägtes ... Kircheninteresse zu beobachten ist."[71] Ihr Engagement wird meist von der größeren Gruppe der unauffälligen regelmäßigen Kirchgänger, die, egal aus welchen Gründen, in der Pfarrgemeinde nicht mitarbeiten wollen oder können, gutgeheißen.

Für die Mitarbeit in der Gemeinde gibt es zunächst eine Vielfalt von Motiven. Der Wunsch, aus christlicher Motivation heraus für andere tätig werden zu können, oder die Erwartung, gebraucht zu werden und eine echte Aufgabe zu finden, spielen dabei eine wichtige Rolle. Andere wollen einen freiwilligen Einsatz unter Nutzung beruflicher Kenntnisse und Erfahrungen leisten, wollen aktiv bleiben, wenn die familiären Verpflichtungen geringer werden. "Das Gefühl der Isolierung bei lange ans Haus gebundenen Müttern soll überwunden werden. Persönliche Anerkennung und Statusgewinn durch Übernahme von Verantwortung und Verpflichtung in der Gemeinde wird erstrebt oder eine gemeinsame Aufgabe mit Gleichgesinnten gesucht."[72] Dennoch fällt bei genauerer Durchsicht der Erfahrungsberichte auf, daß eine Kategorisierung in zwei "Grundmotive" möglich ist.

---

71 KAUFMANN, Franz-Xaver: Kirche begreifen. Freiburg - Basel - Wien 1979, 119.
72 Vgl. SPÖLGEN, Johannes: Ehrenamtliche Mitarbeiter in der Gemeindekatechese. Freiburg - Basel - Wien 1984, 158.

3.1.1 Mitarbeiter des Pfarrers

"1962 kam ich von Freiburg nach Ettlingen und stellte mich unserem damaligen Pfarrer als Mitarbeiter zur Verfügung."[73] Engagierte Gemeindemitglieder schreiben im Rückblick: "Darüber hinaus ging es mir persönlich darum, die Arbeit des langjährigen Seelsorgers, der weit über das Ruhestandsalter hinaus gewirkt hat, zu unterstützen und zu erleichtern."[74] - "Es fehlte am Verständnis der Laien, dem Seelsorger echte Helfer zu sein."[75] - "Unsere Seelsorger brauchen gute Helfer, Laien, die bereit sind, in Liebe und Güte mitzuarbeiten. Menschen, die noch beten können."[76] - "Die Pfarrer sind heutzutage immer mehr überlastet, da müssen wir Laien ihnen eben abnehmen, was nur möglich ist."(QN)

Eine ganze Reihe der aktiven Gemeindemitglieder verstehen sich als Mitarbeiter (Helfer) des Pfarrers, die bereit sind, egal um was es geht, eben mitzuhelfen, wenn sie vom Pfarrer gefragt werden. Je mehr es sich dabei um Bereiche klassisch priesterlicher Funktionen im sakramentalen Rahmen handelt, desto stärker verstehen sie sich und ihre Arbeit "in Abhängigkeit vom Amtsträger. Sie sind Laienhelfer, Kommunionhelfer, Firmhelfer, Caritashelfer."[77]

3.1.2 Mitarbeiter der Gemeinde

Die andere Grundtendenz läßt sich aus folgenden exemplarischen Äußerungen ablesen: "Ich verstehe mein Tun als Dienst an der Gemeinde; als meinen Dienst dafür, daß die Sache Jesu weitergeht."(QN) - "Die Motivation, in unserer Gemeinde aktiv mitzuarbeiten, habe ich aus meiner persönlichen Überzeugung erhalten, daß Kirche und Glaube nur durch die Mitwirkung vieler verwirklicht werden können."[78] - "Nur ein engagiertes Mitarbeiten der sogenannten Laien kann

---

73 DIÖZESANRAT FREIBURG: Erfahrungen, 32 f.
74 HÜMMELER, Elke: Kandidaten gesucht! In: Die Lebendige Zelle 1 (1990) 19.
75 DIÖZESANRAT FREIBURG: Erfahrungen, 25 f.
76 Ebd.
77 SPÖLGEN: Ehrenamtliche, 107.
78 HAUPTABTEILUNG IM BISCHÖFLICHEN GENERALVIKARIAT MÜNSTER (Hrsg.): Mitteilungen Nr. 46 1989 (Beilage "Aus der Praxis für die Praxis"), 3.

die Kirche als lebendige Gemeinschaft sichern."[79] - "Ich bin als Laie nicht Notnagel, nicht Ersatz für fehlende Priester, sondern ich habe eine eigenständige Berufung, die mir kein Mensch gibt oder nehmen kann, die ich aber auch aus mir heraus nicht einfach nehmen oder ablehnen kann."[80]

Diese Gemeindemitglieder verstehen sich eher als Mitarbeiter der Gemeinde. Dort, wo die Mitarbeit der Laien in der Gemeinde als selbstverständlich gilt und akzeptiert wird, ist aus Sicht der "Gemeindeöffentlichkeit" dann nahezu alles möglich. Auch die Übernahme von Diensten und Aufgaben, die noch vor kurzer Zeit im Bewußtsein der Gemeindemitglieder dem Amt vorbehalten waren.

3.2 Einzelmotive für die Mitarbeit im Pfarrgemeinderat

Die Selbstverständlichkeit, mit der eine Aufgabe angegangen wird, ist an sich kein Motiv, sie zeigt höchstens an, daß eine Motivation, eine Anstrengungsbereitschaft vorhanden ist. Die Tatsache, daß viele Gemeindemitglieder selbstverständlich zur Übernahme einer Kandidatur zum Pfarrgemeinderat bereit sind, gibt von sich aus noch keine Auskunft über die hier zugrundeliegenden Motive.

Nach meinen Beobachtungen kann man davon ausgehen, daß als Motive für die Mitarbeit im Pfarrgemeinderat über die allgemeine Identifizierung mit der Kirche hinaus, wie sie sich teilweise schon durch die Mitarbeit in der Gemeinde vor der Mitgliedschaft im Pfarrgemeinderat ausdrückt, vor allem folgende Einzelaspekte eine wichtige Rolle spielen:

Besonders bei jenen, die ohnehin schon sehr stark engagiert sind, ist es das Gefühl der inneren oder äußeren Verpflichtung. Sich dieser Verantwortung zu stellen, ist für sie meist eine Frage ihrer Glaubwürdigkeit.

---

79 HÜMMELER: Kandidaten, 18.
80 MÜNSTER: 46, 2.

33

Durch das Engagement in der Gemeinde kann es zu einem wichtigen Bestreben werden, die Interessen einzelner, Gruppen oder eine Sache auch im Pfarrgemeinderat zu vertreten.

Weniger relevant ist inzwischen ein drittes Motiv, an der eher grundsätzlichen Erneuerung der Gemeinde und ihrer Strukturen mitarbeiten zu wollen.

3.2.1 Verpflichtung

"Da wurden eben noch Kandidaten gebraucht, und irgendwie hatte ich das Gefühl, du kannst dich jetzt nicht absetzen und verkriechen. Ich habe in mir die Pflicht gespürt, eben ja zu sagen, wenn ich gebraucht werde."(QN) - "Mit Sorge beobachten wir aber die Scheu einer wachsenden Zahl von Gemeindemitgliedern, längere Zeit verpflichtende Aufgaben übernehmen zu wollen. Sie helfen gern mit, wenn man sie braucht, bei Festen, Veranstaltungen etc. Aber den Satz: 'Ach, machen Sie das doch, wir helfen dann gern mit' haben wir schon oft gehört."[81] Sich statt dessen verbindlich in die Pflicht nehmen zu lassen, "wo Not am Mann ist", wie immer wieder gesagt wird, gerade angesichts der oft getroffenen Feststellung, "daß es halt immer weniger werden", die bereit sind, "ständig und verläßlich mitzuarbeiten", kann nach meinen Beobachtungen für einen Teil der Pfarrgemeinderatskandidaten ein wichtiges Motiv sein.

Es ist für sie dann eine "Frage der Glaubwürdigkeit vor sich selbst". "Wenn ich Gemeinde schon als Gemeinschaft begreife, dann kommt es doch auch darauf an, sich in dieser Gemeinschaft aktiv einzubringen, statt unbeteiligt in der Loge Platz zu nehmen. Deswegen habe ich ja gesagt, als ich gefragt wurde, ob ich im Pfarrgemeinderat mitarbeiten wolle. Es geht - so sehe ich das - um ein Stück eigener Glaubwürdigkeit."[82] - "Warum ich Mitglied im Pfarrgemeinderat bin? Mir erscheint es einfach zu bequem zu sein, in der Rolle des kritischen Beobachters zu verharren und an Tätigkeiten anderer kaum ein gutes Haar zu lassen. Aus diesem Grund meine ich, daß es eine konstruktive

---

81   DIÖZESANRAT FREIBURG: Erfahrungen, 32 f.
82   HÜMMELER: Kandidaten, 20.

kritische Haltung eines Laien erfordert, selbst aktiv lebendige Gemeinde mitzugestalten."[83] - "Ich hatte zwar keinerlei genaue Vorstellungen darüber, was in einem Pfarrgemeinderat so alles auf mich zukommt, aber irgendwie hatte ich das Gefühl, mich engagieren zu müssen. Ich wußte ja, daß auf die Pfarrei in nächster Zeit einiges an Bautätigkeiten zukommen würde, da habe ich mir gedacht - ich selbst bin Architekt -: Da kannst du helfen und deine beruflichen Erfahrungen einbringen."(QN)

3.2.2 Interessenvertretung

"Interessenvertretung" ist nicht nur ein häufiges Motiv für die Kandidatur zum Pfarrgemeinderat, es ist nach meinen Beobachtungen auch das einzige, das als deutlich artikuliertes Motiv vieler wirklich erhebbar ist. "Seit langer Zeit schon haben wir uns im Elternbeirat des Kindergartens über die Ignoranz des Pfarrgemeinderates geärgert. Wir wurden mit unseren Anliegen nicht einmal richtig angehört. Und so beschlossen wir, daß eine von uns bei der Neuwahl kandidieren soll."(QN) - "Ich ließ mich in dieses Gremium wählen, weil ich es wichtig fand: daß die Jugendarbeit (KJG) nicht isoliert vom übrigen Pfarrgeschehen existiert, sondern als ein Teil der Gemeindearbeit integriert wird und auch diesen Stellenwert bekommt; daß wir, Verantwortliche der KJG, einigermaßen informiert sind, was in unserer Pfarrei stattfindet, und evtl. auch in anderen Bereichen mitarbeiten können; daß die Jugendlichen bei Entscheidungen, die unsere Pfarrgemeinde betreffen, mit einbezogen werden; daß unsere KJG-Aktivitäten mit den übrigen Pfarreiaktivitäten koordiniert werden können."[84] - "Warum ich Mitglied im Pfarrgemeinderat bin? Der Weg führte von der Jugendarbeit in den Pfarrgemeinderat. Die Arbeit in einer aktiven Gruppe der Katholischen Landjugend legte es nahe, auch im Pfarrgemeinderat mitzuarbeiten und dort besonders die Belange der Jugendlichen, der Gruppe, zu vertreten."[85]

Nicht immer braucht es das direkte Angesprochenwerden durch eine Gruppe, die ein Interesse daran hat, daß ihre Anliegen im Pfarrge-

---

83   Ebd. 21.
84   KJG: Pfarrgemeinderat, 10.
85   HÜMMELER: Kandidaten, 19.

meinderat vertreten werden, und die deswegen ein Gemeindemitglied zu motivieren versucht, für den Pfarrgemeinderat zu kandidieren. Das Motiv, die Anliegen einer Gruppe zu vertreten, kann für die Kandidatur auch dann entscheidend sein, wenn eine Gruppe nicht in der Lage ist, ihre Bedürfnisse zu artikulieren, also auf direktem Weg ein Mitglied der Gemeinde zur Bewerbung um einen Sitz im Pfarrgemeinderat zu bewegen. Es gibt nicht selten die Kandidatur, "einfach aus der Erfahrung heraus, daß es immer wieder Leute gibt, die nicht imstande sind, selbst ihre Anliegen im Pfarrgemeinderat zur Geltung zu bringen; meist handelt es sich dabei um Kinder, Jugendliche oder alte Leute."[86]

Wo von Interessenvertretung die Rede ist, und dies kann als wichtiges Phänomen durchgängig beobachtet werden, geht es fast ausschließlich um die Vertretung der Interessen von Jugendlichen und Kindern, sehr viel seltener um die der älteren Menschen, nahezu nie um die von gesellschaftlichen und kirchlichen "Randgruppen". Je weiter Lebenswelten vom binnenkirchlichen Zentrum einer Gemeinde entfernt sind, desto weniger ist die Vertretung dieser "Bereiche" als Motiv für die Kandidatur zum Pfarrgemeinderat im Blick. Nur eine verschwindend geringe Zahl von Stimmen aus dem Pfarrgemeinderat drückt die Überzeugung aus, daß eine sinnvolle Pfarrgemeinderatsarbeit nach ihrer Meinung erst dann möglich ist, "wenn eine Gruppe verantwortungsbewußter Männer und Frauen versucht, ihre Umgebung, ihre beruflichen, familiären, ganz alltäglichen Erfahrungen mit einzubringen".[87] - "Darüber hinaus erscheint mir die Mitarbeit der Laien in der Kirche deswegen dringend geboten, weil diese ihre Erfahrungen aus dem Berufs- und Arbeitsleben einbringen können und hier einen positiven Beitrag zur Lebensnähe kirchlicher Entscheidungen einbringen können."[88]

3.2.3   Gemeindeerneuerung

Nach der Essener Untersuchung von 1972 wird von den Pfarrgemeinderäten als das häufigste Motiv für die Mitarbeit im Pfarrge-

---

86   SCHAUPP: Pfarrgemeinderat, 195 f.
87   LUHMANN: Wünsche, 30.
88   HÜMMELER: Kandidaten, 21.

meinderat genannt, "man wolle an der Erneuerung der Kirche mitarbeiten, die Beziehungen zwischen Pfarrer und Gemeinde verbessern und den Einfluß der Laien in der Pfarrgemeinde und der Kirche stärken".[89] Ein ganzes Motivbündel also, das auf eine recht hohe Bereitschaft schließen läßt, an einem Transformationsprozeß von Kirche und Gemeinde mitzuwirken oder diesen zu initiieren. Zwar wird immer noch vereinzelt als Motiv angegeben, das Gemeindeverständnis verändern zu wollen,[90] jedoch überwiegt inzwischen, gerade im Rückblick auf die Anfangszeit der Pfarrgemeinderäte, die Skepsis gegenüber diesem Motiv: "Daß die Erwartungshaltung mancher Christen zu euphorisch war, zeigte sich bald. Da und dort wurde in der Verän-

---

89 IKSE: 82, 57.

90 Eine dieser Ausnahmen ist sicher das Programm des "Forum Regenbogen", in dem sich anläßlich der Kirchengemeinderatswahlen am 17. März 1991 in Rottenburg-Stuttgart diözesanweit Gemeindemitglieder zusammengeschlossen haben. In diesem Programm heißt es u.a.: 1. Wir wollen sofort mit der Schaffung wirklich demokratischer Strukturen in Kirche und Gemeinde beginnen. Sie sind die Voraussetzung für sozialen Frieden und Gerechtigkeit in der Kirche. Machtmißbrauch, Denunziation, Filzokratie, Intrigantentum, Ausbeutung, wie sie heute in der Kirche noch vorkommen, müssen ein Ende haben. Die Arbeit im KGR muß ganz neue Formen annehmen. Arbeitsgruppen und Ausschüsse sollen weitreichende Befugnisse und Kompetenzen haben. 2. Wir wollen die Leitung der Gemeinde neu umschreiben. Die meisten Pfarrer sind mit dieser Aufgabe pädagogisch, psychologisch und organisatorisch völlig überfordert, werden aber vom Bischof dazu gezwungen. Zu ihrer eigentlichen Aufgabe, für die Seelsorge da zu sein, kommen sie nicht mehr. Wir wollen diesen krassen Mißstand beenden. Gemeindeleitung sollen in Zukunft die haben, die sich dafür qualifiziert haben und kompetent sind. 3. Wir bekennen uns dazu, der Jugend in unseren Gemeinden einen ersten Platz einzuräumen (Option für die Jugend). Jugend darf nicht weiter als Schlußlicht in der Gemeinde laufen. Jugendliche müssen einen gleichberechtigten Platz bekommen. 4. Die Gleichstellung der Frauen soll sofort auf allen Ebenen vollzogen werden. Mit der Ausbildung und Zulassung von Pfarrerinnen, Seelsorgerinnen, Bischöfinnen ist spätestens 1992 zu beginnen. 5. Wir fordern die unverzügliche Aufhebung des Zölibatsgesetzes. Jede Pfarrerin und jeder Pfarrer sollen sich in Zukunft frei für ihren Lebensstil entscheiden. 6. Wir wollen, daß die Gemeinden das vorhandene Geld ausgeben zugunsten des Sein und nicht zugunsten des Haben. Dazu gehört auch die Solidarität mit den Armen und Entrechteten bei uns und in der ganzen Welt. Dies muß in einem Kirchenhaushalt angemessen zum Ausdruck kommen. Auch lehnen wir Bauwerke ab, in denen sich einzelne Menschen verewigen wollen. 7. Wir bekennen uns uneingeschränkt zur Ökumene. Wir schlagen die sofortige Einrichtung von "offenen", runden, ökumenischen Tischen in jeder Gemeinde vor, in denen die Wiedervereinigung vor Ort und global vorbereitet wird. Wir fordern den sofortigen Stopp aller Baumaßnahmen, die noch die Idee der Trennung zementieren wollen. 8. Wir wollen die Gemeindehäuser und Kirchen aufmachen für die Menschen. Kirchen sollen Orte des Festes, der Tischgemeinschaft und Besinnung sein können. Ins Gemeindehaus dürfen nicht nur die, denen der Pfarrer den Schlüssel gibt. 9. Wir fordern eine innerkirchliche Besinnung auf die wahren Nöte und Bedürfnisse der Menschen. Wir bringen damit zum Ausdruck, daß uns die Kirchenfernen genauso wichtig sind wie die aktiven Christinnen und Christen. 10. Wir wollen uns mit ganzer Kraft einsetzen für Liebe, Frieden, Gerechtigkeit und die Bewahrung der Schöpfung. Die Kirche und ihre Gemeinden haben einen Auftrag und Möglichkeiten, Hoffnungszeichen zu setzen. Zit. aus Publik-Forum 3 (1991) 4.

derungswelle ja auch übers Ziel hinaus geschossen."[91] - "Zu vieles veränderte sich zu schnell und zu wenig vorbereitet. Diese Meinung vertrete ich heute; seinerzeit habe ich die Veränderungen mitgetragen und sie damals auch nicht als zu schnell empfunden."[92] Nüchternheit und Enttäuschung haben sich breit gemacht. "Ich habe inzwischen den Eindruck gewonnen, daß die Einrichtung Pfarrgemeinderat eine überflüssige Sache geworden ist. Das Pendel schlägt in der Kirche zurück. Laienaktivität oder gar Laienverantwortung sind nicht mehr gefragt und auch nicht mehr gewünscht."[93] - "Nicht gelungen ist unserer Meinung nach der Versuch, die Arbeit des Pfarrgemeinderates zu 'demokratisieren'."[94] - "Bei Beginn unserer Arbeit hatten wir - auch angeregt durch die Arbeitshilfen der Region - idealistische Vorstellungen über unsere Arbeit bzw. deren Wichtigkeit. Wir sind aber nun leider manchmal der Meinung, daß wir im weitesten Sinne nur 'ein Pöstchen ausfüllen', das halt ausgefüllt werden muß, weil es die Statuten nun einmal für eine Pfarrei so vorsehen. Wir geben zu, daß sicherlich auch unser eigenes Unvermögen, unsere Mutlosigkeit und unsere Enttäuschung dazu beigetragen haben."[95]

3.3 Zusammenfassung: Erhebbare Motive

"Mitarbeiter des Pfarrers" - "Mitarbeiter der Gemeinde", mag diese Kategorisierung auch recht plakativ sein, entspricht sie doch in ihren Grundlinien dem unterschiedlichen Selbstverständnis der Laienmitarbeit in der Gemeinde, wie es sich mir aufgrund der vorliegenden Erfahrungsberichte darstellt. Es darf davon ausgegangen werden, daß zwischen diesen beiden Polen die Motive im Sinne von Grundanliegen, die die Mitarbeiter in der Gemeinde bewegen, anzusiedeln sind. Dasselbe gilt auch für die Motive der Pfarrgemeinderatsmitglieder.

Hier wird in der Theorie immer wieder eine ganze Bandbreite von Motiven angenommen: "Interesse an einem bestimmten Arbeitsbe-

91 DIÖZESANRAT FREIBURG: Erfahrungen, 26 f.
92 Ebd. 32 f.
93 SANDERS u. VOSS: Umfrage, 289.
94 DIÖZESANRAT FREIBURG: Erfahrungen, 24.
95 LUHMANN: Wünsche, 28 f.

reich; Wunsch nach Gruppenzugehörigkeit; allgemeine Identifizierung mit Kirche; Interesse an politischem Einfluß; Verlangen nach Selbstdarstellung; emotionale Bindung an bestimmte Mitglieder der Gemeinde oder des Pfarramts."[96] Nach meinen Beobachtungen allerdings läßt sich der Annahme einer solchen Bandbreite klarer und artikulierbarer Motive nicht zustimmen.

"Der Wunsch nach Gruppenzugehörigkeit" kann durchaus ein Beweggrund sein, um für den Pfarrgemeinderat zu kandidieren. Gerade dann, wenn die Zugehörigkeit zum Pfarrgemeinderat aus der Sicht des Betreffenden es möglich scheinen läßt, das Bedürfnis nach Gemeinschaft und Zusammenhalt, das bislang in der Gemeinde nicht erfüllt werden konnte, zu befriedigen. Aufgrund des mir vorliegenden Materials handelt es sich hier allerdings nicht um ein häufig auftretendes Motiv. Daß man im Pfarrgemeinderat die Möglichkeit zur Selbstdarstellung sieht, daß also das Bedürfnis, sich öffentlich zu profilieren, ein mögliches Motiv für die Mitarbeit im Pfarrgemeinderat ist, kann nicht ausgeschlossen werden, ist aber ebenfalls nicht belegbar. Es ist auch nicht davon auszugehen, daß gerade dieses Motiv von den Betreffenden explizit artikuliert würde. Daß es emotionale Bindungen an einzelne sind, die es erstrebenswert erscheinen lassen, mit diesen zusammen im Pfarrgemeinderat zu arbeiten, kann ebenfalls nicht von der Hand gewiesen werden, ist aber von der dokumentierbaren Praxis her auch nicht belegbar.

Erhebbare Motive bleiben letztlich nur drei: das Pflichtgefühl, das Interesse an einem bestimmten Aufgabengebiet und das Bedürfnis, auf Gemeindebild und Struktur der Gemeinde verändernd Einfluß zu nehmen. Jedoch selbst bei der Darstellung dieser drei artikulierten Motive als bis zu einem gewissen Maß bewußter und geklärter Motive muß man sich folgende Tatsache vor Augen halten: Bei dem Versuch, Motive zu erhellen, muß grundsätzlich mit einer doppelten Barriere gerechnet werden: "Nicht immer kennen wir die Gründe unseres Verhaltens, von den Letztzielen ganz zu schweigen, und wenn wir sie

---

96   GROSSE, Heinrich: Was kann getan werden, damit Kirchenvorsteher ihre Aufgaben sachgemäß wahrnehmen können? In: Norbert GREINACHER u. Norbert METTE u. Wilhelm MÖHLER (Hrsg.): Gemeindepraxis. Analysen und Aufgaben. München - Mainz 1979, 225.

kennen, sprechen wir nicht immer offen darüber, sondern bemühen uns, 'anerkannte' Motive anzugeben."[97] Von daher ist im Blick auf "die" Praxis der Pfarrgemeinderäte nicht mit letzter Sicherheit und allgemeingültig zu sagen, welche Motive vorliegen und welches Gewicht sie haben.

Für die Arbeit des konkreten Pfarrgemeinderates wäre dies m.E. eine notwendige Voraussetzung. Hier ist es unverzichtbar, die Frage nach den Motiven zu stellen und sie zu beantworten, denn ich gehe nach meinen Beobachtungen davon aus, daß die persönliche Motivation des einzelnen in hohem Maß darüber entscheidet, in welcher Form, mit welcher Absicht und zu welchem Zweck er oder sie im Pfarrgemeinderat schließlich mittut. Je weniger die Motivation eines Pfarrgemeinderatsmitgliedes allerdings geklärt ist, desto eher ist seine Mitarbeit in nahezu jede gewünschte Richtung funktionalisierbar, und desto größer ist dann auch die Gefahr, daß das Selbstverständnis, mit dem diese oder jene Aufgabe wahrgenommen wird, nur einem ideologischen Überbau entspringt. Dies bedeutet, daß Motive für das Handeln und die Art und Weise des Handelns selbst vom angenommenen Zweck einer Organisation her abgeleitet werden: "In wirtschaftlichen Organisationen ist es 'Geld', in sozialen Organisationen 'anderen helfen', in religiösen Organisationen ... ('um des Himmelsreiches willen'?)."[98]

Meist wird die Chance vertan, die von einem Teil der Kandidaten geäußerten Ängste und Fragen vor dem, was auf sie zukommt, aufzugreifen und zu klären. Diese Unsicherheit kann durchaus als Indiz für das vorhandene Gespür, daß die Pfarrgemeinderatsarbeit doch anders ist als die bisherige Tätigkeit, gesehen werden. Darüber hinaus muß davon ausgegangen werden, daß es für sehr viele keiner zusätzlichen Motivation bedarf, um für den Pfarrgemeinderat zu kandidieren, weil dies eben die logische Fortsetzung ihrer bisherigen Arbeit bedeutet. Es ist also damit zu rechnen, daß die Motivation, aus der heraus jemand für den Pfarrgemeinderat kandidiert, weiterhin mehr

97 BERKEL, Karl: Organisationspsychologie der Gemeinde. In: Isidor BAUMGARTNER (Hrsg.): Handbuch der Pastoralpsychologie. Regensburg 1990, 313.
98 Ebd.

oder weniger diffus bleibt - und dieselbe, aus der heraus bislang in der Gemeinde mitgearbeitet wurde.

4. Selbstverständnis der Mitglieder des Pfarrgemeinderates

Wer sind die Pfarrgemeinderäte? Es geht in dieser Fragestellung nicht um das Eigenbild, das die Mitglieder des Pfarrgemeinderates von diesem Gremium haben, es geht vielmehr um das Bild, das sie von sich selbst als Mitglied dieses Gremiums haben. Wer sind die Pfarrgemeinderäte? Dies zu fragen, heißt auch zu fragen: Mit welchem Selbstverständnis übernehmen sie ihr Amt und arbeiten an dieser Stelle in der Gemeinde mit? Daß diese Frage sehr schwierig zu beantworten ist, kann im Kontext des bisher Überlegten nicht verwundern. Das Motiv für die Bereitschaft zur Kandidatur und das Selbstverständnis als gewähltes Pfarrgemeinderatsmitglied hängen aufs engste zusammen. Ist die Motivation, die zur Kandidatur führte, nicht geklärt, gilt ähnliches wohl auch für das Rollen- und Selbstverständnis als Pfarrgemeinderat.

Hinweise darauf, mit welchem Selbstverständnis Pfarrgemeinderäte ihre Aufgaben wahrnehmen, lassen sich in den Erfahrungsberichten aufgrund der dort genannten biographischen Daten finden. Hier werden einzelne Erfahrungen und Ereignisse berichtet, von denen gesagt wird bzw. von denen angenommen werden kann, daß sie prägend für Lebens- und Glaubensgeschichte der Pfarrgemeinderatsmitglieder wurden und somit auch einen Teil ihres Selbstverständnisses als Pfarrgemeinderat ausmachen. Unter den genannten Punkten spielt das II. Vatikanische Konzil eine wichtige Rolle. Nicht minder entscheidend sind aber auch Erfahrungen in und mit der eigenen Pfarrgemeinde.

In einer sich verändernden Kirche und Gemeinde werden außerdem Problembereiche genannt, die den Pfarrgemeinderäten für ihre Arbeit besonders relevant erscheinen, und es werden Befugnisse und Kompetenzen eingefordert, die sie als notwendig erachten, um ihre Arbeit sinnvoll tun zu können.

Aus all dem kann sich ein Bild vom unterschiedlichen Selbstverständnis der Pfarrgemeinderäte ergeben, selbst da, wo es nicht ausdrücklich artikuliert wird. Wo im folgenden darüber hinaus Stimmen aus dem Pfarrgemeinderat zu Wort kommen, die explizit vom eigenen Selbstverständnis sprechen, sind diese interessant und für unsere Fragestellung wichtig. Dabei darf aber nicht aus dem Blick geraten, daß es sich um eine Minderheit der Pfarrgemeinderatsmitglieder handelt, die ihr Selbstverständnis ausdrücklich beschreibt.

4.1 Prägendes Ereignis Konzil

"Wenn auch die konkreten Personen in den Pfarrgemeinderäten seit 1970 weitgehend ausgetauscht wurden, so blieben doch die Vertreter derselben Geburtsjahrgänge dominant. Es ist dies die Generation, die in der Jugend noch vorkonziliar sozialisiert wurde und im frühen Erwachsenenalter das Konzil mit seinen Turbulenzen, aber auch neuen Impulsen (wozu auf institutioneller Ebene auch der Pfarrgemeinderat gehört) erlebte."[99] Von daher ist leicht verständlich, daß das Ereignis des II. Vatikanischen Konzils, das in den Erfahrungsberichten der Pfarrgemeinderäte oft genannt wird, eine Rolle spielt. "Die Erwartungen und Hoffnungen im Jahre 1969 auf neues Leben in der Kirche bewegten viele Menschen in hohem Maße. Die Ausstrahlung, die in den Jahren nach dem Konzil von der Kirche ausging, vermittelte Freude und neue Zuversicht. Die Kirche zeigte sich solidarisch mit den Leiden und Freuden der Menschen. Die Öffnung zur Welt hin bedeutete Aufbruch und Möglichkeit zur Befreiung der Christen. Ein Stein war ins Rollen gekommen. Eine neue positive Entwicklung würde sich anbahnen, so hoffte man."[100]

---

99   SCHMIED, Gerhard: Pfarrgemeinderäte im Wandel. In: Diakonia 2 (1988) 130.
100 DIÖZESANRAT FREIBURG: Erfahrungen, 26 f.

Ganz offensichtlich hat eine ganze Reihe von Pfarrgemeinderäten das Ereignis des Konzils, die von ihm ausgehenden Impulse und die in der Folge daraus entwickelten oder ihm zugeschriebenen Änderungen im Leben der Kirche als außerordentlich prägend für sich selbst, als einschneidendes Geschehen in ihrer religiös-kirchlichen Sozialisation und als ein elementares Grunddatum, das ihr Selbstverständnis als Christen und damit ihren Platz in der Pfarrgemeinde neu umschrieb, erlebt und verstanden. Hier hat sich in ihnen so etwas wie eine Überzeugung, eine Vision von Kirche festgemacht und ausgeprägt, die ein Teil ihres Selbstverständnisses ist, mit dem sie ihre Arbeit im Pfarrgemeinderat aufnehmen und tun.

4.1.1 Verantwortung für eine lebendige Gemeinde

"Das II. Vatikanische Konzil hatte mich gewaltig in 'Bewegung' gebracht, und ich habe seitdem immer mehr gelernt, was es heißt, 'mit der Kirche zu denken'. (Sentire cum Ecclesia sagt noch besser, was ich meine.) Es war für mich eine ungeheure Erfahrung, daß diese Kirche, also mein Pfarrer, mich um meine Meinung fragt, diese sogar ernst nimmt und mich braucht zur Mitarbeit."[101] - "Folgende Gesichtspunkte führten mich dazu, ehrenamtlich in der Gemeinde mitzuwirken: Kirche ist jeder, der sich als Christ bekennt, Jesus Christus ernst nimmt und versucht, sein Leben nach ihm auszurichten. Ich habe die Anfänge des II. Vatikanischen Konzils als Jugendliche kennengelernt und als Ermutigung erfahren. Ich bin während meiner Ausbildungszeit als Erzieherin und während meiner aktiven Jugendarbeit stets ermuntert worden - auch durch die Arbeit mit Geistlichen -, den Glauben nach dem II. Vatikanischen Konzil bewußter zu leben. Positive Erfahrungen während meiner Jugend - 'Kirche sind wir' - haben dazu geführt, daß ich trotz vieler negativer Erfahrungen in der letzten Zeit bis heute das Amt der Pfarrgemeinderatsvorsitzenden wahrnehme."[102] - "Das Zweite Vatikanische Konzil hat der Mitarbeit von Laien in der Kirche sehr viel Interesse geschenkt. Möglichst viele Christen sollten ermutigt werden, sich in ihren Gemeinden zu engagieren und Mitverantwortung zu tragen. Auf diese Weise können leben-

---

101 Ebd. 35.
102 MÜNSTER: 46, 1.

dige Gemeinden entstehen."[103] - "Ich träume von einer Kirche, in der alle nicht nur Brot, sondern auch Verantwortung miteinander teilen und sich loslassen können. Ich glaube, daß wir alle dann nicht ärmer, sondern reicher werden, daß das Reich Gottes dann schon etwas sichtbarer wird. Ich will weiter daran mitarbeiten."[104]

Was das Kirchenverständnis dieser Pfarrgemeinderatsmitglieder ausmacht, nennen sie selbst "Traum" oder "Vision". In ihrem Selbstverständnis spiegelt sich dies in einem Emanzipationsprozeß wider, der im Miteinander von Laien und Amtsträgern die Rollen anders als bisher zu umschreiben versucht. "Eine nur von Priestern und hauptamtlichen Laien betreute Versorgungs- und Servicekirche ist das Ende der von Jesus Christus gewollten Gemeinde."[105] - "Für mich lebt eine lebendige Gemeinde aus sich selbst, sorgt für sich und ist auch Träger der Sakramente, ausgerichtet auf Jesus Christus. Hauptamtliche gehören dazu als Mitarbeiter der Gemeinde, als Weggefährten der Gemeindemitglieder und als vom Bischof Beauftragte."[106] - "Mag auch der Weg zum 3. und 4. Vatikanischen Konzil noch weit sein, der Pfarrgemeinderat bereitet sich auf das Jahr 2000 vor. Sterile Machtkämpfe, um das klerikale Monopol zu brechen, gehören der Vergangenheit an, gemeinsames Suchen und Ringen nach neuen Wegen ist gefragt."[107] Man kann das, was hier deutlich wird an verändertem Rollen- und Selbstverständnis von Pfarrgemeinderäten, nicht auf den Begriff "demokratisch" reduzieren.[108]

4.1.2 Sorge um den Glauben der Gemeinde

Die Erfahrungsberichte aus dem Pfarrgemeinderat lassen den Schluß zu, daß sich im Zusammenhang mit dem II. Vatikanischen Konzil bei Christen, die bislang nach dem traditionellen Rollenverständnis von

---

103 DIÖZESANRAT FREIBURG: Erfahrungen, 30 f.
104 MÜNSTER: 46, 2.
105 LENICH: Pfarrgemeinderäte, 13.
106 MÜNSTER: 46, 3.
107 LENICH: Pfarrgemeinderäte, 13.
108 SCHAUPP stellt dazu fest: "Die genaue Analyse ... macht deutlich, daß der Begriff 'demokratisch' im Bewußtsein der Erzähler durch folgende Elemente definiert ist: Jeder darf seine Meinung sagen; Meinungen können und sollen diskutiert werden; bei einer Diskussion muß sich jeder Teilnehmer an bestimmte Spielregeln halten; wird abgestimmt, so gelten mehrheitlich gefällte Entscheidungen." SCHAUPP: Pfarrgemeinderat, 234.

der alleinigen Zuständigkeit des Amtes für Fragen des Glaubens ausgegangen waren, ein anderes Selbstverständnis entwickelte: "Es kann als 'Geschenk' gewertet werden, welche Vielfalt an Glaubensvertiefung und Glaubenserneuerung dem neuen Gremium des Pfarrgemeinderates zukam."[109] - "Wir alle, ob Ehrenamtliche, Hauptamtliche oder Priester, sind gleichermaßen aufgerufen, unseren Glauben zu leben und weiterzugeben. Hierzu ist Vertrauen, gegenseitige Anerkennung und gemeinsames Tun erforderlich. Dabei möchte ich die Notwendigkeit der Zusammenarbeit und des Aufeinanderzugehens besonders hervorheben."[110] - "Erstens müssen wir deutlich erkennen, daß uns Christen die Chance geboten ist, den Glauben als das einzig wahre, glücklich- und freimachende Geschenk zu leben, zu bezeugen und sichtbar werden zu lassen, und zweitens wird der miteinander geteilte Glaube unmittelbar und zwangsläufig missionarisch wirksam, weil er nicht in einem geschlossenen Kreis verbleiben kann."[111] - "Jesus Christus will wahrhaftige Glaubensboten, deshalb sollte der Auftrag des Pfarrgemeinderates als Sendung verstanden werden. Deshalb sollte von den Frauen und Männern im Pfarrgemeinderat eine echt gelebte Gläubigkeit und Überzeugungskraft ausgehen. Sie sollten Impulse und Anregungen für ein lebendiges Gemeindeleben geben. Dazu ist es aber notwendig, daß auch die einzelnen Pfarrgemeinderäte ihren Glauben immer wieder erneuern und vertiefen."[112] - "Wenn viele kleine Gruppen, viele einzelne Christen und viele Gemeinden versuchen, das Gesicht der Welt mit nur kleinen Schritten zu verändern, werden die Samen des Glaubens auch in der nächsten Generation zu finden sein ... und vielleicht auch einige große Bäume, in deren Schatten man sich ausruhen kann."[113]

Betont wird also sowohl die persönliche Verantwortung für die Vertiefung des Glaubens im eigenen Leben als auch die Notwendigkeit des gemeinsamen Einsatzes aller, ob Laien oder Kleriker, für die Weitergabe dieses Glaubens an die kommenden Generationen und in die konkrete Welt hinein.

---

109 DIÖZESANRAT FREIBURG: Erfahrungen, 30 f.
110 MÜNSTER: 46, 1.
111 Ebd. 8.
112 DIÖZESANRAT FREIBURG: Erfahrungen, 30 f.
113 MÜNSTER: 46, 9.

4.2 Veränderte Situation Gemeinde

In den Erfahrungsberichten der Pfarrgemeinderäte wird von Veränderungsprozessen in der Gemeinde berichtet. Stichworte wie "Rückgang", "Verlust", "Nachlassen", "Abnahme", "Schwund", "Schrumpfen", "Abflauen", "weniger werden" sind dort immer wieder zu lesen und bestätigen die Beobachtung ZULEHNER's vom "Auswandern von Mitgliedern aus den Kerngemeinden".[114] Die Tatsache, daß die in den Jahren kleiner gewordene Kerngemeinde ihr Gesicht verändert hat, d.h. in ihren Lebensvollzügen andere Schwerpunkte setzt, andere Ziele verfolgt, ihr Miteinander anders versteht und organisiert als noch vor 20 Jahren, steht aus der Sicht der allermeisten Pfarrgemeinderäte außer Zweifel. ZULEHNER sieht hier eine "Art Verdichtung von Kirchlichkeit in den Kerngemeinden ... Die Kerngemeinden sind somit zwar kleiner, aber auch lebendiger geworden."[115]

Die Erfahrungsberichte belegen allerdings, daß die veränderte Gemeindesituation unterschiedlich bewertet wird. Die zu bewältigende Situation dieser als Krise oder als Chance verstandenen Entwicklungen prägt einen Teil des Selbstverständnisses der Pfarrgemeinderäte. Selbst wo dieser Zusammenhang nicht reflektiert scheint, ist aufgrund der Darstellungen und Bewertungen der Gemeindesituation, wie sie in den Erfahrungsberichten vorgenommen wird, ein Rückschluß auf das Selbstverständnis von Pfarrgemeinderäten möglich.

4.2.1 Sicherung des traditionellen Gemeindebildes

Was bei ZULEHNER "lebendiger" heißt, heißt in der Wahrnehmung mancher Pfarrgemeinderäte vor allem "unübersichtlich", "konfus", "äußerliches Getue", "Glaubensverlust", "Schwund der Innerlichkeit". Dies stellt für sie eine Bedrohung dessen dar, was ihnen heilig ist und Heimat.

---

114 ZULEHNER, Paul M.: Wie kommen wir aus der Krise? Wien - Freiburg - Basel 1978, 39.
115 Ebd.

In der Regel wurde das Kirchen- und Gemeindebild dieser Pfarrgemeinderäte in einer Zeit geprägt, in der der Pfarrer im Grund die
einzige und entscheidende gestalterische Persönlichkeit in der Pfarrgemeinde war. Die Laienarbeit innerhalb der Gemeinde war als Verbandsarbeit in klarer Zuordnung zum Pfarrer in den Katho-
likenausschüssen im Rahmen der Katholischen Aktion organisiert. Es
existierte noch eine in sich relativ geschlossene katholische Welt.

Deshalb ist es verständlich, daß jene in einer Vielzahl von Gruppen
und Aktivitäten, in einer selbständigen Arbeit von Laien in der Katechese, in einer pluriformen Gestalt der Kerngemeinde das Ergebnis
"außerkirchlicher Einflüsse sehen", die die Krise letztendlich noch
verstärken. "Für diese stark der Tradition verpflichteten Pfarrgemeinderatsmitglieder ist die sichtbare Gestalt der Kirche (Gottesdienst, Prozessionen, Maiandachten) Teil ihrer katholischen Identität,
in diesen traditionellen Formen erleben sie Kirche als Heimat."[116]
Aber genau diese traditionellen Formen sind aufs ganze gesehen
immer mehr am Schwinden.

Deuten Pfarrgemeinderäte das, was sie an Veränderungen in der
Kerngemeinde erleben, als eine Bedrohung ihrer Heimat, als eine Gefahr, die zudem von einer Mehrheit der Gemeinde gar nicht wahrgenommen wird, kann sie dies in ihrem Rollen- und Selbstverständnis,
der Wahrung des traditionellen Verständnisses von Kirche und Gemeinde, noch mehr bestärken: Dem (weiteren) Verlust eines für sie
kongruenten Kirchenbildes soll mit Entschiedenheit begegnet werden.
"Sie wollen durch Entlastung des Pfarrers und durch Ausschaltung
außerkirchlicher Einflüsse auf die Entscheidungen ihr Kirchenbild ab-
sichern."[117] So schreibt im Rückblick die Vorsitzende über ein Mitglied ihres Pfarrgemeinderates: "Unermüdlich prangerte er die Öffnung der Kirche zur Welt an. Er unterstellte ihr u. a. Anpassung an
den Zeitgeist, Verrat der Tradition und Aufgabe unverzichtbarer
Wahrheiten."[118]

---

116 KJG: Pfarrgemeinderat, 18.
117 IKSE: 82, 47.
118 DIÖZESANRAT FREIBURG: Erfahrungen, 26 f.

47

Ihrem Selbstverständnis als Pfarrgemeinderat entspricht die "eher traditionell geführte Pfarrei, die ein Pfarrer fast wie sein 'Eigentum' behandelt. Von niemand läßt er sich 'dreinreden'. Für das Bewußtsein der Pfarrangehörigen ist charakteristisch, daß sie sich als die vom Pfarrer umsorgte Gemeinde verstehen."[119] Für diese Gemeinde setzen sie sich ein. Und so geht es ihnen vor allem darum, "den Pfarrer zu unterstützen, den wahren Glauben zu verteidigen, das Ansehen der Kirche in der Öffentlichkeit und das Verhältnis Kirche-Gesellschaft zu verbessern".[120]

4.2.2 Wahrung der Chancen einer neuen Gemeindewirklichkeit

"Es hat mich traurig gemacht, wenn vor allem Amtsträger immer wieder über den Rückgang von Kirchenbesucherzahlen jammern, über Glaubensverlust und Unwissen in religiösen Fragen, über Desinteresse am Leben der Gemeinde. Es hat mich aber noch mehr traurig gemacht, wenn dieselben Amtsträger die Augen zu schließen scheinen vor der Fülle von Diensten, die in unseren Gemeinden, in Caritas, Liturgie und Katechese, in Nachbarschaft, Betrieb und Gesellschaft ganz selbstverständlich getan werden."[121]

Immer wieder sprechen Erfahrungsberichte der Pfarrgemeinderäte davon, daß es zwar eine Krise gibt, daß aus dieser Situation heraus aber auch Neues gewachsen und Gemeinde lebendiger geworden ist. "Wir bemühen uns um die Erkenntnis, daß der Rückgang der sonntäglichen Kirchenbesucher auch eine Chance für uns alle ist, entschiedenere Christen zu werden."[122] "Daß man nur die Augen öffnen muß, um das Neue zu sehen", daß auch "andere Wege einen Sinn machen", daß "für unsere Gemeinde und ihre Zukunft die Chancen nicht schlecht stehen", sind Äußerungen, die man immer wieder lesen kann. "Wir bemühen uns um den einzelnen, der sich bei Taufe, Erstkommunion,

119 MÜLLER, Josef: Was ist ein Pfarramt? In: Lebendige Seelsorge 38 (1987) 315 f.
120 IKSE: 82, 47.
121 MÜNSTER: 46, 2.
122 DIÖZESANRAT FREIBURG: Erfahrungen, 32 f.

Firmung, Hochzeit oder bei sonstigen Gelegenheiten ansprechen läßt, und hoffen, daß er wiederkommt."[123]

"Rückschauend auf meine Arbeit im Pfarrgemeinderat möchte ich vorrangig das In-Gang-Bringen und Miterleben von Gemeindeaktivitäten erwähnen. Unsere Pfarrgemeinde zeichnet sich aus durch eine Vielzahl aktiver Gruppen und Verbände sowie ein sehr lebendiges Seelsorgeteam. Ich erlebe einen gemeinsamen Geist für eine offen ökumenisch orientierte, von Laien mitgeprägte Gemeinde. Von daher hat der Pfarrgemeinderat weniger die Rolle eines Motors, sondern eher die eines Begleiters, Weggefährten und Koordinators."[124] Diesem Selbstverständnis und der so geschilderten Pfarrgemeinde kann man in den Erfahrungsberichten immer wieder begegnen. Sie ist die, die "sich durch die Mitarbeit vieler Gemeindemitglieder von der 'versorgten Pfarrei' zu einem erstaunlich selbständigen 'Unternehmen' entfaltet. Die eher passive Mentalität in der Gemeinde ist einer Fülle von Aktivitäten gewichen. In einer differenziert gewordenen Umwelt wird eine Reihe von einladenden 'Angeboten' gemacht. In einer solchen Gemeinde, die sich etwa unter der Überschrift 'Wer mitmacht, erlebt Gemeinde' beschreiben läßt und die sich als 'Gemeinschaft von Gemeinschaften' versteht, gibt es verschiedenste Formen der 'Mitverantwortung'."[125]

Daß Gemeinde so möglich wird, bedarf des Freiraumes eigenverantwortlichen Tuns, der dadurch geschaffen wird, daß Mitarbeitern Verantwortung zugetraut wird. "Ich kenne mehrere gute Seelsorger ohne Titel in unserer Gemeinde: diese oder jene Frau, bei der sich die Nachbarn ihr Herz ausschütten können, weil sie die Gabe des Tröstens hat; diesen oder jenen Mann, der durch seine gerade Haltung ein Zeichen für Jesus Christus in seiner Umgebung ist; Jugendliche, die durch ihr intensives Suchen ihren Kameraden Respekt abnötigen."[126]

---

123 Ebd.
124 MÜNSTER: 46, 3.
125 MÜLLER: Pfarramt, 315 f.
126 LUHMANN: Wünsche, 30.

4.2.3 Zusammenhalt der Vielfalt der Gemeinde

"Die Vielfalt und das Leben in unserer Gemeinde ist eine tolle Sache, aber: wer soll das alles noch zusammenhalten?"(WP) - "Wenn es dem Pfarrgemeinderat gelingt, das Gemeindeleben zu aktivieren und mitzugestalten, wenn er es lernt, gegenseitig Rücksicht zu nehmen, auch widersprüchliche Ansichten zu ertragen und Geduld und Mut in seine Arbeit einzubringen, auch dann, wenn eigene Vorstellungen nicht verwirklicht werden können oder zurückgestellt werden müssen, dann hat er schon ein gutes Stück Arbeit geleistet."[127] Unter denen, die in einer lebendigeren und pluraleren Kerngemeinde eine Chance sehen, gibt es zahlreiche Stimmen, die die Notwendigkeit der Integration der gemeindlichen Vielfalt herausstellen. Es geht ihnen in der Arbeit darum, "daß Pfarreiaktivitäten koordiniert werden können".[128] Wichtig ist ein Gremium oder eine Person, "die die Meinungsvielfalt (die ja an sich gut und nützlich ist, sofern sie nicht nur von Gruppeninteressen bestimmt wird) einigermaßen koordinieren kann".[129]

Es geht ihnen nicht darum, beschneidend in die Vielfalt der Gemeinde einzugreifen, sondern darum, nach Möglichkeiten und Formen zu suchen, wie das Gesamt der Gemeinde zusammengehalten werden kann, ohne daß damit Vielfalt verloren ginge. Es fällt auf, daß ein Teil dieser Pfarrgemeinderäte dazu in erster Linie auf organisatorische Strukturen und Vernetzungen setzt. Der Pfarrgemeinderat hat aus der größer werdenden Vielfalt in der Gemeinde "inhaltliche sowie organisatorische Konsequenzen zu ziehen".[130] "Daß der Pfarrgemeinderat sich zu einem vollwertigen Organ in der Struktur unserer Kirchengemeinde entwickelt hat, zeigt optisch schon die Tatsache, wie sich der Berg an Protokollen, Sitzungseinladungen und sonstigen Unterlagen vergrößert hat. Etwa ein knappes Drittel der Akten entfällt auf die Jahre 1973 - 1981, ein weiteres Drittel auf 1981 - 1985 und nochmals ein Drittel auf 1985 - 1989."[131] Ein anderer Teil vertritt die Meinung, daß "bei der steigenden Differenzierung und Pluralisierung des Lebens die Darstellung der Einheit eben noch am ehesten durch eine

---

127 DIÖZESANRAT FREIBURG: Erfahrungen, 23 f.
128 KJG: Pfarrgemeinderat, 10.
129 DIÖZESANRAT FREIBURG: Erfahrungen, 23 f.
130 MÜNSTER: 46, 5 f.
131 DIÖZESANRAT FREIBURG: Erfahrungen, 31 f.

Person zu leisten und durch kein Äquivalent zu ersetzen"[132] sei. "Wir sind schon ein bißchen stolz auf unsere Gemeinde. Ich glaube, wir sind auch schon recht weit auf dem Weg von der versorgten zur selbstsorgenden Gemeinde. Manchmal gibt es zwar eine Vielfalt von Gruppen und Aktivitäten, die wir kaum noch überblicken können. Aber gerade in solchen Phasen bewähren sich immer wieder einige aus dem Pfarrgemeinderat ganz besonders mit ihrer Fähigkeit, die Leute miteinander ins Gespräch zu bringen, dafür zu sorgen, daß es mit dem Informationsfluß klappt, und was halt sonst noch alles dazugehört, daß die Gemeinde nicht auseinanderbricht."(WP)

4.2.4 Suche nach dem "Eigentlichen" in der Gemeindearbeit

"Daß wir als Christen für eine Botschaft geradezustehen haben, zu deren Wesenskern Befreiung und Freude am Leben gehören - wo kommt dies auch im Pfarrgemeinderat zum Ausdruck?"[133] Worte wie "Befreiung", "Leben" oder "es muß uns doch um das Eigentliche gehen"(WP), "dieses bloße Rumgerenne kann doch eine Gemeinde nicht wirklich verlebendigen"(WP) bringen recht gut das Selbstverständnis einer anderen Gruppe von Pfarrgemeinderäten auf den Punkt. Sie sind oft von "Strukturen" enttäuscht, machen aus ihrem Mißtrauen gegenüber nur äußerlichen Organisationsformen keinen Hehl, könnten also der These von ZERFASS zustimmen: "Sterilität und Schwerfälligkeit vieler Gremien auf Gemeindeebene sind nicht zuletzt in ihrer Struktur begründet: Die Aufgliederung in Ausschüsse erzeugt Ressortmentalität, ein Denken in Schubladen, das die übergreifenden Fragen aus dem Blick verliert, weil alle Aufmerksamkeit darauf konzentriert ist, innerhalb der Schublade Ordnung zu schaffen oder Erfolge zu versuchen. Es ist vielleicht die alte deutsche Krankheit: zuerst organisieren wir den Apparat und dann überlegen wir, was wir, nachdem wir so schön und aufwendig organisiert sind, Vernünftiges tun können. Natürlich fällt uns dann nichts Wesentliches mehr ein."[134]

---

132 Ebd.
133 DIÖZESANRAT FREIBURG: Erfahrungen, 28.
134 ZERFASS, Rolf: Ein Arbeitspapier zur Aktivierung basiskirchlichen Bewußtseins in unseren Pfarr- bzw. Kirchengemeinden. In: Norbert METTE (Hrsg.): Wie wir Gemeinde wurden. München/Mainz 1982, 16.

Es geht dieser Gruppe von Pfarrgemeinderäten um das "Wesentliche", um "wirklich pastorale Angelegenheiten", ohne daß sie dies in der Regel genauer definieren könnten. "Immer wieder brachten unsere Mitglieder den Wunsch zum Ausdruck, daß die Pfarrgemeinderatstätigkeit eine stärkere Basierung im pastoralen Bereich erhalten möge."[135] - "Es gibt eine merkwürdige Zurückhaltung bis Hilflosigkeit gegenüber dem engeren seelsorgerlichen Bereich. Man diskutiert stundenlang über den Weg der Fronleichnamsprozession, die Sitzordnung am Weißen Sonntag und den Preis der Käsetorte für das Pfarrfest. Aber wo wird wirklich pastorale Verantwortung übernommen?"[136] - "Dem Pfarrgemeinderat wurden viele organisatorische Arbeiten übertragen, und so wurde allmählich das wesentliche pastorale Grundanliegen - nämlich Glaubenserneuerung und Glaubensvertiefung in der Gemeinde durch den Pfarrgemeinderat - zurückgedrängt."[137] - "Die pastorale Aufgabenstellung sollte in den kommenden Jahren mehr in den Vordergrund der Arbeit des Pfarrgemeinderates rücken; dazu ist es notwendig, daß der Pfarrgemeinderat bei sich selbst beginnt."[138]

Es scheint so, gerade nach dem, was immer wieder als Defizit beklagt wird, daß es diesen Pfarrgemeinderäten darum geht, sich stärker dafür einzusetzen, daß das "Eigentliche", das "Wesentliche", das "Pastorale" möglich wird. Es geht von ihrem Selbstverständnis her um eine Gemeinde, eine Gemeinschaft, die sich vor allem als eine Lebensgemeinschaft versteht: "Das Gemeindeleben gewinnt seine Akzente nicht vom Pfarrer oder einem Leitungsteam. Es sind die Christen selbst, die sich in Gruppen nach den Bedürfnissen am Ort zusammenfinden, um die Situation, in der sie leben, im Licht des Evangeliums zu deuten. In dieser 'geschwisterlichen Gemeinde' ist der Pfarrer einer unter den anderen Christen. Er versteht sein Pfarramt als 'Mitarbeit' in und an der Gemeinde."[139]

---

135 DIÖZESANRAT FREIBURG: Erfahrungen, 23 f.
136 Ebd. 28 f.
137 Ebd. 30 f.
138 Ebd. 35 f.
139 MÜLLER: Pfarramt, 315 f.

4.3 Zusammenfassung: Unterschiedliche Selbstverständnisse

Mitverantwortung zu tragen für eine lebendige Gemeinde, mit diesem Selbstverständnis tritt eine ganze Reihe von Pfarrgemeinderäten ihre Arbeit an. Durch ein verändertes Kirchenbild des II. Vatikanums sehen sie sich selbst herausgefordert, eigenverantwortlich mitzuarbeiten am Aufbau einer Gemeinde, die ein konkretes Miteinander lebt und den Glauben an die kommenden Generationen in die Wirklichkeit dieser Welt hinein weitergibt. Deutlich wird aber auch in den Erfahrungsberichten, daß die Möglichkeit, aus diesem Selbstverständnis heraus im Pfarrgemeinderat mitzuarbeiten, sehr stark davon abhängt, inwieweit Pfarrer und hauptamtliche Mitarbeiter bzw. die Gemeinde in ihrer Gesamtheit dies zulassen.

Pfarrgemeinderäte lassen sich in ihrem Selbstverständnis sehr stark davon leiten, wie sie die veränderte Gemeindesituation bewerten. Dies kann zum einen dazu führen, daß ein Pfarrgemeinderat unter seiner Mitarbeit versteht, das traditionelle Gemeindebild soweit als möglich zu bewahren. Ein anderer wird aber gerade im Neuen eine Chance sehen, die es tatkräftig zu ergreifen gilt. Daß hier Konflikte vorprogrammiert sind und tatsächlich nicht ausbleiben, belegen die Erfahrungsberichte eindeutig.

Eine große Vielfalt von Gruppen, Aktionen und Meinungen in der Gemeinde gilt es zu integrieren, das ist ein weiteres mögliches Verständnis von der Arbeit im Pfarrgemeinderat. Dabei wird auf Strukturen oder Personen gesetzt, die dies gewährleisten. Dieses Arbeiten in, an und mit Strukturen wird aber von anderen Pfarrgemeinderäten für ihr Selbstverständnis als zu formal und oberflächlich angesehen. Ihnen geht es um das "Eigentliche", ohne daß sie dies oft näher definieren könnten. Problematisch ist offenbar hier aber häufig die Situation, daß kaum Kommunikation möglich ist, da man sich auf unterschiedlichen Ebenen bewegt und so immer wieder beklagt wird, daß es zu keinem wirklichen Dialog und Miteinander in der Arbeit im Pfarrgemeinderat kommt.

5. Ziele für die Arbeit des Pfarrgemeinderates

Im folgenden werden Ziele aufgelistet, die von den Pfarrgemeinderäten, ohne daraufhin befragt worden zu sein, explizit genannt wurden. Oft werden sie aber auch nur im Zusammenhang mit Visionen und Träumen angedeutet. Sie müssen dann aus dem jeweiligen Kontext erschlossen werden. Wo es möglich erscheint, werden auch Aussagen darüber gemacht, ob es sich dabei um Ziele handelt, die eher häufig oder nur vereinzelt vorkommen.

5.1 Spiritualität im Pfarrgemeinderat und in der Gemeinde

"Wir unterschieden uns wenig (oder gar nicht) von irgendwelchen Gremien innerhalb der Gesellschaft, und es wurde kaum deutlich, daß wir für unser Tun die 'Kraft von oben' brauchten."[140] Pfarrgemeinderäte drücken gerade zu Beginn ihrer Arbeit immer wieder die Hoffnung aus, sich nicht nur in bloß organisatorischem, äußerlichem Tun verlieren zu wollen.

Eine erste, sehr häufig genannte Zielvorstellung drückt sich so im nachdrücklich geäußerten "Wunsch nach mehr Spiritualität" aus. Den meisten Pfarrgemeinderäten ist "die Pflege der Spiritualität (Schriftwort, Andacht, Einkehrtag)"[141] wichtig, sie erwarten auch, daß bei ihrer Arbeit "über den Glauben gesprochen wird."[142] - Denn wir haben gelernt, "daß es neben dem praktischen Tun für die Gemeinde vor allem auf eine innere Spiritualität ankommt; daß wir alle unseren persönlichen Glauben auch zur Sprache bringen und nicht nur als 'Funktionäre' für die anderen da sind."[143]

---

140 SANDERS u. VOSS: Umfrage, 288.
141 SEILER, Peter: Damit das Betriebsklima stimmt. In: Die Lebendige Zelle 5 (1990) 173.
142 KJG: Pfarrgemeinderat, 53.
143 MÜNSTER: 46, 14.

"Es ist gefährlich, wenn der Pfarrgemeinderat ein Organ des Managements ist. Dann wird auch die Gemeinde nur gemanagt. Dann erleben wir auf Gemeindeebene, was oft an der Kirche kritisiert wird: Es wird mehr verwaltet, als daß Christus lebendig wird. Der Pfarrgemeinderat muß eine Gemeinschaft des Miteinanderglaubens werden. Nur dann kann er auch die Gemeinde dazu befähigen."[144]

Pfarrgemeinderäte nennen als Ziel nicht nur, daß sie die Arbeit des Pfarrgemeinderates selbst "vertiefen" wollen, sie haben auch den Anspruch, sich für ein Mehr an Spiritualität in allen gemeindlichen Vollzügen einsetzen zu wollen. "Unser wichtigstes Ziel ist, das Heil Gottes den Menschen in dieser Welt und in dieser Geschichte wieder erfahrbarer werden zu lassen, das große Wort 'Gottesreich' wieder mit Inhalt zu füllen." (WP) - "Wir hatten uns vor 5 Jahren das Ziel gesetzt, den Versuch zu unternehmen, die Gemeinde zu einer christlichen Gemeinschaft werden zu lassen."[145]

"Der Pfarrgemeinderat will die Gemeinde auf die Spur des Evangeliums setzen."[146] - Es geht uns "um das pastorale Grundanliegen - nämlich Glaubenserneuerung und Glaubensvertiefung in der Gemeinde durch den Pfarrgemeinderat".[147]

Der Wunsch nach mehr "Inhalt", "Religiosität", "Spiritualität" ist nach meinen Beobachtungen ein durchgängiges Thema in nahezu allen Berichten aus den Pfarrgemeinderäten. Die spirituelle Vertiefung und Erneuerung der Gemeinde ist also ein sehr wichtiges Ziel, das Pfarrgemeinderäte mit ihrer Arbeit verbinden.

---

144 SCHULZ, Heinz-Manfred: Ein Jahr in Gottes Werkstatt. Mainz 1978, 22
145 DIÖZESANRAT FREIBURG: Erfahrungen, 32.
146 MÜNSTER: 46, 10.
147 DIÖZESANRAT FREIBURG: Erfahrungen, 30 f.

5.2 Begegnung und Kommunikation der Gemeinde

"Das Miteinander aller in der Gemeinde zu ermöglichen," ist ein weiteres, häufig genanntes Ziel. Es geht darum, "Kontakt miteinander zu halten"[148] und Begegnung und Kommunikation innerhalb der Gemeinde zu ermöglichen: "Mein Ziel ist es, dafür zu sorgen, daß alle in der Gemeinde miteinander ins Gespräch kommen."(WP) In einer ganzen Reihe von Erfahrungsberichten wird besonders hier von erheblichen Schwierigkeiten berichtet. "Gerade in einer großen Gemeinde kennt man sich kaum, begegnet sich zu selten, spricht zu wenig miteinander."(WP)

Es geht den Pfarrgemeinderäten in ihrer Arbeit nicht nur darum, zwischen einzelnen Gruppen und Kreisen Begegnung und Kommunikation zu ermöglichen, es geht auch um das Gesamt der Gemeinde. Ein wichtiges Ziel ihrer Arbeit ist es, "daß primär nicht die verschiedensten Gruppen und Grüppchen im Mittelpunkt der Pfarrgemeinderatsarbeit stehen, sondern die Gemeinde selbst. Christliche Gemeinde in unserer modernen Gesellschaft heißt zunächst einmal, die fehlende Kommunikationsfähigkeit und -bereitschaft zwischen den Generationen, 'Konservativen' und 'Progressiven', Akademikern und Arbeitern, Sozialdienst der Frauen und KJG usw. aufzubrechen. Ein erster Schritt in diese Richtung wären Gesprächskreise, zu denen die Gemeindemitglieder, jung und alt, eingeladen werden."[149]

Begegnung und Kommunikation im Pfarrgemeinderat und in der Gemeinde zu ermöglichen, ist ein vorrangiges Ziel, das Pfarrgemeinderäte mit ihrer Arbeit verbinden. Um dieses Ziel zu erreichen, wird immer wieder die Wichtigkeit von Veranstaltungen wie Gemeindefesten, Bazaren, Wallfahrten u.ä. betont, "daß alle etwas gemeinsam machen und sich dadurch besser kennenlernen"(QI). Ebenfalls in diesem Kontext wird auch oft auf die Bedeutung der Gottesdienste hingewiesen: "Gerade der Gottesdienst soll die ganze Vielfalt der Gemeinde, all ihre Gruppen und Kreise, zusammenführen und zu einem Gemeinschaftserleben werden." (WP)

---

148 Ebd. 26.
149 KJG: Pfarrgemeinderat, 19.

5.3 Kultur im Miteinander der Gemeinde

"Es ist keine Seltenheit, daß im Winter der Raum nicht geheizt ist und man sich im Sommer die Kehle trocken redet, ohne auch nur einen Schluck Sprudel zu bekommen."(WP) - "In vielen Gemeinden ist die Pfarrgemeinderatssitzung von einer völlig kulturlosen Atmosphäre gekennzeichnet."[150] Viele Erfahrungsberichte offenbaren in Nebensätzen und fast beiläufig, wie wenig Wert auf Kultur und gute Atmosphäre in der Gemeindearbeit und im Pfarrgemeinderat gelegt wird: das "kalte Loch", als das das Sitzungszimmer beschrieben wird; "die unfreundliche und geschäftsmäßige Begrüßung" vor jeder Sitzung; der Pfarrgemeinderat, der sich selbst "kein Glas Wein wert" ist; die Selbstverständlichkeit, mit der "Geburtstage übersehen werden". Neben dem Mangel an Spiritualität ist dies ein weiteres großes Defizit, über das häufig geklagt wird:

Die "Kulturlosigkeit unseres Miteinanders als Gemeinde".(WP) - "Die ruppige und rein geschäftsmäßige Art, in der manchmal bei uns Gemeindearbeit betrieben wird, ist einer christlichen Gemeinde unwürdig."[151] Dies zu ändern, ist ein wichtiges Ziel, das Pfarrgemeinderäte mit ihrer Arbeit verbinden; es geht ihnen darum, "auf das menschliche Klima innerhalb der Gemeinde und insbesondere innerhalb des Pfarrgemeinderates zu achten".[152] Mein Ziel ist es, "auf ein brüderliches und schwesterliches Klima ... hinzuarbeiten".[153]

Es geht den Pfarrgemeinderäten nicht nur um das 'Daß' des Miteinanders in Gespräch und Begegnung, es geht ihnen auch um das 'Wie' dieses Miteinanders. Hier wird oft ein höheres Niveau angestrebt. Ein wichtiges Ziel ist ein *mehr* an Kultur, Stil und Atmosphäre im Miteinander.

---

150 DIÖZESANRAT FREIBURG: Erfahrungen, 29.
151 KJG: Pfarrgemeinderat, 19.
152 Ebd.
153 Ebd. 85.

5.4 Miteinander in der Verantwortung für die Gemeinde

In einem weiteren, immer wieder genannten Ziel geht es den Pfarrgemeinderäten darum, durch ihre Arbeit "dazu beizutragen, daß die Gemeinde ein verantwortliches Gremium hat, welches Beschlüsse fassen und im Auftrag der Gemeinde handeln kann".[154] - "Der Pastor soll nicht alles allein machen und bestimmen,"[155] vielmehr ist es ein wichtiges Ziel, daß "der Pfarrer die Mitglieder und den Vorstand als Partner und nicht als Erfüllungsgehilfen und Laufburschen betrachtet".[156] Notwendig wäre vielmehr ein verantwortliches Miteinander, "in dem Amtsträger und Laien in Eigenständigkeit und Verantwortung ihre Dienste tun, ohne sich voreinander zu fürchten".[157] Aus Sicht mancher Pfarrgemeinderäte ist darüber hinaus eine generell "stärkere Einbeziehung in den originären Verantwortungsbereich sicher vonnöten. Der Pfarrgemeinderat darf nicht weiter 'Feigenblatt' für eine - wirklich gewollte? - Demokratisierung der Kirche sein."[158]

Die "Forderung, daß die Mitverantwortung in allen Bereichen des kirchlichen und pfarrlichen Lebens größer sein soll,"[159] die in der Anfangszeit des Pfarrgemeinderates immer wieder gestellt wurde, ist auch heute noch ein häufig genanntes Ziel der Pfarrgemeinderäte. Mit ihrer Arbeit verbinden sie die Hoffnung, daß möglichst alle, die von einer Entscheidung betroffen sind, beim Prozeß der Entscheidungsfindung mitbeteiligt werden. Dies bedeutet zunächst, sie sollen überhaupt einmal im Pfarrgemeinderat vertreten sein. "Auf den Kandidatenlisten für den Pfarrgemeinderat überwogen die älteren männlichen Bewerber. So wurde es anfangs nötig, daß unser Gremium noch Frauen dazuwählte. Mit der Benennung von jugendlichen Mitarbeitern taten wir uns besonders schwer. Aber spätestens mit den Wahlen von 1981 hat sich ein grundlegender Wandel vollzogen, so daß die Zusammensetzung des Pfarrgemeinderates nach Alter und Geschlecht jetzt ausgewogen ist und die Wahlergebnisse bei den jün-

---

154 DIÖZESANRAT FREIBURG: Erfahrungen, 35.
155 LUHMANN: Wünsche, 28.
156 SANDERS u. VOSS: Umfrage, 289.
157 MÜNSTER: 46, 2.
158 Ebd. 12.
159 IKSE: 82, 39.

geren Kandidaten und den Frauen recht günstig sind."[160] - "Wir wollen uns um jüngere Kandidaten bemühen. Das ist aber sehr schwierig. Ihre Bereitschaft zur Kandidatur zu fördern, wird unser nächstes Ziel sein. Auch die Frauen sind im Rat unterrepräsentiert. Wir konnten zwar nach der letzten Wahl dieses Defizit durch die Möglichkeit der Zuwahl etwas ausgleichen. Aber dieses spezielle Problem ist noch lange nicht gelöst."[161] Denn Ziel muß vielmehr sein, daß dann auch alle im Pfarrgemeinderat gleichermaßen "zum Zug kommen". "Es ist mein Ziel, daß die Jugendlichen bei Entscheidungen, die unsere Pfarrgemeinde betreffen, mit einbezogen werden."[162] - "Die Pfadfinder sind in unserer Gemeinde die aktivste Gruppe überhaupt. Und dennoch wird ständig gerade über deren Köpfe hinweg im Pfarrgemeinderat über viele Dinge entschieden, die uns dann auch betreffen. Ich habe mir zum Ziel gesetzt, dies zu ändern. Um dies zu tun, so glaube ich jedenfalls, bin ich auch gewählt worden." (QI)

"Christsein heißt immer mehr, sich verantwortlich fühlen, immer weniger, sich als Objekt betreuen lassen."[163] Von dieser Grundüberzeugung läßt sich eine ganze Reihe von Pfarrgemeinderäten in ihren Zielvorstellungen leiten. Deswegen ist es ihnen wichtig, auf allen Ebenen der Gemeinde "die Verantwortlichen ins Gespräch miteinander zu bringen".[164] Damit verbinden sie dann auch die Hoffnung: "Wer sich verantwortlich fühlt und eine Aufgabe übernommen hat, fühlt sich eher zur Gemeinde zugehörig als jemand, der stets 'nur Zuhörer' ist."[165]

5.5 Lebendige Liturgie der Gemeinde

"Wir müssen endlich dafür sorgen, daß das Leben der Gemeinde in den Gottesdiensten vorkommt. Und zwar genau so, wie es ist. Die Gottesdienste müssen auch losgelöst sein von der strengen Liturgie. Statt frommer, abstrakter Empfehlungen und einer Sprache, die keiner

---

160 DIÖZESANRAT FREIBURG: Erfahrungen, 23 f.
161 Ebd. 26 f.
162 KJG: Pfarrgemeinderat, 10.
163 LUHMANN: Wünsche, 30.
164 KJG: Pfarrgemeinderat, 53.
165 MÜNSTER: 46, 9.

versteht, muß jeder und jede sich einbringen können und sich angesprochen fühlen." (WP) - Es geht uns darum, "den Gottesdienst realitätshaltiger werden zu lassen, so daß mehr Situatives, mehr von gemeinsamem Handeln und Erleiden artikuliert wird".[166] - Mein Ziel ist es, "verstärkt kindgerechte Formen des Gottesdienstes mit in das Gemeindeleben einzubeziehen".[167] Pfarrgemeinderäte formulieren Träume, Anliegen, Ziele zur Liturgie, die man so zusammenfassen könnte: "Unser Ziel sind Gottesdienste, in denen unsere Mitverantwortung als getaufte und gefirmte Christen 20 Jahre nach dem II. Vat. Konzil endlich ernst genommen wird, in die wir unseren Alltag einbeziehen und aus denen wir Kraft für unseren Alltag mitnehmen können."[168]

Beim Nachdenken über die Vertiefung und Verlebendigung der Liturgie spielen Stichworte wie "erfahren", "erleben", "fühlen" eine große Rolle. "Das Ziel unserer Arbeit ist, daß in der Liturgie alle Sinne des Menschen angesprochen werden." (WP) - "Wir wollen lachen, weinen, tanzen - ganze Menschen sein in einem Gottesdienst voll Leben."[169] - "Wenn auf Katholikentagen der Funke überspringt, einer den anderen an den Händen hält, vor dem Schlußgottesdienst 'la ola' durchs Stadion wogt, ist es da, das Gefühl, daß Leben in Bewegung gerät und daß der Glaube anstecken kann. Dies ist mein Traum. Ein bißchen davon muß auch bei uns möglich sein."(QI)

Die Gottesdienstgestaltung, eine lebendigere Liturgie überhaupt, ist ebenfalls ein aus den Erfahrungsberichten sicher erhebbares Ziel der Pfarrgemeinderäte. Sie wollen mit ihrer Arbeit einen direkten Einfluß auf ein Aufgabenfeld ausüben, das traditionell eigentlich ausschließlich dem Priester zugeordnet wurde.

---

166 SILLER, Hermann Pius: Der Weg einer Gemeinde in der gesellschaftlichen und kirchlichen Situation der Bundesrepublik Deutschland. In: Hubert FRANKEMÖLLE (Hrsg.): Kirche von unten: alternative Gemeinden. München/Mainz 1981, 131.
167 KJG: Pfarrgemeinderat, 50.
168 Vgl. KJG - DIÖZESANSTELLE FREIBURG (Hrsg.): Einen Stein ins Rollen bringen. - Impulse für Gottesdienst und Gemeinde. Freiburg o. J., 8.
169 KJG: Pfarrgemeinderat, 9.

5.6 Intensive Jugendarbeit in der Gemeinde

"Dem Pfarrgemeinderat Fragen und Probleme der Jugend bzw. Jugendarbeit näherzubringen,"[170] ist ein häufig genanntes Ziel der Arbeit im Pfarrgemeinderat. Hier soll u.a. erreicht werden, "daß die Jugendarbeit nicht isoliert vom übrigen Pfarrgeschehen existiert, sondern als ein Teil der Gemeindearbeit integriert wird und auch diesen Stellenwert bekommt".[171] - Es geht darum, "daß der gesamte Pfarrgemeinderat die Probleme der Jugendlichen ernst nimmt".(WP)

Die Auseinandersetzung mit dem Thema Jugendarbeit soll im Pfarrgemeinderat verstärkt stattfinden. Sie soll aber auch in der Gemeindearbeit insgesamt einen höheren Stellenwert bekommen. "Mein Ziel ist es, mich um die Kinder- und Jugendarbeit in der Gemeinde zu kümmern." (WP) - "Das wichtigste Anliegen für die Zukunft besteht für mich darin, gerade für Jugendliche christliche Gemeinde vor Ort erlebbar zu machen. Es ist einfach kein Zustand, wenn Jugendliche, um die Erfahrung christlicher Gemeinde machen zu können, nach Taizé fahren müssen."[172] - "Die Jugendarbeit muß Priorität genießen."[173]

Aus sehr vielen Erfahrungsberichten spricht die Überzeugung, daß es notwendig ist, soll der Glaube auch an die kommenden Generationen weitergegeben werden, das Mühen um die Kinder und Jugendlichen zu verstärken. Das verstärkte Beschäftigen mit dem Thema Jugendarbeit ist auch von daher eines der am häufigsten genannten Ziele der Pfarrgemeinderäte.

5.7 Öffnung der Gemeinde

"Wenn uns gleichgültig läßt, was Menschen heute zutiefst bewegt, haben wir uns selbst ins Abseits gestellt."[174] Auf das Ganze gesehen, gewinnen Ziele, die die Situation der Welt im Blick haben, an Be-

---

170 BDKJ FREIBURG (Hrsg.): Materialmappe zur PGR-Wahl. Freiburg 1990, M3.
171 KJG: Pfarrgemeinderat, 10.
172 Ebd. 18.
173 DIÖZESANRAT FREIBURG: Erfahrungen, 23.
174 MÜNSTER: 46, 10.

deutung. Sie kommen zwar, vergleicht man sie mit den bisher genannten, weit weniger häufig in den Erfahrungsberichten vor,
"auffallend im Vergleich mit einer ähnlichen Erhebung im Jahre 1971
ist aber die Tatsache, daß der Bereich Entwicklung, Frieden, Mission
vom damaligen Tabellenende bis in die Spitzengruppe vorgedrungen
ist".[175] Es werden in den letzten Jahren verstärkt Ziele genannt, die
sich auf die "vergessene Welt" außerhalb der Gemeinde
(Umweltfragen, Frieden und Abrüstung, Weltwirtschaftsordnung,
usw.), aber auch innerhalb der Gemeinde (Arbeitslosigkeit, Aus-
länderproblematik usw.) beziehen: "Ich träume davon, daß ein lebendig gewordener Glaube seinen Standort bei den Armen in der Gemeinde hat, damit das Evangelium zur Lebenswirklichkeit der ganzen
Gemeinde wird."[176]

Es geht darum, "daß auch und gerade im Pfarrgemeinderat die Lebenswirklichkeit der Menschen aufgegriffen und angegangen werden
muß".[177] Und dies heißt, es soll vermehrt "geredet und gestritten werden über konkrete Schritte zur Bewahrung der Schöpfung, über Arbeitslosigkeit, über Frieden und Abrüstung, über das sich wandelnde
Rollenverständnis von Frau und Mann usw."[178] In diesem Zusammenhang können auch sehr konkrete Ziele benannt werden wie zum
Beispiel dieses: Es ging mir darum, "mich engagiert zugunsten eines
in Pfarrgemeinderatskreisen sehr verrufenen autonomen Jugendhauses
einzusetzen".[179]

Nach meinen Beobachtungen werden für die Pfarrgemeinderäte Ziele,
die in den gesellschaftspolitischen Bereich hineinreichen, wichtiger
und in steigendem Maße genannt. Ebenfalls zu beobachten, gerade im
Kontext einer angestrebten "Öffnung auf die Welt hin", ist die immer
dringlicher artikulierte Sorge um die vielen, die der Gemeinde den
Rücken zugekehrt haben. Das Ziel, mit diesen Kontakt aufzunehmen,
wird immer häufiger genannt. "Im März 1979 hielt unser Pfarrgemeinderat eine Denkpause. Neben allgemeinen Fragen der Gemeinde-

175 LENICH: Pfarrgemeinderäte, 12.
176 MÜNSTER: 46, 8.
177 HAUPTABTEILUNG IM BISCHÖFLICHEN GENERALVIKARIAT MÜNSTER
     (Hrsg.): Mitteilungen Nr. 45 1988, 8.
178 DIÖZESANRAT FREIBURG: Erfahrungen, 28.
179 KJG: Pfarrgemeinderat, 28.

arbeit wurde als Schwerpunkt für das nächste Jahr das Problem der sogenannten Fernstehenden in unserer Gemeinde erörtert und die verstärkte Kontaktarbeit als Ziel gesetzt."[180] - Immer wichtiger wird mir "die Sorge um alte, kranke und einsame Menschen, um die Familien, die Jugendlichen und die Fernstehenden".[181] Die Sorge um sogenannte distanzierte Christen ist für eine ganze Reihe von Pfarrgemeinderäten ein wichtiges Ziel ihrer Arbeit.

5.8 Zusammenfassung: Gewichtung der Ziele

Eine auffallend wichtige Rolle spielen die Ziele, die das Miteinander der Gemeinde im Blick haben. Dabei geht es zuallererst darum, ein quantitatives und qualitatives Mehr an Kommunikation innerhalb der Gemeinde zu ermöglichen. Dabei sind nicht mehr zuerst Strukturfragen im Mittelpunkt des Interesses. Ziel ist vielmehr ein informelles, freies, legeres, freundschaftliches, menschliches Zusammensein und Miteinanderarbeiten.

Aus den ersten Amtsperioden kennen wir das anders: Dort ging es tatsächlich zuvorderst um die Sicherung der neuen äußerlichen und formalen Strukturierung, die die Mitverantwortung der Gemeinde in der Einrichtung des Pfarrgemeinderates gefunden hatte. Das Ziel einer verstärkten (auch formell klaren) Teilhabe an der (Leitungs-) Verantwortung wird zwar immer noch häufig genannt, steht aber nach meinen Beobachtungen eindeutig nicht mehr an erster Stelle der Prioritätenliste und meint in aller Regel auch nahezu ausschließlich die bessere Beteiligung von Jugendlichen und Frauen an der Pfarrgemeinderatsarbeit.

Auch bei anderen Zielen sind Akzentverschiebungen festzustellen. Eine große Zahl von Mitgliedern im Pfarrgemeinderat sah es zwar immer schon als ein wichtiges Ziel ihrer Arbeit an, die Gemeinde religiös zu verlebendigen. Doch interessanterweise wurde nur sehr selten der Forderung zugestimmt: "Die Mitglieder des Pfarrgemeinderates sollen als Aktions-, Gebets- und Opfergemeinschaft in einen wir-

---

180 LUHMANN: Wünsche, 52.
181 DIÖZESANRAT FREIBURG: Erfahrungen, 25 f.

kungsvollen Dienst für die Gemeinde hineinwachsen."[182] (So hieß es damals in der Würzburger Pfarrgemeinderatssatzung.) Inzwischen ist aber gerade die spirituelle Vertiefung der Pfarrgemeinderatsarbeit selbst ein wichtiges Ziel geworden. Einer ganzen Reihe von Pfarrgemeinderatsmitgliedern geht es nun darum, daß zunächst der Pfarrgemeinderat selbst "ein spirituelles Gremium" wird, ein Ort, an dem Glaube erfahren und gelebt wird.

Sorge zu tragen für eine lebendige Liturgie und Verkündigung, war immer ein wichtiges Ziel, das es aus Sicht der Pfarrgemeinderäte zu erreichen galt. Während sie sich hier aber früher eher als Vermittler zwischen Pfarrer und Gemeinde verstanden und es also darum ging, Dolmetscher für die Wünsche und Anregungen aus der Gemeinde zu sein, kann heute viel stärker die Tendenz beobachtet werden, nicht nur anregen und vermitteln zu wollen. Ziel ist das tatsächliche mitgestaltende Tun geworden. Auch die Verantwortung für die Weitergabe des Glaubens an Kinder und Jugendliche fällt aus der Sicht der Pfarrgemeinderäte viel stärker in ihren originären Verantwortungsbereich als noch vor zwanzig Jahren. Kinder und Jugendliche sind für sehr viele Pfarrgemeinderäte die wichtigste Zielgruppe ihrer Arbeit.

Ziele, die gesellschaftspolitisch relevant sind, werden inzwischen häufiger artikuliert. Bedenkt man die Tatsache, daß in den Anfängen des Pfarrgemeinderates das Ziel, die Gesellschaft soll durch die Arbeit des Pfarrgemeinderates verändert werden, für am wenigsten wichtig erachtet wurde, wird deutlich, daß es auf diesem Feld zu mehr als nur einer Akzentverschiebung kam. Zumindest ist die Tendenz eindeutig feststellbar, daß die Situation im nahen sozialen Umfeld der Gemeinde verstärkt wahrgenommen wird und auch die Problematik eines Zustandes der Gemeinde, von deren Leben sich immer mehr Christen distanzieren.

---

182 Vgl. IKSE: 82, 41.

6. Aufgaben und Aufgabenbewältigung des Pfarrgemeinderates

Bisher ging es vor allem darum, den Fragen nachzugehen, wer ist der Pfarrgemeinderat, was läßt sich über Motive, Selbstverständnis und Ziele seiner Mitglieder sagen? Im folgenden geht es um die Frage, was tut dieser Pfarrgemeinderat?

Neben den Motiven, aus denen heraus einzelne bereit sind, im Pfarrgemeinderat mitzuarbeiten, neben dem Selbstverständnis, mit dem sie ihren Auftrag wahrnehmen wollen, und neben den Zielen, die sie sich für ihre Arbeit setzen, beeinflußt auch die Satzung die Aufgabenstellung, die einem Pfarrgemeinderat zukommt. Denn Satzungen haben unter anderem die Funktion, "die Erwartungen an eine Institution zu strukturieren und einen Rahmen zu setzen, innerhalb dessen diese Institution Alternativen auswählen und bestimmte Prozesse strukturieren kann. Satzungen begrenzen normativ die Möglichkeit der Strukturbildung in den Institutionen, für die sie geschaffen sind."[183]

Mittels der vorliegenden Erfahrungsberichte und des statistischen Materials soll nun auch dargestellt werden, in welchem Maß aus der Sicht der Pfarrgemeinderäte selbst die Aufgaben, die sich ihnen stellen, in der Praxis erfüllt werden.

Dabei geht es zunächst um zwei Aufgaben mehr grundsätzlicher Art, die dem Pfarrgemeinderat zugeschrieben werden. Sie fassen den Auftrag des Pfarrgemeinderates so zusammen: Zum einen soll er das Bewußtsein für die Mitverantwortung der Gemeinde wecken, sie zur Mitarbeit aktivieren. Zum anderen soll er die Integration der einzelnen Dienste und Gruppen in der Gemeinde leisten.

Neben diesen eher grundsätzlichen Aufgaben wird eine ganze Reihe von Einzelaufgaben dargestellt, die der Pfarrgemeinderat für pastoral dringlich hält und bei denen er den Eindruck hat, daß er sie bewältigt. Der Bereich Liturgie/Gottesdienst z.B. nimmt in der Arbeit der Pfarrgemeinderäte und ihrer Ausschüsse in der Tat einen sehr breiten Raum

---

183 Vgl. ebd. 84.

ein; dies ist aber, aus Sicht der meisten Pfarrgemeinderäte, der dieser Aufgabe zugeschriebenen Bedeutung durchaus angemessen. Bewältigt werden die Aufgabenbereiche Ökumene, Mission und Bildungsarbeit. Sie sind bei weitem keine so häufigen Themen bei der Pfarrgemeinderatsarbeit. Die ihnen zugeschriebene Bedeutung liegt aber nicht so hoch wie für den Aufgabenkomplex Gottesdienst/Liturgie, so daß aus Sicht der Pfarrgemeinderäte auch hier kein Aufgabenbewältigungsdefizit vorliegt.

Das Veranstalten von Festen; die Haushaltspläne einer Pfarrei beraten; die Bauangelegenheiten der Pfarrei planen und beraten - diese Aufgaben müssen natürlich bewältigt werden. Als Aufgaben jedoch, mit denen sich der Pfarrgemeinderat auseinandersetzen muß, werden sie von den Pfarrgemeinderäten selbst eindeutig als sechst- und siebtrangig eingestuft.[184]

Die Notwendigkeit, daß der Pfarrgemeinderat sich mit der Gestaltung der Gemeindefeste beschäftigt, steht gar an letzter Stelle der Prioritätenliste.

Ganz anders verhält es sich mit folgenden Schwerpunkten: Förderung der Kinder- und Jugendarbeit, Ausarbeitung von Seelsorgekonzepten, Öffentlichkeitsarbeit und Sorge um die distanzierten Christen. Diesen vier Aufgaben wird eine ausgesprochen hohe Priorität eingeräumt. Ihre Bewältigung wird als vordringlich angesehen. Sie wird jedoch aus Sicht der Pfarrgemeinderäte am wenigsten geleistet: Alle vier Bereiche werden, in unterschiedlichem Maß zwar, aber dennoch immer wieder in den Sitzungen angegangen, ohne daß die Pfarrgemeinderäte allerdings den Eindruck hätten, im Sinne einer Lösung voranzukommen.

---

184 Vgl. FISCHER: Kirchengemeinderat, 28.

Aufgaben, die nicht minder problematisch sind, weil sie oftmals zu einer Polarisierung im Pfarrgemeinderat führen, sind z.b. die, die in der Berliner Pfarrgemeinderatssatzung so umschrieben werden: "Entwicklungen und Probleme des Alltags der politischen Gemeinde beobachten, überdenken und sachgerechte Vorschläge den kommunalpolitisch Verantwortlichen unterbreiten"[185] bzw. "Die Verantwortung der Gemeinde für Gerechtigkeit, Frieden und Bewahrung der Schöpfung wecken und fördern."[186] Ein Teil der Mitglieder hält diese Aufgaben für ausgeprochen vordringlich. Da darüber allerdings innerhalb eines Pfarrgemeinderates meist keine Übereinstimmung besteht, werden diese Aufgaben oft gar nicht angegangen.

Mitarbeiter gewinnen für die Glaubensunterweisung und den diakonischen Dienst der Gemeinde fördern: Beide Aufgaben werden dem Pfarrgemeinderat ebenfalls durch die Satzung zugewiesen. Sie werden aber nicht bzw. höchst selten durch den Pfarrgemeinderat wahrgenommen. Es gibt hierfür andere Träger in der Gemeinde, und dies wird in der Regel, da es sich bewährt hat, vom Pfarrgemeinderat selbstverständlich akzeptiert.

6.1 Förderung gemeinsam getragener Verantwortung

In der Gemeinde das Bewußtsein dafür zu wecken, daß es eine Mitverantwortung aller für die Gemeinde gibt, und von daher möglichst viele zur Mitarbeit zu aktivieren, halten Pfarrgemeinderäte für sehr wichtig.[187] "Je mehr Mitarbeiter einer Gemeinde verantwortlich beteiligt werden, desto mehr Chancen bestehen für die Realisierung von Kirche in all ihrer Vielfalt."[188]

Pfarrgemeinderäte sehen es als ihren Auftrag an, "viele Mitarbeiter zu gewinnen und zur Selbständigkeit zu führen".[189] - "Möglichst viele

---

185 PGR-Satzung Berlin, § 5. 3.b.
186 PGR-Satzung Berlin, § 5. 2.d.
187 Vgl. FISCHER: Kirchengemeinderat, 26.
188 BORN, Gudrun: Pfarrgemeinderat. Tips für die Praxis. Freiburg 1978, 26.
189 LUHMANN: Wünsche, 28.

Christen sollten ermutigt werden, sich in ihrer Gemeinde zu engagieren und Mitverantwortung zu tragen."[190]

Daß der Pfarrgemeinderat gerade diese Aufgabe sehr gut bewältigt, wird verschiedentlich bilanziert. SCHROER z.b. sieht einen der wichtigsten Aktivposten der Arbeit des Pfarrgemeinderates darin, daß Verantwortung und Mitarbeit eine spürbar breitere Basis in der Gemeinde erhalten haben.[191]

Pfarrgemeinderäte selbst schätzen dies aber in ihrer Mehrheit anders ein. Immer häufiger wird skeptisch die Frage gestellt: "Inwieweit ist es uns gelungen, Gemeindemitglieder hellhörig und aufmerksam zu machen und zur Mitarbeit zu gewinnen?"[192] Viele beklagen eine rapide zurückgehende Bereitschaft zur Mitarbeit bei den Pfarrangehörigen.[193] "In den Anfangsjahren war Begeisterung und Mitarbeit durch die Gemeinde groß."[194] - Inzwischen beobachten wir aber immer häufiger die "Scheu einer wachsenden Zahl von Gemeindemitgliedern, längere Zeit verpflichtende Aufgaben übernehmen zu wollen".[195] - "Man muß sich auch klar darüber sein, daß immer wieder - egal von wem - die gleichen Gemeindemitglieder angesprochen werden. Wir sind der Meinung, daß diejenigen in einer Gemeinde, die gern christliche Gemeinde in aktiver Form leben und erleben möchten (auch mit allen dieser Arbeit anhaftenden menschlichen Fehlern und Schwächen), das bereits tun; die anderen - von einigen Ausnahmen abgesehen - wollen nicht!"[196] - "Es ist festzustellen, daß der anfängliche Elan mit den Jahren doch ganz erheblich nachläßt und sich die wirklich aktive Mitarbeit auf einige wenige erstreckt, die in der Regel auch in anderen Gruppierungen und Organisationen der Gemeinde aktiv tätig sind."[197] - "Der einzelne fühlt sich zur Mitarbeit in der Gemeinde oft gar nicht mehr angesprochen."[198] - "Mehr und mehr wenden sich Leute von der Gemeinde ab. Wir alle kennen diese Klagen sehr genau.

---

190 DIÖZESANRAT FREIBURG: Erfahrungen, 30 f.
191 Vgl. SCHROER, Hans: Der Pfarrgemeinderat als gesamtkirchliche Aufgabe. Trier 1967.
192 MÜNSTER: 46, 15.
193 Vgl. BOGENSBERGER: Pfarrgemeinderäte, 264.
194 DIÖZESANRAT FREIBURG: Erfahrungen, 28.
195 Ebd. 32 f.
196 LUHMANN: Wünsche, 28 f.
197 DIÖZESANRAT FREIBURG: Erfahrungen, 23 f.
198 Ebd. 30 f.

Das macht mutlos. Von daher ist es für mich verständlich, wenn manche nicht mehr weitermachen wollen. Wer möchte schon in der Freizeit erfolglos arbeiten!"[199]

Es gelingt offensichtlich nicht mehr, wie in den zurückliegenden Jahren eine große Zahl von Gemeindemitgliedern zur Mitarbeit zu aktivieren bzw. in der Gemeinde möglichst viele zur Übernahme von Mitverantwortung zu bewegen. Im Gegenteil: Nach ihren Erfahrungsberichten erleben es Pfarrgemeinderäte häufig, daß ihnen die Wahrnehmung der Mitverantwortung und Mitarbeit wieder zurückdelegiert wird: "So wurde in zunehmendem Maße dem Pfarrgemeinderat die Rolle zugespielt, nur noch ausführendes Organ vieler Aufgaben und Arbeiten zu sein, mit dem Hinweis: 'Zu was haben wir überhaupt einen Pfarrgemeinderat - der soll schauen, daß in der Pfarrei etwas läuft und sich etwas bewegt!'"[200] - "Es scheint so, daß viele unter Kirche die möglichst umfassende und unterhaltsame Arbeit von Pfarrern und ihren Mitarbeitern (im Pfarrgemeinderat) verstehen."[201] Fazit: Aus der Sicht der Pfarrgemeinderäte wird die Aufgabe, Mitverantwortung zu wecken und zur Mitarbeit zu aktivieren, nicht (mehr) bewältigt.[202]

6.2 Integration der Dienste und Gruppen

Was getan wird, muß koordiniert, und diejenigen, die es tun, müssen integriert werden. Nach der Aufgabenbeschreibung der Statuten geht es darum, den Gemeinschaftscharakter der Gemeindevollzüge auszudrücken und darzustellen. Das Stichwort von der "gemeinsamen Sendung" zeigt die theologische Perspektive, in deren Kontext die Aufgabe des Pfarrgemeinderates steht, die Gemeinsamkeit des Tuns der Laien in der Gemeinde und die Gemeinsamkeit des Tuns der Laien mit den Amtsträgern in der Gemeinde darzustellen.

Ob der Pfarrgemeinderat diese Aufgabe wahrnehmen kann, muß angesichts der folgenden Äußerungen kritisch geprüft werden.

199 MÜNSTER: 46, 10.
200 DIÖZESANRAT FREIBURG: Erfahrungen, 30 f.
201 HÜMMELER: Kandidaten, 21.
202 Vgl. FISCHER: Kirchengemeinderat, 30.

"Ausdrücklich möchte ich betonen, daß ich den Pfarrgemeinderat für eine wichtige Einrichtung und ein notwendiges Forum der Beteiligung von Laien halte, das es aber noch weiterzuentwickeln gilt. Ich weiß aber auch um das ehrliche Engagement von vielen Mitgliedern im Pfarrgemeinderat, die sich mit ihren Talenten einbringen. Viele haben sich in den letzten Jahren darum bemüht, ihrem Auftrag nach dem 'Aufbau einer lebendigen Gemeinde und der Verwirklichung des Heils- und Weltauftrages der Kirche' (§ 1 der Satzung) nachzukommen - und das ist gut so."[203] - "Unser Pfarrgemeinderat wird von einem Großteil der Gruppen und Vereine in der Gemeinde angesehen, als sei er eben auch eine Gruppe, ein Verein, wie sie auch. Wichtig zwar, und mit einer speziellen Aufgabe. Aber unterm Strich gilt: Der Pfarrgemeinderat ist ein Verein unter vielen in der Gemeinde." (QI) - "Die Institution Pfarrgemeinderat fand bei uns eine positive Aufnahme, er mußte allerdings erst lernen, für die Gemeinde Mitverantwortung zu tragen, und es dauerte geraume Zeit, bis seine Eigenwertigkeit erkannt und praktiziert wurde. Diese eigentliche Aufgabe ist m.E. auch heute noch nicht voll erkannt."[204] - "Ich will die Wichtigkeit dieses demokratischen Gremiums nicht schmälern. Es ist Sprachrohr der Gemeinde und trifft wichtige Entscheidungen. Und doch scheint mir seine Bedeutung zweitrangig gegenüber dem Engagement jener vielen Gemeindeglieder, die sich für das Gemeindeleben einsetzen und in Zusammenarbeit mit dem Pastoralteam im Bereich der Verbände wertvolle Arbeit leisten."[205]

Dem Pfarrgemeinderat wird also meist nicht die Aufgabe zugeschrieben, die Arbeit der Gemeinde zu koordinieren. Dies ist entweder Sache der Hauptamtlichen, des Pfarrers bzw. des Pastoralteams, oder es findet eben überhaupt keine Koordination statt. "Die Koordination der Arbeit durch den Pfarrgemeinderat wird zwar von den Vereinen als eine Aufgabe des Pfarrgemeinderates angesehen, aber in der Praxis letztlich nicht akzeptiert. Wird zu einem solchen Koordinierungsgespräch eingeladen, so bringt jeder Vereinsvorstand sein fertiges Konzept der Halbjahres- bzw. Jahresarbeit mit und ist nur ganz selten be-

---

203 DIÖZESANRAT FREIBURG: Erfahrungen, 28 f.
204 Ebd. 32 f.
205 Ebd. 26 f.

reit, die eine oder andere vorgesehene Veranstaltung zugunsten der eines anderen Veranstalters zurückzustellen."[206]

Nach meinen Beobachtungen erfüllt der Pfarrgemeinderat die Aufgabe, die Arbeit einzelner, der Gruppen und Institutionen in der Gemeinde zu koordinieren und zu integrieren, dort am ehesten, wo "im Pfarrgemeinderat alle Altersstufen und auch alle Gruppierungen in der Gemeinde vertreten sind".[207] - "Positiv habe ich es erlebt, daß in unserem Pfarrgemeinderat alle Verbände der Gemeinde vertreten sind, so daß der Informationsfluß recht gut funktioniert."[208]

Insgesamt kann davon ausgegangen werden, daß es nicht in allererster Linie der Pfarrgemeinderat, sondern die hauptamtlichen Mitarbeiter der Gemeinde sind, die die Aufgabe des Integrierens und Koordinierens wahrnehmen.

6.3 Konzeptionelle Überlegungen und konkrete Gestaltung der Liturgie

Eine unumstrittene Aufgabe des Pfarrgemeinderates ist es, "Anregungen und Vorschläge für die Gestaltung der Gottesdienste und die lebendige Teilnahme der ganzen Gemeinde an den liturgischen Feiern einzubringen".[209] Diese Aufgabe wird von nahezu allen Pfarrgemeinderäten bejaht. "Liturgie ist das geistige Zentrum einer lebendigen Gemeinde. Der Pfarrgemeinderat soll sich zusammen mit dem Pfarrer intensiv um eine gute und ansprechende Gestaltung des Gottesdienstes mühen. Auch Gemeindemitglieder sollen immer mehr aktiv in die Gestaltung der Liturgie einbezogen werden."[210]

Im Bereich der Liturgie, so ergeben Umfragen,[211] haben nur 13,1% der Pfarrgemeinderäte keine Mitsprache, während 11,8% berichten, sie würden entscheidend, 72,1% beratend, bei dieser Aufgabe mit-

---

206 LUHMANN: Wünsche, 28 f.
207 DIÖZESANRAT FREIBURG: Erfahrungen, 23 f.
208 MÜNSTER: 46, 5.
209 PGR-Satzung München, §2 c.
210 DIÖZESANRAT DER KATHOLIKEN EICHSTÄTT (Hrsg.): Kleines abc für Pfarrgemeinderäte. Eichstätt o. J., 6.
211 Vgl. IKSE: 81, 91.

71

wirken. Die vorliegenden Erfahrungsberichte stimmen mit diesen Ergebnissen überein und lassen den Schluß zu, daß der Pfarrgemeinderat dieser Aufgabe in hohem Maße nachkommt. Von einer Fülle von Aktivitäten wird berichtet: "Der gesamte Pfarrgemeinderat beschäftigt sich mit Fragen der Liturgie und der Verkündigung, der Vorbereitung und Ausrichtung der jährlichen Osternachtsfeiern, Prozessionen und Pfarrfeste."[212] - Berichtet wird von "Gestaltung von Messen und Jugendmessen, Einführung von neuen Elementen im liturgischen Bereich nach teilweise harten Auseinandersetzungen".[213] - "Aufgabe des Pfarrgemeinderates kann es aber nicht nur sein, Neues zu realisieren, sondern auch, Bewährtes lebendig zu halten. So waren und sind Zeit und Kraft notwendig für den Bereich der Liturgie und der Verkündigung."[214] - "So wurde auch in unserer Gemeinde einiges in Bewegung gesetzt: Neuorganisation der Fronleichnamsprozession, Gestaltung von spezifischen Gottesdiensten, Mitarbeit innerhalb des Gottesdienstes (Lektoren, Lektorinnen, Kommunionhelfer und Kommunionhelferinnen)."[215]

Für den Aufgabenbereich Gottesdienst bilden die Pfarrgemeinderäte in aller Regel einen Sachausschuß. Das statistische Material, das mir zur Verfügung steht, läßt den Schluß zu, daß der Sachausschuß Liturgie zu den am häufigsten eingerichteten Sachausschüssen gehört. Die Aufgaben, die hier konkret wahrgenommen werden, sind sehr unterschiedlich. Sie reichen von der bloßen Liedauswahl für den Gottesdienst - "wir setzen uns einmal im Vierteljahr zusammen und machen im voraus für jeden Sonntag den Liederzettel"(QI) - über Gottesdiensterminierungen, "Debatten über die Uhrzeit des Sonntagsgottesdienstes,"[216], über das Zusammentragen von neuem und altem Liedgut zu einem Pfarrgemeindeliederbuch, über das Organisieren der jährlichen Pfarreiwallfahrt, über Vorbereiten und Durchführen von Meditationsgottesdiensten bis zur Beschäftigung mit pastoral-liturgischen Fragestellungen, ob z.B. "die Taufe während des Gemeindegottesdienstes praktiziert werden soll".[217] Andernorts geht

---

212 MÜNSTER: 46, 4.
213 LUHMANN: Wünsche, 29 f.
214 MÜNSTER: 46, 5.
215 Ebd. 9.
216 DIÖZESANRAT FREIBURG: Erfahrungen, 28 f.
217 Ebd. 32 f.

es z.b. um die Fragen: "Wie ist es in unserer Gemeinde mit der Kultur dem Tod gegenüber bestellt? Wie könnten wir zu einer besseren Gestaltung der Friedhöfe beitragen? Werden im Pfarrblatt die Toten erwähnt? Könnte durch das Verteilen eines Flugblattes an den Friedhofeingängen auf den christlichen Sinn des Totengedenkens hingewiesen und damit ein Beitrag geleistet werden zur Verkündigung des Glaubens an die Auferstehung?"[218] - Der Sachausschuß Gottesdienst eines anderen Pfarrgemeinderates beschäftigt sich mit den Fragen der Gestaltung der Osterliturgie, was dann von inhaltlicher Schwerpunktsetzung einzelner Gottesdienste bis zu Änderungen der Gottesdienstzeiten reicht.[219]

Insgesamt hat der Pfarrgemeinderat einen großen Einfluß auf das gottesdienstliche Leben der Gemeinde. Stimmen wie diese sind die Ausnahme: "Beklagt werden muß die fehlende Einflußmöglichkeit in der Gemeinde. Das Gemeindeleben ist fast ausschließlich vom Pfarrer abhängig, auch was Gestaltung und Anzahl von Gottesdiensten anlangt."[220] Empirische Untersuchungen bestätigen vielmehr meine Beobachtungen, daß bei dieser Aufgabe des Pfarrgemeinderates die Diskrepanz zwischen zugeschriebener Bedeutung und Intensität der Aufgabenbetreuung vernachlässigenswert gering ist.[221]

6.4 Ökumenische Ausrichtung der Gemeindearbeit

In den meisten der ausführlichen Erfahrungsberichte über die Arbeit der Pfarrgemeinderäte spielt die Ökumene eine Rolle. "Die ökumenische Zusammenarbeit zu suchen und auszubauen,"[222] ist eine Aufgabe, der sich die Pfarrgemeinderäte nach meinen Beobachtungen in aller Regel inzwischen recht selbstverständlich stellen und die immer wieder auf Tagesordnungen der Pfarrgemeinderatssitzungen zu finden ist. "Unser Pfarrgemeinderat hatte ein großes Interesse an der Weiterentwicklung guter Beziehungen zur evangelischen Kirchengemeinde. Wiederholt trafen sich Pfarrgemeinderat und evangelischer

---

218 Pfarrgemeinde Herz-Jesu 7700 Singen.
219 Pfarrgemeinde Herz-Jesu 8590 Marktredwitz.
220 MÜNSTER: 46, 11.
221 Vgl. BOGENSBERGER: Pfarrgemeinderäte, 264. Bzw. IKSE: 81, 91.
222 PGR-Satzung München, §2 h.

Kirchengemeinderat zu gemeinsamen Sitzungen. Bei Gemeindefesten laden wir gegenseitig ein. Allerdings wollen wir nicht übersehen, daß bei diesem Bemühen um tiefergehende Kontakte noch vielfältige Verunsicherungen bestehen."[223]

Dieser Ausschnitt aus dem Rückblick eines Pfarrgemeinderates ist typisch für viele Erfahrungsberichte. Der Pfarrgemeinderat hat tatsächlich Interesse an ökumenischer Zusammenarbeit. Diese wird - für den Pfarrgemeinderat jedenfalls - am häufigsten in der regelmäßigen Begegnung mit den evangelischen Kirchengemeinderatskollegen konkret: "Wir treffen uns jährlich einmal mit dem Ältestenrat der ev. Kirchengemeinde, um uns auszutauschen."[224] - "Die Kontakte des Pfarrgemeinderates zum evangelischen Kirchengemeinderat werden seit Jahren gepflegt. Wir halten jährlich eine gemeinsame Sitzung beider Räte ab. Zur Tagesordnung gehören immer die Berichte über das Gemeindeleben und die Behandlung eines aktuellen Themas. Es wird von beiden Konfessionen her dargestellt und diskutiert."[225]

Der Pfarrgemeinderat hat in diesen ökumenischen Kontakten, dies belegt zumindest ein Teil der Erfahrungsberichte, eine ganze Reihe von Projekten und Aktionen angestoßen, die inzwischen zum Gemeindeleben gehören: "In der Fastenzeit veranstalten wir ökumenische Bibelabende, auch gibt es einen ökumenischen Frauenkreis."[226] - "Eine ökumenische Bibelwoche findet schon seit 1977 jährlich in der ersten Fastenwoche statt, auch gemeinsame Sitzungen evang. und kath. Räte fanden schon statt."[227] - "Ein Schwerpunkt ergab sich in der ökumenischen Zusammenarbeit mit unseren evangelischen Nachbargemeinden. Sie hat sich namentlich im letzten Jahr besonders fruchtbar entwickelt. - Es gab viele Gemeinsamkeiten: teilweise gemeinsame Vorbereitung von Firmbewerbern und Konfirmanden; Teilnahme des evangelischen Pfarrers, zusammen mit einigen Konfirmanden, am Fronleichnamsfest usw."[228] - "Gleich zu Beginn unserer Amtszeit wurde die Notwendigkeit und die Möglichkeit, eine neue

---

223 DIÖZESANRAT FREIBURG: Erfahrungen, 23 f.
224 Ebd. 25.
225 Ebd. 26 f.
226 Ebd. 25.
227 Ebd. 25 f.
228 Ebd. 34.

öffentliche Bücherei einzurichten, diskutiert. Die Konkretisierung dieser Idee hatte die Erweiterung des Pfarrheimes zur Konsequenz. Ca. 20 Frauen und Männer aus unserer sowie etwa acht aus der evangelischen Gemeinde engagieren sich seitdem für deren Realisierung."[229]

"Zwar tagt der Ökumenische Ausschuß regelmäßig, aber Aktivitäten zu noch mehr Gemeinsamkeit greifen schlecht. So mußte leider das ökumenische Wochenschlußgebet mangels Beteiligung wieder eingestellt werden. Auch der ökumenisch geplante Ausschuß 'Schutz des Sonntags', dessen Bildung in einer gemeinsamen Sitzung 1988 beschlossen worden war, kam bis heute nicht zustande."[230]

Obwohl vereinzelt von Defiziten und Rückschlägen im Bereich der Ökumene berichtet wird, sind die Pfarrgemeinderäte im großen und ganzen mit ihrer Arbeit auf diesem Feld zufrieden. Zieht man auch hier empirische Untersuchungen zu Rate, bestätigen sie meine Beobachtungen: Die Diskrepanz zwischen Aufgabenstellung und Aufgabenerfüllung ist empirisch gesehen vernachlässigenswert gering. Der Pfarrgemeinderat kommt aus Sicht seiner Mitglieder dieser Aufgabe nach.

6.5 Weckung und Wahrung missionarischen Bewußtseins

"Wir fühlen uns für die bischöflichen Werke der Mission und für die Notleidenden sowie für gemeindeeigene Aktionen nach Kräften verantwortlich und leiten Sammelgelder, in nicht unbedeutendem Umfang, an die betreffenden Stellen weiter."[231]

"Die Verantwortung der Gemeinde für Mission ... zu wecken und zu fördern,"[232] ist eine Aufgabe, die im Pfarrgemeinderat recht häufig wahrgenommen wird. Die Erfahrungsberichte der Pfarrgemeinderäte zeigen immer wieder, daß es zunächst darum geht, das Bewußtsein von der Dringlichkeit dieser Aufgabe zu fördern: "Zunächst galt es,

---

229 MÜNSTER: 46, 4.
230 DIÖZESANRAT FREIBURG: Erfahrungen, 26 f.
231 Ebd. 23.
232 PGR-Satzung München, §2 g.

die Verantwortung eines jeden Christen für diese Themen herauszuarbeiten und zu erkennen."[233]

Einfacher ist die Bewältigung dieser Aufgabe dort, wo durch in der Gemeinde bestehende persönliche Kontakte zu Missionaren in Drittweltländern Missionsarbeit schon selbstverständlicher Bestandteil der Gemeindearbeit ist. "Die St. Marien-Gemeinde Nörde unterhält besonders enge Beziehungen zu Schwester Gratiana in Bolivien. Schwester Gratiana war nach dem Kriege etwa 15 Jahre als Krankenschwester in unserer Gemeinde tätig und arbeitet nunmehr fast 20 Jahre in der Mission in Bolivien. Über die Vorsitzende des Pfarrgemeinderates, mit der die Schwester in brieflichem Kontakt steht, ist die Gemeinde über die dortige Situation informiert."[234] - "Mission ist im Pfarrgemeinderat ein besonderes Aufgabengebiet, da aus unserer Pfarrei drei Missionare in Afrika tätig sind."[235] - "Das Bewußtsein unserer Einen Welt wurde wachgehalten durch Kontakte zu Gemeindemitgliedern in der Mission sowie durch Informationsveranstaltungen und Verkaufsaktionen in der Gemeinde. Als neue und jetzt auch schon ständige Einrichtung muß das 'Einfach-Essen' in der Fastenzeit genannt werden. Nicht nur der Pfarrgemeinderat, sondern die verschiedenen Verbände und Gruppierungen in der Gemeinde beteiligen sich an der Ausrichtung dieses gemeinsamen Essens."[236] - "Auf Anregung von Pastor Becker beschloß der Pfarrgemeinderat auf seiner letzten Sitzung, die Patenschaft für die Ausbildung eines Afrikaners zum Priester zu übernehmen und für vier Jahre jährlich DM 1000,- zur Verfügung zu stellen."[237]

Angeregt durch persönliche Kontakte oder durch die Aktionen der kirchlichen Hilfswerke, gelingt es den Pfarrgemeinderäten nach den Erfahrungsberichten immer wieder, das Bewußtsein für die Mission wachzuhalten und unterschiedlichste Aktionen in der Gemeinde durchzuführen bzw. für ihre Durchführung Sorge zu tragen. Auch hier haben die Pfarrgemeinderäte, betrachtet man die Selbsteinschätzung

---

233 MÜNSTER: 46, 9.
234 TRILLING, Karl: Verantwortung für die Weltkirche. In: Im pastoralen Dienst (1980) 86.
235 DIÖZESANRAT FREIBURG: Erfahrungen, 25 f.
236 MÜNSTER: 46, 4.
237 TRILLING: Verantwortung, 87.

ihrer Arbeit, wie sie aus den Berichten hervorgeht, in der Regel den Eindruck, der gestellten Aufgabe gerecht zu werden.

6.6 Die Unterstützung des Bildungswesens

SCHMIED, der Vorkommen und Bedeutung von einzelnen Themenbereichen in der Pfarrgemeinderatsarbeit über die zurückliegenden zwanzig Jahre hin vergleichend beobachtet hat, kommt zum Ergebnis, daß die infolge des Konzils stark geförderte Erwachsenenbildungsarbeit zwar kein häufiges, aber doch konstant behandeltes Thema der Pfarrgemeinderatssitzungen ist. Er sieht, was die Bedeutung dieses Themas anlangt, kaum Unterschiede zu den Jahren 1969/70.[238] Auf eine recht große Eigenständigkeit und Verantwortung, unabhängig vom Pfarrer und den hauptamtlichen Mitarbeitern in der Gemeinde, weisen Erfahrungsberichte hin, die sich mit der "allgemeinen" Bildungsarbeit in der Pfarrgemeinde beschäftigen. Pfarrgemeinderäte sehen in der Erwachsenenbildung auch immer wieder die Chance der Verlebendigung der Gemeinde und die Möglichkeit, Gemeindemitglieder zusammenzuführen. "Meine fast 10jährigen Erfahrungen mit vielen Bildungsveranstaltungen waren überaus bereichernd für mich. Wenn ich nicht Kontakt bekommen hätte zum Bildungswerk, wäre ich sicher längst der Kirche ferngeblieben."[239]

Von nicht wenigen Pfarrgemeinderäten ging die Initiative zur Gründung eines Bildungswerkes aus. Eine Vielzahl von Pfarrgemeinderäten hat für den Bereich Erwachsenenbildung einen Sachbeauftragten eingesetzt bzw. einen Ausschuß gebildet.

"Schon ganz am Anfang hatten wir mit der Schaffung eines Bildungswerkes begonnen, das sich heute noch eines guten Zuspruchs erfreut."[240] - "Eine der wichtigsten Aufgaben in der zurückliegenden Amtsperiode des Pfarrgemeinderates war die Gründung des ökumenischen Bildungswerkes. Das hat sehr viel Zeit und Überlegungen ge-

---

238 Vgl. SCHMIED, Gerhard: Pfarrgemeinderäte im Zeitvergleich. In: Aktuelle Information 47. Mainz 1987, 13.
239 DIÖZESANRAT DER KATHOLIKEN MÜNCHEN (Hrsg.): Erwachsenenbildung in der Pfarrei. München o. J., 4.
240 DIÖZESANRAT FREIBURG: Erfahrungen, 34.

braucht, und oft gab es mit den Evangelischen lange und zähe Verhandlungen"(QI). Im Bildungsbereich konnten wir z.b. erreichen, daß wir in der eigenen Gemeinde und im damaligen Landkreis Freiburg in die Haushalte mit angemessenen Zuschüssen aufgenommen wurden."[241]

In der Seelsorgeregion München sind durch die Pfarrgemeinderäte 2977 Sachbeauftragte für insgesamt 18 Aufgabenbereiche eingesetzt worden. 199 sind für die Erwachsenenbildung tätig, damit steht dieser Bereich an 7. Stelle des Prioritätenkataloges.[242] Ähnlich verhält es sich in der Erzdiözese Köln, dort sind von 4163 eingerichteten Pfarrgemeinderatssachausschüssen 250 im Bereich Erwachsenenbildung tätig. Hier rangiert dieser Bereich auf Platz 8.[243]

"Bei der Durchführung unserer Bildungsveranstaltungen teilen sich Mitglieder des Bildungsausschusses die Arbeit. Jeder übernimmt bestimmte Vorträge, Kurse etc., das heißt, er kümmert sich um Referenten, um einen Raum, um die Pressemitteilung und Werbung und ist Anlaufstelle für die Anmeldungen und Anfragen."[244]

Ein Großteil der Erfahrungsberichte läßt den Schluß zu, daß der Pfarrgemeinderat in der Regel die Schaffung von Ausschüssen und Institutionen initiiert, die dort geleistete Arbeit aber meistens recht unabhängig vom Pfarrgemeinderat geschieht. So stehen die Sachausschüsse bzw. die Verantwortlichen der Bildungswerke nur in einem losen Kontakt zum Pfarrgemeinderat: "Fest stand, daß unser Arbeitskreis die einzelnen Veranstaltungen nicht allein vorbereiten konnte. Das wäre sicher auch nicht gut gewesen... Von Zeit zu Zeit erfolgte eine zusätzliche Abstimmung mit dem Pfarrgemeinderat."[245] - "Einmal im Jahr, wenn unser Volksbildungswerk sein Programm erstellt, ist auch einer von uns bei der Besprechung des Vorstandes des Bildungswerkes dabei; er fragt dann immer vorher im Pfarrgemeinderat, was für Themen

---

241 Ebd.
242 Vgl. die interne Statistik über die Sachbeauftragten in den Pfarrgemeinderäten der Seelsorgeregion München im Vergleich 1986 - 1990 (Stichtag: 31.08.90).
243 Vgl. die interne Statistik des Diözesanrates Köln: Anzahl der Sachausschüsse in den Pfarrgemeinderäten im Erzbistum Köln (Stand: 31.10.1990).
244 DIÖZESANRAT MÜNCHEN: Erwachsenenbildung, 4.
245 LUHMANN, Josef: Feste in der Gemeinde. Erfahrungen. In: Im pastoralen Dienst (1988) 37.

wir gern auf dem Programm hätten"(QI). In jedem Fall kann angenommen werden, daß ein Großteil der Pfarrgemeinderäte seine Aufgabe, das Bildungswesen der Gemeinde zu fördern, wahrnimmt.

6.7 Veranstaltung von Festen

Gerade dieses ist eines der häufigsten Themen, mit denen sich die Pfarrgemeinderäte beschäftigen: die gesellschaftlichen Veranstaltungen der Pfarrgemeinde. "Darunter fallen in erster Linie sog. Pfarrfeste, die in den letzten 20 Jahren aufgekommen sind, häufig auf Initiative von Pfarrgemeinderatsmitgliedern. Sie stehen heute meist unter der Regie des Pfarrgemeinderats oder eines von ihm abhängigen Ausschusses."[246] "Themen in den Pfarrgemeinderatssitzungen waren zum größten Teil organisatorischer Art, z.b. Pfarrfest, Ausflug, Veranstaltungen organisieren."[247] - "Fast jedes Jahr gab es ein Pfarrfest, und dies bedeutete mehr Arbeit für die Mitglieder."[248]

Ohne Zweifel, das belegen alle Erfahrungsberichte, beschäftigt dieses Thema auch entsprechende Ausschüsse des Pfarrgemeinderates sehr intensiv. "Die Vorbereitung verschiedener Feste, z.b. Fronleichnam, Dekanatskatholikentag, Sommerfest, Dekanatsfamiliensonntag, Missionssonntag, Gemeindefeste, Jubiläum einer Kapelle. Die Vorbereitung der Feste wurde zum größten Teil an die Ausschüsse weitergeleitet."[249] - "Der Ausschuß Gemeindefeste sorgt in Zusammenarbeit mit den Jugend- und Erwachsenengruppen für die Pfarrfeste, z.B. an Dreikönig und Fronleichnam."[250]

Auffallend ist jedoch, daß nur eine Minderheit der Pfarrgemeinderatsmitglieder es für eine dringliche Aufgabe des Pfarrgemeinderates hält, sich mit dem Veranstalten von Festen zu beschäftigen. Diese Minderheit geht nach meinen Beobachtungen davon aus, daß Feste eine Möglichkeit darstellen, das Ziel einer besseren Kommunikation und Begegnung in der Gemeinde zu realisieren. SCHMIED faßt diese

246 SCHMIED: Pfarrgemeinderäte im Zeitvergleich, 12.
247 KJG: Pfarrgemeinderat, 42.
248 Ebd. 48.
249 Ebd. 49.
250 DIÖZESANRAT FREIBURG: Erfahrungen, 25 f.

Meinung so zusammen: "Man kann diese Art des Kontaktes wegen ihres weltlichen Charakters als belanglos oder gar sinnwidrig abtun. Aber sie erbringt wenigstens manchmal jenes Minimum an positiver Attitüde gegenüber Kirche, das völliges Abrücken verhindert."[251] Tatsächlich werden bisweilen beim Vorbereiten, Veranstalten und Durchführen von Festen klare Akzente gesetzt, um mit diesen Veranstaltungen zur Öffnung, Verlebendigung und Erneuerung des Miteinanders in der Gemeinde beizutragen: "Ein prägender Höhepunkt für die gesamte Gemeinde war die gemeinsame Feier vom goldenen Ordensjubiläum einer unserer Schwestern, vom silbernen Priesterjubiläum unseres Pfarrers, verbunden mit einem Pfarrfest. Die Vorbereitungen für das Fest begannen mit Gemeindebesinnungstagen. 50 Frauen und Männer aus allen Bereichen der Gemeinde begaben sich für ein Wochenende nach Rietberg. Unter der Leitung von drei Referenten, einer Ordensfrau, einer Pastoralreferentin und einem Priester, tauschten wir uns aus über unseren Glauben und suchten nach Konsequenzen aus unserer gemeinsamen Berufung und Sendung."[252] - "Kaum war die Gemeindemission abgeschlossen, da begannen die Vorbereitungen auf das 50jährige Kirchweihfest unserer Pfarrkirche am 16. November 1988. Drei große Geschenke, die die Gemeinde sich zu ihrem Jubiläum machte: die neue Orgel, die Festschrift - eigentlich mehr ein Gemeindebuch, das die verschiedenen Gruppen und Aktivitäten vorstellt - und eine Festwoche, die viel Zuspruch fand. Das gute Gelingen und die hohe Beteiligung gaben den aktiven Mitgliedern des Pfarrgemeinderates die innere Bestätigung für ihren äußeren Einsatz."[253]

Die weitaus größere Zahl von Pfarrgemeinderäten allerdings tut sich schwer mit den Festveranstaltungen der Gemeinde und beurteilt es eher kritisch, ob mit diesen Veranstaltungen soviel erreicht werden kann, daß das hohe Maß an Arbeits- und Zeitintensität, das mit der Bewältigung dieser Aufgabe verbunden ist, gerechtfertigt werden kann. Zumal eben dadurch andere Themen und Aufgabenbereiche, die aus ihrer Sicht vordringlicher wären, nicht genügend Raum in der Pfarrgemeinderatsarbeit haben. "Natürlich gehören auch organi-

---

251 SCHMIED: Pfarrgemeinderäte im Zeitvergleich, 12.
252 MÜNSTER: 46, 7.
253 Ebd. 8.

satorische Fragen in den Pfarrgemeinderat, und selbstverständlich ist es gut, über Pfarrfeste gemeinsam zu beraten und zu entscheiden - nur die Relationen müssen stimmen, und genau da liegt das Mißverständnis."[254] - "Während unserer Pfarrgemeinderatssitzungen war meist nur Gelegenheit, den Verlauf des nächsten Festes durchzusprechen."[255] - "Darüber hinaus ist nicht zu übersehen, mit welchem Aufwand sich die jeweiligen Pfarrgemeinderäte der Abwicklung der verschiedenen Feste der Gemeinde widmen mußten - Fastnachtsveranstaltungen, Frühschoppen, Grillfest, Kinder- und Kirchweihfest u. v. a. m. Ohne den statistischen Nachweis für die Behauptung zu erbringen, kann man davon ausgehen, daß bestimmt in jeder zweiten Sitzung über Vorbereitung, Abwicklung oder Ergebnis einer solchen Veranstaltung gesprochen werden mußte. In der Praxis änderte auch die Klage von einzelnen Gemeinderatsmitgliedern über solche Zeitverschwendung daran nichts. Der Zwang der Gegebenheiten war und ist hier stärker."[256] So kommen Pfarrgemeinderäte immer wieder zur Überzeugung: "Die Organisation eines Pfarrfestes oder einer ähnlichen Aktivität darf den Pfarrgemeinderat nicht über einen längeren Zeitraum für andere Fragen und Probleme blockieren."[257] - "Das Organisieren von Festen sollte nicht zu den Hauptaufgaben eines Pfarrgemeinderates gehören. Vielmehr sollten jene Aufgaben übernommen werden, die der Verantwortung des Volkes Gottes für die Sendung der Kirche Rechnung tragen."[258]

Vergleicht man aufs Ganze gesehen die Ziele, die sich Pfarrgemeinderäte für ihre Arbeit stellen, mit der tatsächlichen Bewältigung von Aufgaben, wird deutlich, daß im Bereich Veranstaltungen/Feste aus Sicht der Pfarrgemeinderäte die Aufgabe übererfüllt wird. Im Durchschnitt befassen sich die Pfarrgemeinderäte weitaus intensiver mit dieser Aufgabe, als es ihrer Wichtigkeit und Dringlichkeit entspricht.[259]

254 DIÖZESANRAT FREIBURG: Erfahrungen, 28 f.
255 KJG: Pfarrgemeinderat, 45.
256 DIÖZESANRAT FREIBURG: Erfahrungen, 31 f.
257 MÜNSTER: 46, 10.
258 Ebd. 46, 11.
259 Vgl. BOGENSBERGER: Erfahrungen, 263.

6.8 Haushalts-, Finanz- und Vermögensverwaltung

Die Vermögensverwaltung der Pfarrgemeinde obliegt in der Regel einem eigenen Gremium, dem Stiftungsrat bzw. Kirchenvorstand.[260] Da die Statuten, die in den einzelnen Diözesen die Zusammenarbeit von Kirchenvorstand bzw. Stiftungsrat und Pfarrgemeinderat regeln, sich zumindest in Details unterscheiden, ist die Kompetenz der einzelnen Pfarrgemeinderäte unterschiedlich. Dies erschwert den Vergleich und die Auswertung der Erfahrungsberichte.

Dennoch kann als eindeutiger Befund festgehalten werden, daß sich der Pfarrgemeinderat immer wieder mit Finanzfragen beschäftigt. "Geld ist leider in vielen Fällen eine Bedingung, ohne die vieles nicht zu machen ist."[261]

Auch dort, wo dem Pfarrgemeinderat nicht ausdrücklich die Aufgabe zukommt, die pastoralen Richtlinien für die Haushalts-, Finanz- und Vermögensverwaltung der Pfarrgemeinde aufzustellen, geht aus den Erfahrungsberichten hervor, daß finanzielle Fragen breiten Raum in der Pfarrgemeinderatsarbeit einnehmen. Da sind z.b. die Forderungen einzelner Gruppen in der Gemeinde nach "einer stärkeren finanziellen und sachlichen Unterstützung".[262]

Im Zusammenhang mit Bauvorhaben wird immer wieder die Frage gestellt: "Wie soll das alles finanziert werden oder wo machen wir am günstigsten Schulden?"[263] Es geht um den Unterhalt gemeindlicher Einrichtungen wie Kindergärten und Sozialstationen: "Hier war eine Finanzierungslücke zu stopfen durch die Forderung der Stadt, daß sie ihren Zuschuß nur dann weiter aufrechterhält, wenn auch die Beiträge erhöht werden."[264] Es handelt sich darum, die Höhe von Zuschüssen für Weiterbildungsmaßnahmen einzelner verantwortlicher Mitarbeiter

---

260 Nur in der Diözese Rottenburg war schon mit der ersten Satzung für den Kirchengemeinderat ein zusätzliches weiteres Gremium für die Vermögensverwaltung aufgehoben worden.

261 DIÖZESANRAT FREIBURG: Erfahrungen, 31 f.

262 KJG: Pfarrgemeinderat, 18.

263 Ebd. 43.

264 Ebd. 50.

festzulegen, oder um die neue Orgel, die finanziert werden muß. Es gibt die "intensive Diskussion über einen Haushaltsplan für die Jugendarbeit der Gemeinde, über Nutzung, Ausgestaltung und Renovierung des Jugendheimes (zuerst im Sachausschuß Jugend, dann im Pfarrgemeinderat). Beschlußfassung im Pfarrgemeinderat und Weitergabe an den Kirchenvorstand, der dann auch entsprechend beschließt."[265]

Diese Beispiele ließen sich endlos fortsetzen. Offensichtlich nehmen Finanzfragen auch deswegen im Pfarrgemeinderat einen so großen Raum ein, weil damit oft Konflikte verbunden sind. "Dieses endlose Hin und Her zwischen Pfarrgemeinderat und Stiftungsrat, immer wenn es ums Geld geht, das hängt mir zum Hals raus"(QI). - "Es ist m.E. ein unhaltbarer Zustand, daß das für die Pastoral zuständige Gremium immer wieder am Veto des für die Finanzen zuständigen Gremiums scheitert. Konflikte sind zukünftig vorprogrammiert, wenn es nicht gelingt, den Kirchenvorstand frühzeitig mit pastoralen Anliegen zu konfrontieren und in beabsichtigte Projekte einzubeziehen."[266]

Es stimmt schon: "daß unser Pfarrgemeinderat sich viel zu sehr mit finanziellen Sachfragen befaßte. Gemeinde und Glaube kamen nicht zu Wort. Inhaltliche Fragen unserer Arbeit als Pfarrgemeinderat wurden nicht diskutiert."[267] - "Die Leiterrunde machte dem Pfarrgemeinderat den Vorwurf, er lege die Bierpreise für das Pfarrfest fest und kümmere sich wenig um wichtige Anliegen der Gemeinde."[268] Aufgrund des mir vorliegenden Materials kann letztlich jedoch nichts Verläßliches darüber gesagt werden, wie der Pfarrgemeinderat konkret und in Einzelfällen seine Mitverantwortung für die Finanz- und Vermögensverwaltung der Gemeinde wahrnimmt. Eindeutig ist allerdings der Befund, daß Finanzfragen den Pfarrgemeinderat sehr oft und sehr intensiv beschäftigen. Es ist anzunehmen, daß die empirischen Untersuchungen in bezug auf die Kirchengemeinderäte im Bistum Rottenburg-Stuttgart[269] von der Tendenz ihres Ergebnisses her für die meisten Pfarrgemeinderäte gültig sind. Die Beschäftigung mit den Finanz-

---

265 LUHMANN: Wünsche, 29 f.
266 MÜNSTER: 46, 12.
267 KJG: Pfarrgemeinderat, 41.
268 Ebd. 20.
269 FISCHER: Kirchengemeinderat, 29.

fragen der Pfarrei weist nach dieser Untersuchung mit +6 einen positiven Indexwert auf. Dies zeigt an, daß die Pfarrgemeinderäte sich intensiver mit dieser Aufgabe beschäftigen, als die Dringlichkeit, die sie ihr zuweisen, erfordern würde.

6.9 Planung und Durchführung von Bautätigkeiten

Das Planen, Organisieren und teilweise auch Durchführen der Bauvorhaben der Pfarrgemeinde gehört ebenfalls zu den Aufgaben, für die die Pfarrgemeinderäte sehr viel Zeit aufwenden. Es ist zwar den Untersuchungen von SCHMIED zuzustimmen, daß in den zurückliegenden 20 Jahren "die Bedeutung dieses Komplexes zurückgegangen"[270] ist. Dazu muß aber einschränkend gesagt werden, daß eben erstens innerhalb dieses Zeitraumes aufgrund auch der finanziellen Situation in vielen Gemeinden doch weniger gebaut wurde und zweitens wohl auch insgesamt das Interesse der Pfarrgemeinderäte - die vor Jahren noch eher "befürchteten, in wichtigen Fragen, wozu Baufragen gehören, übergangen zu werden"[271] - an diesem Thema nun eher nachgelassen hat. Die Bauangelegenheiten der Pfarrei liegen inzwischen, was das Interesse an der Mitverantwortung in diesem Bereich betrifft, auf Platz 8 der Prioritätenliste.[272] Es besteht also kein vordringliches Interesse der Pfarrgemeinderäte an dieser Aufgabe.

Die Erfahrungsberichte sprechen allerdings davon, daß dieses Thema dennoch einen breiten Raum in der Pfarrgemeinderatsarbeit einnimmt. "Eigentlich waren wir in unserer Pfarrgemeinde ständig am Bauen oder Renovieren. Da war zuerst eine große Renovierung der Pfarrkirche in den 60er Jahren, Einbau einer Heizung. Dann waren wieder größere Aufwendungen im Pfarrhaus nötig. Schließlich mußte der alte Kindergarten aufgegeben und ein neuer gebaut werden."[273] - "Die Tagesordnung war vollgepfropft mit Bauvorhaben: Umbau und Renovation einer kaum genutzten Kapelle (Denkmal des Pfarrers?), Umgestaltung des Pfarrgartens, Straßenübergang zum Kindergarten,

---

270 SCHMIED: Pfarrgemeinderäte im Zeitvergleich, 14.
271 Ebd. 12.
272 Vgl. FISCHER: Kirchengemeinderat, 28.
273 DIÖZESANRAT FREIBURG: Erfahrungen, 34.

Kreuzweggestaltung."[274] - "Es wurden in der jetzigen Legislaturperiode eine Reihe notwendiger Umbau- und Erneuerungsarbeiten durchgeführt: Kindergartendach und Heizung wurden erneuert, Gemeindesaal und Pfarrhaus umgebaut bzw. verändert, die Orgel der Kirche grundlegend repariert und der Vorplatz der Kirche völlig erneuert."[275]

"Durch den Bau der neuen Kirche waren die Aufgaben, über die sich der Pfarrgemeinderat zu einigen hatte, vorprogrammiert. Mit der Konsekration der Kirche waren die Bauarbeiten noch lange nicht beendet, und immer fanden sich auf der Tagesordnung des Pfarrgemeinderates Punkte, die mit Bauarbeiten in Zusammenhang standen. Bei der Bewältigung dieser Aufgaben war der Pfarrgemeinderat gefragt."[276] Interessanterweise schlägt nach meinen Beobachtungen bei den Pfarrgemeinderäten bei keiner anderen Aufgabe so sehr das Motiv durch, den Pfarrer unterstützen zu wollen, wie dort, wo es um die Bauangelegenheiten der Gemeinde bzw. um die in diesem Zusammenhang anfallende Verwaltungsarbeit geht. "Es ist festzustellen, daß die Ortsgeistlichen in der Regel hoffnungslos überlastet sind und daß die Seelsorge infolge laufender und dringender Verwaltungsarbeit oft zwangsweise zu kurz kommen muß. (In unserer Gemeinde gibt es zwei Kirchen, ein Pflegeheim mit einer Kapelle; eine dritte Kirche in einem Neubaugebiet wird im nächsten Jahr gebaut.)"[277]

Außerdem hat zumindest bei einem Teil der Pfarrgemeinderatsmitglieder die Bereitschaft zur Mitarbeit keine Grenzen, sie reicht soweit, bei den Arbeiten sogar selbst Hand anzulegen. "Unsere Hauptthemen waren bauliche Angelegenheiten. Wir haben dieses Jahr unser großes Ziel erreicht und einen, wie wir finden, schönen und funktionellen Kindergarten einweihen dürfen."[278] - "In eigener Regie wurde ein Veranstaltungsraum in unserem Kindergartengebäude ausgebaut."[279] Zieht man in Betracht, daß, und dies belegen die Erfahrungsberichte ebenfalls, dort, wo gebaut wird, um der Finanzierung dieser Aufgaben

---

274 KJG: Pfarrgemeinderat, 43.
275 DIÖZESANRAT FREIBURG: Erfahrungen, 32 f.
276 Ebd. 35 f.
277 Ebd. 23 f.
278 Ebd. 28.
279 Ebd. 28.

willen in aller Regel "das Organisieren von Gemeindefesten und Basaren für diese Projekte"[280] ebenfalls vom Pfarrgemeinderat übernommen werden muß, läßt sich erklären, warum die Bewältigung von Bauangelegenheiten einen solch großen Raum im Pfarrgemeinderat einnimmt.

Doch darf nicht übersehen werden, daß die große Mehrheit der Pfarrgemeinderäte beklagt, daß Themen und Aufgaben, die sie als bedeutend wichtiger einstufen, auf der Strecke bleiben: "Allerdings ist im Laufe der Zeit der Pfarrgemeinderat etwas unbeweglicher geworden, in sich erstarrt und mehr und mehr zu einem ausführenden 'Organisationsinstrument' innerhalb der Pfarrgemeinde geworden. Diese Entwicklung wurde durch verschiedene Baumaßnahmen in der Gemeinde gefördert. Dem Pfarrgemeinderat wurden viele organisatorische Arbeiten übertragen, und so wurde allmählich das wesentliche pastorale Grundanliegen - nämlich Glaubenserneuerung und Glaubensvertiefung in der Gemeinde durch den Pfarrgemeinderat - zurückgedrängt."[281]

Aufs Ganze gesehen gilt auch hier: Im Vergleich zur Bedeutung, die der Pfarrgemeinderat dieser Aufgabe zumißt, muß er sich zu intensiv damit beschäftigen.[282]

6.10   Begleitung der Kinder- und Jugendarbeit

"Die Jugendarbeit muß Priorität genießen. Dieses Tätigkeitsgebiet bedarf angesichts der verschiedenen Möglichkeiten, die der Jugend heutzutage außerhalb der Kirche und deren Einflußsphäre geboten sind, großer Anstrengungen, und dies in jeder Hinsicht. Hier liegt auch die Hauptaufgabe, der sich der Pfarrgemeinderat in Zukunft noch intensiver widmen muß."[283]

Die Jugendarbeit ist eines der Themen, die die Pfarrgemeinderäte für absolut vordringlich halten. Ohne Zweifel beschäftigen sie sich auch

---

280 Ebd. 25 f.
281 Ebd. 30 f.
282 Vgl. FISCHER: Kirchengemeinderat, 29.
283 DIÖZESANRAT FREIBURG: Erfahrungen, 23.

immer wieder damit, und sie steht auch nicht selten auf den Tagesordnungen der Pfarrgemeinderäte. SCHMIED spricht im Rahmen seiner Untersuchungen vom Bereich Jugendarbeit als einem im Pfarrgemeinderat recht häufig behandelten Sachbereich. Nach seinen Ergebnissen steht "die nach Ablösung der jugendbewegten Führungsgeneration problematisch gewordene Jugendarbeit"[284] auf Platz fünf der am häufigsten behandelten Themen.

Auch die Tatsache, daß in vielen Gemeinden ein Sachausschuß Jugend eingerichtet ist, kann als Hinweis darauf gewertet werden, daß die Pfarrgemeinderäte sich durchaus mit Fragen der gemeindlichen Jugendarbeit beschäftigen. Die Arbeit in den Sachausschüssen wird auch oft positiv bewertet: "Ich war damals noch drinnen im 'Sachauschuß für Kinder- und Jugendarbeit', das ist echt so ein Ausschuß, wo was aufbricht, was mit der Jugend wirklich gemacht wird."[285] - "So wurde vom Sachausschuß Jugend damals und auch eigentlich bis heute sehr viel angeregt und einiges an Arbeit geleistet."[286]

Im Vergleich zur Wichtigkeit, die dem Komplex Jugendarbeit zugesprochen wird, werden allerdings Fragen in diesem Zusammenhang aus Sicht der Pfarrgemeinderatsmitglieder immer noch zu wenig thematisiert. "Zu wenig Zeit oder überhaupt keine Zeit bleibt, um über Fragen der Gemeindepastoral, über Jugendarbeit und dergleichen zu reden."[287] Die Jugendarbeit steht, was die Notwendigkeit, sich damit auseinanderzusetzen, anlangt, in einem Teil der befragten Pfarrgemeinderäte auf Platz eins, die Intensität, mit der man sich mit diesem Thema auseinandersetzt, rangiert aber eben erst auf Platz fünf.[288]

Dies allein kann wohl nicht der Grund sein für die Einschätzung der Pfarrgemeinderäte, hier im Grunde absolut erfolglos zu arbeiten. Denn angesichts der doch in dieses Thema investierten Zeit dürfte die Bilanz nicht so negativ ausfallen. Es muß angenommen werden, daß Pfarrgemeinderäte mit ihrem Versuch, die Kinder- und Jugendarbeit

---

284 SCHMIED: Pfarrgemeinderäte im Zeitvergleich, 13.
285 SCHAUPP: Pfarrgemeinderat, 263.
286 MÜNSTER: 46, 3.
287 BDKJ: Materialmappe, M4.
288 Vgl. SCHMIED: Pfarrgemeinderäte im Zeitvergleich, 14.

zu fördern, Ziele verbinden, die ihnen evtl. selbst nicht in genügendem Maß klar sind, über die keine Einigkeit im Pfarrgemeinderat besteht oder die eben nicht (mehr) erreichbar sind.

Die folgende Erfahrung einer Pfarrgemeinderätin bringt auf einen Nenner, was bei Durchsicht aller Erfahrungsberichte wohl für viele Pfarrgemeinderäte zutrifft: "Was die Jugendarbeit angeht, ist bis zum heutigen Tage für viele Pfarrgemeinderäte bezeichnend, daß diese meistens als 'Ärgernis' auftaucht: der Gruppenraum war wieder nicht aufgeräumt, im Jugendgottesdienst waren die Lieder schlecht vorbereitet, die Jugendlichen sind nicht regelmäßig im Sonntagsgottesdienst etc. Oder man erinnert sich an die Jugendlichen, wenn's um Helfer beim Pfarrfest oder um den Blumenteppich bei der Fronleichnamsprozession geht."[289]

Das in den Untersuchungen von FISCHER und BOGENSBERGER festgestellte drastische Aufgabenbewältigungsdefizit mag auch daher rühren, daß das Fehlen vernünftiger Konzepte gerade im Bereich Kinder- und Jugendarbeit fatale Folgen hat. Denn im Grunde müßte es hier darum gehen, mehrere Aufgaben gleichzeitig zu bewältigen. Interessant ist z.B., wie oft "die Sorge um die Jugendlichen und die Fernstehenden"[290] in einem Atemzug genannt wird. Dies zeigt einen weiteren Aspekt der Problemstellung an.

6.11 Ausarbeitung von Seelsorgekonzepten

"Es bräuchte für viele Themen, die wir in unserer Pfarrgemeinderatsarbeit angehen müssen, eine gute Vorbereitung und genügend Zeit zur Erörterung. Ergebnisse, die in kleinen Schritten zustande kommen, wurzeln tiefer, werden ernster genommen und können in der Gemeinde auch eindeutiger vertreten werden. Nur dann können Ehrenamtliche im und durch den Pfarrgemeinderat wesentlich die notwendigen Inhalte der Pastoral und das Klima in der Gemeinde mittragen."[291] Man kann aus den Erfahrungsberichten der Pfarrgemeinderäte

289 DIÖZESANRAT FREIBURG: Erfahrungen, 28 f.
290 Ebd. 25 f.
291 MÜNSTER: 46, 6.

oft ein Gespür dafür herauslesen, daß die Arbeit, die es zu tun gilt, nur dann erfolgreich getan werden könnte, wenn sie sinnvoll, solide und langfristig geplant wäre. Wo aber in Pfarrgemeinderäten geplant wird, handelt es sich in aller Regel um kurzfristige bzw. mittelfristige Planung überschaubarer Einzelaktionen und Schwerpunkte. "So wurde nach eingehenden Beratungen und Überlegungen mit Fachleuten der Empfang der Heiligen Kommunion vom 2. in das 3. Schuljahr verlegt."[292] Geplant wird im Zusammenhang mit Festen und Veranstaltungen der Gemeinde, im Zusammenhang mit Bauvorhaben oder ähnlichen Dingen.

Nach den mir vorliegenden Erfahrungsberichten muß bezweifelt werden, daß Pfarrgemeinderäte intensive Informations- und Meinungsbildungsprozesse anstoßen, in denen es zunächst darum geht, "die besondere Lebenssituation der verschiedenen Gruppen in der Pfarrgemeinde zu sehen, ihr in der Gemeindearbeit gerecht zu werden und Möglichkeiten seelsorglicher Hilfe zu suchen,"[293] so daß also von hier her Aufgaben umschrieben werden und darüber hinaus der Versuch unternommen wird, einvernehmlich "für die Verwirklichung der anstehenden Aufgaben eine Rangordnung aufzustellen".[294]

Ausnahmen stellen folgende Berichte dar: "Bei der Umsetzung der Ideen, bei der Suche nach praktischen Schritten, nach gelebtem Glauben, hat sich der Pfarrgemeinderat häufig schon in der Überlegungsphase mit den Gruppierungen in der Gemeinde zusammengesetzt. Das hat sich als sinnvoll erwiesen, denn die Angesprochenen konnten von vornherein mitdenken und -planen und waren bereit, Verantwortung zu übernehmen."[295] - "Zu Beginn der Amtszeit traf sich unser Pfarrgemeinderat zu einer Klausurtagung. Der Leitgedanke 'Wir träumen eine Gemeinde' führte uns dazu, Überlegungen anzustellen, welche Schwerpunkte unsere Tätigkeit der nächsten vier Jahre haben könnte. Offenheit für jedermann und Kommunikation in der Gemeinde waren dabei Stichworte, die Grundlage unserer Arbeit sein sollten."[296] - "Unser Pfarrgemeinderat begann seine Arbeit mit einem

---

292 Ebd. 8.
293 PGR-Satzung München, §2 e.
294 PGR-Satzung München, §2 m.
295 MÜNSTER: 46, 9.
296 Ebd. 3.

gemeinsamen Wochenende und führte ein solches auch noch einmal zur Mitte der Legislaturperiode mit Unterstützung von zwei Referenten der Fachstelle Gemeindeentwicklung und pastorale Zusammenarbeit durch. Hierbei ging es vorrangig um Auftrag und Selbstverständnis des Pfarrgemeinderats, um Bestandsaufnahme und notwendige Handlungsschritte."[297]

Insgesamt gilt: Hinweise auf eine wirklich langfristige Planung, im Sinne des Entwurfes einer Seelsorgekonzeption für die Gemeinde, finden sich in den Erfahrungsberichten praktisch nicht. Deshalb ist die Einzelbeobachtung von LOTTAZ nach meiner Überzeugung generalisierbar: "Zwar konnten Globalziele und mehr oder weniger präzise Prioritäten genannt werden. Ich vermißte aber ein Konzept und ein Motto, unter welches das ganze Handeln gestellt wird. Ich hatte den Eindruck, daß die Praxis als ganze nicht grundlegend reflektiert wird, sondern immer nur Teilbereiche."[298] Genau dies wäre aber m. E. eine der notwendigen Voraussetzungen für den Entwurf einer Seelsorgekonzeption im Pfarrgemeinderat, die auch vom Pfarrgemeinderat selber als eine dringliche Aufgabe angesehen wird. Die Pfarrgemeinderäte sehen allerdings auch, daß sie der Lösung dieses Problems nicht gerecht werden, denn sie stellen ein drastisches Aufgabenbewältigungsdefizit fest: Der Index liegt hier bei -37.[299]

6.12 Öffentlichkeitsarbeit

"Öffentlichkeitsarbeit sollte für jeden Pfarrgemeinderat ein ganz wichtiges Anliegen sein. Sie könnte eine Einladung an alle zur Mitarbeit sein und zugleich ein Ausdruck für unsere gemeinsame Sendung als Volk Gottes."[300] Schon zur Anfangszeit der Pfarrgemeinderäte stand ganz oben auf ihrer Forderungsliste, daß der Abstand zwischen Pfarrer und Gemeinde verringert werden soll. In diesem Zusammenhang ging es vor allem um die Lösung innergemeindlicher

---

297 Ebd.
298 LOTTAZ, Angelo: Wach auf, du kalte Kirche. Zürich - Einsiedeln - Köln 1984, 86.
299 Vgl. BOGENSBERGER: Pfarrgemeinderäte, 264.
300 MÜNSTER: 46, 13.

Kommunikationsprobleme.[301] Wichtig war, "daß die Mitglieder der Kirche besser informiert werden".[302]

Inzwischen haben sehr viele Pfarrgemeinderäte Sachausschüsse für diesen Aufgabenbereich eingerichtet. In der Erzdiözese Köln z.b. ist der am zweithäufigsten eingerichtete Ausschuß inzwischen der "Ausschuß Öffentlichkeitsarbeit". Auch die Münsteraner Untersuchungen bestätigen diese Werte.[303] "Daß dem Bereich Öffentlichkeitsarbeit ein höherer Stellenwert beigemessen wird, ist in unserer medienorientierten Zeit verständlich und hat sicher auch mit den gewachsenen Anforderungen an Darstellung und Information der Gemeinde zu tun."[304] - "Nun kann man ja der gut katholischen Meinung sein, daß große Dinge im Verborgenen reifen, still und ohne Publizität. Das ist wahr, aber für ein öffentliches Gremium gelten noch andere Regeln."[305]

Öffentlichkeitsarbeit ist demnach im Bewußtsein der Pfarrgemeinderäte eine dringend gebotene Notwendigkeit. Sie wird als wichtige Aufgabe angesehen.

Im Gegensatz aber zur Bedeutung, die diesem Aufgabenfeld beigemessen wird, steht die tatsächliche Aufgabenerfüllung. Immer wieder geht dies eindeutig aus den Erfahrungsberichten hervor: Die in der Regel einzige Form der Öffentlichkeitsarbeit des Pfarrgemeinderates ist die Informationsweitergabe an die Pfarrgemeinde durch Verlautbarungen während der Messe, durch Hinweise im Pfarrblatt bzw. mittels Aushang im Schaukasten. Tatsache ist, und dies bestätigen die Untersuchungen von BOGENSBERGER: "(Nur) jeder dritte Pfarrgemeinderat hält Pfarrversammlungen ab, wenig mehr als die Hälfte der Pfarrgemeinderäte hält nie öffentliche Sitzungen ab, und in der Regel kommen keine Zuhörer zu den Sitzungen des Pfarrgemeinderates."[306]

---

301 Vgl. IKSE: 82, 41.
302 Ebd. 40.
303 Vgl. LENICH: Pfarrgemeinderäte, 10 ff.
304 LENICH: Pfarrgemeinderäte, 12.
305 LUHMANN: Wünsche, 30.
306 BOGENSBERGER: Pfarrgemeinderäte, 266.

Die Kommunikation zwischen Pfarrgemeinderat und Gemeinde ist - zumindest soweit sie über offizielle Sitzungen bzw. Versammlungen abläuft - gering. Denn mit diesen "formellen, institutionalisierten Formen der Kommunikation wurden meist nur wenige Pfarrangehörige erreicht, und sie blieben im allgemeinen für die weitere Arbeit des Pfarrgemeinderates wirkungslos".[307]

Eine Reihe von Pfarrgemeinderäten benennt Schwierigkeiten, die aus der ineffektiven Öffentlichkeitsarbeit erwachsen. "Aufgrund der fehlenden Öffentlichkeitsarbeit wird die Gemeinde m.e. viel zu wenig über die Arbeit des Pfarrgemeinderates informiert."[308] - "Solange ich selbst im Pfarrgemeinderat tätig war, war mein Leben sehr damit ausgefüllt, und ich glaubte, unsere Arbeit müßte für jeden, der wollte, durchsichtig sein. Heute, als Nichtmitglied, weiß ich, daß das nicht so ist. Nur bei wenigen Gelegenheiten tritt der Pfarrgemeinderat wirklich in die Öffentlichkeit. Selbst regelmäßige Kirchgänger haben von der Arbeit des Pfarrgemeinderates meist keine Ahnung."[309]

Mangelnde Öffentlichkeitsarbeit führt nach dem Eindruck von Pfarrgemeinderäten dazu, daß die Gemeinde recht wenig weiß von der Arbeit des Pfarrgemeinderates. Dies hat darüber hinaus zur Folge, daß vieles von dem, was der Pfarrgemeinderat "tut (oder unterläßt), dem Pfarrer allein zugeschrieben wird. Viele fragen sich dann, besonders vor einer Wahl, was haben die denn schon getan, lohnt sich der ganze Aufwand."[310] Außerdem erschwert eine schlechte Öffentlichkeitsarbeit dem Pfarrgemeinderat, eine wirklich bedeutsame Rolle im Gemeindeleben zu spielen: "Hand aufs Herz, wer von Ihnen hat sich schon einmal in einem ihm wichtig erscheinenden Anliegen an ein Mitglied des Pfarrgemeinderates gewandt? Scheint nicht der erfolgversprechende Weg direkt zum Pastor zu führen? Worüber sprecht ihr eigentlich, was tut ihr überhaupt, so müssen sich manchmal die Pfarrgemeinderatsmitglieder befragen lassen."[311] Nicht zuletzt besteht das Dilemma darin, daß wichtige, im Pfarrgemeinderat zur Beratung anstehende Fragen und Themen nicht in der Gemeinde präsent sind,

307 SCHAUPP: Pfarrgemeinderat, 41.
308 MÜNSTER: 46, 5.
309 Ebd. 13.
310 Ebd.
311 LUHMANN: Wünsche, 30.

so auch nicht von einer breiteren Basis her vorüberlegt und bedacht werden können.

"Die innerpfarreiliche Kommunikation ist das Hauptproblem dieser Institution überhaupt. Solange die Funktionen, die sie zu erfüllen hat, nicht im Bewußtsein derer verankert sind, für die sie erfüllt werden, kann sich keine ausreichende Kommunikation zwischen den Beteiligten entwickeln."[312] Gelingt es dem Pfarrgemeinderat nicht einmal, in der Kerngemeinde eine Öffentlichkeit für seine Anliegen herzustellen, dann ist, das ist aufgrund der vorliegenden Berichte eindeutig festzustellen, erst recht nicht damit zu rechnen, daß der Pfarrgemeinderat der Aufgabe nachkommt, die "Anliegen der Pfarrgemeinde in der (gesamten) Öffentlichkeit zu vertreten," [313] und somit "nur eine geringe Öffnung besteht im Hinblick auf die allgemeine gesellschaftlich-politische Öffentlichkeit".[314]

6.13   Sorge um die distanzierten Gemeindemitglieder

"Die Kirchen sind nicht mehr so besucht wie vor 20 Jahren. Junge Familien, Jugendliche und Kinder fehlen fast ganz beim Gottesdienst. Pfarrgemeinderäte sind über ihre eigenen Kinder enttäuscht und stehen ratlos da: Was haben wir falsch gemacht? wird oft gefragt. Wie soll es weitergehen? Die Hälfte der Mitglieder haben große Probleme mit den Kindern."[315] Auch aufgrund dieser persönlichen Erfahrung ist für eine ganze Reihe von Pfarrgemeinderatsmitgliedern eine sehr wichtige Aufgabe, den "Kontakt zu denen, die dem Gemeindeleben fernstehen, zu suchen".[316]

Gleichzeitig handelt es sich hier aber um eine Aufgabe, das belegen nahezu alle Erfahrungsberichte, die kaum konkret geplant bzw. mit einer klaren Konzeption angegangen wird. "Da die Gottesdienstgemeinden in den letzten Jahren immer kleiner geworden sind und diese

---

312 GLATZEL, Norbert: Gemeindebildung und Gemeindestruktur. (Abhandlungen zur Sozialethik. Bd. 14.) München - Paderborn - Wien 1976, 33 f.
313 PGR-Satzung Freiburg, §1 (3)9.
314 SCHAUPP: Pfarrgemeinderat, 41.
315 DIÖZESANRAT FREIBURG: Erfahrungen, 33.
316 PGR-Satzung München, §2 k.

Tendenz sicher noch weitergeht, ist die Einbeziehung möglichst vieler über die Gottesdienstgemeinde hinaus nur ratsam."[317]

In dieser Situationsanalyse sind sich die meisten einig, und so müht man sich auch sehr um Kontaktaufnahme und Dialog: "Ich halte es für wichtig, auch einige Angebote für Geschiedene, Getrenntlebende und Wiederverheiratete zu bringen. Ich wünsche mir, daß die Kirche in ihren Angeboten nicht nur vom Idealbild der Ehe und Familie ausgeht."[318] - "Wir bemühen uns um den einzelnen, der sich bei Taufe, Erstkommunion, Firmung, Hochzeit oder bei sonstigen Gelegenheiten ansprechen läßt, und hoffen, daß er wiederkommt."[319]

Trotz allen Mühens: Bei dieser Aufgabe haben Pfarrgemeinderäte das Gefühl der eklatantesten Erfolglosigkeit. Nach der Untersuchung von FISCHER[320] liegt der Indexwert bei -47, was nur den Schluß zuläßt, "ein ganz und gar als wichtig erachtetes Thema wird nicht bearbeitet".[321]

6.14 Maßnahmen im Kontext gesellschaftlicher Entwicklungen

"Die Welt, das, was 'Freude und Hoffnung, Trauer und Angst der Menschen von heute' sind, bleibt meistens draußen."[322] - "Der gelebte Glaube und die gesellschaftlichen Fragen kommen kaum vor."[323] Die überwiegende Mehrheit der Pfarrgemeinderäte stellt sich den "Fragen von außen" nicht.

Dem Pfarrgemeinderat obliegt zwar die Aufgabe, "Probleme des Alltags und gesellschaftliche Entwicklungen zu beobachten, zu überdenken und sachgerechte Maßnahmen zu treffen,"[324] es ist jedoch eine Minderheit der Pfarrgemeinderäte, die von ihrer Arbeit berichtet, "wir

---

317 MÜNSTER: 46, 9.
318 DIÖZESANRAT MÜNCHEN: Erwachsenenbildung, 4.
319 DIÖZESANRAT FREIBURG: Erfahrungen, 32 f.
320 Vgl. FISCHER: Kirchengemeinderat, 25 ff.
321 FISCHER: Kirchengemeinderat, 29.
322 DIÖZESANRAT FREIBURG: Erfahrungen, 28 f.
323 MÜNSTER: 46, 12.
324 PGR-Satzung Freiburg, §1 (3)8.

waren bestrebt, Fragen der Gesellschaft und der Welt mit in den Blick zu nehmen".[325]

Festgehalten werden kann aufgrund der Erfahrungsberichte lediglich die Tendenz, auf die auch SCHMIED in seiner Arbeit[326] hinweist: Die Häufigkeit, mit der gesellschaftliche Themen in der Pfarrgemeinderatsarbeit eine Rolle spielen, steigt seit geraumer Zeit leicht an. "Die Politik schlägt sich auch in diesem kirchlichen Bereich stärker nieder."[327] Ein weiterer Hinweis, daß diese Beobachtung einen Trend wiedergibt, ist die stetig steigende Zahl der Pfarrgemeinderäte, die Ausschüsse einrichten zu "Vertriebenen- u. Aussiedlerfragen", "Arbeit und Soziales", "Ausländische Mitbürger", "Gesellschaft, Staat, Wirtschaft", "Ländliche Entwicklungen", "Politik".

Einige Beispiele aus den Pfarrgemeinderäten seien hier genannt: "Zu Beginn des Jahres hat der Pfarrgemeinderat damit begonnen, eine gemeinsame Stellungnahme zur Arbeitslosigkeit zu verfassen, um die Diskussion wieder anzustoßen, die Öffentlichkeit zu interessieren und zu mobilisieren, die Verantwortlichen nicht in Ruhe zu lassen sowie zu praktischem Handeln aufzurufen und anzuregen."[328] - "In der Pfarrgemeinderatssitzung beschäftigte sich der Pfarrgemeinderat unter TOP 2 'Vorstellung der CAJ-Aktion zum Ladenschlußgesetz' mit dem Für und Wider einer weitergehenden Liberalisierung der Ladenschlußzeiten. Die anwesenden Sprecher der CAJ erklärten Anliegen und Vorgehensweise dieser Aktion. Ihnen wurde für ihr Engagement ausdrücklich gedankt. Der Pfarrgemeinderat beschloß laut Protokoll vom 9.9.1987, die in nächster Zeit zu erwartenden Gesetzesentwürfe zu prüfen und eine Stellungnahme zu erarbeiten."[329] - "Aufmerksamkeit erregte ein offener Brief des Pfarrgemeinderates Ahaus, St.Josef, der an alle Arbeitnehmer der Gemeinde gerichtet war und an die Kirchenbesucher verteilt wurde. In ihm wurden alle katholischen Arbeitnehmer der Gemeinde aufgefordert, Mitglied der Gewerkschaft zu werden."[330] - "In der Gemeinde St. Josef, Herten-Süd,

---

325 MÜNSTER: 46, 4.
326 Vgl. SCHMIED: Pfarrgemeinderäte im Zeitvergleich.
327 SCHMIED: Pfarrgemeinderäte im Zeitvergleich, 13.
328 MÜNSTER: 45, 13.
329 Ebd. 9.
330 Ebd. 8.

wurde an mehreren Abenden im Pfarrgemeinderat über die Betriebsratswahlen beraten, mit dem Ergebnis, daß sich geeignete Gemeindemitglieder als Kandidaten zur Verfügung stellen sollten. Ein Mitglied des Pfarrgemeinderates stellte sich zur Verfügung und wurde in seinem Betrieb auch in das Betriebsratsamt gewählt."[331] - "Aktuell hat der Pfarrgemeinderat auch eine politische Stellungnahme gegen die Politik der deutschen Volksunion erarbeitet und veröffentlicht."[332]

Aufgrund der Erfahrungsberichte wird deutlich: Seitens etlicher seiner Mitglieder wird der Druck auf den Pfarrgemeinderat stärker, sich mit gesellschaftspolitischen Fragen auseinanderzusetzen. In einer ganzen Reihe von Pfarrgemeinderäten ist dies aber nicht möglich. "Besonders für Christen, die die Kirche zu mehr sozial- und gesellschaftspolitischer Verantwortung hinführen wollen, ist ein Leben und Überleben im Pfarrgemeinderat nicht ganz leicht. Der Weltdienst ist zu wenig im Bewußtsein, eine Parteinahme vor lauter Ausgewogenheit kaum möglich und Mehrheiten für Entschließungen bzw. entsprechendes Handeln kaum zu bekommen."[333] Was hier berichtet wird, ist keine Einzelstimme. Dennoch ist nicht von der Hand zu weisen, daß in den Pfarrgemeinderäten die Bereitschaft zunimmt, sich mit gesellschaftlichen Entwicklungen und Fragen zu beschäftigen, wenn auch die hier angeführten Berichte (noch) für eine geringe Zahl von Pfarrgemeinderäten stehen, in denen "lokale Aktivitäten entwickelt werden, damit Glaube in die Politik hineinwirken kann".[334]

6.15 Gerechtigkeit, Frieden und Bewahrung der Schöpfung

Auch in bezug auf die Themenstellung Gerechtigkeit, Frieden und Bewahrung der Schöpfung kann aufgrund der Erfahrungsberichte festgestellt werden, daß seitens der Pfarrgemeinderäte ein Bewußtsein der Verantwortung für diesen Aufgabenkomplex entsteht. "Der Pfarrgemeinderat ist die 'Such- und Spähtruppe' für das, was 'in der Luft

---

331 Ebd. 3.
332 Ebd. 4.
333 Ebd. 12.
334 Ebd. 11.

liegt'. Der Auferstandene hat uns zugesichert, daß ER da ist bis zum Ende der Welt. Somit können Fragen von außen seine Anfragen an uns sein. Sie sollten uns herausfordern. Wenn wir ganz bei den Sorgen und Nöten der Menschen sind, sind wir auch ganz bei IHM, hören wir SEINE Stimme. Wenn uns gleichgültig läßt, was Menschen heute zutiefst bewegt, haben wir uns selbst ins Abseits gestellt. Ich denke hier an Probleme wie z.b. Gerechtigkeit, Frieden und Bewahrung der Schöpfung."[335]

Wo der Weltauftrag des Pfarrgemeinderates verstanden und wahrgenommen wird als ein Einsatz für Gerechtigkeit, Frieden und Bewahrung der Schöpfung, wo es damit ausdrücklich darum geht, die "verhängnisvolle Binnenorientierung der Pfarrgemeinderatsarbeit aufzubrechen,"[336] wird von Schwierigkeiten berichtet, die die Umsetzung dieses Zieles zum einen in der Kerngemeinde mit sich brachte: "Beklagt werden muß der Mangel an Dialogfähigkeit mit Andersdenkenden, Linken und Ausländern. Die Tendenz ist zunehmend. Wir müssen innerhalb der Gemeinde konsequent zu einer Lerngemeinschaft werden."[337] Zum anderen werden aber durch eine so verstandene Pfarrgemeinderatsarbeit auch außerhalb der Gemeinde Irritationen und z.T. erhebliche Widerstände ausgelöst. "Offensichtlich ist der Weltauftrag der Kirche ein wechselseitiger Lernprozeß!"[338]

Folgende Beispiele können belegen, daß es dennoch Pfarrgemeinderäte gibt, die versuchen, diese Aufgabe anzugehen: "Am Mittwoch, den 8. Dezember 1982, faßte der Pfarrgemeinderat mit 10:2:2 Stimmen folgenden Beschluß: Wir Christen nehmen das übersteigerte Wettrüsten in Ost und West nicht stillschweigend hin. Wir wenden uns gegen eine weitere atomare Aufrüstung in Europa. Wir fordern von unseren Politikern: Bemüht euch mehr um Friedenssicherung und Konfliktlösung mit politischen (nicht militärischen) Mitteln! Tut den ersten Schritt auf dem langen Weg einer beidseitigen schrittweisen Abrüstung! Wir wollen uns mit den Massenvernichtungsmitteln nicht abfinden; zum Zeichen dafür erklärt der Pfarrgemeinderat von St.

---

335 MÜNSTER: 46, 10.
336 MÜNSTER: 45, 13.
337 MÜNSTER: 46, 11.
338 MÜNSTER: 45, 13.

STEPHAN Neuperlach das Kirchengrundstück St. STEPHAN zur atomwaffenfreien Zone!"[339]

"Der Pfarrgemeinderat von Dorsten, St.Josef, befaßte sich im Frühjahr 1987 mit der Diskussion um Frieden und Abrüstung, Natodoppelbeschluß und sogenannter Doppelter Nullösung. Aus Anlaß des 8. Mai 1987, dem Tag, an dem sich das Ende des II. Weltkrieges zum 42. Mal jährte, richtete der Pfarrgemeinderat dann schließlich einen Brief an den Bundeskanzler mit dem Ziel, die Abrüstungsdiskussion offensiv weiterzuführen. Wörtlich heißt es in dem Brief: 'Die Chance, die sich durch die aus unserer Sicht weitreichenden Vorschläge des Herrn Gorbatschow nun ergibt, die Chance, erstmals statt aufzurüsten abzurüsten, muß genutzt werden.' Ferner wird in diesem Brief auf die besondere Verantwortung der Deutschen für die Schaffung und Erhaltung des Friedens in Europa und in der Welt verwiesen. 'Dieser Verantwortung möchten wir als Pfarrgemeinderat mit diesem Brief an Sie gerecht werden, mit dieser Stellungnahme an Sie und diejenigen, die die Last der Entscheidung zu tragen haben. Unser Brief möge Sie ermutigen, ja zur Doppelten Null-Lösung zu sagen'."[340]

Es bleibt abzuwarten, wie auf Dauer gerade diese Aufgabe bewältigt wird, denn hier, und das bestätigen schon die ersten Erfahrungen, dürfte m.E. der Pfarrgemeinderat von außen am meisten unter Druck geraten: Noch lange wird ihm wohl von der Politik sowohl Kompetenz als auch Zuständigkeit in diesen Fragen abgesprochen werden.

6.16 Mitarbeitergewinnung für die Glaubensunterweisung

Nach meinen Beobachtungen kommt der Pfarrgemeinderat der Aufgabe, "Gemeindemitglieder für Dienste der Glaubensunterweisung zu gewinnen,"[341] nur in verschwindend geringem Maß nach. In aller Regel nimmt der Pfarrer oder ein anderer hauptamtlicher Pastoraler Mitarbeiter der Gemeinde diese Aufgabe wahr, und meist gelingt es die-

---

339 Pressemitteilung des PGR St. Stephan, München - Neuperlach.
340 MÜNSTER: 45, 13.
341 PGR-Satzung Freiburg, §1 (3)4.

sen auch, genügend ehrenamtliche Katecheten zur Mitarbeit zu bewegen. "Jedes Jahr findet unser Seelsorger Väter und Mütter, die Vorbereitungsgruppen übernehmen."[342]

Eine ganze Reihe von Pfarrgemeinderäten macht immer wieder deutlich, daß sie es für viel sinnvoller hält, wenn diese Aufgabe vom Pfarrer wahrgenommen wird: "Die Leute machen sowieso viel eher mit, wenn sie vom Pfarrer oder von der Gemeindereferentin um etwas gebeten werden."[343]

Es kommt "den Hauptamtlichen diese Aufgabe besonders zu, da sie durch Hausbesuche, Taufgespräche und Brautgespräche sehr viele Personen kennenlernen, die gezielt angesprochen"[344] werden können.

Der eindeutige Befund, daß der Pfarrgemeinderat die Aufgabe, Mitarbeiter für die Glaubensunterweisung zu gewinnen, nicht wahrnimmt, wird auch durch die ausführlichen Untersuchungen von SPÖLGEN[345] bestätigt. Befragt daraufhin, von wem sie auf die Übernahme eines katechetischen Dienstes angesprochen wurden, antworten 48,2%: durch den Priester, 10,9%: durch Mitarbeiter der Gemeinde, und nur 5,1% derer, die in der Gemeindekatechese tätig sind, geben an, daß sie durch ehrenamtliche Mitarbeiter, worunter dann auch Pfarrgemeinderatsmitglieder sein könnten, für den Dienst der Glaubensunterweisung gewonnen wurden.

Der Priester spielt die absolut dominierende Rolle bei der Gewinnung von Mitarbeitern, vom Pfarrgemeinderat ist hier praktisch nie die Rede.

Ähnlich eindeutig fällt der Befund aus, wenn die Frage beantwortet werden soll, ob der Pfarrgemeinderat Mitsorge trägt für die Befähigung der Katecheten bzw. ob er sich mitverantwortlich weiß für begleitende Hilfen in der katechetischen Tätigkeit. All dies ist in der Praxis Sache des Pfarrers und der hauptamtlichen Mitarbeiter und keine Angelegenheit des Pfarrgemeinderates.

---

342 DIÖZESANRAT FREIBURG: Erfahrungen, 25 f.
343 Ebd. 30.
344 MÜNSTER: 46, 5.
345 Vgl. SPÖLGEN: Ehrenamtliche, 137 ff.

6.17 Förderung des diakonischen Dienstes der Gemeinde

Aufgabe des Pfarrgemeinderates ist es, "den diakonischen Dienst im caritativen und sozialen Bereich zu fördern".[346] Der Bruderdienst in der Gemeinde ist nach Einschätzung der meisten Pfarrgemeinderäte ohne Zweifel sehr wichtig. Aus den Erfahrungsberichten ergibt sich jedoch eindeutig, daß die Aufgabe des Bruderdienstes in aller Regel in der Gemeinde wahrgenommen wird, jedoch meist kein Thema im Pfarrgemeinderat ist.

Daß sich der Pfarrgemeinderat selbst - wie im folgenden Beispiel - mit der Caritas der Gemeinde auseinandersetzt, ist die absolute Ausnahme: "Der Bruderdienst ist und war ein besonderer Schwerpunkt der Arbeit des Pfarrgemeinderates. So wurde beispielsweise die ambulante und stationäre Altenhilfe in unserer Pfarrei sehr stark mit der Neugründung der Sozialstation und dem Neubau eines Altenpflegeheimes ausgebaut. Weitere Hilfen, wie Essen auf Rädern und die Nachbarschaftshilfe, wurden als wichtige Ergänzungen an die Sozialstation angegliedert. Aber auch im Bereich unserer beiden Kindergärten, St. Albert und St. Elisabeth, hat man durch die Schaffung von zwei Kindertagesstätten für eine Ganztagsbetreuung von derzeit 40 Kindern Familien und gesellschaftlichen Notwendigkeiten Rechnung getragen. Auch für die Zukunft wird der zeitgemäße Ausbau des Bruderdienstes die Arbeit des Pfarrgemeinderates stark beeinflussen. Die caritativen Einrichtungen erhalten von Pfarrgemeinderäten und weiteren Gemeindemitgliedern ehrenamtliche Mithilfe."[347]

Der Sachausschuß "Caritas", nimmt man die diözesanen Untersuchungen, rangiert fast überall unter den fünf am häufigsten eingerichteten Ausschüssen. Die Regel ist aber die, daß diese Sachausschüsse völlig unabhängig vom Pfarrgemeinderat arbeiten und dabei weniger planerischen oder Koordinationsaufgaben nachkommen, sondern vielmehr sehr konkret Einzelprobleme anpacken.

---

346 PGR-Satzung München, §2 d.
347 DIÖZESANRAT FREIBURG: Erfahrungen, 25 f.

Sie engagieren sich "in der ganz konkreten Sorge um die Menschen am Rande unserer Gesellschaft. Nicht theoretische Auseinandersetzung mit diesem Thema, sondern die ganz konkrete, praktische Hilfe sind Anliegen dieses Ausschusses."[348]

Zusammenfassend kann gesagt werden: "Der Bereich Soziales wird unabhängig vom Pfarrgemeinderat durch eine breite Gruppe engagierter Gemeindeglieder (Frauen) abgedeckt."[349] Diese sind organisiert in Caritaskonferenzen oder Helferkreisen, in Besuchsdienstgruppen etc.

Darüber hinaus wird dieser Bereich durch die in der Gemeinde professionell arbeitenden Einzelpersonen (Krankenschwestern) bzw. Institutionen (Sozialstation) abgedeckt. "Ich glaube nicht, daß es gut ist, diese Aufgabe völlig an die Caritas abzugeben, denn der Pfarrgemeinderat ist Vertreter der ganzen Gemeinde. Er muß sich sorgen um die Sorgen der ganzen Gemeinde. Gerade die Diakonie ist es, die unser tägliches Leben am meisten berührt, vielleicht sogar hineinreicht bis in die Politik. In diesem Bereich könnte und sollte Kirche wieder sichtbare Hoffnung für viele werden."[350]

Vereinzelt wird die Tatsache, daß der Pfarrgemeinderat keine Verantwortung für die diakonische Dimension der Gemeinde wahrnimmt, zwar kritisch hinterfragt. Der Befund aus den Erfahrungsberichten ist jedoch eindeutig: Im Pfarrgemeinderat ist die Diakonie kein Thema.

348 MÜNSTER: 46, 13.
349 DIÖZESANRAT FREIBURG: Erfahrungen, 26 f.
350 MÜNSTER: 46, 13.

6.18 Zusammenfassung: Unterschiede in der Aufgabenbewältigung

Es gibt eine ganze Reihe von Aufgaben, die in den Pfarrgemeinderatssitzungen sehr häufig behandelt werden. Der überwiegende Teil dieser Aufgaben ist jedoch nach Meinung der Pfarrgemeinderäte nicht besonders vordringlich. Zusammenfassend kann festgestellt werden, daß z.b. die Verwaltungsaufgaben mehr Raum einnehmen, als dies die Pfarrgemeinderäte eigentlich wollen.

Dagegen werden andere Aufgaben, hauptsächlich pastorale Anliegen, zu wenig bearbeitet. Auffallend ist auch, daß besonders dort, wo zur erfolgreichen Aufgabenbewältigung ein langfristiges Konzept erforderlich wäre, Pfarrgemeinderäte am deutlichsten signalisieren, daß sie mit ihrer Arbeit nicht zufrieden sind. Von einem Teil der Aufgaben, die ihnen von der Satzung zugeschrieben werden, haben sie sich im Grunde stillschweigend verabschiedet, denn sie werden in der Gemeinde schon wahrgenommen, dafür gibt es schon lange traditionelle Träger. Von daher braucht es nicht zu verwundern, daß Pfarrgemeinderäte sich nicht um diese Bereiche kümmern.

Über die Dringlichkeit anderer Aufgaben, die sich verstärkt erst in jüngster Zeit stellen, besteht in den meisten Pfarrgemeinderäten noch kein Einvernehmen. Daher können diese Aufgaben erst von einem Teil der Pfarrgemeinderäte wahrgenommen werden.

Festzuhalten bleibt, daß aus Sicht der Pfarrgemeinderäte lediglich solche Aufgaben hinlänglich bearbeitet werden, die in jeder Hinsicht unproblematisch sind, weil im großen und ganzen im Pfarrgemeinderat unumstritten; solche, die kurzfristig bewältigbar sind und bzgl. derer dem Pfarrgemeinderat auch von außen bzw. anderen in der Gemeinde die Zuständigkeit nicht abgesprochen wird.

7. Arbeitsweise des Pfarrgemeinderates

Nachdem der Frage nachgegangen wurde, was der Pfarrgemeinderat tut, geht es nun darum, in einem letzten Teil der Praxisbeobachtung die Frage zu stellen: Wie tut der Pfarrgemeinderat das, was er tut? Pfarrgemeinderäte arbeiten in der Regel in "Plenarsitzungen" und in Ausschüssen. Plenarsitzungen sind entweder abendliche mehrstündige Sitzungen oder Klausurtage. Im Zusammenhang mit der Arbeitsweise des Pfarrgemeinderates in Sitzungen, Ausschüssen und an Klausurwochenenden ist die Frage nach Schulung der Pfarrgemeinderatsmitglieder, nach Aus- und Weiterbildung von einigem Interesse.

7.1 Häufigkeit und Dauer der Pfarrgemeinderatssitzungen

Aus den Erfahrungsberichten der Pfarrgemeinderäte ergibt sich ein sehr unterschiedliches Bild: Da gibt es in Ausnahmefällen Pfarrgemeinderäte, die es sich zur festen Regel gemacht haben, in einem Drei- oder Vierwochenrhythmus zu tagen. Andererseits gibt es auch die Praxis, daß Pfarrgemeinderäte sich nur zwei- bis dreimal im Jahr treffen. Die Praxis häufiger Sitzungen wird in der Regel mit einem großen Problemstau, mit einer Überfülle an anstehenden Aufgaben begründet, wobei dann oft gleichzeitig angemerkt wird, daß selbst eine Vielzahl von Sitzungen nicht genügt, "um die vielfältigen Probleme einer Pfarrei auch nur im Ansatz zu behandeln oder gar lösen zu können".[351]

Die Tatsache sehr seltener Sitzungen - "Unser Pfarrgemeinderat tagt viel zu selten. Es gibt sogar monatelange Pausen."[352] - wird meist dadurch erklärt, daß der Pfarrer oder die einzelnen Pfarrgemeinderatsmitglieder terminlich nicht überfordert werden sollen: "Wir begrenzen unsere Sitzungen auf das Notwendigste, da unser Pfarrer noch Dekan eines der größten Dekanate der Erzdiözese ist."[353] - "Außerdem möchte der Vorsitzende die Mitglieder des Pfarrgemeinderates - auch

---

351 DIÖZESANRAT FREIBURG: Erfahrungen, 23 f.
352 KJG: Pfarrgemeinderat, 92.
353 DIÖZESANRAT FREIBURG: Erfahrungen, 25.

den Herrn Pfarrer - nicht überfordern, da ja schließlich alle, außer dem Pfarrer, noch Familie und Hobbys haben, die auch nicht zu kurz kommen dürfen, 'deshalb reichen vier bis sechs Sitzungen jährlich völlig aus'."[354]

Aufgrund der Erfahrungsberichte kann davon ausgegangen werden, daß die meisten der Pfarrgemeinderäte sich wenigstens viermal im Jahr zu einer Sitzung treffen. Sie entsprechen damit den Bestimmungen der Statuten, in denen festgelegt ist, daß der Pfarrgemeinderat wenigstens vierteljährlich zusammentritt.[355] Wesentlich häufiger wird aber von mehr als vier Sitzungen im Jahr berichtet.

Nach all meinen Beobachtungen und nach einer Umfrage bei den 34 Pfarrgemeinderäten des Dekanates Breisach-Endingen in der Erzdiözese Freiburg rechne ich mit durchschnittlich sechs bis sieben Sitzungen im Verlauf eines Jahres. Dieses Ergebnis zeigt auch, daß in den zurückliegenden Jahren die Häufigkeit der Sitzungen gestiegen ist, denn Anfang der 70er Jahre bewegte sich die durchschnittliche jährliche Sitzungszahl noch zwischen 3,7 und 3,8.[356] Generell gilt in diesem Zusammenhang: "Je größer die Pfarrgemeinde und je größer der Pfarrgemeinderat, um so zahlreicher werden Sitzungen abgehalten."[357]

"Bei uns sind Sitzungen bis weit nach Mitternacht durchaus keine Seltenheit"(QI). - "Die Sitzungen gingen in der Regel von 20.00 Uhr bis weit über 24.00 Uhr hinaus."[358] "Manchmal war es fast 24 Uhr, bis wir schließen konnten. Dies lag aber nicht etwa daran, daß der Zeitabstand zwischen den Sitzungen zu lang war (wir hatten so alle drei bis vier Wochen eine Sitzung), sondern weil wir meistens eine volle Tagesordnung hatten."[359] Der Pfarrgemeinderat tagt aus Sicht seiner Mitglieder nicht nur recht häufig, er tagt auch sehr lange. In aller Regel mehrere Stunden am Stück. Nach meinen Beobachtungen liegt die

354 KJG: Pfarrgemeinderat, 63.
355 PGR-Satzung Freiburg, §7 (1).
356 Vgl. IKSE: 81, 29 f.
357 IKSE: 81, 30.
358 KJG: Pfarrgemeinderat, 36.
359 DIÖZESANRAT FREIBURG: Erfahrungen, 28.

Sitzungsdauer im Durchschnitt bei mindestens drei Stunden.[360] Auch hier gilt wohl: "Pfarrgemeinderäte in größeren Pfarrgemeinden tagen im Durchschnitt länger."[361]

Trotz des hohen Zeitaufwandes, der aus Sicht der Pfarrgemeinderäte mit den Sitzungen verbunden ist, nehmen in der Regel nahezu alle Mitglieder ständig an den Sitzungen teil. Aufgrund der mir vorliegenden Pfarrgemeinderatsprotokolle, die die Arbeit einzelner Pfarrgemeinderäte über einen längeren Zeitraum hinweg dokumentieren, darf davon ausgegangen werden, daß jeweils mehr als 80% der Mitglieder bei den einzelnen Sitzungen anwesend sind. Die Teilnehmerzahlen sind während der Jahre überwiegend konstant, und es gibt keine Hinweise dafür, daß die Bereitschaft zur Teilnahme an den Sitzungen nachgelassen hätte. "In der Größenordnung ab 16 Mitgliedern liegt die durchschnittliche Teilnahmehäufigkeit unter der der kleineren Pfarrgemeinderäte."[362] Hierfür kann der Grund auch eine andere Arbeitsweise sein, denn in den größeren Pfarrgemeinderäten liegt das Hauptarbeitsfeld eher in den Sachausschüssen.

7.2 Vorbereitung der Sitzungen

"Neben den Sitzungen des Pfarrgemeinderates werden bei etwa 40% der befragten Pfarrgemeinderäte zusätzlich Vorstandssitzungen abgehalten."[363] Die Mehrheit der Pfarrgemeinderäte wertet die dort geleistete Arbeit positiv, und in der Regel haben sie das Gefühl, daß die Sitzungen gut vorbereitet sind. "...im großen und ganzen... ist der Pfarrgemeinderat immer gut vorbereitet, der Vorstand setzt sich mit dem Pfarrer immer vorneweg zusammen und arbeitet das aus, und wir werden auch immer ausreichend informiert."[364] Die Untersuchung von FISCHER bestätigt, daß die meisten Pfarrgemeinderäte häufig bzw. fast immer genügend Vorinformationen erhalten, um in den Sitzungen mitreden zu können.[365] Sie rechnen es der Vorbereitungsarbeit des

---

360 Die Umfrage im Dekanat Breisach-Endingen erbrachte eine durchschnittliche Sitzungsdauer von 3,4 Stunden.
361 IKSE: 81, 31.
362 Ebd. 32.
363 Ebd. 37.
364 SCHAUPP: Pfarrgemeinderat, 266.
365 Vgl. FISCHER: Kirchengemeinderat, 32.

Vorstandes positiv an, wenn dieser tatsächlich "für eine lebendige und zeitnahe Arbeit des Pfarrgemeinderates" [366] sorgt. "Eine sorgfältige Vorbereitung der Sitzungen durch Gruppenarbeit, Einladung von Fachleuten, Methodenwechsel ließen die meisten Zusammenkünfte gut gelingen."[367] - "Sitzungen werden lebendiger, der Grad der Zufriedenheit bei den Mitgliedern nimmt zu, wenn der Pfarrgemeinderatsvorstand sich regelmäßig zwischen den Sitzungen trifft, um sowohl Inhalte als auch methodische Vorgehensweisen der Arbeit zu besprechen."[368]

Neben der Mehrheit der zufriedenen Stimmen darf aber nicht übersehen werden, daß es eine sehr starke Minderheit gibt, die immer wieder deutlich macht, daß sie mit der Vorbereitung der Sitzungen nicht einverstanden ist und sich ungenügend informiert fühlt. "So konnte ich immer wieder feststellen, daß der Pfarrgemeinderat total uninformiert war."[369] - "Informationen sind immer nur bei einigen Leuten angekommen oder nicht für alle zugänglich gemacht worden."[370] Mangelnde Information wird nicht nur bzgl. der zu behandelnden Einzelfragen beklagt. Erwartet wird vielmehr häufig, daß der Pfarrgemeinderatsvorstand eine grundsätzlichere Vorarbeit leistet: "Mit unzureichender Information meine ich die Weitergabe von Daten sowie Informationen über die Glaubenssituation in unserer Pfarrgemeinde und Stellungnahme zu aktuellen, religiösen Schwerpunkten."[371] Ihre Unzufriedenheit drücken auch Vorstandsmitglieder aus: "Sitzungen sind vom Vorstand oft nicht gut vorbereitet. Auch ist nie so klar, wie die Tagesordnung zustandekommt."[372] - "Rückschauend muß ich sagen, daß die Vorstandsarbeit ein Schwachpunkt in diesen Jahren war. Sicher gab es ein unterschiedliches Selbstverständnis der Vorstandsmitglieder, und somit hatte die Nach- und Vorbereitung der Pfarrgemeinderatssitzung nicht für alle den gleichen Stellenwert."[373]

---

366 PGR-Satzung Freiburg, §6 (1).
367 MÜNSTER: 46, 8.
368 Ebd. 6.
369 KJG: Pfarrgemeinderat, 39.
370 Ebd. 54.
371 MÜNSTER: 46, 15.
372 KJG: Pfarrgemeinderat, 92.
373 MÜNSTER: 46, 4.

Wenn man bei Durchsicht aller Erfahrungsberichte sagen muß, daß die tatsächlich geleistete Vorbereitung der Sitzungen sehr unterschiedlich gewertet wird, so wird doch eines deutlich: Nahezu alle Pfarrgemeinderatsmitglieder erwarten ausreichende Informationen rechtzeitig vor den Sitzungen und außerdem, daß die Sitzungen auch inhaltlich/methodisch angemessen vorbereitet sind. Ein Großteil der Pfarrgemeinderäte ist hier zufrieden, aber eine große Minderheit eben nicht.

7.3 Sitzungen

7.3.1 Geistliches Wort

Aus nahezu allen Erfahrungsberichten geht hervor, daß Pfarrgemeinderatssitzungen mit einem Geistlichen Wort, mit einem Gebet, einer Lesung, einem Schriftwort oder einer Meditation begonnen werden. Es ist die Regel, daß "ein einzelner für die Sitzung einen religiösen Einstieg macht"(QI). "Die Sitzungen beginnen wir mit einem Schriftwort, dann folgen in der Hauptsache organisatorische Tagesordnungspunkte."[374] - "Wir beginnen jede Sitzung mit einem Schriftgespräch. Die Heilige Schrift soll uns Impulse geben, damit das Wort Jesu für uns fruchtbar werden kann."[375] - "Dem Geistlichen Wort zu Beginn unserer Sitzungen messen wir eine große Bedeutung zu, wobei die jeweiligen Beiträge nicht nur vom Pfarrer stammen."[376]

Für die Mehrheit der Pfarrgemeinderäte gilt nach meinen Beobachtungen, daß die Vorbereitung des geistlichen Impulses von allen Mitgliedern reihum übernommen wird. In den selteneren Fällen obliegt diese Aufgabe ausschließlich dem Pfarrer, oder das Geistliche Wort entfällt ganz. "Versuche, die Sitzungen mit einer Meditation zu beginnen, scheiterten daran, Mitglieder des Pfarrgemeinderates zur Vorbereitung und Durchführung zu gewinnen."[377]

---

374 DIÖZESANRAT FREIBURG: Erfahrungen, 25.
375 MÜNSTER: 46, 14.
376 DIÖZESANRAT FREIBURG: Erfahrungen, 23 f.
377 MÜNSTER: 46, 4.

In einer wachsenden Zahl von Pfarrgemeinderäten nimmt man sich nach meinen Beobachtungen inzwischen zu Beginn der Sitzungen die Zeit für ein ausführliches Schriftgespräch bzw. für eine gemeinsame Eucharistiefeier. In den Erfahrungsberichten werden damit positive Auswirkungen für den Sitzungsverlauf verbunden: "Jede Pfarrgemeinderatssitzung beginnt entweder mit der Eucharistiefeier oder mit dem Schriftgespräch. Wir versuchen, uns zunächst dem Geist Gottes zu öffnen, denn aus dieser offenen Haltung heraus kann Jesus Christus bei uns Raum greifen, vom Praktischen her sammelt uns das Schriftgespräch; denn wir kommen aus sehr verschiedenen Lebens- und Arbeitssituationen. So vorbereitet, werden die Gespräche ehrlicher und zielgerichteter."[378] - "Wir beginnen die Sitzungen mit einer hl. Messe und stellen seitdem einen wesentlich sachlicheren und untereinander friedlicheren Sitzungsverlauf fest."[379]

7.3.2 Abwicklung der Tagesordnung

Mit der Tagesordnung liegt den Pfarrgemeinderäten in aller Regel eine Fülle von Tagesordnungspunkten vor. Dabei sind die Tagesordnungen selbst unterschiedlich aufschlußreich für die Pfarrgemeinderatsmitglieder: "Ich möchte noch eine formelle Sache erwähnen: So war auf der Tagesordnung immer nur der Stichpunkt 'Jugendangelegenheiten' oder 'Jugendarbeit' vermerkt ohne konkrete Angaben, so daß der Pfarrgemeinderat gar keine Möglichkeit hatte, sich vorher zu informieren."[380] - "Die jeweiligen Einladungen zu den Sitzungen mit Tagesordnung gaben gleich darüber Auskunft, ob es sich bei den jeweiligen Tagesordnungspunkten um eine Informations- oder Entscheidungsangelegenheit handelte."[381]

In einem Punkt decken sich aber nahezu alle Erfahrungsberichte: "Die Tagesordnung war vollgepfropft."[382] - "In unserer großen und weitgestreuten Pfarrgemeinde stehen für Seelsorger und Pfarrgemeinderat bei unseren Sitzungen reichliche Tagesordnungspunkte an."[383] Pfarr-

---

378 Ebd. 14.
379 DIÖZESANRAT FREIBURG: Erfahrungen, 32 f.
380 KJG: Pfarrgemeinderat, 38.
381 LUHMANN: Wünsche, 29.
382 KJG: Pfarrgemeinderat, 43.
383 DIÖZESANRAT FREIBURG: Erfahrungen, 25 f.

gemeinderäte haben durchgängig das Gefühl, in jeder Sitzung sehr viele Tagesordnungspunkte bewältigen zu müssen.

Einhellige Meinung der Pfarrgemeinderäte ist, daß eine gute und effektive Sitzungsleitung gebraucht wird, damit die umfänglichen Tagesordnungen überhaupt bewältigt werden können. "Daher ist ein Vorsitzender notwendig, der die Meinungsvielfalt (die ja an sich gut und nützlich ist, sofern sie nicht nur von Gruppeninteressen bestimmt wird) einigermaßen koordinieren kann."[384] - "Der Vorsitzende sollte die Ergebnisse immer wieder aufnehmen, auflisten und in geeigneter Weise allen Pfarrgemeinderatsmitgliedern vor Augen führen"(WP). - "Nicht zuletzt ist es auch die humorvolle Leitung des Pfarrgemeinderatsvorsitzenden, die die Sitzungen gut gelingen läßt."[385] - "Durch die gekonnte Gesprächsführung ist mir dann Gelegenheit gegeben, meine Ideen zu den Zielen, Aufgaben und Planungen einzubringen."[386]

In den Erfahrungsberichten wird aber immer wieder beklagt, daß die Pfarrgemeinderatssitzungen nicht gut geleitet werden. "In meinen Pfarrgemeinderatssitzungen waren oft ermüdend lange Stunden notwendig, um die vielen Tagesordnungspunkte zu erledigen. Eine gute und straffe Leitung ist zwar sehr erstrebenswert, glückt aber leider nicht immer."[387]

Wo einerseits eine Fülle von Themen auf der Tagesordnung steht und wo andererseits Leitungsverantwortung nicht wahrgenommen wird, ist die Abwicklung der Tagesordnung problematisch: "Es entstand eine breite, manchmal zähe Diskussion über viele Fragen."[388] - "Bei uns ist es an der Tagesordnung, daß es wegen Kleinigkeiten zu unnötigen Diskussionen kam."[389] - "Unser Pfarrgemeinderat verlor sich ständig in unnützem Kleinkram, das war furchtbar ermüdend, und heraus kam in der Regel überhaupt nichts"(QI). - "So gab es zwar viele Sitzungen, lange Stunden der Diskussionen, aber oft keine Entscheidungen und

384 Ebd. 23 f.
385 MÜNSTER: 46, 8.
386 LUHMANN: Wünsche, 29.
387 DIÖZESANRAT FREIBURG: Erfahrungen, 35.
388 BDKJ: Materialmappe, M4.
389 KJG: Pfarrgemeinderat, 31.

auch keine Taten."[390] "Es dauert jedesmal furchtbar lange, bis endlich
etwas ins Laufen kommt."[391]

Pfarrgemeinderäte berichten immer wieder, daß sie die Sitzungen als
ungeheuer zäh erleben, daß man nur sehr langsam vorankommt und
sich oft in völlig unnötige Einzelheiten verbeißt. Die Pfarrgemeinderatssitzungen geraten in aller Regel unter einen großen Zeitdruck. Ein immer wieder anzutreffender Hinweis für den Zeitdruck,
unter dem "die Tagesordnungspunkte durchgepeitscht werden"(QI), ist
die Klage darüber, "was nicht alles am Ende einer Sitzung dann noch
unter dem Punkt Verschiedenes behandelt werden muß"(WP). "Die
Sitzungen gingen in der Regel von 20.00 Uhr bis weit über 24.00 Uhr
hinaus. Mir blieb erst nach Mitternacht Zeit, meine Anliegen vorzu-
bringen, wo sowieso niemand mehr aufnahmefähig war."[392]

Aufgrund der vorliegenden Erfahrungsberichte kann festgehalten werden: In der Regel ist die Tagesordnung einer Pfarrgemeinderatssitzung
zu umfänglich. Oft gelingt es den Vorsitzenden nicht, die Sitzungen
straff und zügig durchzuführen. Dadurch entsteht bei den Pfarrgemeinderäten das Gefühl, sich in endlosen Debatten zu verlieren, und
die Sitzungen geraten immer mehr unter Zeitdruck.

7.3.3 Entscheidungsprozesse

"Ein Kennzeichen für die Tätigkeit unseres Pfarrgemeinderates war
das Bemühen um ein möglichst umfassendes Meinungsspektrum und
das Erreichen eines fairen Konsenses bei den Beratungen. Dafür nehmen wir oft eine lange Sitzungsdauer in Kauf: In den 20 Jahren des
Gammertinger Pfarrgemeinderates habe ich keine unüberbrückten
Kontroversen, Kampfabstimmungen oder Animositäten unter den
Mitgliedern erlebt."[393] - "Ich erlebe es immer wieder, daß sich eine
gemeinsame Linie herauskristallisiert und keine formale Abstimmung
mehr notwendig ist."[394] Ein kleiner Teil der Erfahrungsberichte läßt

---

390 Ebd. 33.
391 Ebd. 64.
392 Ebd. 36.
393 DIÖZESANRAT FREIBURG: Erfahrungen, 23 f.
394 MÜNSTER: 46, 14.

den Schluß zu, daß Pfarrgemeinderäte darum bemüht sind, im Konsensverfahren zu ihren Entscheidungen zu kommen. Man legt Wert auf einen möglichst langen Entscheidungsfindungsprozeß, in dessen Verlauf die Tendenz deutlich wird, wie der Konsens aussehen könnte. "Es wird versucht, so lange zu diskutieren und vorhandene Vorschläge zu modifizieren, bis alle mit einem bestimmten Beschluß bzw. einer bestimmten Vorgehensweise einverstanden sind. Dieses Problemlösungsverfahren ist sehr zeitaufwendig, hat aber den Vorteil, daß alle an der Entscheidung Beteiligten diese mittragen werden."[395]

In der größeren Zahl von Pfarrgemeinderäten ist das Verfahren der Abstimmung mittels einfacher Mehrheiten, mit dem der Entscheidungsfindungsprozeß an irgendeiner Stelle zu Ende gebracht wird, die Regel. Auch SCHAUPP beobachtet dieses Verfahren recht häufig: "Es wird versucht, den Zeitaufwand zu reduzieren, indem die Diskussion dann abgebrochen wird, wenn sich für eine bestimmte Handlungsalternative eine relative Mehrheit gefunden hat."[396] Einzelne Erfahrungsberichte äußern sich in diesem Kontext allerdings auch sehr kritisch. Bei den Abstimmungen immer wieder neu zu den Unterlegenen zu gehören, wird als schmerzhaft empfunden. "Unsere Argumente haben eben nicht gezählt. Da kann man im Grunde nie etwas dran ändern. Wir sind halt im Pfarrgemeinderat in der Minderheit"(QI).

Daß der einfache Mehrheitsbeschluß, wie er in verschiedenen Gremien durchaus üblich ist, für den Pfarrgemeinderat eine angemessene Methode darstellt, um zu Entscheidungen zu kommen, wird oft in Zweifel gezogen. Diese Beobachtung wird von den IKSE-Untersuchungen bestätigt. Das Vorgehen mittels Mehrheitsbeschlusses wird immerhin von 49,1 % der Pfarrer und 39,3 % der Laienmitglieder in den Pfarrgemeinderäten nicht akzeptiert.[397]

Neben dem bisher Gesagten, aus dem hervorgeht, daß im Pfarrgemeinderat durchaus Entscheidungsprozesse stattfinden und auch Entscheidungen getroffen werden, behauptet eine ganze Reihe von Pfarrgemeinderatsmitgliedern in ihren Erfahrungsberichten, daß man letzt-

---

395 SCHAUPP: Pfarrgemeinderat, 32 f.
396 Ebd.
397 Vgl. IKSE: 81, 53.

lich nicht entscheidet bzw. daß der Pfarrgemeinderat zu keinem konkreten Ergebnis kommt: "Es gab zwar viele Sitzungen, lange Stunden der Diskussionen, aber oft keine Entscheidungen."[398] Diese Einschätzung kann verschiedene Ursachen haben.

Oft werden Themen behandelt, die offensichtlich (noch) nicht entscheidungsreif sind. Abstimmungen werden vertagt, weil nicht genügend Informationen vorliegen oder weil die Problemstellung nicht klar genug ist. Dies führt aber mit der Zeit dazu, daß bei immer mehr Angelegenheiten der Eindruck entsteht, "wir reden und reden, dann vertagen wir wieder, weil dies und jenes noch bedacht werden muß. Dann wird's wieder vergessen, oder der, der sich drum kümmern sollte, hatte keine Zeit, und entschieden wird's am Ende nie"(QI). - "Und jedesmal, wenn eine Wahlperiode zu Ende war und es kam 'ne neue, da hat man gesagt, na ja, im letzten haben wir es nicht geschafft, dies und jenes zu erledigen, vielleicht schaffen wir's im nächsten, und da waren wieder andere Probleme, so daß also Aufgehobenes oder nicht Erledigtes in der Weise nicht zu Ende gebracht werden konnte. Das ist also mehr oder weniger ein Leben mit unerledigten Sachen."[399]

Der Eindruck, daß nichts entschieden wird, rührt auch von der Erfahrung einzelner Pfarrgemeinderäte her, daß sie mit ihrem Versuch, Themen oder Fragen in die Sitzungen einzubringen, scheitern. Denn was nicht behandelt wird, wird nicht entschieden. "Da gab es aber auch immer wieder Enttäuschungen, weil Dinge, die ich wichtig fand, nicht angenommen oder durchgeführt wurden."[400] Eine ganze Reihe von Erfahrungsberichten spricht davon, daß in den Sitzungen Initiativen einzelner Pfarrgemeinderäte abgeblockt werden: "Ich hatte einmal bestimmte, sehr kritische TOP's lange vor der betreffenden Sitzung dem Vorsitzenden schriftlich mitgeteilt, in der Hoffnung, daß diese dann zur Diskussion gestellt werden. Leider wurden meine Vorschläge nie zur Diskussion gestellt."[401] - "Wichtige pastorale Punkte, die jemand aus der Bevölkerung einbrachte, 'sind es einfach nicht

---

398 KJG: Pfarrgemeinderat, 33.
399 SCHAUPP: Pfarrgemeinderat, 274.
400 DIÖZESANRAT FREIBURG: Erfahrungen, 35.
401 KJG: Pfarrgemeinderat, 44.

wert, daß man darüber spricht!' (Aussage unseres Pfarrgemeinderatsvorsitzenden)."[402]

Außerdem hängt diese Einschätzung mit folgender, häufig gemachten Erfahrung zusammen: "Bei uns ist doch im Grund vor den Sitzungen alles längst schon entschieden"(QI). Da gibt es oftmals eine "Entscheidungsfindung im Vorfeld".[403] Entscheidungen fallen oft außerhalb des Pfarrgemeinderates, Diskussionen und z.T. auch Abstimmungen in den Sitzungen werden zur Farce. Beklagt wird: "Es gibt kein Demokratieverständnis bei den hauptamtlichen Mitarbeitern im pastoralen Dienst. Entscheidungen fallen dort, danach wird der Pfarrgemeinderat informiert."[404] - "Aber wenn in diesem Kreis beraten, besprochen und abgestimmt wird, der Pfarrgemeinderat aber mit fertigen Beschlüssen konfrontiert wird, frage ich mich, wie soll er dann seiner Hauptaufgabe nachkommen: 'in allen Fragen, die den Aufgabenbereich der Pfarrgemeinde betreffen, je nach Sachbereich beratend oder beschließend mitzuwirken'?"[405]

Es sind jedoch nicht nur die hauptamtlichen Mitarbeiter der Gemeinde, es sind auch einzelne Ausschüsse, insbesondere der Stiftungsrat bzw. der Kirchenvorstand, die dem Pfarrgemeinderat Entscheidungen vorwegnehmen. "Nun, wir haben einen Pfarrer für drei Gemeinden. Ich wünsche uns allen, daß er gemeinsame Sitzungen einberuft und nicht nur allein mit den Vorständen über Feste und Termine entscheidet."[406] - "Der Stiftungsrat ist zu mächtig. Fast alle wichtigen Entscheidungen fallen hier. Der Stiftungsrat gibt dem Pfarrgemeinderat zu wenig Rechenschaft."[407] - "Die autoritäre Bevormundung des Kirchenvorstandes ist unerträglich! Die freie Entfaltung des einzelnen Pfarrgemeinderates wird dadurch unterbunden. Vorschläge aus den Reihen des Pfarrgemeinderates kommen nicht zur vollkommenen Entfaltung, weil der Kirchenvorstand sich einfach entweder dafür oder dagegen vorzeitig einmischt."[408]

---

402 Ebd. 63.
403 Ebd. 59.
404 SANDERS u. VOSS: Umfrage, 289.
405 MÜNSTER: 46, 15.
406 KJG: Pfarrgemeinderat, 83.
407 Ebd. 92.
408 SANDERS u. VOSS: Umfrage, 288.

Zusammenfassend kann festgehalten werden: Die Entscheidungsprozesse in den Pfarrgemeinderäten verlaufen sehr unterschiedlich.
Deshalb ergeben die Erfahrungsberichte letztlich kein einheitliches
Bild, ob überhaupt und bzgl. welcher Aufgaben Pfarrgemeinderäte
entscheiden. Auffallend ist, und das muß in diesem Kontext noch
einmal erwähnt werden: Für eine große Zahl vorwiegend jüngerer
Mitglieder hat der Pfarrgemeinderat zu wenig Entscheidungskompetenz. Dieser aus ihrer Sicht strukturelle Mangel ist für sie in aller
Regel der Hauptgrund, daß der Pfarrgemeinderat gar nicht effektiv arbeiten kann bzw. nicht dazu kommt, Entscheidungen zu treffen: "Der
Pfarrgemeinderat hat wenig Entscheidungskompetenz. Somit wird er
zu einem Debattierclub."[409] - "Dem Pfarrgemeinderat müßten mehr
Entscheidungskompetenzen gegeben werden, dann wird er auch attraktiver für junge Erwachsene."[410] Die Mehrheit der Erfahrungsberichte aber sieht in der mangelnden Kommunikationsfähigkeit
des Pfarrgemeinderates die Hauptursache, daß es nicht zu gemeinsam
getroffenen Entscheidungen kommt. "Die besten Leute im Pfarrgemeinderat werden kein Ergebnis erzielen, wenn nicht ein gewisses
Maß von Übereinstimmung der Meinungen, Dialogfähigkeit und Tole-
ranz vorhanden ist."[411]

7.3.4 Umgangsstil in den Pfarrgemeinderatssitzungen

Eine ganze Reihe von Pfarrgemeinderatsmitgliedern sieht die Ursache
für die wenig effektive Pfarrgemeinderatsarbeit in erster Linie nicht in
der Frage der ungeklärten oder unzureichenden Kompetenzen oder
Zuständigkeiten, sondern im Umgangsstil, den sie beklagen. "Ich
werde nicht ernst genommen."[412] - "Ich hatte manchmal den Eindruck,
daß meine Stimme bei Entscheidungen und Beschlüssen überhaupt
nicht richtig zählt. Damit möchte ich ausdrücken, daß ich oft das Gefühl hatte, daß die Pfarrgemeinderatsmitglieder mich gar nicht zu
Wort kommen lassen wollten, weil ich für sie zu jung war, um bei
wichtigen Entscheidungen mitzubestimmen."[413] - "Wir sind Männer

---

409 KJG: Pfarrgemeinderat, 93.
410 Ebd. 94.
411 REGNER, Bruno: Pfarrgemeinderatsbildung. In: Diakonia 8 (1977) 404 f.
412 SEILER: Betriebsklima, 173.
413 KJG: Pfarrgemeinderat, 26.

und Frauen, die beruflich in leitenden Positionen stehen, im Pfarrgemeinderat fühlten wir uns nicht ernst genommen."[414]

Die Klage einer Gruppe von Pfarrgemeinderatsmitgliedern, die resigniert berichtet, daß sie gegen die "Mehrheit der Alteingesessenen nie eine Chance hatte,"[415] bringt auf den Punkt, was aus Sicht einer ganzen Reihe von Pfarrgemeinderäten ein ganz entscheidendes Defizit ist: Es sind oftmals die eingespielten Verhaltensmuster, die Machtstrukturen innerhalb des Pfarrgemeinderates, wozu vor allem die Dominanz einzelner oder von Gruppen zählt, unter denen sie leiden.

"Es gibt bei uns einfach Leute, die sich gern reden hören und die einen ganzen Abend lang zu allem und jedem etwas zu sagen haben"(QI). - "Es reden immer dieselben."[416] - "Es ist so, daß einige ständig reden und die anderen zuhören."[417] - "Meistens sind es dieselben Leute, die immer das große Wort führen."[418] Empirische Befunde können diese Beobachtung unterstreichen: Bei der Untersuchung von FISCHER z.B. "stimmen die befragten Pfarrgemeinderäte der Aussage, 'die Wortbeiträge kommen überwiegend von denselben Personen', sehr häufig zu."[419] Sie machen gleichzeitig deutlich, daß sie die meisten Wortbeiträge von denen, die ständig reden, für unnötig und überflüssig halten.

Die Dominanz einzelner hat zur Folge, daß sich insgesamt zu wenig Pfarrgemeinderatsmitglieder produktiv in die Sitzungen einbringen können: "Personen mit Ideen schwiegen, weil nichts gegen diesen Mechanismus unternommen wurde."[420] "Wortmeldungen sind nur noch wenige zu verzeichnen. Es findet kaum noch Meinungsaustausch statt, obwohl noch immer alle sofort bereit sind, anfallende und notwendige Aufgaben zu übernehmen und auszuführen. Haben sie resigniert? Haben sie aufgegeben, eine Meinung zu äußern, Vorschläge zu machen, da sie den Eindruck haben, nicht akzeptiert zu werden?"[421]

414 SANDERS u. VOSS: Umfrage, 289.
415 Ebd. 289.
416 SEILER: Betriebsklima, 173.
417 MÜNSTER: 46, 15.
418 KJG: Pfarrgemeinderat, 64.
419 FISCHER: Kirchengemeinderat, 32.
420 MÜNSTER: 46, 12.
421 Ebd. 15.

Wo einzelne Pfarrgemeinderatsmitglieder schon allein durch die Häufigkeit ihrer Wortbeiträge dominieren, kommen andere naturgemäß weniger zu Wort. Dadurch bleiben Initiativen und Ideen auf der Strecke. Wo darüber hinaus solche Initiativen und Anregungen, werden sie dennoch artikuliert, abgeblockt werden, hat dies Folgen: "In der Arbeit im Pfarrgemeinderat stellte sich schnell heraus, daß einige wenige 'Meinungsmacher' das Gremium mehr oder weniger beherrschen."[422] - "Offene Fragen, Äußerungen oder Meinungen werden am Ende im Keim erstickt, als laienhaft abgetan oder oft auch als persönliche Kritik angesehen."[423]

Auch die Rolle des Pfarrers prägt ganz entscheidend Umgangsstil und Atmosphäre der Pfarrgemeinderatssitzungen. Folgende Beispiele zeigen, daß dies auf sehr unterschiedliche Weise geschehen kann: "Unser Pfarrgemeinderat ist sehr bestimmt vom Pfarrer / dominierend: Bei allem hören wir erst einmal den Pfarrer - das ist halt so! Ab und zu kann auch einmal wer anderer was sagen, aber er ist sehr bestimmend. Ich geb' das für mich zu: Einen Teil seiner Ansichten teile ich halt. Da der Pfarrer halt sehr dominant ist, dauert es manchmal sehr lang, bis jemand etwas sagt."[424] - "Ja, was mich heute noch sehr, sehr stört; es gibt ja einen Pfarrgemeinderatsvorsitzenden, den Herrn Volk, aber leiten tut die Sitzung eigentlich der Herr Pfarrer, und das muß ich sagen, das finde ich nicht günstig, weil er damit erstens dem Herrn Volk irgendwie seine Position wegnimmt, also irgendwie finde ich es auch eine Demütigung, wenn der Herr Volk gerade was angesetzt hat und der Herr Pfarrer ihm dann ins Wort fällt und sagt: Herr Volk, Moment mal, wir müssen ja noch das und das -, dann müssen sich die beiden also vorher absprechen; ich fände es also sinnvoller, wenn der Herr Pfarrer mit wesentlich dazu beiträgt, aber eben beiträgt und nicht leitet..."[425] - "Ernst genommen wurde ich eigentlich nur dann nicht, wenn ich eingehend eine Meinung vertrat, die sich besonders von der des Pfarrers unterschied. Hier hatte ich den Eindruck, daß die anderen Pfarrgemeinderäte zum Teil entgegen überzeugenden Argumenten sich der Meinung unseres Pfarrers anschlossen und mich etwas mitlei-

422 Ebd. 12.
423 Ebd. 15.
424 SCHAUPP: Pfarrgemeinderat, 269.
425 Ebd.

dig ansahen, wie ich mich gegen die Geistlichkeit stellen könnte, obwohl ich sonst gut akzeptiert wurde."[426] - "Wenn Pfarrgemeinderatssitzung ist, die Leute - egal, welches Thema - sitzen zusammen und haben automatisch Blickrichtung Pfarrer. Und der versteht es gut - er weiß ja, daß die Blicke auf ihn gerichtet sind -, durch Mienenspiel die Stimmung zu steuern. Das ist schlecht. Es kommt keine ehrliche Abstimmung zustande..."[427] - "Solange wir nicht wirklich ernst genommen werden, sondern mehr oder weniger bewußt als "Handlanger" betrachtet und behandelt werden, solange die Mehrzahl der Laien aus Kopfnickern und Jasagern besteht und man auf beiden Seiten vor begründeter Kritik 'erschauert', so lange kann aus der Arbeit des Pfarrgemeinderates m.E. nicht mehr werden."[428]

7.3.5 Konflikte

"Rückblickend auf den Beginn vor vier Jahren stelle ich mit Erschrecken fest, wie ruhig und zurückhaltend viele Pfarrgemeinderatsmitglieder bei den Sitzungen geworden sind."[429] - "Es klappt in unserem Pfarrgemeinderat. Gestritten wurde nicht mehr. Wir treffen uns, wenn es notwendig ist."[430] Aufgrund der Erfahrungsberichte muß davon ausgegangen werden, daß es in den Pfarrgemeinderäten selten zu Konflikten kommt, und dies, obwohl ja andererseits immer wieder von Spannungen innerhalb des Pfarrgemeinderates die Rede ist und m. E. davon ausgegangen werden kann, daß Spannungen innerhalb der Gemeinde auch in den Pfarrgemeinderat hineinspielen. Dennoch kommt auch BOGENSBERGER in seinen Untersuchungen zum Ergebnis: Konflikte " zwischen dem Pfarrer und Laienmitgliedern kommen selten (in 7% der Pfarrgemeinderäte) vor".[431] Etwa genauso selten sind Konflikte zwischen den Laienmitgliedern.[432]

Erfahrungsberichte, in denen von Problemen die Rede ist, lassen jedoch eindeutig den Schluß zu, daß Konflikte sehr wohl latent vor-

426 KJG: Pfarrgemeinderat, 65.
427 SCHAUPP: Pfarrgemeinderat, 257.
428 SANDERS u. VOSS: Umfrage, 288.
429 MÜNSTER: 46, 15.
430 DIÖZESANRAT FREIBURG: Erfahrungen, 33.
431 BOGENSBERGER: Pfarrgemeinderäte, 267.
432 Ebd.

handen sind, daß sie in aller Regel aber nicht bearbeitet werden: "Die Mehrheit des Pfarrgemeinderates kehrte so ziemlich alles unter den Tisch. Kritische Themen wurden mehr oder minder ausgeklammert."[433] - "Es begann das große 'friedvolle' Gleichmachen, d.h., Probleme und Konflikte wurden unter den Teppich gekehrt, nur weil man es sich als Katholik ja nicht leisten konnte, auch in zentralen Fragen unterschiedlicher Meinung zu sein. Ich glaube, viele haben bis heute noch nicht gelernt, konstruktiv zu streiten."[434] - "Die konservativen und vorsichtigen Geister setzten sich in der Regel aber mit der Devise 'Harmonie und erstmal abwarten!' durch!"[435] - "Der Vorstand braucht lange, bis er seine 'Harmoniestrategie' aufgibt und sich auf eine Auseinandersetzung einläßt bzw. diese zuläßt. Ein heftiges Gespräch als offene Austragung von Konflikten wird von den meisten Mitgliedern als erleichternd und fruchtbar angesehen."[436] Konflikte nicht zu verdrängen, vielmehr sich ihnen zu stellen, wird von einer Minderheit der Pfarrgemeinderatsmitglieder immer wieder neu eingefordert: "Wichtig ist ein faires, offenes Miteinander in den Sitzungen, dies wird aber durch schwelende Konflikte dauernd gestört."[437] - "Es geht um mehr Offenheit und Ehrlichkeit, um das Erkennen, Ansprechen und Lösen von Konflikten, um die Vermeidung eines allzu großen Harmoniebedürfnisses, zumal dann wenn es diese Harmonie nicht gibt!"[438] - "Ich wünschte mir allerdings, der Pfarrgemeinderat würde mehr versuchen, Konflikte zu lösen, anstatt sie zu verschleiern."[439] - "Standfest sein und mit Konflikten umgehen können, das müssen wir erst noch lernen."[440]

Aufgrund der Erfahrungsberichte muß davon ausgegangen werden, daß in der Tat die Konfliktbereitschaft und -fähigkeit in den Pfarrgemeinderäten nicht hoch ist.

---

433 KJG: Pfarrgemeinderat, 47.
434 BDKJ: Materialmappe, M4.
435 KJG: Pfarrgemeinderat, 43 f.
436 Ebd. 70.
437 MÜNSTER: 46, 7.
438 KJG: Pfarrgemeinderat, 83.
439 Ebd. 26.
440 LUHMANN: Wünsche, 29 f.

7.3.6 Durchführung der Beschlüsse

"Beim Durchblättern der Einladungen zu den jeweiligen Sitzungen und der Sitzungsprotokolle ist es auffällig, über wieviel Banales sich ein solches Gremium den Kopf zerbrechen mußte, Dinge, die damals hochaktuell waren und über die die Zeit längst hinweggegangen ist; Dinge, zu denen des öfteren Beschlüsse gefaßt wurden, die nie zur Ausführung kamen."[441] In der Tat geht aus einzelnen Erfahrungsberichten hervor, daß gefaßte Beschlüsse ab und an nicht durchgeführt wurden. Der Pfarrgemeinderat traf eine Entscheidung, die das Protokollbuch festhielt, "um auf dem Verwaltungsweg dann den Hungertod sterben zu müssen. Man wundert sich dann zwar in der nächsten Sitzung, daß die gewünschte Bußandacht zur Fastenzeit nicht stattgefunden hat, daß der Jugendkreuzweg wieder in der alten Form gehalten wurde, aber die Verantwortlichen haben schon ihre Gründe, und im Schwall ihrer wohlinformierten Worte erstirbt jeder Protest im Ansatz."[442] Zum einen liegt dies nach meinen Beobachtungen daran, daß niemand für die Durchführung des entsprechenden Beschlusses verantwortlich gemacht wurde. Zum anderen kommt es auch immer wieder vor, daß hauptamtliche Mitarbeiter oder Pfarrer, bei denen in der Regel die Verantwortung für die Durchführung von Beschlüssen liegt, sich von dieser Aufgabe dispensieren. "16,3% der Vorsitzenden geben z.B. an, daß sich Pfarrer über die Beschlüsse des Pfarrgemeinderates hinwegsetzen und nach eigenem Ermessen handeln."[443]

Insgesamt jedoch, und diese Beobachtung macht auch BOGENSBERGER, äußern Pfarrgemeinderäte die Meinung, "daß die Mehrheit der Beschlüsse überwiegend zufriedenstellend durchgeführt wird".[444]

441 DIÖZESANRAT FREIBURG: Erfahrungen, 31 f.
442 ZERFASS, Rolf: Die Stellung des Laien in der Kirche - 15 Jahre Pfarrgemeinderäte - Wie geht es weiter? In: ZENTRALKOMITEE DER DEUTSCHEN KATHOLIKEN (Hrsg.): Dem Leben trauen, weil Gott es mit uns lebt. Paderborn 1984, 742.
443 IKSE: 81, 53.
444 BOGENSBERGER: Pfarrgemeinderäte, 267.

7.4 Ausschußarbeit

"Der Pfarrgemeinderat hat sich von seiner Aufgabenstellung her um alle Pastoralbereiche zu sorgen. Organisatorisch wird dies meist dadurch bewältigt, daß Fachausschüsse eingerichtet werden, die sich um bestimmte Sektoren der Pastoral schwerpunktmäßig annehmen (Liturgie, sozial-caritative Dienste, Erwachsenenbildung etc.). Damit ist aber auch die Gelegenheit gegeben, daß die verschiedenen Charismen der Pfarrgemeinderatsmitglieder besser zur Geltung kommen und so für die Gemeinde fruchtbar werden."[445] - "Die Arbeit in Sachausschüssen oder auch in Untergruppen bei den Sitzungen sind sehr wichtig. So kommen mehr Frauen und Männer zu Wort, und der Geist Gottes kann mehr Raum greifen."[446] Die Ausschußarbeit birgt m.E. in der Tat, wie in diesen Erfahrungsberichten angesprochen wird, eine Reihe von positiven Möglichkeiten in sich. Im folgenden geht es darum, die Arbeit des Pfarrgemeinderates in und mit seinen Ausschüssen im Blick auf die konkrete Praxis kritisch zu überprüfen.

7.4.1 Einrichtung von Sachausschüssen

Die Ausschußarbeit ist abhängig vom Verstädterungsgrad der Gemeinde. Die Erfahrungsberichte belegen eindeutig: je größer eine Gemeinde ist, desto mehr Sachausschüsse hat der Pfarrgemeinderat eingerichtet. "Je komplexer und differenzierter die Umwelt ist, desto stärker muß sich das System ausdifferenzieren. Daher ist zu erwarten, daß in verstädterten Gemeinden mehr Sachausschüsse konstituiert bzw. Sachbeauftragte ernannt wurden."[447] Daß dies in der Tat so ist, bestätigen die empirischen Untersuchungen.[448] Wir können davon ausgehen, daß nahezu alle Pfarrgemeinderäte, mit Ausnahme derer in ausgesprochen kleinen Landpfarreien, Sachausschüsse eingerichtet haben, wenn die Anzahl in den einzelnen Pfarreien auch unterschiedlich ist.

445 MAYRHOFER, Friedrich: Erfahrungen der Pfarrgemeinderäte der Diözese Linz. In: Diakonia 7 (1976) 212.
446 MÜNSTER: 46, 14.
447 IKSE: 81, 104.
448 Vgl. IKSE: 81, 104.; oder FISCHER: Kirchengemeinderat, 38 f.

Die Einrichtung der Sachausschüsse allein sagt jedoch noch nichts über die tatsächliche Funktion und die Arbeit in den Ausschüssen aus. "Nach der Wahl gründeten wir sofort Sachausschüsse. Die einzigen jedoch, die funktionieren, sind Familienausschuß und SAJ. Dies hängt nicht zuletzt damit zusammen, daß in beiden Ausschüssen die 'Jugendlichen' vertreten sind. Die meiste Arbeit spielt sich in den Ausschüssen ab, wo mit wenig Leuten produktiv gearbeitet wird."[449] - "Wie das so ist vor Wahlen, wurden hohe Ziele gesteckt. Für alle Bereiche sollten Ausschüsse gebildet werden. Nach den Wahlen wurde dieser Beschluß auch in die Tat umgesetzt. Wenn ich jetzt zurückschaue, muß ich sagen, ohne Ausnahme haben sich diese Kreise sehr wenig oder gar nicht zusammengesetzt, um über bestehende Probleme zu sprechen."[450]

7.4.2 Mitarbeit in den Sachausschüssen

Nach der Untersuchung von FISCHER sind nahezu 80% der Pfarrgemeinderäte Mitglied in einem der Ausschüsse.[451]

Im Durchschnitt arbeiten die meisten Pfarrgemeinderäte in den Verwaltungsausschüssen, im Stiftungsrat bzw. im Kirchenvorstand mit. Dies ist aber satzungsbedingt, denn die Einrichtung dieser Ausschüsse ist für alle Pfarrgemeinderäte verpflichtend vorgeschrieben. "An zweiter und dritter Stelle folgen der Festausschuß mit 18% und der Bauausschuß mit 16% der Ausschußmitglieder. Faßt man diese drei Ausschüsse mit den meisten Mitgliedern - Verwaltungsausschuß, Bauausschuß und Festausschuß - zusammen, arbeiten 62% der Ausschußmitglieder insgesamt in diesen drei Ausschüssen mit. Alle drei genannten Ausschüsse befassen sich mit Verwaltungsaufgaben im weiteren Sinn. Mit anderen Worten: Knapp 2/3 der Ausschußmitglieder sind mit Verwaltungsaufgaben betraut."[452] Das restliche Drittel der Pfarrgemeinderäte verteilt sich nach meinen Beobachtungen in erster Linie auf die "klassischen" Ausschüsse Liturgie, Jugend und Ökumene.

---

449 KJG: Pfarrgemeinderat, 57.
450 Ebd. 33.
451 Vgl. FISCHER: Kirchengemeinderat, 39.
452 FISCHER: Kirchengemeinderat, 40.

7.4.3 Arbeit in den Sachausschüssen

Eindeutiger Befund aus den Erfahrungsberichten ist der: Die Arbeit in den Sachausschüssen funktioniert so zufriedenstellend oder so unbefriedigend wie die Arbeit im gesamten Pfarrgemeinderat. Insofern ist die Ausschußarbeit tatsächlich ein Indikator dafür, welche Aufgaben vom Pfarrgemeinderat und wie sie wahrgenommen werden. Wo die Mitglieder des Pfarrgemeinderates insgesamt mit ihrer Aufgabenbewältigung sehr zufrieden sind, fallen immer wieder Äußerungen wie: "Die konkrete Arbeit im Pfarrgemeinderat vollzog sich in den Sachausschüssen."[453] - "Neue Ideen wurden geboren, in Sachausschüssen und Arbeitskreisen konkretisiert und auch weitestgehend verwirklicht."[454] - "Eine Reihe von Ausschüssen arbeitet rege (Jugend, Ehe und Familie, Bildung, Stiftungsrat)."[455]

Umgekehrt gilt: es sind dieselben Pfarrgemeinderäte, die beklagen, daß in ihren Sitzungen ständig und nahezu ausschließlich organisatorische Themen behandelt werden, daß man sich zu selten trifft, daß eigentlich nichts entschieden wird etc., die dann auch von der Ausschußarbeit nichts Positives berichten: "Die Bildung von Ausschüssen klappt in den seltensten Fällen."[456] - "Bedauern müssen wir auch, daß der im Rat als notwendig erachtete und auch gebildete Ausschuß 'Berufs- und Arbeitswelt' nicht mit Leben und Aktivität erfüllt werden konnte."[457] - "Die Ausschüsse funktionierten nicht. Ein Sozialausschuß kam gar nicht erst zustande."[458] - "Es wurde ein SAJ gegründet. Dieser Ausschuß funktionierte denkbar schlecht. Es gab zwar zwei bis drei Sitzungen pro Jahr, in diesen wurden aber nur organisatorische Probleme abgeklärt."[459] - "Alle Ausschüsse arbeiten friedlich vor sich hin, aber es passiert nichts."[460]

---

453 MÜNSTER: 46, 3.
454 Ebd. 5.
455 DIÖZESANRAT FREIBURG: Erfahrungen, 26 f.
456 KJG: Pfarrgemeinderat, 92.
457 DIÖZESANRAT FREIBURG: Erfahrungen, 26 f.
458 KJG: Pfarrgemeinderat, 47.
459 Ebd. 59.
460 ROOS, Klaus: Damit Gemeinde lebt. Ein Grundkurs für die Arbeit im Pfarrgemeinderat. Mainz 1990, 110.

Wo die Regel nicht gilt, daß die Ausschußarbeit ein Spiegel der gesamten Pfarrgemeinderatsarbeit ist, da fällt das Urteil jedoch nahezu immer eindeutig zu Gunsten der Ausschüsse aus. "Im Sachausschuß hat die Arbeit am meisten Spaß gemacht, hier hat man auch Erfolge gesehen, in Pfarrgemeinderatssitzungen nicht."[461] - "Ich war damals noch drinnen im "Sachauschuß für Kinder- und Jugendarbeit, da ist also echt so ein Ausschuß, wo was aufbricht, was also mit der Jugend wirklich gemacht wird. Ich muß sagen, die Ausschußarbeit ist wirklich viel interessanter, ob das nun Erwachsenenbildung ist oder etwas anderes / es wird viel vorbereitet in den Ausschüssen."[462]

7.4.4 Zusammenarbeit Pfarrgemeinderat - Sachausschüsse

Die Erfahrungen aus den Pfarrgemeinderäten berichten von sehr unterschiedlichen Konstellationen, Zusammenhängen und Funktionsteilungen.

"Unser Dritte-Welt-Ausschuß hat die Vorreiterrolle gespielt. Er hat sich schon mit diesen Fragen beschäftigt, als die Mehrheit des Pfarrgemeinderates bei diesem Thema nur müde gelächelt hat. Durch unsere Arbeit haben wir aber mit der Zeit die Problematik der 'Dritten Welt' hoffähig gemacht. Inzwischen ist es eine vom Pfarrgemeinderat anerkannnte Sache, sie stehen hinter uns und sind froh, daß wir ihnen auch bei notwendigen Entscheidungen zuarbeiten"(QI). - "Erstmalig haben wir einen Ausschuß 'Berufs- und Arbeitswelt' gebildet und über diesen im Laufe der Jahre Kontakte zu Betriebs- und Personalräten aufgebaut. Zur Zeit beschäftigen ihn die Fragen der Sonntagsarbeit, und es sollen Kontakte zu den ortsansässigen Betrieben aufgenommen werden."[463] Nach meinen Beobachtungen sind in einer ganzen Reihe von Pfarrgemeinderäten einzelne Sachausschüsse in einem gewissen Sinn Experimentierfelder für Aufgaben und Themen, die erst neuerdings in das Blickfeld der Pfarrgemeinderatsarbeit geraten. Von daher können Sachausschüsse eine wichtige innovatorische Funktion haben.

---

461 KJG: Pfarrgemeinderat, 55.
462 SCHAUPP: Pfarrgemeinderat, 263.
463 MÜNSTER: 46, 4.

Häufig sind sie aber auch einfach dazu da, "dem Pfarrgemeinderat die ungeliebte Arbeit abzunehmen"(QI). - "Der Ausschuß Gemeindefeste sorgt in Zusammenarbeit mit den Jugend- und Erwachsenengruppen für die Pfarrfeste, z. B. an Dreikönig, Fronleichnam und beim Herbstbasar."[464] - "Die Vorbereitung der Feste wurde zum größten Teil an die Ausschüsse weitergeleitet."[465] Eine den Pfarrgemeinderat entlastende Funktion wird vor allen Dingen den sog. Organisations- und Festausschüssen zugeschrieben.

Wo sowohl Aufgabe als auch Kompetenz der Sachausschüsse klar umschrieben sind, wird die Sitzungsarbeit des Pfarrgemeinderates entlastet. Da über Zusammensetzung und Arbeitsweise der Ausschüsse der Pfarrgemeinderat selbst zu entscheiden hat, kann er dies auch sehr flexibel handhaben. Aufgrund der Erfahrungsberichte muß man zu dem Schluß kommen, daß gerade hier oft keine klare und eindeutige Absprache getroffen wird. "Wir wußten überhaupt nicht, welche Rechte wir eigentlich hatten. Der Pfarrgemeinderat hatte uns lediglich den Auftrag gegeben, uns mit der Erstkommunion- und Firmkatechese zu beschäftigen. Als wir dann nach langen Überlegungen einiges beschlossen, wie z.B. die Einführung der Tischmütter bei der Erstkommunion und die evtl. Heraufsetzung des Firmalters, war das eine dem Pfarrer nicht recht und das andere dem Pfarrgemeinderat"(QI). - "Man war sehr schnell mit der Bildung von Sonderausschüssen, aber geregelt war rein gar nichts."[466] - "Der Sachausschuß Jugend (SAJ) ist zahlenmäßig stark, hat auch Nichtpfarrgemeinderatsmitglieder, regelmäßige Sitzungen, ist einer der aktivsten, aber wenig einflußreichen Ausschüsse, weil der Pfarrgemeinderat am Ende doch macht, was er will."[467]

Aus den Erfahrungsberichten geht nicht nur hervor, daß die Ausschußarbeit am Ende recht wenig effektiv ist, wenn die Kompetenzen nicht geregelt sind, weil dann der Pfarrgemeinderat sich häufig noch einmal mit denselben Fragen und Problemen auseinandersetzt, die schon in den Ausschüssen debattiert wurden. Die Pfarrgemeinderäte

---

464 DIÖZESANRAT FREIBURG: Erfahrungen, 25 f.
465 KJG: Pfarrgemeinderat, 49.
466 Ebd. 54.
467 Ebd. 56.

berichten auch davon, daß einzelne Aufgaben dergestalt an entsprechende Ausschüsse delegiert werden, daß "man im Ausschuß ständig das Gefühl hatte, der Pfarrgemeinderat will nichts mehr von unseren Fragen und von unserer Arbeit wissen, vor allem will er seine Ruhe haben"(QI). - "Der Pfarrgemeinderat sagte sich: 'Wir haben für diesen Zweck den Jugendausschuß. Wir können ja nicht allem nachrennen'."[468] - Dies ist für manche Ausschußmitglieder ein unbefriedigender Zustand, deshalb muß es in Zukunft darum gehen, "Koordination, Kommunikation und Kompetenzen der Ausschüsse besser abzuklären".[469]

"Es gibt folgende Ausschüsse: Bildungswerk und Ökumene/ Wirtschaftsausschuß/ Bauunterhaltungsausschuß/ Liturgieausschuß/ Kindergartenausschuß/ Öffentlichkeitsarbeit/ Ehe und Familie/ Sozialausschuß/ Missionsausschuß/ Jugendausschuß."[470] Wertet man die Erfahrungsberichte daraufhin aus, wie es um die Vernetzung der Arbeit der einzelnen Ausschüsse bestellt ist, kann man zu demselben Schluß wie SCHAUPP kommen: "Die Koordination der Arbeit der einzelnen Ausschüsse gelingt nicht recht."[471] "Positiv ist es, daß in den meisten Ausschüssen selbständig gearbeitet wird und der Pfarrgemeinderat über die Tätigkeiten und Ergebnisse informiert wird."[472] - "Ca. zwei- bis viermal im Jahr wurde ausführlich die Jugendarbeit im Pfarrgemeinderat besprochen, jede Sitzung in Form eines Kurzberichtes, ggf. mit Rückfragen, über die Jugendausschußsitzungen."[473] Gerade dort, wo von einer regen Ausschußarbeit berichtet wird, wird auch immer darauf hingewiesen, daß es bei einer Vielzahl von Ausschüssen fast unmöglich ist, von allen Aktivitäten auch nur einigermaßen angemessen im Pfarrgemeinderat zu berichten. "Über die Programme der Ausschüsse wurde zwar im Pfarrgemeinderat berichtet, aber es blieb kaum Zeit, einmal darüber zu diskutieren."[474] "Aus der Arbeit unseres Ausschusses wurde aus Zeitmangel nur sehr spärlich berichtet, und wenn, dann sehr oberflächlich und ohne jegliche Diskussion."[475]

---

468 Ebd. 39.
469 Ebd. 82.
470 Ebd. 53.
471 SCHAUPP: Pfarrgemeinderat, 47 ff.
472 MÜNSTER: 46, 5.
473 KJG: Pfarrgemeinderat, 28.
474 Ebd. 58.
475 Ebd. 72.

"Ausschußberichte scheinen notwendig, nehmen aber zu viel Zeit bei den Sitzungen in Anspruch."[476] Eine gute Ausschußarbeit kann im Einzelfall auch zu folgender Situation führen: "Der Vorsitzende ist der Meinung: 'Was sollen wir auch tagen, wir haben ja funktionierende Ausschüsse!' Die Vollversammlung hat im letzten Jahr kaum einmal getagt. Die Folge ist, daß die Pfarrgemeinderäte nicht richtig informiert sind über das, was in der Gemeinde geschieht. So arbeiten die verschiedenen Ausschüsse zwangsläufig nicht miteinander, sondern nebeneinander."[477]

Man kann aufgrund der Erfahrungsberichte und der empirischen Untersuchungen insgesamt zu dem Ergebnis kommen, "daß die Ausschußarbeit nicht den Stellenwert einnimmt, den sie haben könnte. Dadurch nimmt sich der Pfarrgemeinderat selbst die Möglichkeit, zeitsparend und im Sinne der Aufgaben- und Verantwortungsteilung effizient zu arbeiten."[478]

Als Anfrage an die ganze Ausschußarbeit des Pfarrgemeinderates darf wohl auch mit einigem Recht mit Gudrun BORN gefragt werden: "Könnte nicht in der von offizieller Seite vorgeschriebenen 'Konstruktion' unserer Sachausschüsse eine Fehleinschätzung der Möglichkeiten und eine Überforderung der Beteiligten vorliegen?"[479]

7.5 Klausurtage

Aufgrund der mir vorliegenden Erfahrungsberichte kann davon ausgegangen werden, daß sich wohl die Hälfte der Pfarrgemeinderäte wenigstens einmal während ihrer Legislaturperiode zu einem gemeinsamen Klausurwochenende zurückzieht. Diese Wochenenden werden nahezu ausschließlich positiv bewertet. Hier werden in aller Regel die Erwartungen, die Pfarrgemeinderäte mit ihrer Arbeit verbinden, weitaus mehr erfüllt als bei den Sitzungen und in der Ausschußarbeit.

---

476 SCHAUPP: Pfarrgemeinderat, 47 ff.
477 KJG: Pfarrgemeinderat, 37.
478 FISCHER: Kirchengemeinderat, 38.
479 BORN: Tips, 35.

Pfarrgemeinderatswochenenden ermöglichen einen menschlicheren Umgangsstil, man lernt sich besser kennen und verstehen. "So eine abendliche Pfarrgemeinderatssitzung hat immer irgend etwas Offizielles und in gewissem Sinne Steifes an sich, darum habe ich auch die zwei Tage in etwas anderem Rahmen lockerer und vielfach echter erlebt."[480] - "Positiv wird auch unsere jährliche Klausurtagung aufgenommen, in deren Verlauf jeweils ein aktuelles Thema bearbeitet wird. Wir ziehen uns dazu zurück an einen geeigneten Ort wie Kloster Untermarchtal, Heiligkreuztal, Familienerholungsheim Reichenau oder in unser eigenes Jugendheim auf dem Höchsten. Das gemeinsame Beten in der Eucharistiefeier und bei den Laudes stärkt das Gemeinschaftsbewußtsein. In den geselligen Abendstunden kommt man sich auch menschlich näher."[481] - "Pfarrgemeinderatsklausurwochenenden haben sich sehr gut bewährt. Sie schaffen menschlichere Atmosphäre."[482]

Für das ganz persönliche Glaubensleben immer wieder Impulse zu erhalten, "auftanken zu können", das ist einer Vielzahl von Pfarrgemeinderäten ausgesprochen wichtig: "In der Einladung zu diesem Wochenende hieß es: 'Wir sind Gemeinde Jesu Christi. Wie geht es Dir damit? Erzähl' mir davon!' Ich glaube, sagen zu können, daß es für alle Teilnehmer einmalige Sternstunden des Glaubens waren. Sie wurden möglich durch offene Gruppengespräche, durch 'Bibelteilen', und mündeten in einer von allen mitgetragenen, einmaligen Eucharistiefeier."[483] - "Als eine große Bereicherung empfanden unsere Pfarrgemeinderäte mehrere 'Geistliche Wochenenden' im Kloster Heiligkreuztal, wo wir bestimmte Schwerpunktthemen behandelten und uns Zeit zum Gebet, zur Besinnung und zu persönlichen Gesprächen nahmen."[484]

Klausurtage bieten ganz offensichtlich die Möglichkeit, sich mit inhaltlichen Themen auseinanderzusetzen: "Für die 'Gemeindethemen', für inhaltliches Arbeiten, waren eben die Wochenenden für die Mit-

480 KJG: Pfarrgemeinderat, 90.
481 DIÖZESANRAT FREIBURG: Erfahrungen, 26 f.
482 KJG: Pfarrgemeinderat, 92.
483 MÜNSTER: 46, 7.
484 DIÖZESANRAT FREIBURG: Erfahrungen, 23 f.

glieder des Pfarrgemeinderates da."[485] - "Pfarrgemeinderatsklausurwochenenden sind für uns ausgesprochen wichtig. Sie schaffen
inhaltliche Grundlagen."[486] - "Zu Beginn der Amtszeit traf sich unser
Pfarrgemeinderat zu einer Klausurtagung. Der Leitgedanke 'Wir
träumen eine Gemeinde' führte uns dazu, Überlegungen anzustellen,
welche Schwerpunkte unsere Tätigkeit der nächsten vier Jahre haben
könnte. Offenheit für jedermann und Kommunikation in der
Gemeinde waren dabei Stichworte, die Grundlage unserer Arbeit sein
sollten."[487]

Bei den Pfarrgemeinderatswochenenden kann es zu einer Klärung des
Selbstverständnisses und der Rolle des Pfarrgemeinderates kommen:
"Unser Pfarrgemeinderat begann seine Arbeit mit einem gemeinsamen
Wochenende und führte ein solches auch noch einmal zur Mitte der
Legislaturperiode mit Unterstützung von zwei Referenten der Fach-
stelle Gemeindeentwicklung und pastorale Zusammenarbeit durch.
Hierbei ging es vorrangig um Auftrag und Selbstverständnis des
Pfarrgemeinderates."[488] - "Unser jetziger Pfarrgemeinderat ist sich zu
wenig über seine Befugnisse und Aufgaben im klaren. Deshalb halte
ich es für einen Pfarrgemeinderat, der sich ja immer wieder auch aus
neuen Mitgliedern zusammensetzt, für erforderlich, sich zu Beginn der
Wahlperiode zu einem Wochenende zurückzuziehen, um sich über die
Funktionen des Pfarrgemeinderates klarzuwerden."[489] - "Um aus den
gemachten Erfahrungen zu lernen, den ausscheidenden Mitgliedern
Dank zu sagen und den Neuen den Einstieg zu ermöglichen, haben wir
für den November 1989, gleich nach der Pfarrgemeinderatswahl, ein
Wochenende für den alten und neuen Pfarrgemeinderat beschlossen."[490]

Auf Klausurtagungen scheint es eher möglich zu sein als in den Pfarrgemeinderatssitzungen, sich der Aufgaben zu vergewissern oder zu
klären, welche Vorstellungen und Ziele von wem angegangen werden
sollen. "Gemeinsame Wochenenden zum Erfahrungsaustausch über

---

485 BDKJ: Materialmappe, M3.
486 KJG: Pfarrgemeinderat, 92.
487 MÜNSTER: 46, 3.
488 Ebd. 3.
489 Ebd. 5.
490 Ebd. 4.

das Leben in der Gemeinde und die Arbeit im Pfarrgemeinderat möchte ich gerne weiterempfehlen."[491] - "Um sich gegenseitig noch tiefer kennenzulernen und auch die verschiedenen Vorstellungen zu präzisieren, begaben wir uns für ein Wochenende in das Norberthaus nach Xanten."[492] - "Bewährt haben sich in diesem Zusammenhang Klausurtage: Der Pfarrgemeinderat zieht sich für einen Tag (oder wenigstens für einen Nachmittag) zur Arbeitsplanung und Beratung zurück. An solchen Klausurtagen, die jährlich wenigstens einmal stattfinden sollten, können auch andere Mitarbeiter teilnehmen, wenn es der Pfarrgemeinderat für nützlich erachtet."[493] - "In dieser gemeinsamen Tagung gewannen viele erst die Motivation, in einem bestimmten Ausschuß mitzuarbeiten."[494] - "Es ist wichtig, daß jedes Jahr versucht wird, ein Wochenende miteinander zu verbringen, damit dort Impulse für die Pfarrgemeinderatsarbeit gegeben werden können."[495]

7.6   Aktivitäten zur Weiterbildung

Die Angebote zur Fort- und Weiterbildung der Pfarrgemeinderäte sind insgesamt sehr vielfältig. Dies reicht von zentralen, regional organisierten Veranstaltungen zu Einzelthemen, an denen Pfarrgemeinderatsmitglieder aus unterschiedlichen Pfarrgemeinden teilnehmen, bis zur kontinuierlichen Begleitung eines Pfarrgemeinderates durch hauptamtliche Mitarbeiter diözesaner Bildungsreferate.

7.6.1   Weiterbildungsveranstaltungen

JOOS geht in seiner Untersuchung[496] zur kirchlichen Bildungsarbeit mit Katholischen Kirchengemeinderäten in der Diözese Rottenburg-Stuttgart davon aus, daß seit Bestehen des Pfarrgemeinderates etwa 10000 Pfarrgemeinderatsmitglieder in Kursen angesprochen und weitergeführt wurden.[497] Diese hohe Zahl relativiert sich, bedenkt

---

491 Ebd. 2.
492 Ebd. 8.
493 REGNER: Pfarrgemeinderatsbildung, 404 f.
494 MÜNSTER: 46, 8.
495 KJG: Pfarrgemeinderat, 53.
496 JOOS: Bildungsarbeit, 76 ff.
497 Vgl. JOOS: Bildungsarbeit, 76.

man, daß hier die Pfarrgemeinderatsmitglieder aller Pfarreien eines Bistums und ein Zeitraum von zwanzig Jahren im Blick sind.

Man wird nach meinen Beobachtungen eher der Erfahrung von MAYRHOFER zustimmen: "Die Bildungswilligkeit der Pfarrgemeinderäte ist allerdings mäßig. Einer der Gründe dürfte in der Zusammensetzung der Pfarrgemeinderäte liegen (sehr stark engagierte Laien, die neben Beruf, Familie, kommunalen und pfarrlichen Aufgaben kaum mehr Zeit für solche Kurse haben, andere sind eher 'Honoratioren' oder gehören der älteren Generation an); genauere Untersuchungen fehlen aber."[498] Die Umfrage im Dekanat Breisach-Endingen ergab in der Tat, daß keine 10% der Pfarrgemeinderatsmitglieder in der zurückliegenden, vierjährigen Amtsperiode an einer Pfarrgemeinderatsschulung teilgenommen haben. Wo die Bereitschaft zur Weiterbildung prinzipiell vorhanden ist, scheitert dies aber ab und an auch "am Mangel entsprechender Fortbildungsmöglichkeiten oder an konkreten Schwierigkeiten (Terminfragen, räumliche Distanz zu Fortbildungseinrichtungen...)."[499]

7.6.2 Notwendigkeit der Weiterbildung

"In jenen Diözesen, die schon auf jahrelange Erfahrung in der Pfarrgemeinderatsarbeit zurückschauen können, ist eines klar geworden: Fortbildung der Pfarrgemeinderäte ist lebensnotwendig. Drei Aufgabengebiete dieser Bildung haben sich als besonders vordringlich erwiesen: Befähigung für die Inhalte der Tätigkeit der Pfarrgemeinderäte: 'Laien' im wahren Sinne des Wortes sollen nämlich in pastoralen Fragen aus theologischer Einsicht entscheiden...? Da braucht es entsprechende Fortbildung. - Haltungen erwerben, die eine gedeihliche Zusammenarbeit ermöglichen; das ist an die Leitung ebenso dringlich gerichtet wie an alle Mitglieder des Pfarrgemeinderates selbst. - Geistige und spirituelle Grundlage für die Arbeit. 'Warum tun wir das, was wir tun?'"[500]

---

498 MAYRHOFER: Erfahrungen, 210.
499 SCHAUPP: Pfarrgemeinderat, 48.
500 REGNER: Pfarrgemeinderatsbildung, 404 f.

"Grundsätzlich sollten alle Kandidaten für eine Pfarrgemeinderats-wahl den Nachweis erbringen, daß sie an einer Vorausschulung, noch besser an einem Pastoralkurs teilgenommen haben."[501] Wenn es sich bei dieser pointierten Meinung auch um eine Einzelstimme handelt, so steht sie doch für einen Teil der Erfahrungsberichte, aus denen her-vorgeht, daß Pfarrgemeinderatsmitglieder immer wieder von Schulung und Fortbildung als einer wichtigen Voraussetzung ihrer Arbeit spre-chen. "Der Pfarrgemeinderat muß allerdings erst lernen, für die Ge-meinde Mitverantwortung zu tragen."[502] - "Die Weiterbildung anhand konkreter Fragen ist außerordentlich wichtig, da letztlich nur so der Pfarrgemeinderat wirklich qualifiziert genug ist, die Leitung der Pfarrgemeinde mitverantwortlich zu unterstützen und damit gemein-schaftlich auszuüben."[503] - "Die hauptamtlichen pastoralen Mitarbeiter müßten sich mehr um die theologische Schulung der Pfarrgemeinde-räte kümmern."[504] - "In den einzelnen Pfarrgemeinderäten muß mehr mit System gearbeitet werden: z.b. eine vernünftige Situationsanalyse erstellen, systematische Mitarbeiterschulung von Fachleuten (auch für den Pfarrer)."[505] - "Gerade auf den inhaltlich-religiösen Bereich käme es meiner Meinung nach an."[506]

7.6.3 Schwerpunkte der Weiterbildung

Mitte der 70er Jahre war das Thema 'Gemeindeverständnis' am stärk-sten gefragt. Nahezu fast ebenso häufig wählten sich Pfarrge-meinderäte als Thema für ihre Weiterbildung 'Aufgaben und Kom-petenzen des Pfarrgemeinderates'. Mit schon deutlichem Abstand, also von wesentlich weniger Pfarrgemeinderäten als wichtig gesehen und als Thema in ihrer Weiterbildungsklausur behandelt, folgten die Be-reiche 'Arbeitsweise des Pfarrgemeinderates' und 'Zielorientierte Pla-nung'. Noch einmal deutlich weniger Pfarrgemeinderäte bearbeiteten die Themen 'Zwischenmenschliche Beziehungen im Pfarrgemeinderat' und 'Spiritualität des Pfarrgemeinderates'.[507]

501 DIÖZESANRAT FREIBURG: Erfahrungen, 25 f.
502 Ebd. 32 f.
503 MAYRHOFER: Erfahrungen, 209.
504 KJG: Pfarrgemeinderat, 94.
505 SANDERS u. VOSS: Umfrage, 289.
506 KJG: Pfarrgemeinderat, 37.
507 Vgl. JOOS: Bildungsarbeit, 87.

Im großen ganzen hat sich nach meinen Beobachtungen an diesen Schwerpunkten nichts geändert. Deutlich erhebbar aus den Erfahrungsberichten sind nur zwei Akzentverschiebungen, die auch JOOS feststellt: "Seit 1978 war neben dem 'Gemeindeverständnis' zunehmend die 'Spiritualität des Pfarrgemeinderates' gefragt."[508] Die verstärkte Nachfrage bei diesen Veranstaltungen spiegelt den Trend zu einem etwas veränderten Selbstverständnis der Pfarrgemeinderäte wider, wie er schon an anderer Stelle beschrieben wurde. Dem Pfarrgemeinderat geht es um ein Mehr an Spiritualität in allen Vollzügen der Gemeindearbeit.

"Seitdem sich der Priestermangel in den Gemeinden noch drückender bemerkbar macht, steht vielerorts für die Pfarrgemeinderäte das Thema 'Gemeinde ohne Priester am Ort' auf dem Programm."[509] Daß sich in diesem Kontext dem Pfarrgemeinderat neue Fragen und Probleme stellen, ist einsichtig und bedarf auch keiner längeren Erläuterung.

7.7 Zusammenfassung: Dominanz der Sitzungstätigkeit

Die Arbeitsweise des Pfarrgemeinderates ist ganz wesentlich von seiner Sitzungstätigkeit geprägt. Er erlebt sich vorwiegend in diesem Rahmen. Trotz geistlicher Impulse und eines immer wieder formulierten Anspruches, die Arbeit spirituell zu durchdringen, sehen seine Mitglieder in ihm ein 'tagendes Gremium', das hauptsächlich damit beschäftigt ist, eine umfangreiche Tagesordnung zu bewältigen. Bei der Bewältigung dieser Aufgabe wird oft eine mangelnde Effizienz beklagt. Ursachen für diese letztlich ineffiziente Arbeitsweise sind u.a. die Dominanz einzelner, der Ausfall der Leitung und ungeklärte Kompetenzen.

---

508 JOOS: Bildungsarbeit, 91.
509 Ebd. 92.

Die Zusammenarbeit von Pfarrgemeinderatsplenum und Ausschüssen stellt sich ebenfalls oftmals als problematisch heraus. Die Ausschußarbeit macht den Pfarrgemeinderat in aller Regel nicht effektiver. Trotz immer wieder geäußerter Unzufriedenheit und angesichts der Spannungen, die diese Arbeitsweise mit sich bringt, ist in den Erfahrungsberichten auffallend selten von Konflikten die Rede. An anderer Stelle wird noch der Frage nachzugehen sein, ob sich dahinter nicht eine mangelnde Konfliktbereitschaft und -fähigkeit verbirgt und inwieweit dann gerade dies eine weitere Ursache für die mangelnde Effizienz des Pfarrgemeinderates ist.

Durchgehend positiv äußern sich Pfarrgemeinderäte einhellig im Grunde nur in bezug auf Klausurwochenenden. Dort ist aller Erfahrung nach ein Arbeitsstil möglich, der in Plenumssitzungen und in den Ausschüssen vermißt wird. In der Regel sind solche Wochenendveranstaltungen auch der Ort, an dem Pfarrgemeinderatsschulungen stattfinden.

Zweites Kapitel
Pastoral-theologische Reflexion
Elemente einer Theoriebildung der Institution Pfarrgemeinderat

1. Nachfragen - zum weiteren Vorgehen

Aus den Beobachtungen zur Praxis der Pfarrgemeinderäte ergaben sich einige wiederholt auftretende Problemstellungen. Die dabei angetroffenen Defizite werden in der Praxis nur dann effektiv angegangen werden können, wenn es gelingt, innerhalb eines Theoriebildungsprozesses einige handlungsleitende Elemente zu entwerfen, die ekklesiologisch Bestand haben können. Pastorale "Handlungsanweisungen", als bloße Reaktion auf eine als defizitär empfundene Situation, sind wenig hilfreich.

Die angetroffene Praxis des Pfarrgemeinderates wird hier zunächst auf fünf grundsätzliche Fragestellungen verdichtet: Was ist unter "Mitarbeit" zu verstehen? Was bedeutet "Mitverantwortung"? Was heißt "Gemeinde" als Ort von Mitarbeit und Mitverantwortung? Was bedeutet "Spiritualität"? Welche Rolle kommt dem Pfarrer im Pfarrgemeinderat zu?

Diese Fragestellungen werden zu Nachfragen an die Theorie und können vorläufig folgendermaßen formuliert werden:

In den Gemeinden gibt es eine große Zahl von ehrenamtlichen Mitarbeitern. Die Motive, von denen sie sich bei ihrer Arbeit leiten lassen, sind sehr unterschiedlich, es gibt oftmals keinen Konsens. Dies gilt auch für das Selbstverständnis, mit dem Laien ihre Mitarbeit im Pfarrgemeinderat wahrnehmen.

M.E. rührt daher zumindest teilweise die Rollenunsicherheit der einzelnen und auch die oft zu beobachtende Ort- bzw. Funktionslosigkeit des gesamten Pfarrgemeinderates in einer Gemeinde. Die Theologie, von der das Verständnis von Mitarbeit in der Gemeinde bzw. im Pfarrgemeinderat explizit oder implizit geprägt ist, muß hier präzisiert und folgende Frage geklärt werden: Was heißt ekklesiologisch grundsätzlich 'Mitarbeit' in der Gemeinde und im Pfarrgemeinderat? Hierbei wird die Fragerichtung in erster Linie darauf zielen, ob es einen Unterschied gibt zwischen einer allgemeinen Mitarbeit in der Gemeinde und der Mitarbeit im Pfarrgemeinderat, und wenn ja, welchen.

Eine Anfrage von ähnlicher Dringlichkeit, die sich aus der konkreten Praxis der Pfarrgemeinderäte stellt, ist die nach der Klärung des Begriffes "Mitverantwortung". Soll Mitverantwortung nicht zu einer leeren Chiffre werden, mit der sich jede Praxis legitimieren läßt, muß zum einen untersucht werden, welcher ekklesiologische Rahmen in diesem Kontext abgesteckt ist. Dabei wird es hauptsächlich um Möglichkeiten und Grenzen der gemeinsam wahrgenommenen Verantwortung von Laien und Amtsträgern gehen. Zum anderen muß den Intentionen nachgegangen werden, die dazu führten, daß der Begriff der Mitverantwortung, bisweilen sehr unterschiedlich gedeutet, in der Theorie für Struktur und Arbeitsweise der Pfarrgemeinderäte eine derart zentrale Bedeutung bekam. Eine möglichst nüchterne theologische Einschätzung dessen, was unter gemeinsamer Verantwortung zu verstehen ist, ist für die Praxis der Pfarrgemeinderäte förderlicher als das Hantieren mit einer als Zauberwort empfundenen Formel "Mitverantwortung".

Die Praxis hat gezeigt, daß das Verständnis von Mitarbeit und Mitverantwortung mit dem jeweiligen Verständnis von "Gemeinde" korrespondiert. Es muß also gefragt werden, was unter Gemeinde zu verstehen ist. Dabei kann es nicht um eine vollständige Gemeindetheologie gehen; vielmehr soll auf ekklesiologische Grunddaten der Gemeinde hingewiesen werden, die von besonderem Belang für die Frage nach der Leitung der Gemeinde sind. Erst von daher wird eine klarere Auskunft darüber zu erwarten sein, worin die Aufgaben des Pfarrgemeinderates bestehen und welche Kompetenz ihm in bezug auf diese Aufgaben zukommt.

Ein weiterer Fragenkomplex von großer Dringlichkeit ergibt sich aus der in den Praxisberichten immer wieder geäußerten Unzufriedenheit mit der "Oberflächlichkeit" der gemeindlichen Vollzüge. Die Frage nach dem "Eigentlichen", nach der "geistlichen Dimension" des Tuns der Gemeinde und des Pfarrgemeinderates wird so häufig gestellt, daß der Versuch einer theoretischen Klärung in diesem Kontext nicht unterbleiben darf. Es wird hier um die Spiritualität als Tiefendimension jedes Tuns in der Gemeinde und als Existential der Pfarrgemeinderatsarbeit gehen.

Der Pfarrer entscheidet, was getan wird und was nicht. Die Erfahrungsberichte aus dem Pfarrgemeinderat haben immer wieder neu und von verschiedensten Seiten her auf die zentrale Rolle des Pfarrers in der Gemeinde und im Pfarrgemeinderat hingewiesen. Dabei wurde deutlich, wie verschieden die Zusammenarbeit von Amtsträgern und Laien in den Gemeinden aussieht. Insgesamt scheint mir hier der größte Klärungsbedarf zu bestehen. Welche Funktion kommt dem Pfarrer in der Gemeinde zu, was ist das Eigenprofil seiner Arbeit? Welche Rolle spielt er im Pfarrgemeinderat?

Im folgenden wird jeweils zu Beginn die Fragestellung aus der Praxis in einer Problemanzeige formuliert, die gleichzeitig das Erkenntnisinteresse anzeigt. In einem ersten Schritt soll jeweils eine Theorieklärung erfolgen, aus der in einem zweiten Schritt pastoraltheologische Konsequenzen gezogen werden.

2. Das Verständnis von Mitarbeit

Die Praxisbeobachtung der Pfarrgemeinderatsarbeit bestätigt als einen zentralen Problemzusammenhang die Feststellung von SPÖLGEN: "Nicht nur Priester, sondern auch gläubige Christen selbst sehen die Mitarbeit von Laien als eine Art 'Ersatzdienst', 'Aushilfsdienst' wegen Priestermangels an."[1] Eine ganze Reihe von Mitarbeitern und Mitarbeiterinnen in der Gemeinde versteht sich als Helfer und Helferin des Pfarrers. Denn sie wurden von ihm auf eine konkrete Aufgabe hin an-

---

1   SPÖLGEN: Ehrenamtliche, 108.

gesprochen: nun wollen sie ihn in seiner Arbeit unterstützen und entlasten. Pfarrgemeinderäte werden bisweilen noch stärker als die anderen ehrenamtlichen Mitarbeiter in der Rolle des 'Helfers' des Pfarrers gesehen. Ihm als dem Amtsträger sind sie zugeordnet und gehalten, ihn in seinem Amt zu unterstützen. Auf den ersten Blick scheint dies auch die Intention der Satzung für die Pfarrgemeinderäte zu sein. Die Aufgabe des Pfarrgemeinderates "besteht vor allem darin, den Pfarrer in seinem Amt zu unterstützen ..."[2]

2.1 Mitarbeit, eine ekklesiologische Leitidee

Angesichts der vorherrschenden Praxis, daß nahezu alle ehrenamtlichen Mitarbeiter in der Gemeinde vom Pfarrer auf die Übernahme einer Aufgabe hin angesprochen wurden, ist es besonders dringlich zu klären, worin Berufung und Auftrag zur Mitarbeit begründet sind.

2.1.1 Mitarbeiter im paulinischen Sinn

Wenn Überlegungen zum Verständnis des Begriffes "Mitarbeiter" angestellt werden sollen, muß man sich zunächst bewußt sein, daß es sich hierbei um einen Terminus handelt, der in den neutestamentlichen Schriften vor allem von Paulus geprägt ist. Mitarbeiter sind für Paulus "Mitarbeiter am Reich Gottes" (vgl. 1 Kor 3,9). Die Bereitschaft zur Mitarbeit ist eine Grundeinstellung, die für einzelne so zum Charakteristikum wird, daß sie von Paulus explizit 'Mitarbeiter' genannt werden (vgl. Röm 16, 3). SPÖLGEN weist in diesem Kontext auf einen zentralen Punkt hin: So eng jene, die Paulus Mitarbeiter nennt, mit ihm verbunden sein mögen, so sind sie doch nicht von ihm "'Engagierte' und mit einer speziellen Aufgabe Betraute, sondern von Gott um der Gemeinde willen in Dienst Gestellte. Der Mitarbeiter ist der Beauftragte Gottes, der das gleiche Werk ausführt wie Paulus."[3]

Angesichts der Vielzahl der Mitarbeiter ist niemals Paulus der die Einheit gewährende Mittelpunkt, sondern das gemeinsame Werk. "Er selbst ist Mitarbeiter an diesem Werk und behandelt die übrigen Mit-

---

2   Synodenbeschluß: Räte und Verbände, 1.2.
3   SPÖLGEN: Ehrenamtliche, 173.

arbeiter nicht als Gehilfen, sondern als mündige und selbständige Partner und Kollegen."[4] ZAUNER unterstreicht diesen Zusammenhang: Die Arbeit, an der alle mitarbeiten, ist nicht die des Paulus, "sondern das Werk Christi (Phil 2,30), weshalb er sie seine 'Mitarbeiter in Jesus Christus' nennt (Röm 16,3), was die Sphäre der gemeinsamen Arbeit umschreibt. Paulus und seine Mitarbeiter stehen also im selben Dienst, arbeiten am selben Werk mit."[5] Sie alle sind von Gott selbst zum Dienst Beauftragte, aufeinander Verwiesene und werden einander zu Partnern, zu "Arbeitsgenossen".[6]

2.1.2 Mitarbeiter im Kontext des II. Vatikanums

Man kann durchaus die These vertreten, daß durch das II. Vatikanische Konzil ein Verständnis von Kirche und Gemeinde entwickelt und teilweise rezipiert wurde, das bei den Laien die Bereitschaft zur Mitarbeit förderte.[7] In der Praxis bleibt jedoch sehr ambivalent, was unter Mitarbeit tatsächlich verstanden wird. Im Gegensatz zu einer diffusen Praxis ist die Theorie recht eindeutig. In der Ekklesiologie des II. Vatikanischen Konzils werden die paulinischen Grundgedanken aufgenommen und zwei Akzente gesetzt: Zum einen tritt deutlicher als zuvor zutage, daß alle Glieder der Kirche an deren Heils- und Weltauftrag teilnehmen, denn alle sind Mitarbeiter am Werk Christi. Dabei tritt "die Gleichheit der Würde und Aufgabe aller, die Einheit ihrer Berufung in den Vordergrund".[8] Zum anderen erscheinen die Charismen und Dienste in der Kirche "nicht nur als Produkt oder 'Verlängerung' des hierarchischen Leitungsamtes, sondern sie haben ihre genuinen Aufgaben und ihren je eigenen Rang."[9] Beides hat Konsequenzen für das Verständnis von Mitarbeit in der Kirche.

4   SPÖLGEN: Ehrenamtliche, 173.
5   ZAUNER, Wilhelm: Die menschliche und spirituelle Entfaltung der Mitarbeiter. In: Josef WIENER u. Helmut ERHARTER (Hrsg.): Pfarrseelsorge. Von der Gemeinde mitverantwortet. Wien - Freiburg - Basel 1977, 65.
6   Vgl. OLLROG, Wolf-Henning: Paulus und seine Mitarbeiter. Neunkirchen 1979, 58 ff.
7   Vgl. SPÖLGEN: Ehrenamtliche, 33.
8   ZAUNER: Mitarbeiter, 67.
9   HEMMERLE, Klaus: Theologische Bemerkungen zur "Synopse der Satzungen für die Pfarrgemeinderäte". In: IKSE (Hrsg.): Synopse der Satzungen und Wahlordnungen für die Pfarrgemeinderäte. Essen 1971, 139.

2.1.2.1 Mitarbeiter am "Werk Christi"

Vor jeder Frage nach der Rolle der Mitarbeiter in der Kirche und ihrer Zuordnung zueinander lenkt das Konzil den Blick auf das "Werk Christi". Dies ist das Erlösungswerk am Kreuz. "Schließlich hat er (Christus) durch das Erlösungswerk am Kreuz, um den Menschen das Heil und die wahre Freiheit zu erwerben, seine Offenbarung zur Vollendung gebracht."[10] An anderer Stelle wird weiterformuliert: "Das Erlösungswerk Christi zielt an sich auf das Heil der Menschen, es umfaßt aber auch den Aufbau der gesamten zeitlichen Ordnung."[11]

Der Grundgedanke von der Mitarbeit der Kirche am Werk Christi wird besonders deutlich im Dekret über das Apostolat der Laien ausgesprochen: "Dazu ist die Kirche ins Leben getreten: sie soll zur Ehre Gottes des Vaters die Herrschaft Christi über die ganze Erde ausbreiten und so alle Menschen der heilbringenden Erlösung teilhaftig machen, und durch diese Menschen soll die gesamte Welt in Wahrheit auf Christus hingeordnet werden. Jede Tätigkeit des mystischen Leibes, die auf dieses Ziel gerichtet ist, wird Apostolat genannt; die Kirche verwirklicht es, wenn auch auf verschiedene Weise, durch alle ihre Glieder; denn die christliche Berufung ist ihrer Natur nach auch Berufung zum Apostolat."[12]

Wo es um dieses Mysterium der Sendung der Kirche geht, läßt sich das Konzil nicht nur von paulinischer Theologie leiten. Wo die Konzilsväter vom Geheimnis des Anfangs und Wachstums des Reiches Christi sprechen,[13] folgen sie auch johanneischer Christologie und zitieren z.B. Joh 12,32: "Und ich, wenn ich am Kreuz erhöht bin, werde ich alle an mich ziehen." Die Erlösungstat Jesu nimmt alle, die auf ihn getauft sind, in das Paschamysterium, in sein Lebensgeschick und seine Sendung hinein. Diejenigen, die sich von ihm haben anziehen lassen, ihm nachfolgen und durch Glaube und Taufe wahrhaft Kinder Gottes geworden sind, werden zu seinen Mitarbeitern. Es ist Jesu In-

---

10   DH 11.
11   AA 5.
12   AA 2.
13   Vgl. LG 3.

itiative und "Kraft", die sie in dieses "Mitarbeiter-verhältnis" beruft.[14] Sie "müssen die Heiligkeit, die sie empfangen haben, mit Gottes Gnade im Leben festhalten und vervollkommnen".[15]

"Indem er begann, alles an sich zu ziehen (Joh 12,32), begründete er sein Reich (LG 3)... Es ist seine Gotteskraft, die in diesem Reiche wirkt, das wir Kirche nennen. Und es ist seine Heilsmächtigkeit, die in ihr wirksam ist, um die Welt zu heiligen und zu retten."[16] In der Hingabe der einzelnen aneinander verwirklicht sich Communio[17] und geschieht Rettung und Heiligung. Wenn die einzelnen in dieses enge Verhältnis mit Christus getreten sind, sind sie auch zur Einheit untereinander befähigt und verpflichtet.

2.1.2.2 Mitarbeiter - vom Herrn berufen

"Die katholischen Laien nehmen durch ihr Christsein an der einen Sendung der Kirche teil. Ihre Teilnahme leitet sich von dem einen Haupt Jesus Christus her. Sie wird durch den Glauben und durch die Sakramente der Taufe und der Firmung vermittelt."[18] Die Grundüberzeugung von der gleichen Würde aller Glieder der Kirche und der gemeinsamen Teilhabe aller an ihrer Sendung formuliert das II. Vatikanische Konzil ausdrücklich im Hinblick auf das[19] Apostolat der Laien: "Das Apostolat der Laien ist Teilnahme an der Heilssendung der Kirche selbst. Zu diesem Apostolat werden alle vom Herrn selbst durch Taufe und Firmung bestellt."[20] "Entscheidend ist hier das betonte 'selbst'. Laien haben teil am Apostolat der Kirche, sie sind von Christus selbst dazu berufen."[21]

---

14 Gerade der Ausdruck "an mich ziehen" unterstreicht dies deutlich. Vgl. dazu den Kommentar von SCHNACKENBURG, Rudolf: Das Johannesevangelium. Bd. 2. 4. Aufl. Freiburg - Basel - Wien 1985, 493.

15 LG 40.

16 WINKELHOFER, Alois: Die Kirche als Geheimnis des Heils. In: Lebendige Seelsorge 16 (1965) 202.

17 Der Begriff "Communio" wird in dieser Arbeit grundsätzlich groß geschrieben. Die Schreibweise wurde in den übernommenen Zitaten vom Verf. daraufhin geändert.

18 FORSTER, Karl: Die Sendung des Laien. In: Lebendige Seelsorge. 32 (1981) 78.

19 Um einer einheitlichen Schreibweise willen hat der Verf. sich dafür entschieden, auch in den übernommenen Vorlagen den Ausdruck "der" Apostolat durch "das" Apostolat zu ersetzen.

20 LG 33.

21 NEUNER, Peter: Der Laie und das Gottesvolk. Frankfurt a. M. 1988, 120.

Damit ist das Konzept der Katholischen Aktion, nach dem die Laien nur am Apostolat der Hierarchie Anteil erhalten oder gegebenenfalls an ihm mitwirken können, einfachhin fallengelassen. War ursprünglich das Apostolat der Laien durch die Hierarchie vermittelt und damit gleichsam ontologisch von ihr abhängig, ist es nun eher zu verstehen als Teilnahme an der Sendung der Kirche selbst. Indem die Laien Glieder des Volkes Gottes sind, haben sie das Recht und die Aufgabe, am Apostolat der Kirche mitzuwirken und es nach ihren jeweiligen Möglichkeiten zu vollziehen. "Das erfordert keine spezielle Delegation oder Bevollmächtigung durch den Klerus, sondern leitet sich aus der Kirchengliedschaft unmittelbar her. Weder der Empfang noch die inhaltliche Ausfüllung dieses Apostolats geschieht durch eine Delegation, also in Abhängigkeit von der Hierarchie, sondern sie erwachsen aus der in den Sakramenten von Taufe und Firmung übertragenen Vollmacht."[22]

Im nachsynodalen apostolischen Schreiben "Christifideles Laici" betont Johannes Paul II., wenn er über die Berufung und Sendung der Laien in Kirche und Welt spricht, das Moment der 'direkten' Indienstnahme der Laien durch Christus selbst: "Um die dritte Stunde ging er wieder auf den Markt und sah die anderen dastehen, die keine Arbeit hatten. Er sagte zu ihnen: 'Geht auch ihr in meinen Weinberg' (Mt 20,3-4)... Geht auch ihr. Der Ruf ergeht nicht nur an die Hirten, an die Priester, an die Ordensleute. Er umfaßt alle. Auch die Laien sind persönlich vom Herrn berufen, und sie empfangen von ihm die Sendung für die Kirche und für die Welt."[23]

---

22   Ebd.
23   CL 2.

Mitarbeit ist demnach ein ekklesiologisches Prinzip und bedeutet als solches zuerst: Alle sind im gemeinsamen Tun Mitarbeiter Christi. Mitarbeit ist Mitarbeit der ganzen Kirche am Heilswerk Christi. Alle Glieder der Kirche sind persönlich vom Herrn berufen und durch Taufe und Firmung bevollmächtigt als "Mitarbeiter am Reich Gottes" (Kol 4,11) und "Gottes Mitarbeiter am Evangelium von Christus" (1 Thess 3,2). Einheit gewährender Mittelpunkt, um den sich alle scharen, ist Christus allein. Deshalb kann es kein wie auch immer geartetes Abhängigkeitsverhältnis der Laien von den "Amtsträgern" geben, selbst dort nicht, wo sie diese, vordergründig gesehen, in "ihrer" Arbeit unterstützen. Sie sind nicht die Gehilfen des Amtes. Die Kirche, so KLINGER, ist niemals durch sich selbst konstituiert, sondern durch Christus. "Sie existiert durch die Teilnahme an seinen Ämtern. Der Laie hat seine Stellung in der Kirche nicht durch die Teilnahme an den Ämtern der Hierarchie, sondern durch die Teilnahme an den Ämtern Christi selbst."[24]

2.1.3 Pastoraltheologische Konsequenzen aus einem Verständnis von Mitarbeit als prinzipiell gleichberechtigter Mitarbeit

Im Sinne der hier anstehenden Fragestellung könnte man diesen ekklesiologischen Befund in die Praxis der Gemeinde übersetzen und mit KELLERHOFF sagen: "Demnach sind alle an der gleichen Sache beteiligten Mitarbeiter prinzipiell gleichberechtigt und tragen volle Mitverantwortung. Es gibt keine typische 'Chefrolle'."[25] Andererseits bedeutet dies jedoch nicht, "daß man ohne sowohl sach- wie auch gruppenorientierte Leitung arbeitet".[26] Denn die Notwendigkeit von Leitung kann weder theologisch, das wird an späterer Stelle begründet, noch soziologisch bzw. gruppenpsychologisch bestritten werden.

24 KLINGER, Elmar: Das Amt des Laien in der Kirche. In: Elmar KLINGER u. Rolf ZERFASS (Hrsg.): Die Kirche der Laien. Eine Weichenstellung des Konzils. Würzburg 1987, 72.
25 KELLERHOFF, Reinhard: Mitarbeiter gewinnen, Mitarbeiter schulen. Limburg 1973, 35.
26 Ebd.

So hat Leitung in der Gemeinde unabhängig von der Frage, wer die Leitung innehat und mit welchem Leitungsstil sie wahrgenommen wird, Aufgaben, bei denen schnell der Eindruck entstehen kann, sie selbst sei der Mittelpunkt gemeindlicher Vollzüge, und alle Mitarbeiter stünden in ihrem Dienst.

Wo z.b. die Leitung ihre Aufgabe wahrnimmt, dafür Sorge zu tragen, daß Gemeindemitglieder zur Mitarbeit gewonnen werden, daß sie motiviert, gefördert und aus- bzw. weitergebildet werden,[27] wo sie dafür Verantwortung übernimmt, "daß aufgetragene bzw. übernommene Arbeit möglichst reibungslos 'läuft',"[28] und wo sie sich um "ein geordnetes Miteinander der Charismen und Dienste"[29] müht, muß besonders sorgfältig darauf geachtet werden, daß die Mitarbeit einzelner kein bloßer Hilfsdienst wird, der durch Beauftragung seitens der Gemeindeleitung und in Abhängigkeit von ihr wahrgenommen wird, mit dem Ziel, "die Effizienz der Ämterstruktur in der Gemeinde und damit auch der Schlüsselrolle des Gemeindeleiters zu erhöhen."[30] Hieraus ergeben sich drei Konsequenzen, die für jede Praxis der Gemeinde im Blick bleiben müssen.

1. Die Leitung muß ständig ihre eigene Arbeitsweise und ihren Umgangsstil mit den anderen Mitarbeitern der Gemeinde überprüfen.

Dies bedeutet zuallererst, sich kritisch mit der häufig anzutreffenden Multifunktionalität weniger einzelner bzw. des Pfarrers allein auseinanderzusetzen. Denn wo Mitarbeiter grundsätzlich immer auf einen bzw. auf eine einzige Gruppe verwiesen sind, von dem bzw. denen sie auf eine Arbeit angesprochen, für diese Aufgabe qualifiziert, motiviert wurden usw., werden sie schnell in eine Abhängigkeit geraten, und ihr Dienst in der Gemeinde wird eben doch als der von "Helfern" oder "Multiplikatoren" wahrgenommen. Soll dies vermieden werden, muß darauf geachtet werden, daß es eine Vielzahl von Ansprechpartnern

---

27 Vgl. REGNER, Bruno: Aufgaben des Pfarrgemeinderates. In: Wilhelm ZAUNER (Hrsg.): Der Pfarrgemeinderat. Wien - Freiburg - Basel 1972, 118 f.
28 SCHALL, Traugott Ulrich: Mitarbeiterführung in Kirche und Kirchengemeinde. (Perspektiven für die Seelsorge. Bd. 3.) Würzburg 1991, 85 f.
29 WANKE, Joachim: Seelsorge im priesterlichen Alleingang? Fünf Thesen zur Mitarbeit der Laien beim Gemeindeaufbau. O. O. o. J. 3.
30 SCHNEIDER, Gert: Grundbedürfnisse und Gemeindebildung. Soziale Aspekte für eine menschliche Kirche. München - Mainz 1982, 193.

und eine Fülle von Kommunikationsmöglichkeiten gibt. Unterschiedliche Funktionen müssen möglichst von verschiedenen Personen ausgeübt werden, und Rollen müssen immer wieder auch wechseln. "Die Möglichkeit zur Rollenaustauschbarkeit wird Grenzen haben, sollte aber ausgedehnt werden."[31] Es darf keine Allzuständigkeit eines einzelnen oder einer Gruppe geben, und es muß das Bestreben der Gemeindeleitung sein, auch in den eigenen Reihen Ämterhäufungen zu vermeiden.

2. Die Leitung muß im Blick haben und überprüfen, welche Rollenzuweisung die Gemeinde gegenüber ihren ehrenamtlichen Mitarbeitern vornimmt.

Soll es ermöglicht werden, daß Mitarbeit in der Gemeinde als eine gemeinsame Arbeit aller am "Werk Christi" geleistet werden kann und auch so verstanden wird, muß sich die Leitung darüber im klaren sein, daß es in der Gemeinde nach aller Erfahrung kein einheitliches Kirchen- bzw. Gemeindeverständnis gibt. Das heißt: Eine Zielperspektive wie die von der verantwortlich, gemeinsam von allen getragenen und partnerschaftlich wahrgenommenen Mitarbeit an der Auferbauung der Gemeinde kann sehr schnell einen Dissens in der Gesamtgemeinde offenkundig werden lassen, selbst wenn darüber in der Gemeindeleitung und unter den Mitarbeitern Konsens besteht: "Idealtypisch läßt sich dieser Dissens zwischen Mitarbeitern und Mitgliedern folgendermaßen charakterisieren: Die Vertreter der Institution der Kirche - und, so kann man wohl ergänzen, die meisten der engagierten ehrenamtlichen Mitarbeiter - möchten eine 'moderne' Kirche schaffen. Sie orientieren sich an einem gemeindekirchlichen Modell, das dem herkömmlichen pastoralen Versorgungsdenken den Abschied gibt. Demgegenüber läßt sich die Mehrzahl der Kirchenmitglieder motivationsmäßig vom herkömmlichen parochialen Modell leiten."[32]

Man kann der Beobachtung von SPÖLGEN zustimmen: "Das neue Kirchenverständnis ist zwar theoretisch auch in Deutschland in entsprechende Statuten gegossen, aber noch nicht allenthalben zum All-

---

31   KELLERHOFF: Mitarbeiter, 35.
32   METTE, Norbert u. Hermann STEINKAMP: Sozialwissenschaften und Praktische Theologie. (Leitfaden Theologie Bd. 11.) Düsseldorf 1983, 70.

tagsbewußtsein und zur Alltagspraxis geworden."[33] "Dies macht auch verständlich, daß Priester, die zu einer anderen 'Amtsauffassung' gelangt sind, den Widerstand der Laien erleben, wie umgekehrt Laien, die zu einem veränderten Verständnis ihrer Aufgabe in der Christengemeinde gekommen sind, nicht selten mit Priestern herkömmlicher Schulung in Konflikt geraten."[34]

Die Leitung hat die Aufgabe, den Bewußtseinsstand der Gemeindemitglieder und Gruppen bzgl. der Rolle ehrenamtlicher Mitarbeiter nüchtern zu analysieren.

3. Die Leitung muß dafür Sorge tragen, daß es innerhalb möglichst der ganzen Gemeinde zu einem Vereinbarungsprozeß darüber kommt, was ehrenamtliche Mitarbeit bedeutet und welche Stellung sie bei der Auferbauung der Gemeinde haben soll.

Keine Lösung ist es dabei, das Beharrungsvermögen eines vielleicht sogar großen Teiles der Gemeindemitglieder schlicht zu ignorieren.[35] Denn auch ihr Kirchenbild entscheidet darüber, welche Rolle und Funktion ehrenamtlichen Mitarbeitern zugewiesen wird und inwieweit ihre Arbeit als "selbständiges eigenverantwortliches Tun" akzeptiert wird. "Gewiß muß man bescheiden und liebevoll auch auf diese 'Konservativen' Rücksicht nehmen, soweit es nur immer möglich ist. Aber es gibt kein christliches Prinzip, daß im Falle einer unvermeidlichen Entscheidung zwischen diesen beiden Gruppen immer nur die Konservativen recht bekommen müßten."[36] Was RAHNER in seinen Überlegungen zum Strukturwandel in der Kirche sagt, weist darauf hin, daß ein Prozeß zur Zielvereinbarung einer ganzen Gemeinde immer auch ein konfliktträchtiges Unternehmen sein wird. Dennoch darf er nicht aus Angst vor zu erwartenden Konflikten unterbleiben.

M.E. ist die Gemeindeleitung den Mitarbeitern der Gemeinde und der Gemeinde selbst schuldig, einen solchen Vereinbarungsprozeß in die

33 SPÖLGEN: Ehrenamtliche, 35.
34 Ebd. 108.
35 Vgl. PERELS, Hans-Ulrich: Wie führe ich eine Kirchengemeinde? Möglichkeiten des Managements. Gütersloh 1990, 41.
36 RAHNER, Karl: Strukturwandel der Kirche als Aufgabe und Chance. Freiburg 1972, 53 f.

Wege zu leiten. Ansonsten bleiben Konflikte und Krisen auf Dauer erst recht nicht aus. Denn "Ziel- und Orientierungskrisen sind Identitätskrisen ... Wer nicht mehr weiß, was er zu tun hat, der weiß am Ende auch nicht mehr, wer er ist."[37] Es gilt jedoch auch die Umkehrung dieser These von ZULEHNER: Wer nicht weiß, wer er ist, der weiß letztlich nicht, was er tun und warum er es tun soll, und auch dies bringt die Arbeit einer Gemeinde in die Krise.

Was ein Mitarbeiter der Gemeinde ist, darüber entscheidet nicht nur der ekklesiologische Befund und auch nicht allein die Fähigkeit der Gemeindeleitung, Theorieelemente angemessen in die Praxis umzusetzen, darüber entscheidet auch die Gemeinde in ihrer Gesamtheit.

Es braucht um einer sinnvollen Form ehrenamtlicher Mitarbeit willen innerhalb der Gemeinde einen Vereinbarungsprozeß, an dessen Ende ein möglichst breiter Konsens darüber besteht, was Rolle, Funktion und Verantwortung ehrenamtlicher Mitarbeit ist.

2.2 Mitarbeit im Kontext der Überlegungen zum Pfarrgemeinderat

Eine große Anzahl der Mitglieder eines Pfarrgemeinderates sieht in ihrer Arbeit im Pfarrgemeinderat nichts, was sich von ihrer bisherigen Mitarbeit an anderen Stellen der Gemeinde unterscheiden würde. Dies war eine zweite "Problemanzeige" aus der Praxis. In den Erfahrungsberichten aus dem Pfarrgemeinderat wurde deutlich, daß sich die Motive zur Mitarbeit in der Gemeinde bzw. im Pfarrgemeinderat meist nicht unterscheiden. In der Regel geschieht auch im Vorfeld einer Pfarrgemeinderatswahl wenig, was zur Motivklärung beitragen könnte oder den Kandidaten die Charakteristika des Mitarbeitens im Pfarrgemeinderat verdeutlichen würde. Bleibt es bei diesem Defizit, wird es schwierig, der Arbeit des Pfarrgemeinderates einen spezifi-

---

37 ZULEHNER, Paul M.: Inhaltliche und methodische Horizonte für eine gegenwärtige Fundamentalpastoral. In: Ottmar FUCHS (Hrsg.): Theologie und Handeln. Beiträge zur Fundierung der Praktischen Theologie als Handlungstheorie. Düsseldorf 1984, 20.

schen Ort, bzw. eine besondere Funktion innerhalb der Vielzahl anderer Gruppen in der Gemeinde zuzuweisen.

Um aus diesem Dilemma herauszukommen, muß zunächst gefragt werden, ob sich die Mitarbeit im Pfarrgemeinderat von anderen Arten der Gemeindemitarbeit unterscheidet. Wenn dies der Fall wäre, müßte geklärt werden, worin dieser Unterschied besteht und welche Relevanz er für die Praxis der Gemeinde hat.

2.2.1 Mitarbeit, in jedem Fall "verantwortliche Mitarbeit"

Im Rückblick auf die Arbeit der Würzburger Synode resümiert DÖPFNER: "Man hat das sachlich nicht ganz zutreffende Wort vom 'Versorgungsdenken' der Pfarreien oder von der 'versorgten' Gemeinde geprägt. Richtig an der dahinterstehenden Kritik ist der Gedanke, daß die christliche Gemeinde nicht buchstäblich alles auf den hauptamtlichen Pfarrer abstellen, von ihm allein erwarten darf und daß sich auch dieser nicht die Alleinzuständigkeit über alles und jedes anmaßen soll. Durch die aktive Beteiligung aller Gemeindemitglieder und durch die konstruktive Mitverantwortung einzelner kann die Auferbauung der Gemeinde Jesu Christi nur gewinnen."[38] DÖPFNER macht hier eine interessante Unterscheidung, wenn er von der "aktiven Beteiligung aller Gemeindemitglieder" und der "konstruktiven Mitverantwortung einzelner" spricht. Dies kann jedoch nicht zu dem Schluß führen, daß sich die Arbeit im Pfarrgemeinderat von anderer Arbeit in der Gemeinde durch ein höheres Maß an Verantwortung unterscheidet.

Dies wäre m.E. ekklesiologisch fragwürdig. Denn es gehört zu den Kernaussagen des II. Vatikanischen Konzils, daß die Kirche als ganze berufen ist, die Sendung Jesu Christi in dieser Welt fortzusetzen und daß alle ihre Glieder "auf ihre Weise" und "für ihren Teil" den missionarischen Auftrag der Kirche zu verwirklichen suchen sollen.[39] Kirche ist in der Tat, darauf weist DÖPFNER ausdrücklich hin, "das eine Volk Gottes, in dem jeder seine unaufgebbare und unverwechselbare Sendung hat zum Wohle des Ganzen und für den Dienst an der

---

38 DÖPFNER, Julius Kardinal: Verlauf, Leitlinien und Impulse der Gemeinsamen Synode der Bistümer in der Bundesrepublik Deutschland 1971 - 1975. Bonn 1975, 10.
39 Vgl. LG 31.

Welt".[40] Immer wieder muß man sich hier der Charismenlehre des Konzils vergewissern. "Damit alle an der Sendung der Kirche teilhaben können, schenkt der Geist Gottes die Gaben oder Charismen, die zum Aufbau der Kirche und zur Erfüllung ihrer Heilssendung erforderlich sind (1 Kor 12). Jeder Christ hat ein ihm eigenes Charisma."[41] Läßt man sich von dieser Überzeugung leiten, ist jede Arbeit in der gemeinsamen Sendung aber gleichzeitig verantwortliche und verantwortungsvolle Arbeit, ist es doch der Geist Gottes, der durch die Gaben und Charismen, die er schenkt, diese Arbeit als ein Tun zum Aufbau der Kirche ermöglicht.

Jeder Mitarbeiter hat "Verantwortung für sein Handeln. Er weiß aber auch, daß seine Sichtweise der Dinge nicht die einzig mögliche und nicht unbedingt immer die richtige ist. Er achtet deshalb auch die Sichtweise der anderen Mitarbeiter."[42] Denn es gibt verschiedene Charismen und somit verschiedene Aufgaben und Blickwinkel, aus denen heraus Verantwortung für die Gemeinde wahrgenommen wird. BLASCHE erinnert in diesem Zusammenhang zurecht daran, daß "das Reden von der gemeinsamen Verantwortung aller aber bloßes Gerede bleibt, wenn nicht jeder einzelne auf seine besondere Aufgabe und Verantwortung gemäß der gerade ihm verliehenen Gabe hingewiesen wird."[43]

So gibt es verschiedene verantwortlich wahrgenommene Aufgaben, verschiedene Handlungsfelder und damit auch verschiedene Verantwortungsräume in der Gemeinde. Mit ihnen sind je andere Verantwortlichkeiten verbunden, ohne daß theologisch behauptet werden könnte, diese oder jene sei wichtiger oder bedeutsamer als die andere. Derjenige, der mitarbeitet, hat entweder Verantwortung oder hat sie nicht. Als getaufter und gefirmter Christ ist er mündig und trägt immer Verantwortung. So kann man innerhalb der ganzen Vielfalt von Mitarbeit in der Gemeinde nicht von einem je verschieden hohen Maß an

---

40 DÖPFNER: Synode, 13.
41 LG 12.
42 VERWEIJEN, Ingeborg: Verwirklichung gemeinsamer Verantwortung. In: Helmut ERHARTER u. Rudolf SCHWARZENBERGER (Hrsg.): Kirche in gemeinsamer Verantwortung. Wien - Freiburg - Basel 1987, 45 f.
43 BLASCHE, Helmut: Kollegialität in der Gemeinde. In: Lebendige Seelsorge 19 (1968) 200.

Verantwortung reden. Darin kann sich also die Mitarbeit im Pfarrgemeinderat von anderer Mitarbeit in der Gemeinde nicht unterscheiden.

2.2.2 Mitarbeit im Dienst der ganzen Gemeinde

In einem Punkt gibt es allerdings einen Unterschied. Denn beim Pfarrgemeinderat bedarf es eines zusätzlichen Momentes, das die Mitarbeit erst ermöglicht. Neben der Zugehörigkeit kraft Amtes sind Wahl bzw. Zuwahl (Berufung) Voraussetzungen für die Mitgliedschaft in einem Gremium der kirchlichen Rätestruktur. Mitgliedschaft und Mitarbeit im Pfarrgemeinderat brauchen also eine über Taufe und Firmung hinausgehende Legitimation durch Wahl oder Berufung. Wahl und Berufung sind unterschiedliche Begründungsweisen für die Mitgliedschaft im Pfarrgemeinderat. Folgt man der Ansicht von HEMMERLE, ist es durchaus sinnvoll und notwendig, daß es beide Wege gibt: "Die quantitative Wahl von jedermann ... muß vermittelt werden mit der Notwendigkeit, daß die das Leben der Gemeinde tragenden Dienste, Gaben und Kräfte mit herangezogen werden."[44] Wenngleich sich auch in bezug auf die Zuwahl zum Pfarrgemeinderat die Satzungen z.t. unterscheiden, ist dennoch insgesamt nicht von der Hand zu weisen, daß es sich bei der Mitarbeit im Pfarrgemeinderat um eine Form der Mitarbeit in der Gemeinde handelt, zu der das Mandat durch die Gemeinde Voraussetzung ist, zu der es eine ausdrückliche Beauftragung durch einen einzelnen oder eine Gruppe braucht, oder ein durch Weihe bzw. Sendung begründetes kirchliches Amt.

Natürlich ist jede Mitarbeit in der Gemeinde ein Dienst an der ganzen Gemeinde. Es gibt jedoch de facto keine andere Tätigkeit in der Gemeinde, wozu die ganze Gemeinde mittels Wahl das Mandat erteilt. Schon in dieser Tatsache deutet sich an, daß der Gegenstand dieser Verantwortung die Gemeinde selbst ist, und zwar in ihrer Gesamtheit. Auch die Präambel der Satzung für die Pfarrgemeinderäte legt dieses Verständnis nahe, wenn sie formuliert: "Der Pfarrgemeinderat dient

---

44   HEMMERLE: Theologische Bemerkungen, 145.

dem Aufbau einer lebendigen Gemeinde. ... Der Pfarrgemeinderat trägt ... Verantwortung für das Gemeindeleben."[45]

"In einer Pfarrgemeinde zeigen sich Unterschiede in den Rangabstufungen und in der Aktivität zwischen ihren Mitgliedern."[46] Dies ist allenthalben zu beobachten und wird auch durch die Erfahrungsberichte aus den Pfarrgemeinderäten immer wieder bestätigt. Die Formen der Mitarbeit in der Gemeinde sind sehr unterschiedlich. In einem Fall wird eine Aufgabe, die es zu bewältigen gilt, von einem allein wahrgenommen, im anderen nimmt sich eine ganze Gruppe einer Aufgabe an. Es gibt die langjährige Mitarbeit einzelner bzw. von Gruppen, und es gibt den kurzfristigen Einsatz für eine konkrete Angelegenheit. Es gibt die Mitarbeit, die ein hohes Maß an Identifikation mit Kirche und Gemeinde voraussetzt, und es gibt ehrenamtliches Engagement, das möglich ist, obwohl in einzelnen Punkten kein Konsens mit Überzeugungen und Werten der Gemeinde vorhanden ist: "Man kann und muß innerhalb des Gottesvolkes einzelne und Gruppen voneinander unterscheiden aufgrund ihrer unterschiedlichen Funktionen."[47]

Entscheidend für die hier vorliegende Fragestellung ist jedoch die Tatsache, daß es bei der Mitarbeit in der Gemeinde Unterschiede gibt bzgl. des Beitrages, den diese Mitarbeit zum Aufbau und zur Erhaltung des "sozialen Systems" Gemeinde leistet. Einzelne Debattenbeiträge während der Synode weisen besonders darauf hin. Sie sprechen davon, daß trotz desselben Maßes und Grades an Verantwortung, die mit den Aufgaben aller verbunden ist, nicht alle die gleiche Funktion innerhalb der Gemeinde haben. Man muß hier vielmehr auch von "Funktionstrennung sprechen, um die einzelnen Verantwortungsbereiche sowohl abzugrenzen als auch aufeinander zuzuordnen".[48]

Gerade dazu wird es nötig sein, einem einzelnen bzw. einer Gruppe von Mitarbeitern Leitungsfunktionen im Blick auf die Gesamtge-

---

45 PGR-Satzung Freiburg, §1 (1).
46 GLATZEL: Gemeindebildung, 109.
47 SUENENS, Léon-Joseph: Die Mitverantwortung in der Kirche. Salzburg 1968, 25.
48 Gemeinsame Synode der Bistümer in der Bundesrepublik Deutschland. (Hrsg.): Protokoll der 2. Vollversammlung vom 10.-14. Mai 1972. 312.

meinde und die Zuordnung der Verantwortungsbereiche zuzuweisen. Wenn der Pfarrgemeinderat diese Funktion ausfüllen würde, wenn er das Leitungsorgan der Gemeinde wäre, läge hier der signifikanteste Unterschied zu jeder anderen Mitarbeit in der Gemeinde. Selbst wenn man davon ausgeht, "daß Aufgaben der Leitung nicht ausschließlich von Leitungsorganen wahrgenommen werden,"[49] gilt doch: Die Mitarbeit im Pfarrgemeinderat unterscheidet sich von anderer Mitarbeit in der Gemeinde dadurch, daß es sich im Pfarrgemeinderat dann darum handelt, Leitungsaufgaben im Blick auf die Gesamtgemeinde zu übernehmen. Ich teile die Einschätzung von VOGEL, daß der Pfarrgemeinderat eine Leitungsfunktion hat. Diese Leitungsfunktion wird darin konkret, "daß der Pfarrgemeinderat, über den allen Laien gemeinsamen Auftrag Christi hinaus, in besonderer Weise Verantwortung für das Leben und den Weg der ganzen Pfarrgemeinde übernimmt".[50]

Hinsichtlich des Maßes an Verantwortung unterscheidet sich die Arbeit als Mitglied des Pfarrgemeinderates also nicht von der Arbeit anderer ehrenamtlicher Mitarbeiter in der Gemeinde. Einen Unterschied gibt es lediglich in bezug auf den Gegenstand der Verantwortung. Die Mitarbeit im Pfarrgemeinderat bringt die Verantwortung für die Sorge um die ganze Gemeinde mit sich, ist demnach im Blick auf Aufbau und Erhalt des sozialen Systems Pfarrgemeinde im besonderen Maß eine Leitungsfunktion.

2.2.3 Pastoraltheologische Konsequenzen aus einem Verständnis von Mitarbeit als prinzipiell verantwortlicher Mitarbeit

Mitarbeit im Pfarrgemeinderat bedeutet, im Blick auf die ganze Gemeinde Inspirator, Moderator und Animator zu sein. Inspirator ist einer, der anregt, Initiativen setzt und aneifert und immer wieder das

---

49   DAIBER, Karl-Fritz: Leitung in der Ortsgemeinde. In: Norbert GREINACHER u. Norbert METTE u. Wilhelm MÖHLER (Hrsg.): Gemeindepraxis. Analysen und Aufgaben. München - Mainz 1979, 187.
50   VOGEL, Eva-Maria: Pfarrgemeinderat in gemeinsamer Verantwortung. In: Helmut ERHARTER u. Rudolf SCHWARZENBERGER (Hrsg.): Kirche in gemeinsamer Verantwortung. Wien - Freiburg - Basel 1987, 117.

gemeinsame Ziel aufzeigt vor dem Hintergrund der Begeisterung für die Sache Christi. Moderator ist einer, der sich um eine gedeihliche Zusammenarbeit aller Mitarbeiter bemüht, der die Kräfte koordiniert und zusammenführt, der Eigeninitiativen geschickt zu fördern und zu lenken weiß. Animator schließlich ist einer, der zur "Seele" des Ganzen wird, weil er aus der Tiefe heraus lebt, um in die Weite wirken zu können, einer, der die Gemeinde wirklich kennt und in ihr verwurzelt und mit ihr verbunden ist, einer, der der übertriebenen Geschäftigkeit zugunsten einer wohlgepflegten Spiritualität entgegenwirkt.[51] Man kann mit VOGEL der Meinung sein, daß dies die besondere Verantwortung der Mitarbeit im Pfarrgemeinderat ist. Ich sehe in diesen Funktionen auch eine Zielperspektive für die Rollen- und Aufgabenbeschreibung. Dabei müssen allerdings m.E. zwei Grundsätze für die Praxis der Gemeinde mitbedacht werden.

1. Eine besondere Verantwortung der Mitarbeit im Pfarrgemeinderat darf nicht zu deren Veramtlichung führen.

Bisweilen entsteht in der Praxis einer Gemeinde der Eindruck, daß die Mitarbeit im Pfarrgemeinderat einen "quasi-amtlichen" Charakter hat, sie sich also darin von anderer Mitarbeit unterscheidet. Dies kann daran liegen, daß Pfarrgemeinderatsmitglieder repräsentative Aufgaben übernehmen, daß sie im Namen der Gemeinde sprechen oder daß man wahrnimmt, daß sie häufiger als andere Mitarbeiter mit dem Pfarrer zusammen sind. Nun gibt es zwar eine besondere Indienstnahme für "Aufgaben, die ihrer Natur nach enger mit der spezifischen Aufgabe des in sakramentaler Weihe gründenden kirchlichen Amtes verbunden sind, ohne diesem ausdrücklich vorbehalten zu sein".[52] Unter diesen besonderen Diensten können z.b. der Verkündigungsdienst oder die im liturgischen Ritus übertragenen "Laien"dienstämter verstanden werden.[53] Die Mitarbeit im Pfarrgemeinderat ist jedoch mit Sicherheit keines dieser kirchlichen Ämter, zu denen nach LG 33 die Laien von der Hierarchie herangezogen werden können. Jede Praxis der Pfarrgemeinderatsarbeit muß sich kritisch daran messen lassen,

---

51 Vgl. ebd.
52 FORSTER: Sendung des Laien, 78.
53 Vgl. WEIGAND, Rudolf: Zur Stellung des Laien im neuen Kirchenrecht. In: Elmar KLINGER u. Rolf ZERFASS (Hrsg.): Die Kirche der Laien. Eine Weichenstellung des Konzils. Würzburg 1987, 149 f.

inwieweit es ihr gelingt, transparent zu machen, daß Mitarbeit im Pfarrgemeinderat nicht eine Teilhabe am spezifischen Amt des Priesters und dessen Leitungsfunktion ist, sondern vielmehr aus einer eigenen Berufung und Sendung heraus erfolgt.

2. Eine besondere Verantwortung der Mitarbeit im Pfarrgemeinderat darf nicht dazu führen, daß andere Verantwortung, die ebenfalls Leitungsverantwortung ist, dominiert und damit unmöglich gemacht wird.

Die Erklärung des Zentralkomitees der Deutschen Katholiken zur Arbeit der Pfarrgemeinderäte warnt z.b. vor dieser Gefahr: "Es wäre ein verhängnisvoller Trugschluß zu meinen, ein gewählter Pfarrgemeinderat mit umfangreichen satzungsmäßigen Aufgabenkatalogen entbinde die übrigen Gemeindeglieder von ihrer eigenen, in Taufe und Firmung begründeten Mitverantwortung für die Zukunft der Kirche am Ort und über die Ortsgrenzen hinaus."[54] In der Praxis der Gemeinde muß immer wieder dafür Sorge getragen werden, daß die Mitarbeit aller im Bewußtsein möglichst vieler als das gesehen wird, was sie immer ist: ein Beitrag zum Ganzen der Gemeinde und somit auch zu ihrer Leitung.

3. Die Bedeutung der Mit-verantwortung

Die Erfahrungsberichte aus dem Pfarrgemeinderat haben gezeigt, daß unter dem Vorzeichen "Mitverantwortung" unterschiedliche Formen gemeinsamen Arbeitens praktiziert werden. Was Mitverantwortung meint, wird sehr verschieden verstanden. Vieles deutet darauf hin, daß sich mit diesem Begriff zumeist die Vorstellung verbindet, daß da einer, der Pfarrer, nicht nur von seinen Aufgaben etwas abgibt an die Laienmitarbeiter, sondern damit auch ein Stück Verantwortung. Andere tragen mit ihm zusammen Verantwortung. Damit sind sie aber in aller Regel von ihm, seinem Wohlwollen, seiner theologischen Ein-

---

54 Zentralkomitee der deutschen Katholiken: Erklärung zur Arbeit der Pfarrgemeinderäte. In: Generalsekretariat des ZDK (Hrsg.): Berichte und Dokumente 36. 1978, 9.

sicht oder seinem persönlichen Amtsverständnis abhängig. Dies führt immer wieder zu Schwierigkeiten.

Soll die Praxis einer gemeinsam getragenen Verantwortung jedoch nicht in die Beliebigkeit einzelner gestellt sein, muß zunächst ekklesiologisch geklärt werden, was Mitverantwortung heißt. Bloße Maximen wie: "Von der gemeinsamen Verantwortung kann niemand sich ausschließen oder ausgeschlossen werden,"[55] bzw. Behauptungen wie die in der Erklärung des Zentralkomitees: "Die Stellung der Laien in der Kirche und die Formen organisierter Mitverantwortung, insbesondere die Pfarrgemeinderäte sind durch das II. Vatikanische Konzil und durch Beschlüsse der Gemeinsamen Synode der Bistümer in der Bundesrepublik Deutschland theologisch hinreichend geklärt,"[56] helfen nicht weiter, auch nicht der Appell, "im Pfarrgemeinderat die institutionalisierte Mitverantwortung aller in der Gemeinde"[57] zu sehen und zu akzeptieren.

3.1 Mitverantwortung, eine ekklesiologische Leitidee

Unumstritten ist zunächst, daß die Mitverantwortung mit dem II. Vatikanum zu einer ekklesiologischen Leit- bzw. Grundidee geworden ist. Man kann in der Tat sagen: "Jeder muß seine persönliche Verantwortung mit der aller anderen Gläubigen zusammenleben und sie in diese einfügen."[58] Die Ekklesiologie des II. Vatikanischen Konzils hat dem Gedanken von der Mitverantwortung aller zu einem gesamtkirchlichen Durchbruch verholfen. Sie wird ein "Teil der Kirchenlehre des Konzils, insofern sich die sakramental begründete, auf Glaube und Taufe beruhende, grundlegende Gleichheit aller Glieder des Gottesvolkes vor aller Unterscheidung nach Ämtern und Diensten, Ständen, Charismen und Lebensformen als eine ekklesiologische Leitidee durchsetzte."[59]

---

55 Synodenbeschluß: Räte und Verbände. I, 1.4.
56 ZDK: Pfarrgemeinderat, 7.
57 BRÜNTRUP, Wilhelm, Ludwig HÖNLINGER, Hermann KLEIN u.a.: Pfarrgemeinderat und Pfarrer. In: Hermann KLEIN, Michael B. Merz u. Peter WEIGAND (Hrsg.): Der Dienst in der Gemeinde. Düsseldorf 1986, 68.
58 SUENENS: Mitverantwortung, 25.
59 SEEBER, David: Die Laienfrage. In: Herder Korrespondenz 41 (1987) 402.

SUENENS, Mitglied des Präsidiums des Konzils, arbeitet wenige Jahre nach Abschluß des Konzils in einer umfänglichen Veröffentlichung heraus, was ihm "als pastorale Leitidee des Konzils erscheint: der Grundsatz der Mitverantwortung aller Christen innerhalb des Volkes Gottes."[60] In seinem Beitrag kommt SUENENS zum Schluß: "Die Mitverantwortung ist ein mit der Struktur der Kirche aufs engste verbundenes Element."[61] Die römische Bischofssynode formuliert nahezu zwei Jahrzehnte später dieselbe Überzeugung so: "Da die Kirche eine Gemeinschaft ist, muß es auf allen ihren Ebenen Teilhabe und Mitverantwortung geben."[62]

3.1.1 Gemeinsame Verantwortung innerhalb der Hierarchie

Die Kollegialität der Bischöfe als ein Strukturelement der Kirche ist der erste und am stärksten durch das Konzil reflektierte Ausdruck der Mitverantwortung. Indem die Bischöfe "sich in Rom versammelten, erfuhren sie sich als ein Kollegium, dem eine gemeinsame Aufgabe aufgetragen war".[63]

Das Konzil selbst wurde als ein Ereignis kollegialer Mitverantwortung aller Bischöfe für die Gesamtkirche erlebt: "Die Mitverantwortung auf der höchsten Ebene der Kirche, der Pluralismus innerhalb der hierarchischen Verantwortung hat sich in dem Ereignis der Einberufung und Durchführung des Konzils auf eine deutlich sichtbare Weise ausgewirkt. Nichts ist beredter als ein Ereignis."[64]

In der Reflexion dieses Erlebens der Communio ging es vor allem darum, "die Kirche wiederum in höherem Maß als Communio ecclesiarum zu verstehen und zu verwirklichen".[65] Dies war eine dogmatisch definitorische Frage und zugleich eine Frage von hoher pastoraler Relevanz: Die Chancen, die in Vielfalt und Pluriformität der Kir-

---

60 SUENENS: Mitverantwortung, 5.
61 Ebd. 64 f.
62 Schlußdokument der Bischofssynode 1985. In: Amtsblatt der Erzdiözese Freiburg 1986. 6/1986. 301.
63 VISCHER, Lukas: Die Rezeption der Debatte über die Kollegialität. In: Hermann J. POTTMEYER u. Giuseppe ALBERIGO u. Jean-Pierre JOSSUA (Hrsg.): Die Rezeption des II. Vatikanischen Konzils. Düsseldorf 1986, 294.
64 SUENENS: Mitverantwortung, 59.
65 VISCHER: Kollegialität, 294.

che liegen, sollen genutzt werden. Von Anfang an ist also mit dem Gedanken der Mitverantwortung die Absicht verbunden, die Vielfalt von Lebens- und Erfahrungswelten für Leitungsentscheidungen und für alle Vollzüge der Kirche fruchtbar zu machen.

"Die Idee der Mitverantwortung der Bischöfe untereinander hat sich im Verlauf des Konzils, auf dem sie von Anfang bis Ende praktisch gelebt wurde, ganz klar durchgesetzt."[66] Man kann also mit Recht, wie es die Synode immer wieder tut, darauf verweisen, daß "das Zweite Vatikanische Konzil die Kirche betont als brüderliche Gemeinschaft gesehen"[67] hat, als eine Gemeinschaft, in der man füreinander und miteinander Verantwortung trägt, in der das allen Gemeinsame auch allen im Blick ist und dennoch die Eigenständigkeit aller gewahrt bleibt.

In der Kirche als einer Communio ecclesiarum sind es die Bischöfe, deren brüderliches Miteinander Ausdruck dieser gemeinsam getragenen Verantwortung ist. Sie bilden ein Kollegium, in das ein jeder von ihnen kraft seiner Weihe aufgenommen ist, ohne daß er dazu eine wie auch immer geartete Delegation oder Beauftragung bräuchte.

Es gibt in der Kirche die Verantwortung für das Ganze, die einzelnen, nämlich den Bischöfen, von Natur und Wesen ihres Dienstes her zukommt. "Die Bischöfe haben Anteil an der Sorge für alle Kirchen; deshalb üben sie das bischöfliche Amt, das sie durch die Bischofsweihe empfangen haben, in der Gemeinschaft und unter der Autorität des Papstes im Hinblick auf die ganze Kirche Gottes aus, wenn sie, was die Lehrverkündigung und die Hirtenleitung angeht, alle im Bischofskollegium vereint sind."[68]

Es ist das Amt, das miteinander verantwortlich, kollegial an der Leitung der Gesamtkirche teilhat. "Niemand wird nach dem Zweiten Vatikanum leugnen, daß die bischöfliche Kollegialität eine lebendige Realität in der Kirche ist."[69]

---

66   SUENENS: Mitverantwortung, 77.
67   Synodenbeschluß: Räte und Verbände. 1.3.
68   CD 3.
69   SUENENS: Mitverantwortung, 59.

Dieses kollegiale Element in der Leitung der Kirche hat es zweifellos immer gegeben. RATZINGER weist in seiner historischen Betrachtung zum Kollegialitätsbegriff auf Herkunft und Bedeutung dieses Theologoumenons hin. Er faßt die Entwicklung der nachapostolischen Zeit so zusammen: "Das Wort Bruder, das noch immer etwas von der Einfalt des Evangeliums und seiner Überwindung alles Ämterwesens atmet, wird mit der voranschreitenden Zeit immer stärker zurückgedrängt durch den formellen Titel 'collega', der aus dem römischen Recht übernommen wird. Gleichzeitig damit wird der Begriff fraternitas abgebaut und durch das Wort collegium ersetzt. Wenn man auf diese Tatbestände achtet, möchte man fast versucht sein, in bezug auf die gegenwärtige Lage zu sagen, daß die Wiederentdeckung des Kollegialitätsbegriffs durch die Theologie und die im Konzil versammelte Kirche gewiß ein großer Gewinn ist, weil darin die Grundstruktur der noch ungeteilten Kirche der Väterzeit wieder vor den Blick getreten ist."[70] Kollegialität ist also das Strukturprinzip, das einerseits die Wirksamkeit der Charismen ermöglicht und damit die Pluriformität erhält und andererseits die Communio garantiert.

Dabei muß aber im Blick bleiben, daß das Konzil, wenn es von Mitverantwortung und Kollegialität als eines Wesensausdruckes der Kirche spricht, die bischöfliche Kollegialität meint, d.h. "die Mitverantwortung der Bischöfe für das Gesamtwohl der Kirche, das sich besonders in den Konzilien und Synoden artikuliert".[71]

Die große Bedeutung, die dem Begriff der Kollegialität zukam, macht allerdings auch seine Schwierigkeit aus. Er wurde zu einer Chiffre, die von der ersten bis zur dritten Sessio des II. Vatikanums immer mehr in den Mittelpunkt der Aufmerksamkeit rückte. Der Begriff "Kollegialität" wurde "zum Stichwort für die Verhandlungen über die Vision der Kirche in der Zukunft".[72] Die Konkretion dieser Zielperspektive wurde für die verschiedenen Ebenen der Kirche recht unterschiedlich ausformuliert. So ist der Gedanke gemeinsam getragener Verantwortung bzgl. der Priester zwar vom Konzil ebenfalls ange-

70   RATZINGER, Joseph: Die pastoralen Implikationen der Lehre von der Kollegialität der Bischöfe. In: Concilium 1 (1965) 20.
71   SCHAUPP: Pfarrgemeinderat, 65.
72   VISCHER: Kollegialität, 294.

dacht, jedoch bei weitem nicht so intensiv thematisiert, wie dies der Fall ist bei der Verantwortung, die die Bischöfe miteinander teilen.

"Die Priester, die durch die Weihe in den Priesterstand eingegliedert wurden, sind in inniger sakramentaler Bruderschaft miteinander verbunden."[73] Das Konzil betont immer wieder, daß die Priester nicht mehr oder minder beziehungslos nebeneinanderstehende Individuen sind. "Als sorgsame Mitarbeiter, als Hilfe und Organ der Ordnung der Bischöfe bilden die Priester, die zum Dienst am Volk Gottes gerufen sind, in Einheit mit ihrem Bischof ein einziges Presbyterium, das freilich mit unterschiedlichen Aufgaben betraut ist."[74] Auch hier wird der Grundgedanke von Einheit und Vielfalt deutlich. Zusammen mit dem Bischof hat "das gesamte Presbyterium die Aufgabe, die Ortskirche in den Zustand des Gebetes, des Gottesdienstes, der Nächstenliebe und der missionarischen Haltung zu versetzen... Die Verschiedenheit der Rollen und Funktionen ist dann ein Element im Bestand des kirchlichen Dienstes."[75]

Die Priester hängen bei der Ausübung ihres Dienstes vom Bischof ab.[76] Sie sollen "den Bischof wahrhaft als ihren Vater anerkennen und ihm ehrfürchtig gehorchen. Der Bischof hinwiederum soll seine priesterlichen Mitarbeiter als Söhne und Freunde ansehen."[77] So rät das Konzil den Bischöfen in bezug auf die Priester, mit denen sie in derselben Sendung stehen: "Sie sollen sie gerne anhören, ja sie um Rat fragen und mit ihnen besprechen, was die Seelsorge erfordert und dem Wohl des Bistums dient. Um das aber in die Tat umzusetzen, soll in einer den heutigen Verhältnissen und Erfordernissen angepaßten Form ein Kreis oder Rat von Priestern geschaffen werden, die das Presbyterium repräsentieren, wobei dessen Form und Normen noch rechtlich zu bestimmen sind. Dieser Rat kann den Bischof bei der Leitung der Diözese mit seinen Vorschlägen wirksam unterstützen."[78]

---

73 PO 8.
74 LG 28.
75 SUENENS: Mitverantwortung, 100.
76 Vgl. CD 15.
77 LG 28.
78 PO 7.

Der Gedanke der Mitverantwortung der Priester hat auf dem Konzil durch die Anregung zur Schaffung des Senates der Priester, eines Rates, der einen integrierenden Teil des Lebens der Diözese bilden sollte, seinen deutlichsten Niederschlag gefunden. "Das Konzil hat sich den Priestersenat als Organ für den Dialog zwischen Bischof und Priestern vorgestellt."[79] Der Bischof wird aufgefordert, seine Priester bei der Leitung des ihm und ihnen gemeinsam anvertrauten Gottesvolkes zu konsultieren. Die letzte Entscheidung bleibt dabei aber dem Bischof vorbehalten. Der Priesterrat als Ausdruck der Mitverantwortung der Priester für die Leitung des Bistums ist damit lediglich ein Konsultativorgan. Die Mitarbeit und die gemeinsam mit dem Bischof getragene Verantwortung gründen zuerst in der Gemeinsamkeit des durch die Ordination empfangenen Geistes und eben nicht im Grundgedanken von der gemeinsamen Sendung des ganzen Volkes Gottes. Dennoch: "Dieses Dekret geht in der rechtlichen Verankerung der Mitverantwortung am weitesten, doch schränkt es gleichzeitig die Mitverantwortung auf die geweihten Priester ein."[80]

3.1.2 Gemeinsame Verantwortung von Amtsträgern und Laien

"Christus der Herr, als Hoher Priester aus den Menschen genommen (vgl. Hebr 5,1-5), hat das neue Volk 'zum Königreich und zu Priestern für Gott und seinen Vater gemacht' (vgl. Apk 1,6; 5,9-10). Durch die Wiedergeburt und die Salbung mit dem Heiligen Geist werden die Getauften zu einem geistigen Bau und einem heilbringenden Priestertum geweiht."[81]

Fragt man nach der gemeinsamen Verantwortung von Laien und Amtsträgern in der Kirche, kann man nicht, wie im Kontext der gemeinsamen Verantwortung von Bischof und Priestern, fragen, welche Teilhabe die einen an Amt und Verantwortung der anderen haben. Man muß vielmehr dem Gedankengang des Konzils folgend von der allen Amtsträgern und Laien, also dem ganzen Volk zukommenden Verantwortung für die Sendung der Kirche reden.

---

79   SUENENS: Mitverantwortung, 102 f.
80   SCHAUPP: Pfarrgemeinderat, 69.
81   LG 10.

"Die Texte des Konzils betonen die Priorität der Kirche als ganzer gegenüber ihrem Leitungsamt und fordern eine erneute Einbindung des kirchlichen Leitungsamtes in die Kirche als Volk Gottes, das in seiner Gesamtheit durch die Taufe zur Teilnahme am Priestertum Christi geweiht ist. Diese Einbindung muß im Geiste der Gleichheit aller Glieder der Kirche erfolgen."[82] VORGRIMLER weist in diesem Zusammenhang zu Recht auf das Priestertum Christi hin. Denn in der Überzeugung von der Teilhabe des ganzen Volkes an diesem in der Kirche fortlebenden Priestertum Christi gründet m.E. alles, was im Sinne des II. Vatikanischen Konzils ekklesiologisch über die gemeinsam getragene Verantwortung von Laien und Amtsträgern zu sagen ist.

Immer wieder unternimmt das Konzil den Versuch, das gemeinsame und das besondere Priestertum auf ihren tieferen Einheitsgrund, auf das Geheimnis der priesterlichen Kirche zurückzuführen. Die Lehre vom dreifachen Amt, wie sie die Konzilsväter darlegen, erweist sich hier als ein klarer ekklesiologischer Erkenntnisfortschritt. Erstmals wird sie als Strukturelement auf das ganze Volk hin durchdacht. Bislang hatte sich die Dreiämterlehre, die Teilhabe am dreifachen Amt Christi, nur auf die Hierarchie bezogen.

So kennt z.B. die Enzyklika "Mystici Corporis" das dreifache Amt Christi in bezug auf die Hierarchie[83], von einer ausdrücklichen Anwendung auf das Volk Gottes ist dort noch nicht die Rede. Es ist also von großer Bedeutung, festzuhalten, daß in den Dokumenten des II. Vatikanums erstmals lehramtlich die drei Ämter Christi auch auf die Darstellung des gemeinsamen Priestertums angewendet werden. "Die Kirche als Volk Gottes vollzieht nach der Aussage des Konzils in der Welt das priesterliche, prophetische und königliche Amt Christi und setzt es fort. Durch die Aufnahme der ursprünglich reformatorischen Lehre von den drei Ämtern Christi wird deutlich gemacht, daß alle Vollmacht in der Kirche, also ihre priesterliche, prophetische und königliche Dimension, dem Volk Gottes als ganzem anvertraut ist und von ihm wahrgenommen wird."[84]

---

82 VORGRIMLER, Herbert: Sakramententheologie. Düsseldorf 1987, 10.
83 Vgl. AAS 35 (1943) 200 f.
84 NEUNER: Laie, 118.

Besonders die Kirchenkonstitution folgt dem Gedanken der Dreiteilung des Amtes Christi und denkt ihn zuerst und grundsätzlich auf das ganze Volk hin durch. "In jedem Gläubigen, in jedem Glied des Volkes Gottes will Christus seine Sendung weiterführen. Daher erhält jeder, der durch das Sakrament der Taufe in die Kirche eingegliedert wird, schon allein dadurch diese priesterliche Weihe. Dieses Priestertum bezeichnet die Konstitution durch den Begriff 'Gemeinsames Priestertum' (LG 10)."[85]

Damit wird deutlich: "Die Aussagen über das Volk Gottes, seinen priesterlichen Charakter, seine prophetische und königliche Vollmacht, stehen in den grundlegenden Aussagen des Konzils über die Kirche, noch vor jeder Differenzierung in besondere Ämter oder Stände. Was hier gesagt ist, gilt für alle Glieder des Volkes Gottes."[86]

Die Teilhabe am dreifachen Grundamt wird konsequent angewandt zunächst auf das ganze Volk, dann auf die Hierarchie, und schließlich wird die Teilnahme der Laien an dieser dreifachen Würde Christi gelehrt. "Christus ist in der Welt erschienen als Hoher Priester, König und Prophet des Neuen Bundes. Und als Hoher Priester, König und Prophet setzt er nun sein Leben in der Kirche fort und beansprucht ihre freie Mitarbeit. Aber er tut es nicht etwa von außen her. Er läßt das Volk Gottes teilnehmen an seinem Priestertum, an seiner prophetischen Sendung und seinem königlichen Amt."[87]

Wenn auch, und hier kann man SEMMELROTH zustimmen, "die Frage ist, ob und wie sich auch die drei Ämter Christi und ihre Zuordnung zueinander im gemeinsamen Priestertum des Gottesvolkes wiederfinden lassen. Zu vermuten ist es gewiß. Und das II. Vatikanische Konzil hat es ausdrücklich bezeugt."[88]

Der Gedanke der Gemeinsamkeit der Sendung und des Dienstes des ganzen Volkes hat sich hier durchgesetzt. Was die gemeinsame Ver-

---

85   SMEDT, Emile Joseph de: Das Priestertum der Gläubigen. In: Guilherme BARAUNA (Hrsg): De Ecclesia. Beiträge zur Konstitution "Über die Kirche" des Zweiten Vatikanischen Konzils. Bd. 1. Freiburg - Basel - Wien / Frankfurt 1966, 381.

86   NEUNER: Laie, 119.

87   SMEDT: Priestertum, 381.

88   SEMMELROTH, Otto: Die Präsenz der drei Ämter im gemeinsamen und besonderen Priestertum der Kirche. In: Theologie und Philosophie 44 (1969) 193.

antwortung von Amtsträgern und Laien in der Kirche anlangt, ist die Ekklesiologie des II. Vatikanums richtungsweisend, wenngleich deutlichere und präzisere Aussagen für konkrete Strukturen einer solchermaßen gemeinsam getragenen Verantwortung wünschenswert gewesen wären.

Der einzige wirklich konkrete Ausdruck dieser grundsätzlich vom Konzil gewollten gemeinsamen Verantwortung ist im Dekret über die Hirtenaufgabe der Bischöfe in der Kirche (bzw. im Missionsdekret) zu finden. Dort heißt es: "Es ist sehr zu wünschen, daß in jeder Diözese ein besonderer Seelsorgerat eingesetzt wird, dem der Diözesanbischof selbst vorsteht und dem besonders ausgewählte Kleriker, Ordensleute und Laien angehören. Aufgabe dieses Rates wird es sein, alles, was die Seelsorgearbeit betrifft, zu untersuchen, zu beraten und daraus praktische Folgerungen abzuleiten."[89]

Ohne Zweifel wollte das Konzil auf der Ebene der Ortskirche die Einrichtung eines Pastoralrates. Es handelt sich hierbei um mehr als um eine Kannvorschrift: "'valde' desiderandum est" heißt es hier. Im Missionsdekret wird formuliert: "'constituat' in quantum fieri potest."[90] Die Dringlichkeit, mit der die Institutionalisierung eines gemeinsamen Organes der Verantwortung vom Konzil angeregt wird, ist nicht von der Hand zu weisen. Es muß jedoch betont werden, daß es sich dabei um ein Gremium auf Diözesanebene handelt und daß seine Aufgabenumschreibung letztlich wenig präzis, weil zu allgemein und umfänglich formuliert ist.

Für die im Rahmen dieser Arbeit anstehenden Fragen, die sich auf die Ebene der Pfarrgemeinde beziehen, muß mit SCHAUPP nüchtern zusammengefaßt werden, "daß das Konzil zwar die theologischen Voraussetzungen für eine Mitverantwortung aller Getauften an der Sendung der Kirche geschaffen hat ('Volk Gottes'; 'Charismenlehre'; 'allgemeines Priestertum aller Getauften'), nicht jedoch einen rechtlichen Rahmen, der geeignet wäre, diese Mitverantwortung aller

89   CD 27.
90   AG 30.

Getauften auch auf der unteren Ebene zu konkretisieren und zu regeln."[91]

So ist zwar nach dem Willen der Konzilsväter ohne Zweifel "die Mitverantwortung das Herzstück der Beziehungen zwischen Priestern und Laien".[92] Die Frage nach den konkreten Formen, besonders in bezug auf die Pfarrgemeinde auch die Frage, ob und wie die hierarchische Grundstruktur der Kirche mit synodalen und demokratischen Elementen der Mitverantwortung in Einklang zu bringen ist, hat das Konzil weitgehend unbeantwortet gelassen. "Es hat zwar 'Räte' in der Kirche empfohlen oder auch verpflichtend vorgeschrieben. Aber es hat die Fragen und Schwierigkeiten im Detail der weiteren nachkonziliaren Entwicklung überlassen."[93]

Die Institutionalisierung gemeinsamer Verantwortung von Laien und Amtsträgern muß immer im Blick haben, wofür sie verantwortlich ist: für die Verwirklichung der "Heilssendung der Kirche selbst".[94] Hierbei kann nicht vereinfachend eine Aufgabenteilung in dem Sinn vorgenommen werden, als sei "das 'Geschäft' der Laien die gläubige Gestaltung der Welt, das 'Geschäft' der geweihten Amtsträger dagegen sei der Aufbau der Kirche".[95] Denn Welt- und Heilsdienst gehören grundsätzlich zusammen und sind jeweils ein Dienst, der der ganzen Kirche zukommt. Es wäre "eine Verkürzung, Heilsdienst und Weltdienst als zwei Dimensionen der Sendung der Kirche auseinanderzudividieren".[96]

Andererseits ist der Befund in den Konzilstexten nicht immer eindeutig. Denn trotz der Betonung der Einheit von Heils- und Weltdienst formuliert z.B. die Kirchenkonstitution: "Den Laien ist der Weltcharakter in besonderer Weise eigen. Die Glieder des geweihten Standes können zwar bisweilen mit weltlichen Dingen zu tun haben,

---

91   SCHAUPP: Pfarrgemeinderat, 69.
92   SUENENS: Mitverantwortung, 99.
93   KLEIN, Hermann: Verantwortung des ganzen Gottesvolkes für die Sendung der Kirche. In: Dieter EMEIS u. Burkard SAUERMOST (Hrsg.): Synode. Ende oder Anfang. Düsseldorf 1976, 345.
94   LG 33.
95   DIE DEUTSCHEN BISCHÖFE: Der Laie in Kirche und Welt. Stellungnahme der deutschen Bischöfe zur Bischofssynode 1987. In: Herder Korrespondenz 41 (1987) 324.
96   HEMMERLE: Theologische Bemerkungen, 140.

sogar in Ausübung eines weltlichen Berufes. Aufgrund ihrer besonderen Erwählung aber sind sie vor allem und von Berufs wegen dem heiligen Dienstamt zugeordnet."[97]

Dies könnte den Schluß nahelegen, daß es zum einen Dienste und Gaben gibt, "deren unmittelbarer Sinn es ist, Kirche in sich aufzuerbauen als das Zeichen des Heiles für die Welt".[98] Zum anderen gäbe es dann Dienste und Gaben, "die sich unmittelbar auf die Gestaltung von Welt und Gesellschaft aus dem Geist Jesu und seines Evangeliums hin orientieren und so, ohne Verfremdung der Eigengesetzlichkeit welthafter Bereiche, den Heilsdienst Jesu gegenwärtig setzen, der sich in Welt und Gesellschaft hinein inkarniert hat".[99] Wenn man dieser Argumentation zustimmt, muß einschränkend die Mahnung der deutschen Bischöfe im Blick bleiben: "Die Betonung des Weltdienstes der Laien darf nicht als eine Relativierung des Ranges der Mitarbeit von Laien beim Aufbau der Kirche selbst verstanden werden."[100]

NEUNER kommt am Ende zu folgender Wertung: "Zufolge des Konzils haben die Laien ihre Vollmacht und ihr Recht sehr wohl auch in der Kirche."[101] In der nachkonziliaren Entwicklung beobachtet er allerdings eine diesem Befund widersprechende Tendenz: "Gleichsam durch die Hintertür wurde in der Rezeption des II. Vatikanums die Trennung zwischen Laien und Klerus durch eine überscharfe Scheidung zwischen Kirche und Welt wieder eingeführt, derzufolge der Weltdienst den Laien, der Heilsdienst in der Kirche dagegen dem Klerus zukomme. Damit wurden die Laien dann auf den außerkirchlichen Bereich festgelegt."[102] Wäre dies so, könnte nur schwerlich von einer wirklichen Mitverantwortung im Sinne einer von Amt und Laien gemeinsam getragenen Verantwortung für die Sendung der Kirche und der Gemeinde gesprochen werden.

---

97   LG 31.
98   HEMMERLE: Theologische Bemerkungen, 140.
99   Ebd.
100 DIE DEUTSCHEN BISCHÖFE: Der Laie, 325.
101 NEUNER: Laie, 131.
102 Ebd. 129 f.

Es ist also ekklesiologisch ohne Zweifel richtig, daß die Kirche auf allen ihren Ebenen eine Struktur braucht, die einerseits die Communio garantiert und gleichzeitig die Wirksamkeit der Charismen ermöglicht, um damit die Pluriformität zu erhalten. Außerdem muß diese Struktur gemeinsam getragener Verantwortung auch der Tatsache Rechnung tragen, daß die Sendung der Kirche unteilbar ist.

3.1.3 Pastoraltheologische Konsequenzen aus dem ekklesiologischen Grundprinzip der Einheit und Vielfalt

Das bislang Gesagte muß auf die Praxis hin in zweierlei Richtungen präzisiert werden.

Erstens hat das Konzil zwar keine für alle Ebenen und alle Gemeinschaftsbeziehungen in der Kirche gleichermaßen gültige Konkretion der Struktur "Mitverantwortung" entworfen. Grundsätzlich gilt in diesem Kontext aber immer, daß "durch die Wirksamkeit des Geistes mit den Gaben und Begabungen der einzelnen die Lebendigkeit der Kirche in der Spannung von Einheit und Vielfalt zu unserer Gabe und Aufgabe"[103] wird.

Zweitens hat das Konzil zwar das ekklesiologische Schisma zwischen Kirche und Welt, zwischen Heils- und Weltdienst durch den Entwurf einer "Ecclesia de trinitate" (CONGAR) überwunden. Dennoch gibt es genügend Spuren eines eher christonomistischen Kirchenverständnisses. Hier reicht es aber nicht aus, einfach "dem christologischen Prinzip das pneumatologische beizufügen. Denn auf diese Weise wird die Spaltung zwischen Amt und Volk, von Einheit und Vielfalt ... festgeschrieben. Was dabei herauskommt, ist die Konzeption eines geistlosen Amtes und amtsfeindlicher Charismen."[104] Gerade letzteres aber würde jede Struktur gemeinsam getragener Verantwortung unmöglich machen. Aus diesen beiden Gesichtspunkten ergeben sich folgende Schwerpunkte für die Praxis:

---

103 BIEMER, Günter: Gemeinde lernen. In: Diakonia. 20 (1989) 149 f.
104 ZULEHNER, Paul M.: Die Pluralismusangst in der Kirche. In: Stimmen der Zeit 8 (1987) 524.

> 1. Jede Praxis der Gemeinde muß sich dem Prinzip der Einheit und Vielfalt stellen.

Dies bedeutet: Jede Struktur gemeinsam getragener Verantwortung bringt zwingend die Notwendigkeit mit sich, das Verhältnis zwischen Einheit und Vielfalt in Balance zu halten. Doch dieses Verhältnis ist immer konfliktbestimmter Art. Da "erweist sich der Konflikt als ein Mittel zur Aufrechterhaltung und Rettung der Kommunikation in der Kirche, denn der Konflikt bedeutet in diesem Fall nicht den Bruch, sondern er ist eine fruchtbare, dynamische und dialektische Form des Zusammenseins. Die Einheit der Kirche ist also nicht möglich ohne eine klarsichtige und bewußte Bejahung der Funktion des Konfliktes."[105] Daraus ergibt sich m.E. die Konsequenz: "Nicht die konfliktfreie Gemeinde ist daher das Ziel der Seelsorge, sondern die konfliktfähige Gemeinde."[106]

Die Praxis der Gemeinde muß sich immer wieder überprüfen, inwieweit sie konfliktfähig ist und Raum schafft für das Austragen von Konflikten.

2. Jede Praxis der Gemeinde steht unter dem Gesetz der unaufgebbaren Einheit von Sammlung und Sendung.

Dies bedeutet, daß beide Dimensionen, die eher nach innen gerichtete und die "weitgehend nach außen gewendete, 'extrovertierte', missionarische, ökumenische"[107] in eins gehen und gemeinsam verantwortet werden müssen. "'Öffnen und Verdichten', damit ist ein Handlungsprinzip des Gemeindeaufbaus formuliert: sich öffnende Arbeitsfelder auf die Adressaten und ihre Lebenswelt hin und verdichtende Anstrengungen auf das Evangelium und auf die Gemeinde Jesu Christi hin. Offenheit und Verbindlichkeit: zwei Pole einer übergreifenden Spannung, in der eine Gemeinde von Anfang an steht. Mag der Amts-

---

105 TAMAYO-ACOSTA, Juan-José: Die Bedeutung organisierter oppositioneller Gruppen und Richtungen in der Kirche. In: Concilium 18 (1982) 596.

106 WINDISCH, Hubert: Auf dem gemeinsamen Weg zur persönlichen Radikalität. In: Hubert WINDISCH (Hrsg.): Mut zum Gewissen. Einladung zu einer riskanten Seelsorge. Regensburg 1987, 40.

107 GANOCZY, Alexandre: Kirche im Prozeß der pneumatischen Erneuerung. In: Elmar KLINGER u. Klaus WITTSTADT (Hrsg.): Glaube im Prozeß. Freiburg - Basel - Wien 1984, 202.

träger, der Pfarrer, in besonderer Weise für Institution und für Verbindlichkeit, der 'Laie' für Werden und den Zugang nichtkirchlicher Wirklichkeit stehen: sie bedingen sich gegenseitig und müssen einander wollen. Eine Arbeitsteilung in 'Öffnen und Verdichten' wäre nicht Aufbau, sondern Lähmung des Gemeindeaufbaus."[108]

Die Praxis der Gemeinde muß sich daran messen lassen, ob sie die Spannung zwischen Sammlung und Sendung aushält oder ob sie sie auflöst zugunsten der Überbetonung einer dieser beiden Dimensionen.

3.2 Mitverantwortung im Kontext der Überlegungen zum Pfarrgemeinderat

"Diejenigen, die mit Priestern näher zu tun haben, die im Pfarrgemeinderat mit ihnen zusammenarbeiten, werden gelegentlich etwas von deren 'Rollenunsicherheit' gespürt haben. Wenn der Pfarrer in den Sitzungen des Pfarrgemeinderates manchmal nicht so richtig weiß, ob er 'führen' oder 'folgen' soll, einmal abgesehen von der Fragwürdigkeit einer solchen Alternative, so sind das nur Symptome für eine tiefer sitzende Unsicherheit."[109] Was SCHLÖSSER über die Situation des Pfarrers als Mitglied des Pfarrgemeinderates schreibt, gilt, das belegen die Erfahrungsberichte aus der Praxis, im Grund für alle Pfarrgemeinderatsmitglieder. Das Phänomen der Rollenunsicherheit ist immer wieder zu beobachten. Es gibt in der Tat ein hohes Maß von Ungeklärtheit und Unsicherheit darüber, was Aufgabe, Rolle und Funktion eines Pfarrgemeinderatsmitgliedes ist.

Es müssen also wenigstens einige Eckdaten genannt werden, die es zu berücksichtigen gilt, soll geklärt werden, was gemeinsam getragene Verantwortung im Pfarrgemeinderat bedeutet.

Zuallererst muß festgehalten werden: Wie das II. Vatikanum geht auch die Würzburger Synode vom Grundsatz der Einheit des Volkes Gottes aus und schließt daraus: Das Miteinander und Ineinander von

108 SILLER, Hermann Pius: Die Kompetenz des "Laien" beim Aufbau der kirchlichen Gemeinde. In: Elmar KLINGER u. Rolf ZERFASS (Hrsg.): Die Kirche der Laien. Eine Weichenstellung des Konzils. Würzburg 1987, 168 f.
109 SCHLÖSSER, Felix: Testfall Pfarrgemeinderat. Lahn 1969, 30.

168

Amt und Laien ist für das Kirchenverständnis wesenskonstitutiv. Von Beginn an ist es den Synodalen wichtig, den Grundgedanken immer wieder herauszustreichen, daß eine Gemeinde ihre Aufgabe, Trägerin der Heilssendung Christi zu sein, nur im Miteinander aller verwirklichen kann. Es kann aber, und dies macht die Synode ebenfalls deutlich, kein wirkliches Miteinander in der gemeinsamen Arbeit und im Leben der Kirche geben, wenn dem nicht eine Mitverantwortung aller für das Leben der Gemeinde entspricht. "Grundanliegen des II. Vatikanums und dieser Synode ist es, das ganze Volk Gottes für die gemeinsame Verantwortung zu gewinnen, es dazu zu ermutigen und zu befähigen."[110]

Zu diesem Zweck weist die Synode nach einer umfänglichen Analyse der Situation der Kirche in der Bundesrepublik Deutschland auf eine Fülle von kirchlichen bzw. gesellschaftlichen Handlungsfeldern hin, gibt Vorschläge, Anregungen und schafft Strukturen. In diesem Kontext stellt sich die Synode auch der Frage nach der Möglichkeit von Verwirklichung gemeinsam getragener Verantwortung in einer Pfarrgemeinde. Die Debatte über die Institutionalisierung dieser gemeinsamen Verantwortung bezieht neben theologisch-ekklesiologischen Theorieelementen auch die Erfahrungen ein, die in den ersten Jahren nach Beendigung des II. Vatikanischen Konzils in den westdeutschen Diözesen mit der Einrichtung von Räten und Gremien der Mitverantwortung gemacht wurden. Dabei werden drei Schwerpunkte gesetzt.

3.2.1 Zwischen persönlicher und gemeinsamer Verantwortung

Jede Form der Institutionalisierung von gemeinsamer Verantwortung, das ist der Synode wichtig, muß gewährleisten, daß die Verantwortung des einzelnen nicht durch die gemeinsame Verantwortung aller nivelliert wird. Denn "innerhalb der gemeinsamen Sendung der gesamten Gemeinde hat jeder einzelne seine persönliche Aufgabe und Verantwortung".[111] Es darf nicht dazu kommen, "daß die Verschiedenheit der Dienste, also die inhaltliche Ausfüllung dessen, was hier

---

110 Gemeinsame Synode der Bistümer in der Bundesrepublik Deutschland. (Hrsg.): Protokoll der 7. Vollversammlung vom 7. - 11. Mai 1975. 158.
111 Synodenbeschluß: Die pastoralen Dienste, 2.4.

organisiert werden soll, zugunsten einer sehr verschwommenen Mitwirkung aller in kirchlichen Entscheidungsgremien verblaßt".[112] Nimmt man die Lehre von den unterschiedlichen Charismen ernst, gibt es zum einen bei den Laien unterschiedliche Verantwortlichkeiten, und zum anderen gilt dies eben auch für das Miteinander von Laien und Amtsträgern. Gerade hier zeigt sich m.E. jedoch ein deutliches Defizit bei der Reflexion, die die Synode anstellt.

Bei der Debatte über Einrichtung, Struktur und Arbeitsweise des Pfarrgemeinderates wird die Tatsache der aufgrund der Charismen unterschiedlichen Verantwortlichkeiten im ganzen Volk Gottes zu schnell auf die Frage der verschiedenen Verantwortlichkeiten von Laien und Amtsträgern reduziert.

Bei vielen Debattenbeiträgen kann man den Eindruck bekommen, als ginge es vordringlich darum, "die dem Amt zukommende Eigenverantwortung und Vollmacht weder einzuebnen noch einzuschränken".[113] Geht es in erster Linie darum, wird der Versuch, die je persönliche Verantwortung des einzelnen zu gewährleisten, nahezu zwangsläufig in ein Dilemma führen: Denn "es gibt tatsächlich keinen Bereich kirchlichen Handelns, der nicht unter Umständen in die besondere und unaufgebbare Verantwortung des kirchlichen Amtes fällt".[114]

Um diesem Dilemma aus dem Weg zu gehen, wird von einem Teil der Synodalen wieder auf die schon bekannte Lösung einer Teilung der Verantwortungsbereiche nach Heils- und Weltdienst rekurriert. "Die theologische Aussage, daß alle Mitverantwortung tragen müßten, ist nur dann haltbar, wenn sehr sorgfältig auch das beachtet wird, was auf dem Konzil diskutiert wurde, zunächst die Eigenständigkeit für den Dienst an der Welt."[115]

112 SYNODE: Protokoll 2. VV, 312.
113 Ebd. 305.
114 Ebd. 306.
115 Ebd. 312.

Der Grundgedanke von der Welt als dem vorrangigen Verantwortungsbereich der Laien, so wird beklagt, würde in den Debatten zu wenig durchgehalten. Diese eigenständige Verantwortung für den Weltdienst sei "in einer zu undifferenzierten Umschreibung des Miteinanders wie auch des Leitungsamtes ein- bzw. aufgegangen".[116]

Um einer gemeinsam wahrgenommenen Verantwortung willen muß die je persönliche Verantwortung des einzelnen gewahrt bleiben. Dazu muß sie aber jeweils klar umschrieben sein. Sich dabei von einer grundsätzlichen Differenzierung nach Heils- und Weltdienst leiten zu lassen, ist ekklesiologisch problematisch, denn damit kann man nicht der Fülle von unterschiedlichen Charismen gerecht werden. So kann dieser Vorschlag m.E. für die Praxis nicht hilfreich sein.

3.2.2 Zwischen Macht und Dienst

Jede Form der Institutionalisierung von gemeinsamer Verantwortung muß im Sinn der Synode ein Ausdruck gemeinsam wahrgenommenen Dienstes sein. Man betont Grundhaltungen, spricht vom gemeinsamen Dienst und davon, daß es in der Kirche grundsätzlich nicht um Macht gehen könne. Vielmehr gehe es darum, "daß jeder in aller Bescheidenheit, aber auch mit all seiner Kraft zu erkennen und zu tun versucht, was Gottes Wille in dieser Zeit ist; Gott ist der einzige Souverän in der Kirche".[117] Denn Kirche, das impliziert der Begriff von "Geheimnis Kirche", den die Ekklesiologie des II. Vatikanums wieder neu zum Bewußtsein gebracht hat, ist wesentlich mehr als die sichtbare, juridisch faßbare Strukturiertheit ihrer Leitungsämter. Sie ist nicht in erster Linie Institution und Herrschaftsverband, sondern Communio.

So setzt sich in den Überlegungen des II. Vatikanischen Konzils auch immer mehr der Begriff "munus" durch und löst damit weitgehend die

---

116 Ebd.
117 ZDK: Pfarrgemeinderat, 10.

171

Rede von der "potestas" ab.[118] Man vermeidet es in der Tat in den endgültigen Konzilstexten, das Amt, wie dies über Jahrhunderte hinweg geschehen war, als "potestas" zu bestimmen. Dies unterstreicht, "das Amt *ist* nicht Vollmacht, wohl *hat* es Vollmacht, um seinen Dienstauftrag erfüllen zu können".[119]

Jede Form der Institutionalisierung von gemeinsamer Verantwortung tangiert jedoch das "munus". Damit wird m.E. immer auch die Frage nach der Macht einhergehen, und sei sie auch, wie POTTMEYER dies interpretiert, im Sinn eines Dienstes als "Vollmacht zu ..." verstanden. Denn "gemeinsam verantworten ist eben immer etwas, das mehrere betrifft. Oft muß einer ein Stück seiner Macht abgeben, dem anderen Raum lassen, daß er seine Möglichkeiten überhaupt wahrnehmen und entfalten kann."[120] Interessanterweise wird auf der Synode diese Frage fast ängstlich umgangen, obwohl man sich aufgrund der bisherigen Praxis der Räte der Tatsache bewußt ist, "daß ein Pfarrer - sei es auch nur unbewußt - befürchtet, durch die Laien in seinen als ureigen empfundenen Aufgabenfeldern 'entmachtet' oder zumindest eingeengt zu werden".[121] Alle Seiten bemühen sich immer wieder zu betonen, daß es bei dem Versuch, Formen gemeinsamer Verantwortung zu finden, eben gerade nicht um Macht bzw. Machtverteilung gehe. "Nicht um eine Umverteilung von Macht geht es, nicht um ungehemmte Selbstdarstellung, nicht um eine als Volkssouveränität mißverstandene 'Demokratie in der Kirche'."[122] Es geht um die Mitbeteiligung der Laien, aber "nicht in erster Linie, um dadurch mehr Macht zu bekommen, sondern um auch eine größere Mitverantwortung auf sich zu nehmen".[123]

---

118 Vgl. SEIBEL, Wolfgang u. Luitpold A. DORN: Tagebuch des Konzils. Die Arbeit der Zweiten Session. Nürnberg - Eichstätt 1964, 59 f. - Neben dem am häufigsten verwendeten Begriff, dem Begriff "munus", spricht das Konzil auch von "ministerium" und "officium", ohne jedoch damit vom Grundgedanken des "Amtes als Dienstauftrag" wesentlich abzuweichen. Erst in jüngerer Zeit, etwa auch im Zusammenhang mit dem neuen CIC, ist wieder verstärkt von "potestas" die Rede. Vgl. dazu die Überlegungen von CORECCO, Eugenio: Aspekte der Rezeption des Vaticanum II im neuen Codex Iuris Canonici. In: Hermann J. POTTMEYER u. Giuseppe ALBERIGO u. Jean-Pierre JOSSUA (Hrsg.): Die Rezeption des II. Vatikanischen Konzils. Düsseldorf 1986, 359 ff.
119 POTTMEYER, Hermann J.: Amt als Dienst - Dienst als Amt. In: Lebendige Seelsorge 33 (1982) 156.
120 VERWEIJEN: Verantwortung, 47. ⬅
121 ZDK: Pfarrgemeinderat, 11.
122 Ebd. 10.
123 SYNODE: Protokoll 2. VV, 321 f.

Gemeinsam getragene Verantwortung, und dies ist auch soziologisch nicht abzustreiten, ist ein Prozeß des ständigen Umgangs mit Macht und Möglichkeiten einzelner. Dies muß bewußt sein und je neu geklärt werden, soll die Institutionalisierung von Mitverantwortung nicht zu ständigen Reibungsverlusten führen und letztlich zur Ineffektivität verurteilt sein.

3.2.3 Zwischen Rat und Entscheidung

Institutionalisierung von gemeinsamer Verantwortung kann es nur geben, dessen ist sich die Synode bewußt, wenn hierfür klare Kompetenzen und Strukturen festgeschrieben werden.

Die gemeinsam getragene Verantwortung wird sich wenigstens im Miteinander-Beraten und gegenseitigen Ratgeben konkretisieren müssen. Darüber ist man sich einig. Gerade auch aus der Einsicht heraus, daß die Situation in den Gemeinden in aller Regel so ist, "daß die Wirklichkeit oder der Auftrag zu handeln, ungemein anspruchsvoll und kompliziert ist und daß es eingehender Besinnung und Beratung bedarf, bis man überhaupt zum Handeln fähig ist".[124] Mitverantwortung muß also in der grundsätzlichen Bereitschaft und Fähigkeit konkret werden, "zu beraten und sich beraten zu lassen, auch unangenehmen Gesprächen nicht auszuweichen und davon auszugehen, daß der andere genauso das Wohl der Kirche im Auge hat - auch wenn er anderer Meinung in einer gewichtigen Sachfrage ist und dies deutlich ausspricht".[125]

Nun wird aber gerade auf der Synode immer wieder deutlich betont, daß dies nicht die einzige denkbare und mögliche Konkretion der Mitverantwortung ist. "Wir haben auch die Erfahrung gemacht, daß wir nicht einfach sagen dürfen, Ratgeben und Ratnehmen seien die einzigen Formen der Mitverantwortung."[126] Einzelne Synodenmitglieder verweisen auf die z.T. langjährige Praxis der Mitentscheidung als möglicher Konkretion der Mitverantwortung: So "gibt es, wie die Geschichte zeigt, viele Möglichkeiten der Mitverantwortung. Es gibt z.B.

124 Ebd. 329.
125 ZDK: Pfarrgemeinderat, 11.
126 SYNODE: Protokoll 2. VV, 321 f.

bei uns in süddeutschen Diözesen schon sehr lange eine sehr weitgehende Mitbestimmung von Priestern und Laien auf finanziellem Gebiet."[127]

Gegen Bestrebungen, die Möglichkeiten der Mitentscheidung wieder einzuschränken, wird eingewandt: "Ist es ein attraktives Bild der Mitverantwortung, auf eine bloße Beratung beschränkt zu werden?"[128] Deutlich wird die Forderung ausgesprochen: "Der Grundsatz muß sein, daß Mitverantwortung durch das Mittragen der Entscheidung erweitert wird."[129] Denn "Mitverantwortung ohne praktisch wirksame Mitverantwortung an kirchlichen Entscheidungsprozessen muß zum hilflosen Mitleiden am unbeeinflußbar erscheinenden Weg der Kirche verkümmern".[130]

Gegen die Präferenz für die vorwiegend beratende Funktion der Gremien der Mitverantwortung, wie sie hauptsächlich Mitglieder der Bischofskonferenz aussprechen, wird eingewandt: Man müsse "im Zusammenhang mit dem Votum der Bischofskonferenz betonen, daß die Frage nach dem 'votum consultativum' in dieser Frage allein nicht genügt. Wer sich heute mit dieser Kirche identifizieren soll - und unser Anliegen in der Synode ist doch, daß das möglichst viele wieder tun -, der müßte ... auch darum bemüht sein, daß möglichst viele ganz intensiv an den Entscheidungsprozessen in dieser Kirche Anteil nehmen können."[131] Theologisch-ekklesiologischen Einwänden gegen das für die meisten pastoral wünschenswerte votum deliberativum, die Mitentscheidung des Rates, widerspricht RAHNER vehement: "Ich möchte nur eine ekklesiologische Vorbemerkung machen, weil hier in den Papieren ... eine falsche ekklesiologische These vertreten wird. Ich halte es für dogmatisch absolut einwandfrei und möglich - von pastoraler Opportunität spreche ich nicht -, daß es Gremien in der Kirche mit einem votum deliberativum und nicht nur consultativum gibt. Wer das grundsätzlich bestreitet, vertritt eine These, die erstens nicht bewiesen und zweitens falsch ist."[132]

127 Ebd. 327.
128 Ebd. 328.
129 Ebd.
130 ZDK: Pfarrgemeinderat, 10.
131 SYNODE: Protokoll 2. VV, 321 f.
132 Ebd. 316.

Im Kontext dieser Debatte muß jedoch gefragt werden, ob sich die Synode nicht durch eine m.E. problematische Alternative von "raten" bzw. "entscheiden" selbst in das Dilemma eines entweder - oder gebracht hat. Sicher kann man aufgrund der Erfahrungsberichte aus den Pfarrgemeinderäten auch für unsere heutige Situation folgende Aussage eines Synodalen unterstreichen: "Nicht Verfassungsfragen bewegen unsere Gemeinden, vielmehr das viel bedrängendere Problem, überhaupt geeignete und einsatzbereite Gläubige zu finden, die an der Lösung der genannten Fragen tätig mitwirken wollen. Solche Gläubige möchten allerdings ihren Einsatz auch rechtlich legitimiert und ernst genommen sehen."[133]

Dies bedeutet zumindest, daß allen, die im Pfarrgemeinderat als einer institutionalisierten Form der Mitverantwortung mitarbeiten wollen oder mitarbeiten, klar sein muß, welche Kompetenzen ihnen tatsächlich zukommen. Die Arbeitsweise des Pfarrgemeinderates jedoch kann sich nicht im Ratgeben und/oder Entscheiden als den einzigen Konkretionen der gemeinsam getragenen Verantwortung erschöpfen.

Die Institutionalisierung von gemeinsamer Verantwortung im Gremium des Pfarrgemeinderates muß jeweils Raum schaffen für die persönliche Verantwortung der einzelnen Mitglieder des Pfarrgemeinderates und gleichzeitig ein gemeinsames Handeln ermöglichen. Dieses gemeinsame Handeln ist theologisch gesprochen ein Dienst. Als eine Funktion innerhalb der Gemeinde ist dieser Dienst mit der Macht verbunden, die kontinuierliche Entwicklung der Gemeinde zu steuern, indem aktiv Einfluß genommen wird auf Strukturen und Prozesse der Gemeinde. Diese gemeinsam wahrgenommene Leitung im Sinne einer Einflußnahme auf die Selbstvollzüge der Gemeinde ist ein ungeheuer komplexer Vorgang, also letztlich mehr als ein Raten bzw. Entscheiden.

---

133 Ebd. 304 f.

3.2.4 Pastoraltheologische Konsequenzen für die Institutionalisierung gemeinsamer Verantwortung

Die Würzburger Synode hat sich bezüglich der hier anstehenden Fragestellung vor allem mit drei Problemzusammenhängen auseinandergesetzt.

Zum einen hat sie die Maxime aufgestellt, daß die persönliche Verantwortung jedes einzelnen durch die Institutionalisierung der gemeinsamen Verantwortung aller gefördert und gewahrt werden soll. Denn der erste Grundsatz lautet: "Von der gemeinsamen Verantwortung kann niemand sich ausschließen oder ausgeschlossen werden."[134] Auf der Synode wird jedoch sehr deutlich eine doppelte Gefahr gesehen, daß zum einen durch die Einrichtung von Gremien der Mitverantwortung die Bereitschaft zu verantwortlichem Tun in der Gemeinde nachläßt, sich einzelne also von der gemeinsamen Verantwortung ausschließen, und daß zum anderen durch die Arbeit und evtl. Dominanz dieser Räte andere Formen der verantwortlichen Mitarbeit in der Gemeinde überflüssig oder ausgeschlossen werden. Um dieser Gefahr entgegenzuwirken, wird immer wieder betont, "daß unter den Strukturen der Mitverantwortung in Gemeinden und Diözesen nicht nur die Räte zu verstehen sind".[135] Was dies allerdings näherhin heißt, wird nirgends wirklich deutlich gemacht. Für das Selbstverständnis des Pfarrgemeinderates ist es m.E. jedoch eine schwierige Hypothek, wenn er einerseits die Institutionalisierung der gemeinsamen Verantwortung aller in der Gemeinde sein soll und er andererseits gleichzeitig verpflichtet wird, der möglichen Verantwortung der vielen nicht hinderlich im Weg zu stehen.

Ein zweiter Grundsatz, von dem sich die Synode leiten ließ, war folgender: Die Einrichtung des Pfarrgemeinderates soll dazu beitragen, die Arbeit in der Gemeinde "zu organisieren und sie zu einem vollen Erfolg zu führen".[136] Diese Vorgabe beruht auf der Einschätzung vieler, nicht nur auf der Synode, daß das Amt allein nicht mehr in der Lage ist, die Gemeinde effektiv zu leiten. Unter den veränderten ge-

---

134 Synodenbeschluß: Räte und Verbände, 1.4.
135 SYNODE: Protokoll 2. VV, 306.
136 SUENENS: Mitverantwortung, 82 f.

sellschaftlichen Bedingungen ist die Gemeinde in eine Krise geraten. "Man beobachtet alle Anzeichen einer Vertrauenskrise, die indessen nicht der Autorität als solcher gilt, sondern der Kirchenregierung als menschliches System und menschliche Struktur."[137] Wichtig ist es also, daß man anerkennt, "daß die Ära der 'absoluten Monarchie' vorüber ist und daß es darauf ankommt, die Autorität unter grundlegend veränderten soziologischen Verhältnissen auszuüben."[138] Immer wieder wird in diesem Kontext auf der Synode die Hoffnung ausgesprochen, daß der Pfarrgemeinderat ein geeignetes Instrument für eine sinnvolle, effiziente Gemeindeleitung sein kann.

Gleichzeitig werden aber auch Bedenken laut: Es dürfe nicht darum gehen, so einer der Synodalen, "daß wir in einem solchen Gebilde die Führungsspitze in ihrer Gesamtinitiative und Verantwortung zu sehr einengen. Eine zu enge Struktur birgt die Gefahr, daß das Management - im Fall der Kirche: Pfarrer und Bischof - in dem freien Entscheidungsspielraum, den es einfach benötigt, um schnell und zweckmäßig zu reagieren, unnötig eingeengt würde."[139] Entscheidet man sich aber im letzten doch nicht, welche der denkbaren organisatorischen Strukturen im Sinne einer möglichst effektiven Leitung die sinnvollste ist, besteht auch darin eine schwere Hypothek für die Funktion des Pfarrgemeinderates insgesamt und für das Rollenverständnis der einzelnen Pfarrgemeinderatsmitglieder.

Die Synode ist sich bewußt, und dies ist ein dritter Gesichtspunkt, der hier von Bedeutung ist, daß eine autokratische, autoritäre Leitung der Gemeinde durch einen einzelnen von immer weniger Gemeindemitgliedern akzeptiert wird und auch im gesellschaftlichen Umfeld der Kirche kaum noch verstanden wird. Die Absicht einer Reihe von Synodalen war es also, einem in diesem Umstand begründeten zunehmenden Glaubwürdigkeitsverlust entgegenzuwirken: "Wir haben versucht, uns auf den Menschen in unserer Gesellschaft einzulassen, auf sein Drängen zur Selbstverwirklichung, zur Mitverantwortung und Mitsprache."[140] Andererseits grenzt man sich aber

---

137 Ebd. 157.
138 Ebd. 81 (Hervorhebung im Zitat vom Verf.)
139 SYNODE: Protokoll 2. VV, 311.
140 DÖPFNER: Synode, 6.

auch immer wieder von den gesellschaftlichen Tendenzen zu mehr Demokratisierung und Mitbestimmung ab. Es wird als Vorwurf geäußert: "Hier werden in der Sprechweise der Zeit nach dem Modell der modernen Demokratie synodale Strukturen der hierarchischen Ordnung gleichberechtigt beigeordnet. Hier hat nicht so sehr die Konstitution über die Kirche in den Kapiteln 1 bis 3 als vielmehr die moderne Demokratie Pate gestanden. Durch eindeutige Formulierungen muß dafür Sorge getragen werden, daß Mißverständnisse über Wesen und Struktur der Kirche ausgeschlossen werden."[141] Dies ist durchaus keine Einzelstimme: "Ich meine, daß wir uns hier deutlich von einer Demokratisierung im falschen Sinn absetzen sollten."[142] Der hier zu Tage tretende Zwiespalt ist m.E. eine Belastung für das Selbstverständnis des Pfarrgemeinderates.

Die Effizienz der Ämterstruktur in der Kirche scheint gerade auf der untersten Ebene, der der Pfarrgemeinde, nur dadurch bewahrt oder gar erhöht werden zu können, wenn es gelingt, das Amt der Gemeindeleitung durch Mitbeteiligung möglichst vieler an seinen Aufgaben und Kompetenzen glaubwürdig erscheinen zu lassen.

Ob die Möglichkeiten, die für diese Mitbeteiligung der Laien gefunden wurden, jedoch tatsächlich ausreichen, das mag bezweifelt werden. Auf der Synode selbst wird dies gesehen: "Eine solche Beteiligung an einem Entscheidungsprozeß ist in einem gesellschaftlichen Gefüge, in dem es um Verteilung der Macht geht, völlig unzulänglich."[143]

Aus dem eben Gesagten ergeben sich drei Konsequenzen für die Praxis der Gemeinde.

1. Jede Praxis der Gemeinde muß sich kritisch überprüfen, ob sie dazu beiträgt, daß die einzelnen Gemeindemitglieder die ihrem Charisma gemäße Aufgabe tun können und sie in ihrer damit einhergehenden Eigenverantwortung bestärkt werden.

---

141 SYNODE: Protokoll 2. VV, 310.
142 Ebd. 313.
143 Ebd. 309 f.

Dies bedeutet, die Praxis der Gemeinde muß sich vom Subsidiaritätsprinzip leiten lassen. "Subsidiarität begründet den Vorrang der Basis vor dem Überbau, ohne den Zusammenhang beider zu zerreißen. Der Überbau hat seinen Sinn: Er dient der Lebensmöglichkeit der Menschen und ihren basalen Sozialformen. Das Verbot einer übermäßigen Einmischung von oben ermöglicht Freiraum und Subjektivität."[144]

2. Wenn die Mitarbeit möglichst vieler ein Prinzip der Pastoral der Gemeinde ist, braucht es eine starke Leitung. Diejenigen, die gemeinsam Leitungsverantwortung tragen, müssen auch leiten wollen. Deshalb muß sich jede Praxis der Gemeinde fragen lassen, inwieweit sie eine starke Leitung will und ermöglicht.

Der Pfarrgemeinderat muß unbeschadet aller offenen Fragen des Zueinanders von Amt und Laien auf der Ebene der jeweiligen Pfarrgemeinde in jedem Fall zu einem geklärten Verständnis gemeinsamer Leitung kommen. Ansonsten führen ständige Reibungsverluste letztlich zum Ausfall der Leitungsfunktion in der Gemeinde. Denn "Leitungsgremien können durch solche latenten oder lavierten Konflikte bis an den Rand der Arbeitsunfähigkeit gelähmt werden."[145]

3. Jede Praxis muß sich immer wieder fragen, inwieweit sie zu einer vielgestaltig und vollständig wahrgenommenen Leitung beiträgt, zu einer Leitung, die in all ihren unterschiedlichen Funktionen kompetent wahrgenommen werden kann. Es darf nicht zur Reduzierung von Leitung auf "Raten" und "Entscheiden" kommen. Angesichts der Tatsache, daß Leitung die Grundaufgabe hat, bei der Lösung von Zielen der Gemeinde wegweisend zu agieren bzw. den inneren Zusammenhalt der Gemeinde zu garantieren,[146] bedarf es einer wesentlich komplexeren und flexibleren Strukturierung gemeinsam getragener Verantwortung.

---

144 FRIEDBERGER, Walter: Gemeindearbeit im Umbruch. Freiburg 1988, 29.
145 SCHALL: Mitarbeiterführung, 85 f.
146 Vgl. GLATZEL: Gemeindebildung, 110 f.

4. Das Verständnis von Gemeinde

Die Erfahrungsberichte aus der Praxis haben gezeigt, daß es innerhalb der Gemeinden erhebliche Differenzen bezüglich des Kirchen- und Gemeindeverständnisses gibt. Dies führt immer wieder zu Verständigungsproblemen. Darüber hinaus ist nicht von der Hand zu weisen, daß sich hinsichtlich der Aufgaben in einzelnen Gemeinden "durch die normative Kraft des Faktischen" Schwerpunktsetzungen ergeben haben, mit denen einzelne Gemeindemitglieder oftmals sehr unzufrieden sind.

Einzelne beklagen Defizite oder gar den vollständigen Ausfall ganzer Aufgabenfelder. Andere sehen das nicht so und sind vielmehr der Meinung, daß dieses oder jenes überhaupt nicht Sache der Kirche bzw. der Gemeindearbeit sei. Schon darüber, was Aufgabe und Funktion der Gemeinde, was ihr Wesen ist, besteht oft kein Einvernehmen in den Gemeinden.

Es ist an dieser Stelle zunächst wichtig, ekklesiologisch nach dem Verständnis von Gemeinde zu fragen und insbesondere den Versuch zu unternehmen, zu klären, was Lebensvoraussetzungen und unverzichtbare Elemente des Selbstvollzuges christlicher Gemeinde sind.

4.1 Gemeinde nach der Ekklesiologie des Konzils

Was ist eine christliche Gemeinde? In sechs verschiedenen Dokumenten verdeutlicht das II. Vatikanum seine Position zum Aufgabenbereich der Pfarrer und zur Stellung der Gemeinden innerhalb der Diözese deutlich. Daraus läßt sich hier gewiß keine vollständige Definition von Gemeinde erstellen, an einige wichtige Theorieelemente sei jedoch trotzdem erinnert.

4.1.1 Das Moment der Einheit

"So wie Gott die Menschen nicht zu einem Leben in Vereinzelung, sondern zum Zusammenschluß in gesellschaftlicher Einheit erschuf, hat es ihm ebenso 'gefallen, die Menschen nicht einzeln, unabhängig von aller wechselseitigen Verbindung, zu heiligen und zu retten, sondern sie zu einem Volke zu machen, das ihn in Wahrheit anerkennen und ihm in Heiligkeit dienen soll'."[147] Alle Getauften, ob Amtsträger oder Laien, bilden gemeinsam dieses Volk Gottes. Die "communitas" wird in der Ekklesiologie des II. Vatikanums zu einer Wesensbestimmung von Kirche. Dies gilt nicht nur für die Universalkirche als einer Communio ecclesiarum. Dies gilt auch für die "congregatio fidelium localis,"[148] die zu Recht Kirche Gottes ist, insofern auch in ihr alle Getauften, Presbyter und Laien, gemeinsam dieses Volk Gottes bilden. Nimmt man LG 26, kann man m.E. mit Recht den Schluß ziehen: "In den mit dem Bischof verbundenen Lokalgemeinschaften ist die Kirche wahrhaft anwesend. Sie sind an ihrem Ort das von Gott gerufene neue Volk, werden durch die Frohbotschaft versammelt und begehen die Feier des Herrenmahls, durch das sie zu einer Bruderschaft verbunden werden sollen."[149] Die Einheit ist ein Wesensmoment auch der Pfarrgemeinde.

Das II. Vatikanum definiert die Pfarrgemeinde durch eine doppelte Struktur der Communio: Zum einen weist sie immer wieder auf die substantielle Verbindung mit dem Bischof hin, zum anderen verweist sie auf die notwendige Einheit der Getauften untereinander. Die Eucharistiefeier wird hier zum Zeichen der Einheit der Gläubigen untereinander und der Einheit mit dem Bischof und damit mit der Universalkirche. Denn einerseits "wird durch das Sakrament des eucharistischen Brotes die Einheit der Gläubigen, die einen Leib in Christus bilden, dargestellt und verwirklicht (1 Kor 10,7),"[150] und andererseits, auch das betont die Kirchenkonstitution, steht jede rechtmäßige Eucharistiefeier unter der Leitung des Bischofs.[151]

So sind es also zwei spezifische Charakteristika, die das Wesen der Pfarrgemeinde ausmachen: "Nur als Teil der Diözese und in Gemeinschaft mit dem Bischof kann die Gemeinde 'Kirche Gottes' ge-

---

147 LG 32.
148 LG 26.
149 WIEH, Hermann: Konzil und Gemeinde. Frankfurt 1978, 124.
150 LG 3.
151 LG 26.

nannt werden."[152] Sie ist gerade darin Kirche Gottes, daß sie "je an ihrem Ort"[153] das Volk Gottes realisiert. Gemeinde ist "orthaftig", am Ort gelebte Kirche. Kirche wird am Ort zu einer aktuellen Konkretion der zeichenhaften Gegenwart Christi in dieser Welt. Sie ist aber zugleich auch "Nahtstelle, wo der private Glaube des einzelnen in die Dimension der Kirche und die damit verbundene öffentliche Verantwortung hineingenommen wird".[154]

Da es das Sakrament der Eucharistie ist, "durch das die Einheit der Kirche bezeichnet und bewirkt wird,"[155] und da dieser Eucharistie unmittelbar und tatsächlich jedoch der Presbyter vorsteht und nicht wie in der frühen Kirche der Bischof, liegt die Leitung der Gemeinde in der Hand der Presbyter. Die Ekklesiologie des II. Vatikanums sieht in ihnen die Mitarbeiter des Bischofs und gleichzeitig die "eigentlichen" Hirten. Im Dekret über die Hirtenaufgabe der Bischöfe in der Kirche wird dies so formuliert: "In vorzüglicher Weise sind aber die Pfarrer Mitarbeiter des Bischofs. Ihnen wird als eigentlichen Hirten die Seelsorge in einem bestimmten Teil der Diözese unter der Autorität des Bischofs anvertraut."[156]

4.1.2 Die drei Grunddienste

Als Lebensvollzüge der Gemeinde nennt das II. Vatikanum in Lumen Gentium ausdrücklich die Verkündigung der frohen Botschaft (praedicatio), die gemeinsame Versammlung (congregatio), die Bruderschaft (fraternitas) und in besonderer Weise die Feier der Eucharistie.[157]

Die Verkündigung des Gotteswortes bildet nach der Überzeugung des Konzils den Anfang des Aufbaus einer christlichen Gemeinde. Nicht zuletzt deswegen hält die Kirchenkonstitution fest: "Unter den haupt-

---

152 WIEH, Hermann: Das Gemeindeverständnis des Konzils und der Synode. In: Hubert FRANKEMÖLLE (Hrsg.): Kirche von unten: Alternative Gemeinden; Modelle, Erfahrungen, Reflexionen. München / Mainz 1981, 67.
153 LG 28.
154 WIEH: Gemeindeverständnis, 68.
155 UR 2.
156 CD 30.
157 Vgl. LG 26.

sächlichsten Ämtern der Bischöfe hat die Verkündigung des Evangeliums einen hervorragenden Platz."[158] Weiter spricht das Konzil im 4. Kapitel von Lumen Gentium, dem Kapitel über die Laien, von deren Anteil am Lehr- und Prophetenamt Christi, und konkretisiert: "Die Evangelisation, das heißt die Verkündigung der Botschaft Christi durch das Zeugnis des Lebens und das Wort, bekommt eine eigentümliche Prägung und besondere Wirksamkeit von da her, daß sie in den gewöhnlichen Verhältnissen der Welt erfüllt wird."[159] Die Gemeinde ist also nicht nur Hörer und wird so durch das verkündigte Wort Gottes auferbaut, sie ist auch selbst aktiver Verkünder des Wortes Gottes. "Die Aufgabe der Evangelisierung ist dem Gottesvolke als ganzem anvertraut: die gläubigen Laien, die den bei weitem größten Teil dieses Volkes ausmachen, nehmen in hohem Umfang an der Mitverantwortung für die Erhaltung, die Verbreitung und das Wachstum des Glaubens teil, den sie leben und verkünden sollen."[160]

Die Verkündigung des Wortes Gottes sammelt die Gemeinde am Ort zur Kirche Gottes. So sind innerhalb ihres "eigenen Lebensbereichs die Zweifelnden, die der Kirche Entfremdeten und Glaubenslosen der missionarischen Sorge der christlichen Gemeinde anvertraut,"[161] die dabei gleichzeitig der ganzen Welt gilt. Denn "wie jeder einzelne Christ verpflichtet ist, den ihm geschenkten Glauben weiterzugeben, so ist auch die ganze Gemeinde zu missionarischer Verkündigung und zum Glaubenszeugnis aufgerufen".[162]

Quelle, Gipfel und Höhepunkt des Lebens der christlichen Gemeinde ist die Eucharistie. In ihr gründet die Sammlung der Getauften zur Communio der Kirche: Denn "die christliche Gemeinde wird ... nur auferbaut, wenn sie Wurzel und Angelpunkt in der Feier der Eucharistie hat".[163] Die ganze Gemeinde ist hineingenommen in dieses Geschehen. Es ist Urbild der Gemeinschaftsstruktur der Gemeinde schlechthin. Deshalb "ist darauf hinzuarbeiten, daß der Sinn für die Pfarrgemeinschaft vor allem in der gemeinsamen Feier der Sonn-

158 LG 25.
159 LG 35.
160 SUENENS: Mitverantwortung, 167.
161 WIEH: Gemeindeverständnis, 66.
162 Ebd. 65.
163 PO 6.

tagsmesse wachse".[164] Nicht nur die übrigen Sakramente und liturgischen Vollzüge sind auf die eucharistische Versammlung als der entscheidenden Feier des Glaubens der Gemeinde hingeordnet,[165] auch alle anderen Vollzüge gemeindlichen Tuns finden ihre Mitte in der Eucharistie. So fordert das Konzil: "Beim Vollzug des Werkes der Heiligung sollen die Pfarrer dafür sorgen, daß die Feier des eucharistischen Opfers Mitte und Höhepunkt des ganzen Lebens der christlichen Gemeinde ist."[166]

Das Konzil ist der festen Überzeugung, daß Verkündigung und Eucharistie wenig glaubwürdig wären, wenn aus ihnen nicht die christliche Bruderschaft hervorginge. So heißt es im Presbyterdekret: "Diese Feier ist aber nur dann aufrichtig und vollständig, wenn sie sowohl zu den verschiedenen Werken der Nächstenliebe und zu gegenseitiger Hilfe wie auch zu missionarischer Tat und zu den vielfältigen Formen christlichen Zeugnisses führt."[167] Christliche Gemeinde ist kein Selbstzweck. Sie steht in der Sendung Gottes, deren Ziel das Reich Gottes ist. Und dies ist nicht einfach eine geschichtstranszendente Zukunft unserer Wirklichkeit. Das Reich Gottes nimmt vielmehr schon dort in der Geschichte Gestalt an, wo Menschen sich vom Geist der recht-schaffenden und totenerweckenden Liebe Gottes bestimmen lassen und dies so in den sozialen Formen ihres Zusammenlebens ausdrücken, daß diese von dem unbedingten Willen zur Einheit, zur Gerechtigkeit, zum Frieden für alle geprägt sind.[168] "Dadurch entstehen an den verschiedensten Raum-Zeit-Stellen der menschlichen Geschichte solche 'Realsymbole' des Reiches Gottes, die seine vollendete Universalität vorwegnehmend darstellen."[169]

Gemeinde ist also nicht nur von ihrer inneren Struktur her eine "fraternitas". Ihr ist vielmehr aufgetragen, allen "in Not und Bedrängnis beizustehen und, über den eigenen Horizont hinaus, die Sorge der Kirche um Gerechtigkeit, Frieden und Linderung des Elends

---

164 SC 42.
165 Vgl. PO 5.
166 CD 30.
167 PO 6.
168 Vgl. GS 39.
169 KEHL, Medard: Ecclesia universalis. Zur Frage nach dem Subjekt der Universalkirche. In: Elmar KLINGER u. Klaus WITTSTADT (Hrsg.): Glaube im Prozeß. Freiburg - Basel - Wien 1984, 243 f.

in der Welt zu ihrem eigenen Anliegen zu machen. Die der Gemeinde von Gott geschenkte Liebe drängt zur Weitergabe an die Menschen."[170]

Grundgesetz der Gemeinde ist ihre zweifache Communio-Struktur. Innerhalb dieser Einheit vollzieht sich Gemeinde dann in Verkündigung, Eucharistie und Bruderdienst. Diese Lebensvollzüge dienen jedoch nicht nur der innergemeindlichen Auferbauung, sondern sie markieren jeweils auch immer die Sendung der Gemeinde in die Welt hinein. So sind beide Dimensionen nie voneinander zu trennen. Man kann mit WIEH die verschiedenen ekklesiologischen Aussagen des II. Vatikanums systematisieren und damit zu folgender Definition von Gemeinde kommen: "Die Gemeinde ist als 'Kirche Gottes' der Ort, wo unter Leitung des Presbyters und in enger Verbindung mit dem Bischof die Gemeinschaft der an Jesus Christus Glaubenden in Verkündigung, Bruderschaft und besonders in der eucharistischen Versammlung und den übrigen liturgischen Vollzügen ereignishaft und missionarisch gelebt wird."[171]

4.1.3 Pastoraltheologische Konsequenzen aus dem Prinzip der Orthaftigkeit der Kirche

Die Würzburger Synode hat versucht, diesen ekklesiologischen Befund in die Situation der deutschen Kirche und in ihre Pastoral hinein zu übersetzen. "Ähnlich wie die Konzilsdokumente betonen auch die Synodentexte, daß in der Gemeinde die Kirche am jeweiligen Ort sichtbar wird. Unabdingbar ist die Verbindung mit der Diözese und der Gesamtkirche."[172] Auch die Synode zeigt immer wieder die Unverzichtbarkeit der drei Grunddienste und ihre Verwiesenheit aufeinander. "Die Synode ermutigt zu Initiativen, die den Gemeindemitgliedern zum Bewußtsein bringen, daß alle berufen sind, in Wort und Tat für die Botschaft Jesu Christi einzutreten."[173]

---

170 WIEH: Gemeindeverständnis, 65 f.
171 Ebd. 69.
172 Ebd. 70.
173 Synodenbeschluß: Laienverkündigung, 2.1.1.

In dieselbe Richtung sprechen die Synodendokumente "Gottesdienst" und "Sakramentenpastoral" von der ganzen Gemeinde als der primären Trägerin aller liturgischen Vollzüge. "Die Gemeinde der Glaubenden ist von ihrem Wesen und Auftrag her immer neu auf das Zusammenkommen angewiesen. Ihre wichtigste Zusammenkunft ist die gottesdienstliche Versammlung. In ihr feiert sie die Gegenwart des Herrn und erfährt und bekundet ihre Gemeinschaft im Glauben."[174]

Die christliche Bruderschaft ist die Konsequenz aus der Erfahrung des Dienstes Gottes an seinen Menschen in der Eucharistie. "Zur Sendung der Gemeinde gehören wesentlich ihre Sorge um die einzelnen in ihrer vielgestaltigen Not wie der Einsatz für Frieden, Gerechtigkeit und Freiheit. Die Gemeinde darf nicht neben den Problemen der Gesellschaft herleben, sondern muß mitten in ihr präsent sein. Sie muß sich verantwortlich wissen für die gesellschaftlich an den Rand Gedrängten und Zurückgesetzten, für die Entrechteten und alle Menschen in Not."[175]

Aus dem hier skizzierten Verständnis von Gemeinde ergeben sich m.E. folgende Konsequenzen.

1. Die Provokation der 'Orthaftigkeit' und der 'Einheit'

"Die Strukturierung der Kirche in 'Gemeinden am Ort' bringt zum Ausdruck, daß die Kirche nicht durch den Zusammenschluß von Menschen - oder gar durch die Bildung von Sympathiegemeinschaften - entsteht, sondern als 'Kirche Gottes' eine Gegebenheit ist, die der einzelne vorfindet. Es gibt die 'Objektivität der Ortsgemeinde', die die Garantie dafür bietet, daß Menschen aller Gruppen und Schichten in der Kirche zusammenkommen."[176] Die Orthaftigkeit der Kirche ist eine ständige Herausforderung an die Pastoral.

Die ekklesiologische Präferenz der Territorialgemeinde vor der Kategorialgemeinde hat zur Konsequenz, daß, will man zu Recht von

---

174 Synodenbeschluß: Gottesdienst, 7.1.1.
175 Synodenbeschluß: Dienste und Ämter, 2.3.3.
176 MÜLLER, Josef: Gemeinde - Reform? Kritisches Korrektiv oder Zufluchtsort. Wien - München 1983, 81.

Gemeindepastoral reden, alle Christen an diesem Ort im Blick sein müssen, ungeachtet ihrer Nähe bzw. Distanz zu den aktuell vielleicht dominierenden Vollzügen der Gemeinde. "Wenn daher im Lauf der letzten hundert Jahre insbesondere eine Verminderung der sozialen Integration vieler Auswahlchristen in die konkreten Gemeinden erfolgt ist, so ist diese Entwicklung dann bedeutsam, wenn dadurch das Grundziel der Kirchengemeinde in Frage gestellt erscheint: Wenn nicht mehr gewährleistet ist, daß Menschen auf das Wort Gottes hören und dadurch zum Glauben kommen, sie sich zur Eucharistie versammeln und sich mühen, aus dem Geist Jesu, den sie besitzen, die Liebe zu verwirklichen; wenn aufgrund der verdünnten Kirchlichkeit und Gemeindlichkeit unsicher wird, daß die Kirche (im Sinn des Konzils) vor der Welt ein glaubwürdiges Modell und Instrument gottgestifteter Einheit der Menschen untereinander ist."[177]

2. Ein umfassendes Verständnis von Verkündigung

Es ist deutlich, daß der Begriff Verkündigung etwas Umfassendes meint: "Nicht nur die Predigt, die Katechese, der Religionsunterricht durch die jeweils dazu kirchlich beauftragten Zeugen, sondern auch alle anderen Weisen, in denen das 'Zeugnis vom Christusereignis' weitergegeben wird. ... Im eigentlichen Sinn der Wortverkündigung gehören zu dieser Aufgabe ... alle Vorgänge in einer Gemeinde aus dem Bereich der kirchlichen Erwachsenenbildung, auch die vielen Gesprächskreise und Einzelgespräche, die auf die konkreten Lebensverhältnisse aus der Perspektive des Evangeliums eingehen und Licht bringen ins Leben."[178] Die Praxis der Gemeinde darf kein auf einige wenige Möglichkeiten reduziertes Verständnis von Verkündigung haben. Es bedarf vielmehr eines Seelsorgekonzeptes, das eine ganze Bandbreite von Realisierungsmöglichkeiten des Verkündigungsdienstes im Blick hat. Vor allem darf sich ein solches Konzept nicht mit der Dominanz amtlicher Verkündigung in der Gemeinde zufrieden geben.

---

177 ZULEHNER, Paul M.: Religion nach Wahl. Grundlegung einer Auswahlchristenpastoral. Wien - Freiburg - Basel 1974, 87.
178 MÜLLER: Gemeinde, 82.

3. Der Dienst Gottes an seiner Gemeinde

"Die Feier des Gottesdienstes ist die zentrale Lebensfunktion der Gemeinde. In ihr konkretisiert sich das Handeln Gottes an der Welt, an der Gemeinde und am einzelnen."[179] Die Einheit der Gemeinde, die Einheit mit der Universalkirche und die Sendung in die Welt bündeln sich in diesem Geschehen. Es ist jedoch immer Gott selbst, der handelt. Die Gemeinde feiert seinen Dienst, sein Einheit und Versöhnung stiftendes Tun. Jede Praxis der actio der Gemeinde wird dies zum Maßstab haben müssen: Sie lebt aus der Hingabe Jesu. Er handelt, nicht sie zuerst. Dies bedeutet, immer wieder neu zu überprüfen, ob und inwieweit Pastoral nicht von einem falschen Machbarkeitsdenken geprägt ist. Sie muß sich vielmehr von einer Grundhaltung leiten lassen, "die sich nicht am Haben und Besitzen, sondern am Verschenken, Teilgeben und Teilnehmen orientiert".[180]

4. Die unverzichtbare Dimension der Brüderlichkeit

"Die gelebte Diakonie ist eine bleibende Grundfunktion der Gemeinde. Ihre Formen können wechseln und sich wandeln, wie es einen Wandel der menschlichen Nöte gibt."[181] Jedoch, fährt MÜLLER fort, darf eine christliche Gemeinde "die Sorge um die Notleidenden nicht nur an Institutionen abschieben, so sehr Caritas und Diakonie regelmäßig auch durch organisierte Hilfe vermittelt werden".[182] Gerade an letzterem muß sich jede Praxis der Gemeinde messen lassen, muß sich also anfragen lassen, ob sie nicht ein ganzes Aufgabenfeld, das wesentlich christliche Gemeinde ausmacht, vollständig an professionalisierte Träger und Einrichtungen delegiert hat. Darüber hinaus ist m.E. eine Kernfrage der Pastoral, an welchem Bild von Mensch- und Christsein sie sich ausrichtet, ob sie nur die Starken und Erfolgreichen, die total engagierten Mitarbeiter im Blick hat, oder ob sie auch Kranke, Trauernde, Gescheiterte, Schuldige und Sünder ins Tun der Gemeinde integrieren kann.

---

179 Ebd. 83.
180 Ebd.
181 Ebd. 84.
182 Ebd.

5. Die grundsätzliche missionarische Offenheit

"Die Aufgabe der christlichen Gemeinde besteht nicht bloß in der Sammlung von Anhängern, sondern darin, Gottes Wort, die Botschaft von seiner Gerechtigkeit und seinem Frieden allen Menschen zu verkünden."[183] Dies bedeutet, daß sich die Praxis der Gemeinde immer wieder neu der kritischen Frage stellen muß, inwieweit sie der missionarischen Offenheit der ganzen Gemeinde dient bzw. ob sie nicht der Gettoisierung ihrer Selbstvollzüge Vorschub leistet.

4.2 Die Aufgaben des Pfarrgemeinderates in der Gemeinde

Nimmt man den reinen Zeitaufwand als Maßstab, ist der Pfarrgemeinderat dort am meisten engagiert, wo es um die innergemeindlichen Vollzüge geht. Dies bedeutet aber nicht, daß er nach seiner Selbsteinschätzung zufriedenstellend im Bereich des dreifachen Grundauftrages der Gemeinde arbeiten würde. Faktisch ist er vor allen Dingen da gefragt, wo organisatorische, planerische und Angelegenheiten der Verwaltung anstehen.

Man kann also eindeutig von einem doppelten Defizit ausgehen: Der Pfarrgemeinderat konzentriert sich mehr nach "innen" als nach "außen"; und im Innenbereich der Gemeinde selbst trägt er am ehesten Verantwortung für die Liturgie. Weitaus seltener ist er für Verkündigung und Diakonie verantwortlich.

Dies ist jedoch ein Zustand, mit dem eine Vielzahl von Pfarrgemeinderäten nicht einverstanden ist. Deshalb muß an dieser Stelle gefragt werden: Worin bestehen grundsätzlich die Aufgaben des Pfarrgemeinderates, und welche Kompetenz kommt dem Pfarrgemeinderat bzgl. dieser Aufgaben zu?

---

183 Ebd. 85.

4.2.1 Einheit der Gemeinde

"Das Wachstum und der Bestand der inneren, zeichenhaften Einheit der Kirche sind die Frucht vieler, unterschiedlicher, nicht auseinander ableitbarer Dienste und Charismen. Gleichwohl kann diese Einheit der Kirche in sich nicht gewährleistet sein ohne den besonderen Dienst der Einigung, den das kirchliche Leitungsamt wahrnimmt und der ihm als Vollmacht aus dem für die Kirche grundlegenden apostolischen Dienst erwächst."[184] Wenn es um den Dienst der Einheit geht, ist auch auf der Synode zunächst das Amt im Blick. Die Sorge um die Einheit obliegt immer und zuerst ihm. Diese Grundüberzeugung zieht sich durch alle Debatten hindurch und findet am Ende auch ihren Niederschlag in der Rahmenordnung für Strukturen der Mitverantwortung in der Diözese. Dort heißt es: "Der Pfarrer trägt als der vom Bischof entsandte Seelsorger und Leiter der Gemeinde besondere Verantwortung für die Einheit der Gemeinde sowie für die Einheit mit dem Bischof und dadurch mit der Weltkirche."[185]

Die Synode verfolgt allerdings zwei Anliegen: Zum einen muß in Struktur und Vollzügen der Gemeinde die einheitsstiftende und -bewahrende Funktion des Amtes deutlich hervortreten. Hierbei wird immer wieder auf die Eucharistie verwiesen. Denn "das Volk Gottes stellt sich in vollkommenster Weise in der Feier der Eucharistie dar, zu der der Priester die Gläubigen versammelt und bei deren Feier er den Vorsitz führt".[186] Zum anderen, und auch das wird in der Eucharistie deutlich, gilt, "daß kirchliche Einheit wesensnotwendig das Moment der Vielheit und Fülle einschließt. Das ist im Prinzip immer gewußt, in der Praxis aber nicht allzeit genügend respektiert worden."[187] Nun soll jedoch auch diesem zweiten Prinzip Rechnung getragen werden. Dies bedeutet: Die Spannung zwischen einheitsstiftendem Dienst eines einzelnen und der der Einheit immer wieder vorgängigen Vielheit und ihrer Repräsentanten soll in eine gemeinsame Struktur hinein vermittelt werden.

---

184 HEMMERLE: Theologische Bemerkungen, 140.
185 Synodenbeschluß: Räte und Verbände, III 1.9.
186 SYNODE: Protokoll 2. VV, 317.
187 RATZINGER, Joseph: Das Neue Volk Gottes. Entwürfe zur Ekklesiologie. Düsseldorf 1977, 65.

Die Synode selbst hat sich, zumindest aus Sicht eines Teiles ihrer Mitglieder, als Ausdruck dieser Spannung von Einheit und Vielfalt erlebt, als Ausdruck des Miteinanders von einheitsstiftendem Amt und durch den Einsatz der Laien bedingte Vielfalt. DÖPFNER bringt in seiner Abschlußerklärung zum Ausdruck, daß es sich hier um eine Spannung handelt, die nicht aufgelöst werden darf, "da sie für das Leben in der Kirche entscheidend ist. Hier haben wir einen 'Lernprozeß' durchgemacht, von dem das Gelingen der Synode abhing. Ich glaube sagen zu können, daß die nicht-bischöflichen Synodalen 'lernten', wie die Mitsynodalen-Bischöfe in ihrem Amt einen entscheidenden Dienst der Einheit in unserer Ortskirche und der Weltkirche haben. Die Bischöfe lernten immer mehr, wie auch kritisches Engagement ein Beispiel kirchlichen Sinnes sein kann."[188] Ähnliche Erfahrungen wurden immer wieder aus der Arbeit der schon vor der Synode existierenden Pfarrgemeinderäte berichtet.

Die vielen Charismen und Dienste in der Gemeinde führen "zu pluralen Aktivitäten und Verhaltensweisen, die der wesenhaften Einheit keineswegs abträglich sind; man denke etwa an die legitime Vielfalt von Spiritualitäten, Theologien, aber auch Modellen und Methoden des Apostolates".[189] Die Einheit der Gemeinde, bei aller von der Synode gewollten Vielfalt und Verschiedenheit, läßt sich also nur ermöglichen und gleichzeitig darstellen "im Kontakt mit den Gaben und Diensten, die faktisch das Leben tragen".[190] Auch HEMMERLE kommt im Rückblick auf die Synodendebatte zu der Auffassung: Einheit kann "nicht allein Produkt des Amtes sein, sie muß zugleich aus den Initiativen und der Kooperation der verschiedenen Kräfte und Gruppen selbst entstehen".[191]

Dem Pfarrer als dem Gemeindeleiter kommt eine "besondere" Verantwortung für die Einheit der Gemeinde zu. Gleichzeitig tragen aber auch alle einzelnen und die Gruppen in der Gemeinde Mitverantwortung für diese Einheit. Auf der Suche nach einer Struktur, die einerseits der gemeinsamen Verantwortung aller für die Einheit und

---

188 DÖPFNER: Synode, 13.
189 HEMMERLE: Theologische Bemerkungen, 142.
190 Ebd. 144.
191 Ebd. 142.

andererseits der besonderen Verantwortung des Pfarrers für die Einheit der Gemeinde Rechnung trägt, orientiert sich die Synode an dem Modell, das im Dekret über die Hirtenaufgabe der Bischöfe entworfen ist. Dort heißt es: "Es ist sehr zu wünschen, daß in jeder Diözese ein besonderer Seelsorgerat eingesetzt wird, dem der Diözesanbischof selbst vorsteht und dem besonders ausgewählte Kleriker, Ordensleute und Laien angehören. Aufgabe dieses Rates wird es sein, alles, was die Seelsorgearbeit betrifft, zu untersuchen, zu beraten und daraus praktische Folgerungen abzuleiten."[192] Der Pfarrgemeinderat soll sich und seine Aufgabe in der Gemeinde im Sinne dieses Modells verstehen. Es "muß anerkannt werden, daß der Pfarrgemeinderat ... ein Gremium nach 'Christus Dominus' ... ist".[193]

Aus der Sicht der meisten Synodalen bedeutet dies die Einrichtung eines Organes, welches deswegen eine gewisse Universalkompetenz hinsichtlich aller die Seelsorge der Gemeinde betreffenden Fragen besitzt,[194] weil in diesem Gremium die "besondere" und die "allgemeine" Verantwortung für die Einheit der Gemeinde in eins kommen und im Miteinander von Amtsträger und Laien ausgedrückt werden. Es braucht diese Struktur, soll sich der Dienst an der Einheit der Gemeinde nicht in zwei Extreme hinein verlieren, die, folgt man dem Gedankengang der Synode, gleichermaßen abzulehnen sind: Weder der Dienst der Einheit, der sich ausschließlich auf eine Allzuständigkeit von Amtsträgern stützt, noch der, der aus der bloßen Summierung des Willens aller in der Gemeinde erwachsen würde, wäre ekklesiologisch verantwortlich oder pastoral wünschenswert. Es braucht vielmehr beide: das Amt und die Gemeinde - und den Pfarrgemeinderat als Ort des institutionellen Austausches zwischen Amt und Gemeinde. So "ist der Pfarrgemeinderat ein verfassungsrechtliches Organ, dem Amt des Pfarrers zugeordnet"[195] mit der grundsätzlichen Aufgabe, der Einheit der Gemeinde zu dienen.

Im endgültigen Synodenbeschluß "Räte und Verbände" heißt es: "Der Pfarrer trägt als der vom Bischof entsandte Seelsorger und Leiter der

---

192 CD 27.
193 SYNODE: Protokoll 7. VV, 172.
194 Vgl. SCHAUPP: Pfarrgemeinderat, 66f.
195 SYNODE: Protokoll 7. VV, 168.

Gemeinde besondere Verantwortung: a) für die Einheit der Gemeinde sowie für die Einheit mit dem Bischof und dadurch mit der Weltkirche; b) für die rechte Verkündigung der Heilsbotschaft; c) für die Feier der Liturgie und der Sakramente."[196] Damit hat man die Bereiche umschrieben, die den Zuständigkeitsbereich des verfassungsrechtlichen Organes Pfarrgemeinderat markieren. In diesem Kontext trägt der Pfarrer besondere Verantwortung. "Dem Amt untersteht die Sorge und die rechte Lehre der Botschaft Jesu, die Vermittlung seines Heiles und die Wahrung der Einheit unter den ihm Anvertrauten. Diese Aufgaben erfüllt es nicht für sich, sondern in Verantwortung gegenüber Christus und der Kirche, von denen der Amtsträger gerufen und bestellt ist."[197] Von daher ist das Amt, soziologisch gesehen, darauf weist GLATZEL deutlich hin, "eine ordnungspolitische Setzung". "Von einer Ordnungsidee bestimmt, ist es sowohl der Verfügungsmacht seines Trägers als auch der Abstimmung derer entzogen, für die es eingesetzt wurde."[198] Daraus ergeben sich aus Sicht der Synode zwei Konsequenzen.

Zum einen: Wo es um die Einheit der Gemeinde geht, um die Verkündigung und um die Liturgie, wo der Pfarrgemeinderat also in der verfassungsrechtlichen Zuordnung zum Pfarrer steht, hat er nur beratende Funktion. Zum andern: Da die Pfarrer in diesen Bereichen nicht durch Beschlüsse gebunden sein können, die sie aus ihrer besonderen Verantwortung heraus nicht billigen können, soll ein Beschluß nicht ohne Zustimmung der Amtsträger zustandekommen. Dabei wurde jedoch die notwendige Mitwirkung der Amtsträger nicht als Zustimmungserfordernis - was eine ausdrückliche Erklärung verlangt - formuliert. Es sollte damit verhindert werden, daß der Amtsträger durch bloße Stimmenthaltung das Zustandekommen eines Beschlusses verhindert. Man entschied sich statt dessen für das Vetorecht, denn "der Amtsträger soll veranlaßt werden, seine Zustimmungsverweigerung zu begründen".[199]

---

196 Synodenbeschluß: Räte und Verbände, III 1.9.
197 GLATZEL: Gemeindebildung, 126.
198 Ebd.
199 SYNODE: Protokoll 2. VV, 305.

4.2.2 Der Selbstvollzug der Gemeinde in die Welt

Kirche ist allumfassendes Heilssakrament. Damit hat sie eine Funktion für die Welt im ganzen. Gerade im Grunddokument der Synode, im Beschluß "Unsere Hoffnung", ist davon immer wieder die Rede. Das Volk Gottes als ganzes soll Träger der Hoffnung in diese Welt und Gesellschaft hinein werden.

In dieser Sendung steht auch jede Pfarrgemeinde als Kirche am Ort. Dabei ist dieses Dasein für die Welt jedoch von einer Spannung gekennzeichnet, die nicht übersehen werden darf. "Einmal geschieht das Dasein für die Welt als Solidarität mit der Welt, als Anteilnahme an ihren Aufgaben, Fragen und Nöten; zum anderen soll aber der Welt gerade jenes bezeugt werden, was ihr nicht aus dem inneren Gang ihrer Bemühungen und Entwicklungen erwachsen kann: das Heil Gottes, das in der Kirche als seinem wirksamen Zeichen ihr angeboten wird."[200] So ist, wo es um das Dasein der Kirche und der Gemeinde für die Welt geht, von Anfang an auf der Synode [201] von einer zweifachen Aufgabe die Rede: von der Diakonie und der Evangelisation. Und davon, daß diese beiden Dimensionen nicht voneinander zu trennen sind: "Christliche Verkündigung vom Anbruch des Reiches Gottes und soziales Engagement in der Nachfolge Jesu sind dabei - auch wenn das eine die Folge des anderen ist - nicht zu trennen, sondern müssen je für sich und gemeinsam als integrale Bestandteile des umfassenden kirchlichen Auftrags erkannt und verwirklicht werden. Deshalb sind auch die je verschiedenen Dienste der Verkündigung und Mission, für soziale Hilfe, Entwicklung und Frieden in der Motivation des praktischen Vollzugs zuinnerst aufeinander bezogen. Sie stellen zusammen die eine Sendung und das gemeinsame Ziel dar: Versöh-

---

200 HEMMERLE: Theologische Bemerkungen, 139.
201 Die Synode folgt auch hier dem Kirchenverständnis des II. Vatikanums: "Man darf auf keinen Fall übersehen, daß die Laien eine zweifache, ihnen eigentümliche Aufgabe haben: das Zeitliche christlich zu machen und der Welt das Evangelium zu verkünden. Als Bürger der irdischen Gesellschaft muß der Laie dafür sorgen, daß das Evangelium in das lebendige Gewebe der Welt, in der er lebt, Eingang findet und ihre Strukturen beseelt. Doch hat er als Bürger der Gottesstadt zugleich auch Recht und Pflicht, durch Wort und Tat an der sichtbaren Ausbreitung des Gottesreiches hier auf Erden teilzunehmen und von seinem Glauben Zeugnis zu geben." SUENENS: Mitverantwortung, 165.

nung mit Gott und den Menschen untereinander in Gerechtigkeit und Liebe (vgl. 2 Kor 5,14-21)."[202]

Die Synode ist sich dabei bewußt, daß dieses Dasein der Gemeinde in der Welt und für die Welt ein sehr politisches Tun bedeutet: "Die Kirche ist durch ihr Dasein ein Politikum. Sie wirkt immer auch in den politischen Raum hinein - ob sie nun spricht oder schweigt, ob sie handelt oder untätig ist. Denn die Verkündigung der Wahrheit hat politische Wirkung ebenso wie das Eintreten für die Freiheit, die Gerechtigkeit, die Versöhnung, den Frieden, die Menschenwürde, den Schutz der Schwachen, die Verdammung des Machtmißbrauchs und die Erfüllung des Gebots der Nächstenliebe."[203]

HEMMERLE bringt in diesem Kontext die Grundüberzeugung der Synode auf folgenden Nenner: "Wo Christen als solche gemeinsam, im Namen Jesu und im Gehorsam zum Evangelium, sich dem Dienst für Welt und Gesellschaft zur Verfügung stellen, da geschieht Kirche, ja da handelt Kirche."[204] Denn dieses Tun ist "kirchenrechtlich gesprochen eine Tätigkeit ex officio, non per delegationem,"[205] geschieht also eindeutig in der Eigenverantwortung der Laien. So hat "in der Regel nicht das kirchliche Leitungsamt als solches die Funktion, von sich her die Einheit solchen Handelns zu gewährleisten".[206] Hinzu kommt, und hier ist sich die Synode einer Tatsache bewußt, die schon bei den Debatten des II. Vatikanums ausgesprochen wurde: "Die Laien, die mitten in der Welt stehen, können bedeutend besser als jeder andere die Wellenlänge treffen, auf der man zu dieser Welt spricht."[207] So wird auch in Würzburg betont, "daß der Pfarrer unmöglich die Sachkompetenz haben kann, in allen heute notwendigen Aktivitäten einer Pfarrgemeinde verbindliche letzte Entscheidungen

---

202 Synodenbeschluß: Entwicklung und Frieden, 0.4.
203 Sachkommission V: Arbeitspapier Aufgaben der Kirche in Staat und Gesellschaft. In: Synode 8/1973 43.
204 HEMMERLE: Theologische Bemerkungen, 141.
205 KLINGER, Elmar: Die Kirche der Basisgemeinden. In: Elmar KLINGER u. Rolf ZERFASS (Hrsg.): Die Basisgemeinden: Ein Schritt auf dem Weg zur Kirche des Konzils. Würzburg 1984, 51.
206 HEMMERLE: Theologische Bemerkungen, 141.
207 SUENENS: Mitverantwortung, 173.

zu treffen".[208] Man denke besonders an den großen Bereich der Diakonie im umfassenden Sinn.

Damit hat die Synode eine Struktur zu schaffen, die einerseits die Einheit der vielfältigen gemeindlichen Vollzüge in ihrem Dasein für Welt und Gesellschaft kompetent gewährleistet und die andererseits nicht unter einer Amtsspitze zu stehen braucht.

Die Synode orientiert sich hier an einem Modell, das das II. Vatikanum entwickelt hat. Nach dem Dekret über das Apostolat der Laien sollen Gremien eingerichtet werden, deren Aufgabe es ist, den Selbstvollzug der Kirche in die Welt hinein, besonders hinsichtlich der Evangelisierung, sowie in caritativen und sozialen Bereichen zu ermöglichen und zu unterstützen. "In den Diözesen sollen nach Möglichkeit beratende Gremien eingerichtet werden, die die apostolische Tätigkeit der Kirche im Bereich der Evangelisierung und Heiligung, im caritativen und sozialen Bereich und in anderen Bereichen bei entsprechender Zusammenarbeit von Klerikern und Ordensleuten mit den Laien unterstützen. Unbeschadet des je eigenen Charakters und der Autonomie der verschiedenen Vereinigungen und Werke der Laien werden diese Beratungskörper deren gegenseitiger Koordinierung dienen können. Solche Gremien sollen, soweit wie möglich, auch auf pfarrlicher, zwischenpfarrlicher und interdiözesaner Ebene, aber auch im nationalen und internationalen Bereich geschaffen werden."[209] Dieses Modell gemeinsam getragener Verantwortung für die Sendung der Kirche in die Welt hinein wird auch im Dekret über die Missionstätigkeit der Kirche vorgeschlagen.[210]

Vom Wortlaut des Textes her, dieses Anliegen macht sich die Synode zu eigen, müssen diese Gremien nicht unter einer Amtsspitze stehen, sind also nicht kirchenverfassungsrechtlicher Art. Sie "werden in erster Linie als Koordinationsinstanzen verstanden, die sowohl die apostolische Arbeit der Kirche fördern als auch die verschiedenen Aktivitäten einzelner Werke / Vereine / Verbände koordinieren sollen".[211]

---

208 SYNODE: Protokoll 2. VV, 326.
209 AA 26.
210 Vgl. AG 30.
211 SCHAUPP: Pfarrgemeinderat, 66 f.

Koordiniert, in eins gebracht, also "geleitet" werden im Pfarrgemeinderat gemeinsam alle gemeindlichen Vollzüge der Evangelisierung und der Diakonie. Für diese Aufgabe spricht die Synode dem Rat das Entscheidungsrecht, das votum deliberativum zu. Gerade im Kontext des Weltauftrages wird immer wieder betont, wie wichtig es sei, "die Mitverantwortung des ganzen Gottesvolkes durch synodale Elemente zur Geltung zu bringen, die es von alters her gegeben hat".[212] Das Entscheidungsrecht des ganzen Pfarrgemeinderates und damit die Aufhebung der Letztverantwortung des Amtes bleibt jedoch umstritten. Es wird von einzelnen Synodalen bezweifelt, inwieweit man bei gemeinsam von Amtsträgern und Laien wahrgenommener Leitungsverantwortung ekklesiologisch mit Recht von einer synodalen Struktur reden kann. "Brauchen wir eigentlich das Wort 'synodal' synonym? Offensichtlich hat in der katholischen Kirche und in der orthodoxen Kirche dieser Begriff - in der orthodoxen Kirche bis zum heutigen Tag, bei uns, vielleicht in einigen europäischen Ländern bis vor wenigen Jahren - einen anderen Sinn gehabt, nämlich die Versammlung der Bischöfe, allenfalls der Bischöfe und der Priester. Kann man einen in der ganzen Tradition vorhandenen Begriff einfach austauschen, ohne das zu sagen?"[213]

Letztlich folgt die Synode jedoch vor allem der Argumentation von RAHNER, der eine solchermaßen synodale Struktur auf der Ebene der Pfarrgemeinde ekklesiologisch für vertretbar hält.

4.2.3 Ein Gremium mit je unterschiedlicher Kompetenz

Die Synode stand vor der schwierigen Aufgabe, für die mit dem Pfarrgemeinderat institutionalisierte gemeinsame Leitungsverantwortung für die Einheit der Gemeinde und für ihre Lebensvollzüge eine Regelung zu finden, die verschiedensten Gesichtspunkten gerecht wird; Gesichtspunkten, die zum einen aus einer Theologie der Mitverantwortung abgeleitet sind. Denn geht es um die Leitung einer Gemeinde, gilt zuerst der Grundsatz: Die jedem Amt vorausgehende

---

212 Deutsche Bischofskonferenz: Stellungnahme zur Vorlage der Sachkommission VIII: Verantwortung des ganzen Gottesvolkes für die Sendung der Kirche. In: Synode 3/1975, 11.
213 SYNODE: Protokoll 2. VV, 330.

grundlegende Bruderschaft aller darf nicht in Ausübung des Amtes quasi außer Kraft gesetzt werden. Andererseits müssen aber auch Gesichtspunkte gewahrt bleiben, die von der Funktionsbestimmung des Amtes bzw. der Charismen herkommen. Dies bedeutet unter anderem: Die dem Amt auf besondere Weise eigene Funktion der Leitung darf nicht eingeschränkt werden. Jedoch kann es, in bezug aller Lebensvollzüge der Kirche, keine Alleinverantwortung des Amtes geben. Vor der Lösung dieser keineswegs leichten Aufgabe stand die Synode, die für den Bereich der Bistümer in der Bundesrepublik Deutschland Formen der Mitverantwortung für den konkreten Alltag des kirchlichen Lebens beschließen sollte.

Die Schlußabstimmung über die Vorlage der Sachkommission VIII, "Verantwortung des ganzen Gottesvolkes für die Sendung der Kirche", läßt deutlich erkennen, daß der Synode nur ein Kompromißergebnis gelungen ist, das - aus zum Teil grundsätzlichen Erwägungen - von einer größeren Gruppe von Synodalen als unbefriedigend angesehen wurde: 174 Synodalen stimmten mit Ja, 52 mit Nein, 11 enthielten sich der Stimme. Absolut einig war man sich darin, daß sich die gemeinsam getragene Verantwortung einerseits in zwei unterschiedliche Strukturen hinein konkretisiert, daß dies andererseits aber nicht heißen kann, "daß man ein Einigungsamt fürs 'Innerkirchliche' und andere Strukturen und Organe für den Weltbezug bräuchte, die beziehungslos nebeneinander ständen und jeweils einen in sich abgegrenzten Bezirk mit sozusagen halbierter Allzuständigkeit zu verwalten hätten".[214]

Zwar wäre die Einführung zweier Gremien auch auf der untersten kirchlichen Ebene möglich gewesen, sie unterblieb allerdings, weil die Überzeugung vorherrschte, daß alle unterschiedlichen, von einer Gemeinde wahrzunehmenden Aufgaben so eng ineinander verflochten sind, daß sinnvollerweise ein einziges Gremium beide Aufgaben erfüllen sollte.

In der Synodenaula drückt PÖTTER die Meinung der überwiegenden Mehrheit aus: "Es muß anerkannt werden, daß der Pfarrgemeinderat sowohl ein Gremium nach 'Christus Dominus' wie auch ein Gremium

---

214 HEMMERLE: Theologische Bemerkungen, 142.

nach Laiendekret Nr. 26 ist, und ich meine, das ist auch die einzig gute Möglichkeit, die insoweit gegeben ist."[215] Ein anderer Synodale stellt fest: "Nun vollzieht sich auf der unteren Ebene der Pfarrgemeinde das Eigenartige, daß - was durchaus sinnvoll ist - nur ein einziges Gremium geschaffen wird, aber im Grunde mit der doppelten Aufgabe, zugleich einerseits korporationsrechtliches Organ, ein Zusammenschluß von Laien, und zum anderen auch verfassungsrechtliches Organ zu sein, dem Amtsträger in der Pfarrei, dem Pfarrer, zugeordnet. Daraus ergibt sich auch die doppelte Aufgabe."[216]

So hat die Synode den Pfarrgemeinderat als ein Organ mit einer doppelten Struktur gewollt. Er ist in seiner Zuständigkeit und Beschlußfassung unterschiedlich strukturiert, je nachdem, ob es sich um Aufgaben aus dem Bereich der Nr. 27 des Bischofsdekrets oder um solche aus Nr. 26 des Laiendekrets handelt. "Auf der Pfarrebene ist also die Besonderheit zu berücksichtigen, daß das dort vorgesehene Gremium gemeinsamer Verantwortung sowohl nach innen in die Pfarrgemeinde wie nach außen in die Welt und die Gesellschaft hinein wirken soll."[217]

Die Bischöfe waren mit dieser Lösung einverstanden. Sie erklärten: "Die Sachkommission hat der Vollversammlung folgende Formulierung vorgeschlagen: 'Aufgabe des Pfarrgemeinderates ist es, in allen Fragen, die die Pfarrgemeinde betreffen, je nach Sachbereich und unter Beachtung diözesaner Regelungen beratend oder beschließend mitzuwirken.' Die Bischofskonferenz nimmt diese Formulierung an, wobei sie davon ausgeht, daß eine beschließende Mitwirkung nur für jene Bereiche in Frage kommt, die nicht das Amt des Pfarrers, sondern das Feld der freien Laieninitiative im Sinne des Laiendekrets des II. Vatikanums betreffen."[218]

So sehr alle gemeindlichen Lebensvollzüge im Sinn eines dreifachen Grundauftrages ineinandergreifen und sich gegenseitig bedingen und die Auferbauung der Gemeinde und ihre Sendung in die Welt hinein schlechterdings nicht als zwei voneinander unabhängig zu sehende

---

215 SYNODE: Protokoll 7. VV, 172.
216 Ebd. 168.
217 Ebd. 153.
218 Ebd. 156.

Größen sind, war es dennoch immer wieder das Anliegen einer beträchtlichen Anzahl von Synodalen, die beiden unterschiedlichen "Zuständigkeitsbereiche" des Pfarrgemeinderates möglichst genau voneinander abzugrenzen. Nachdem dieses Anliegen schon während der 1. Lesung der Vorlage zur "Verantwortung des ganzen Gottesvolkes für die Sendung der Kirche" geäußert wurde, entscheidet sich die zuständige Sachkommission VIII dafür, die Unterscheidung des Kernbereichs der Zuständigkeit des Pfarrers sowie die Beschlußregelung zu präzisieren. Im Kommentar zur überarbeiteten Vorlage drückt die Kommission die Überzeugung aus: "Die Trennungslinie ist nach Auffassung der SK VIII hinreichend durch die Einführung des Begriffs 'pastorale Verantwortung' bestimmt."[219] Daß gerade dieser Begriff in der konkreten Praxis für eine einheitliche Klärung der Zuständigkeitsbereiche hilfreich ist, möchte ich bezweifeln. Schon auf der Synode zeigten sich unterschiedliche Einschätzungen.

Zum einen wurde folgende Ansicht vertreten: "Tatsächlich überwiegen bei den Aufgaben des Pfarrgemeinderates aber die Aufgaben des dem Leitungsamt zugeordneten Rates bei weitem. Diesem überwiegenden Schwerpunkt seiner Arbeit entsprechend sollte der Rat auch die Struktur eines dem Leitungsamt zugeordneten Rates haben. Für den Pfarrgemeinderat bedeutet das, daß der Pfarrer, der bei dieser intensivsten Versammlung der Gemeinde den Vorsitz führt, nicht nur Mitglied des Vorstandes sein sollte, sondern sein geborener Vorsitzender."[220]

Andere hingegen sind der Meinung, daß der weitaus größere Teil der Zuständigkeiten des Pfarrgemeinderates den Bereich umfaßt, der die besondere Verantwortung des Amtes nicht tangiert, in dem dem Pfarrgemeinderat also Beschlußrecht zukommt. Diese Zuständigkeiten sind in der Mustersatzung aufgelistet und wurden aufgrund verschiedenster Anregungen während der 1. Lesung präzisiert und in der Aufzählung vermehrt.[221] "Wo der Pfarrgemeinderat mehr den Charakter des amtlichen Gremiums hat, wird der Vorsitz dem Pfarrer zustehen, wo er

219 Sachkommission VIII: Bericht zur Vorlage: Verantwortung des ganzen Gottesvolkes für die Sendung der Kirche. In: Synode 1/1975 34.
220 SYNODE: Protokoll 2. VV, 317.
221 Sachkommission VIII: Verantwortung des ganzen Gottesvolkes, 34.

mehr ein Gremium des Laienapostolates ist, wird ein Laie Vorsitzender sein. Da die Auffassungen nach den Erfahrungen der Sachkommission VIII nicht eindeutig zur einen oder zur anderen Seite neigen, sieht die Vorlage die Regelung durch diözesanes Recht vor. In den Beschlüssen der 2. Lesung ist aber deutlich geworden, daß die Synode mehr dazu neigt, den Charakter als Laiengremium für den Pfarrgemeinderat zu betonen."[222]

Festzuhalten bleibt: Die Mitverantwortung aller bei der Leitung der Gemeinde konkretisiert sich in einem Gremium, dem Pfarrgemeinderat, der doppelt strukturiert ist, da seine Zuständigkeit eine doppelte ist. Bezüglich des Selbstvollzuges der Gemeinde in die Welt hinein hat er Beschlußrecht. Als verfassungsrechtliches Organ hingegen, dem Amt des Pfarrers zugeordnet, kommt ihm Beratungsrecht zu. Inwieweit diese beiden Bereiche jedoch klar und eindeutig voneinander zu trennen sind, bleibt m.E. sehr fraglich.

4.2.4 Pastoraltheologische Konsequenzen aus der Doppelstruktur des Pfarrgemeinderates

1. "Das gemeinsame und das besondere Priestersein können nur im Miteinander ausgeübt werden. Damit die Gemeinde durch das Zusammenwirken der verschiedenen Dienste auferbaut wird, müssen beide Weisen der Anteilnahme am Priestersein Christi (das gemeinsame und das besondere Priestertum) zusammen und miteinander wirken."[223] Es braucht tatsächlich für die Arbeit des Pfarrgemeinderates ein möglichst dichtes Miteinander. Dies ist mehr als ein allgemeiner Appell an Haltungen und Arbeitsstil, sondern vielmehr eine ekklesiologische Notwendigkeit.

Dies bedeutet für die Praxis: Zielvorstellungen, die mit der Arbeit des Pfarrgemeinderates verbunden werden, seien sie in Handreichungen

222 PÖTTER, Wilhelm: Einleitung: Räte und Verbände. In: Gemeinsame Synode der Bistümer in der Bundesrepublik Deutschland. Beschlüsse der Vollversammlung. Offizielle Gesamtausgabe. Bd. 1. Freiburg - Basel - Wien 1976, 643.
223 MÜLLER, Josef: Communio und Kommunikation. Perspektiven des Miteinander-Kirche-Seins in der Gemeinde. In: Josef MÜLLER u. Edward J. BIRKENBEIL (Hrsg.): Miteinander Kirche sein. Idee und Praxis. München 1990, 94.

zu finden oder in Weiterbildungsmaßnahmen vermittelt, müssen genau daraufhin analysiert werden, ob es ihnen zum einen gelingt, die besonderen Aufgaben des Amtsträgers in diesem Rat zu profilieren und gleichzeitig die Funktion der Laienmitglieder bei der Sorge um die Einheit der Gemeinde zu klären, und inwieweit sie andererseits der Tatsache Rechnung tragen, daß gerade bei der gemeinsam wahrgenommenen Verantwortung für die "communitas" der Gemeinde nicht ein Gegenüber von Amt und Laien im Blick ist, sondern es um die Verkörperung und Darstellung eines gemeinsamen Tuns geht. Denn es handelt sich bei den Räten "nicht um eine Interessenvertretung und Mitbestimmung der Laien, sondern um die Wahrnehmung der gemeinsamen Verantwortung aller Glieder".[224]

Nimmt man den Anspruch, daß der Pfarrgemeinderat in seinem Zusammensein und in seiner Arbeitsweise die Communio der Gemeinde darstellen soll, ernst, muß ein "Prozeß des gegenseitigen Gebens und Empfangens"[225] initiiert werden, bei dem versucht wird, Glaube und Leben miteinander zu teilen. Geschieht dies nicht und nimmt der Pfarrgemeinderat bezüglich der Einheitsstruktur der Gemeinde und ihrer grundsätzlichen Lebensvollzüge nur Funktionen im organisatorischen, planerischen und Verwaltungs-Bereich wahr, werden zwar ohne Zweifel wichtige Aufgaben für das Ganze der Gemeinde geleistet, von seiner eigentlichen Aufgabe ist der Pfarrgemeinderat angesichts dieser Rollenverteilung dann aber weit entfernt.

2. Gewiß wird man immer wieder die Doppelstruktur des Pfarrgemeinderates, die in den ihm zugewiesenen Aufgaben begründet ist, betonen müssen. Er ist der Pastoralrat und zugleich das Organ des Laienapostolates der Gemeinde. "Auf dem 'Pastoral-Bein' hat er vor allem beratende Funktion und übernimmt Mitverantwortung für die Gemeinde. Auf dem 'Laienapostolats-Bein' hat er vor allem eine koordinierende und inspirierende Funktion und wird in Eigenverantwortung tätig."[226] Man kann in diesem Zusammenhang Kritik äußern am Codex von 1983, in dessen Canon 536 nur noch die Rede

224 SYNODE: Protokoll 2. VV, 304.
225 MÜLLER: Communio und Kommunikation, 96.
226 ROOS: Gemeinde, 81.

vom "Pastoralrat" ist.[227] Hier findet eine deutlich andere Konzeption ihren Niederschlag als die von der Synode beschlossene. Die deutschen Bischöfe haben demgegenüber die Berechtigung und auch die Notwendigkeit gerade der zweiten Funktion des Pfarrgemeinderates betont: "Letztere Gremien haben nicht dieselbe Zielsetzung wie die Pastoralräte, nämlich die mitverantwortliche Beratung der Amtsträger in ihrer Hirtenaufgabe; sie sind vielmehr Ausdruck der Selbstorganisation der freien Initiativen des Laienapostolates."[228]

Meiner Überzeugung nach ist es jedoch nicht in erster Linie eine theoretische Frage oder eine Frage des Kirchenrechtes,[229] ob und inwieweit der Pfarrgemeinderat in bezug auf seine zweite Funktion beschnitten wird. Denn fallen in der Pastoral einer Gemeinde die Selbstvollzüge in Welt und Gesellschaft hinein aus, bzw. existieren keine freien Initiativen oder Verbände des Laienapostolates, und sieht es der Pfarrgemeinderat nicht als seine Aufgabe an, innerhalb der Gemeinde zu solchem Tun zu inspirieren, dann macht er sich selbst als Organ des Laienapostolates überflüssig. Dies scheint mir von den Praxisbeobachtungen her der weitaus häufigste Fall zu sein.

In Konsequenz heißt das aber: Jede Konzeption der Pfarrgemeinderatsarbeit muß sich daran messen lassen, ob sie die Frage beantwortet, wie der Pfarrgemeinderat (wieder) zu einem Gremium wird, das sich seiner Eigen- und Letztverantwortung für die Selbstvollzüge der Gemeinde in die Welt hinein bewußt wird, und ob sie konkrete Vorschläge macht, wie der Pfarrgemeinderat in diesem Kontext seiner Rolle eines Animateurs und Inspirators gerecht werden kann.

---

227 "Wenn es dem Diözesanbischof nach Anhörung des Priesterrates zweckmäßig scheint, ist in jeder Pfarrei ein Pastoralrat zu bilden, dem der Pfarrer vorsteht; in ihm sollen Gläubige zusammen mit denen, die Kraft ihres Amtes an der pfarrlichen Seelsorge Anteil haben, zur Förderung der Seelsorgstätigkeit mithelfen" (CIC 1983 can. 536 §1). "Der Pastoralrat hat nur ein beratendes Stimmrecht und wird durch die vom Diözesanbischof festgesetzten Normen geregelt" (CIC 1983 can. 536 §2).

228 SEKRETARIAT DER DEUTSCHEN BISCHOFSKONFERENZ (Hrsg.): Stellungnahmen der Deutschen Bischofskonferenz und des Zentralkomitees der deutschen Katholiken zu den Lineamenta für die Bischofssynode 1987. Arbeitshilfen Nr. 45. Bonn 1986, 15.

229 Hier kann man zu Recht davon ausgehen, "daß die von der Synode und den Diözesen festgelegten partikularrechtlichen Bestimmungen über den Pfarrgemeinderat weiterhin gültig bleiben und auch durch den neuen Codex nicht außer Kraft gesetzt sind". ROOS: Gemeinde, 82.

5. Das Verständnis von Spiritualität

Aufwendige, arbeitsintensive Großaktionen, zahlreiche Aktivitäten rund um die Uhr werden gerade in großen Gemeinden oftmals zur Last. Die Erfahrungsberichte aus den Pfarrgemeinderäten weisen immer wieder darauf hin, daß man in vielen Pfarrgemeinden damit nicht mehr zufrieden ist, daß man nach dem "Eigentlichen" fragt und beklagt, daß Spiritualität und geistliches Leben in all dem Tun nicht mehr zu erfahren seien. "Gerade auch der ehrenamtlich Tätige kann leicht zum bloßen Manager und Funktionär entarten."[230] Es wird mehr gesucht als perfektioniertes Management und übersteigerter Aktivismus. Doch worin besteht dieses "Mehr"? Dieser Frage soll hier zunächst nachgegangen werden.

5.1 Das Mysterium Kirche

Für die Frage nach der Spiritualität kirchlichen, gemeindlichen Lebens und Tuns ist der Begriff "Mysterium", einer der Schlüsselbegriffe der Ekklesiologie des II. Vatikanischen Konzils, aufschlußreich. Die Rede vom "Geheimnis Kirche" ist eine geeignete theologische Zentralidee, um die komplexen Zusammenhänge, in denen Kirche steht und sich ereignet - damit auch ihre existentielle Spiritualität -, in den Blick zu bekommen: "Das Wort vom Geheimnis ist gleichsam der Interpretationsschlüssel für alle anderen Aussagen von der Kirche."[231] Damit ist der Begriff Mysterium ein Vorzeichen, das es vor alle Bilder und Vorstellungen zu setzen gilt, die man sich von Kirche machen kann. Denn Begriffe wie "Volk Gottes", "Leib Christi", "Tempel des Heiligen Geistes" sind nur richtig zu verstehen, wenn das Wort vom Geheimnis mitgehört wird. Den Vätern des Konzils ging es darum, mit ihrer Rede von der Kirche jedes Verbleiben an der Oberfläche, an ihrem institutionellen Äußeren zu vermeiden. "Daher war es wichtig, von Anfang an die Natur der Kirche als solche klarzustellen. Dieses ist eine sichtbare und zugleich unsichtbare Wirklichkeit: ... Der erste Blick, den wir auf die Kirche werfen, trifft ihre menschliche Wirklichkeit. Der

---

230 ZDK: Pfarrgemeinderat, 9.
231 KASPER, Walter: Synode '85. Die Zukunft aus der Kraft des Konzils. Freiburg - Basel - Wien 1986, 76.

Glaube schärft jedoch unseren Blick, und dieser erfaßt das Geheimnis der Kirche als solches."[232]

So ist der Titel des 1. Kapitels der Konstitution "Lumen Gentium" - "Das Mysterium der Kirche" - als ein Bekenntnis des Glaubens zu verstehen, "das der Kirche von vornherein ihren wahren Platz zuerkennt. Auf die dem Konzil gestellte Frage 'Kirche, was sagst du von dir selbst?' wird vom ersten Augenblick an eine auf das Wesentliche ausgerichtete Antwort gegeben, welche die Kirche mit dem Geheimnis der Dreifaltigkeit in Verbindung bringt."[233] Man kann hier durchaus der Interpretation von RIGAUX zustimmen: "Der neutestamentliche Gebrauch des Wortes Mysterium rechtfertigt den Titel des 1. Kapitels der Konzilskonstitution. Das II. Vaticanum hat sich diese Sicht zu eigen gemacht und wurde so dazu gebracht, den rein institutionellen Kirchenbegriff fallen zu lassen. Es versenkt seinen Blick in die Dreifaltigkeit selbst."[234]

5.1.1 Komplexe Wirklichkeit

"Die mit hierarchischen Organen ausgestattete Gesellschaft und der geheimnisvolle Leib Christi, die irdische Kirche und die mit himmlischen Gaben beschenkte Kirche sind nicht als zwei verschiedene Größen zu betrachten, sondern bilden eine einzige komplexe Wirklichkeit, die aus menschlichem und göttlichem Element zusammenwächst."[235] Die Rede vom "Mysterium Kirche" steht zunächst für die Absicht des Konzils, die Kirche aus einer einseitig juridisch geprägten Sicht zu befreien. "Mit diesem biblischen Wort soll das wahre Wesen der Kirche in seiner eigentümlichen Spannung ausgemessen werden. Damit sollte bewußt eine fühlbare Einseitigkeit der nachtridentinischen Schau der Kirche ausgeglichen werden."[236] Die Kirche als My-

232 SUENENS, Leon-Joseph: Das II. Vatikanische Konzil 2o Jahre später. In: Elmar KLINGER u. Klaus WITTSTADT (Hrsg.): Glaube im Prozeß. Freiburg - Basel - Wien 1984, 183 f.

233 Ebd. 183.

234 RIGAUX, Beda: Das Mysterium der Kirche im Lichte der Schrift. In: Guilherme BARAUNA (Hrsg.): De Ecclesia. Beiträge zur Konstitution "Über die Kirche" des Zweiten Vatikanischen Konzils. Bd. 1. Freiburg - Basel - Wien / Frankfurt 1966, 204.

235 LG 8.

236 GRILLMEIER, Aloys: Kommentar zum I. Kapitel der Dogmatischen Konstitution über die Kirche. In LThK Bd. 12. Freiburg 1986, 156.

sterium begriffen, "in einer nicht unbedeutenden Analogie dem Mysterium des fleischgewordenen Wortes ähnlich"[237], bedeutet den Abschied von einer Kirche, die auf eine vorwiegend juristisch-juridisch "sichtbare Außenseite" reduziert wird. Vielmehr kommt die communitas spiritualis in den Blick.

Das sichtbare Gefüge[238] und der mystische Leib[239] werden in eins gedacht als eine einzige komplexe Wirklichkeit. Was Kirche ist, ist in seiner ganzen Tiefe nie auszuloten, kann auch nicht mit einem Wort, mit einer Sicht allein ausgeschöpft werden. Dennoch will gerade der Begriff Mysterium den Versuch einer Verhältnisbestimmung von Sichtbarem und Unsichtbarem in der Kirche unternehmen, und zwar jenseits von Spiritualismus und Naturalismus bzw. Soziologismus. "Mysterium" steht nicht für etwas Unerkennbares oder Abstruses, sondern im Sinn der Schrift für eine transzendente Wirklichkeit, die sich auf sichtbare Weise offenbart. Kirche "ist geistig und sichtbar zugleich ... Sie ist sichtbare Versammlung und geistige Gemeinschaft."[240] FRIES faßt das Anliegen des Konzils so zusammen: "An die Stelle der gesetzlichen Sicht (des I. Vatikanums) tritt die sakramentale Perspektive, die Gesetz und Gnade, Wort und Tat, Botschaft und Zeichen in der Einheit des Sakramentes, des Mysteriums im biblischen Sinn, verbindet."[241]

5.1.2 Zeichen und Werkzeug der Einheit

Kirche ist eine sich ständig neu in Zeit und Geschichte ereignende Communio zwischen Gott und dem Menschen, Gott und der Welt. "Die Kirche ist ja in Christus gleichsam das Sakrament, das heißt Zeichen und Werkzeug für die innigste Vereinigung mit Gott wie für die Einheit der ganzen Menschheit."[242] Auch dies ist eine sichtbare und unsichtbare Wirklichkeit zugleich. Denn "die Sakramentalität der Kir-

237 LG 8.
238 Vgl. LG 8.
239 Vgl. PO 2.
240 WINKELHOFER: Kirche als Geheimnis, 204.
241 FRIES, Heinrich: Die Göttliche Offenbarung. Ökumenische Aspekte der Dogmatischen Konstitution. In: Karlheinz SCHUH (Hrsg.): Die ökumenische Bedeutung der Konzilsbeschlüsse. Hildesheim 1986, 100 (Ergänzung des Zitats durch den Verf.)
242 LG 1.

che besteht wesentlich darin, daß der Geist Christi in Menschen anwesend und wirksam ist und sie von innen her zur Gemeinschaft verbindet; diese ist notwendigerweise sichtbar, da sie sonst keine aus Menschen bestehende Gemeinschaft wäre."[243] Die Kirche ist also ein Geheimnis der Gemeinschaft Gottes mit den Menschen und der Menschen untereinander. "Wer Gemeinschaft mit Gott hat, pflegt deshalb auch Gemeinschaft mit den Mitmenschen. Diese Gemeinschaft kann in mehr oder minder deutlichen Symbolen zum Ausdruck kommen und unterschiedliche Grade von Sichtbarkeit annehmen."[244]

Gerade in diesem Kontext weist die Rede vom Mysterium Kirche auf ein wichtiges Grundmoment hin: auf die der Kirche innewohnende Dynamik und Prozeßhaftigkeit: "Die Kirche, das heißt das im Mysterium schon gegenwärtige Reich Christi, wächst durch die Kraft Gottes sichtbar in der Welt."[245] Vergewissert man sich des biblischen Verständnisses des Begriffes Geheimnis,[246] der für das Miteinander von Gott und Mensch im Horizont des anbrechenden Gottesreiches steht, und fragt man nach der Funktion des Mysteriums als Interpretationsschlüssel für Kirche, wird das Anliegen des Konzils deutlich. Es geht den Konzilsvätern darum, "daß die geschichtliche Dimension eingebracht wird, indem Offenbarung ... im Horizont einer 'Heilsökonomie' und einer 'Heilsgeschichte' erscheint".[247] Kirche, die Communio mit Gott und die Communio der Menschen untereinander, hat immer einen dynamischen Charakter, bedeutet eine Spannung, die drängt, auf Zukunft hin antreibt und zum Ereignis werden will.

5.1.3 Unzerstörbare Heiligkeit

"Es ist Gegenstand des Glaubens, daß die Kirche, deren Geheimnis die Heilige Synode vorlegt, unzerstörbar heilig ist. Denn Christus, der Sohn Gottes, der mit dem Vater und dem Geist als 'allein Heiliger' gepriesen wird, hat die Kirche als Braut geliebt und sich für sie hingege-

243 SAIER, Oskar: "Communio" in der Lehre des II. Vatikanischen Konzils. München 1983, 40.
244 BOFF, Leonardo: Die Neuentdeckung der Kirche. Basisgemeinden in Lateinamerika. Mainz 1980, 37.
245 LG 3.
246 Vgl. BORNKAMM, Günter: mysterion. In: ThWNT Bd. 4. 809 - 834.
247 FRIES: Offenbarung, 100.

ben, um sie zu heiligen (vgl. Eph 5,25 - 26), er hat sie als seinen Leib mit sich verbunden und mit der Gabe des Heiligen Geistes reich beschenkt zur Ehre Gottes."[248] Mit dieser Grundaussage von der Heiligkeit der Kirche wird ein weiterer Verstehenszusammenhang des Begriffes Mysterium deutlich. Kirche ist eine Wirklichkeit, in der auf geheimnisvolle Weise gegenwärtig ist, was Jesus in die Welt gebracht hat und was in der Kraft seines Geistes weiterhin lebendig bleiben muß: "Kirche ist Mysterium, weil sie, wie es im Credo heißt, Communio sanctorum, Gemeinschaft der Heiligen ist. Zu ihr gehören alle, die Christus zugehören und durch ihn geheiligt sind. Noch vor jeder Differenzierung in verschiedene Stände, Ämter und Funktionen ist hier eine grundlegende Gleichheit aller festgeschrieben. Alle, die in Taufe und Eucharistie am Heiligen Anteil haben, die durch das Wort Gottes geheiligt sind, gehören zu dieser Gemeinschaft."[249]

Die Heiligkeit des einzelnen und die Heiligkeit der Kirche gehören zusammen, bedingen einander, sie sind beide Teilhabe an der göttlichen Heiligkeit. So haben alle Anteil am einen Geist Gottes. Es ist "eben nicht so, daß einer den Geist aufgrund der Weihe hat und die anderen ihn erst durch diesen bekommen sollen. Nicht einer hat den Geist und hat ihn den anderen zu geben, sondern jeder hat ihn in seiner Art für sich, aber auch in Gemeinsamkeit und für die anderen."[250]

So ist dies eine Frucht des Verwurzeltseins des Glaubenden und der glaubenden Gemeinde in dem entgegenkommenden Gott: "Die Umwandlung des Menschen. Die spirituelle Erfahrung hat dafür mehrere Bildworte bereit: Heiligung und Heilung des Menschen."[251] Diese ist aber nicht vom Menschen zu verdienen oder zu leisten, denn "die Anhänger Christi sind von Gott nicht kraft ihrer Werke, sondern aufgrund seines gnädigen Ratschlusses berufen und in Jesus Christus, dem Herrn, gerechtfertigt, in der Taufe des Glaubens wahrhaft Kinder Gottes und der göttlichen Natur teilhaftig und so wirklich heilig ge-

---

248 Ebd.
249 NEUNER: Laie, 118.
250 KRÄTZL, Helmut: Zur Spiritualität des Pfarrgemeinderates. In: Michael B. MERZ u. Josef MÜLLER u. Alois SCHWARZ (Hrsg.): Auftrag und Praxis des Pfarrgemeinderates. Informationen, Impulse, Perspektiven. 2. Aufl. München 1991, 34.
251 ZULEHNER, Paul M.: Pastoraltheologie. Bd.2. Gemeindepastoral: Orte christlicher Praxis. Düsseldorf 1989, 88.

worden. Sie müssen daher die Heiligung, die sie empfangen haben, mit Gottes Gnade im Leben bewahren und zur vollen Entfaltung bringen. Vom Apostel werden sie gemahnt, zu leben, 'wie es Heiligen geziemt' (Eph 5,3), und 'als von Gott erwählte Heilige und Geliebte herzliches Erbarmen, Güte, Demut, Milde, Geduld' anzuziehen (Kol 3,12) und die Früchte des Geistes zur Heiligung zu zeitigen (vgl. Gal 5,22)."[252] Christliche Heiligkeit ist jedoch nicht in erster Linie oder gar ausschließlich moralische sittliche Vollkommenheit des Menschen. Sie ist vielmehr ein Gnadengeschenk und die Ermöglichung zu wirklich menschlichem Leben, das es zu bewahren und zu entfalten gilt. "Diese Heiligung des Gläubigen wirkt Christus und ereignet sich in der mystischen Vereinigung des Glaubenden mit ihm."[253]

Kirche ist demnach eine komplexe Wirklichkeit, bei der Sozialgestalt und Innerlichkeit nicht voneinander getrennt gesehen oder verwirklicht werden können. Kirche wird darüber hinaus immer wieder neu in dieser Zeit und Welt zum Geheimnis des drängenden Anbruches des Gottesreiches. Dies wird besonders dort sakramentale Wirklichkeit, wo sich die Communio mit Gott und unter den Menschen ereignet. Da Christus im Heiligen Geist in seiner Kirche fortlebt und sie als ganze in ihm verwurzelt ist, ist sie essentiell unzerstörbar heilig. Existentiell wird sich dies immer wieder in den Früchten dieser Heiligkeit konkretisieren.

5.1.4 Pastoraltheologische Konsequenzen aus dem Geheimnischarakter der Kirche

Es kann keine rein "äußerlichen, formalen" Vollzüge der Kirche geben, alles Tun ist vielmehr immer auch gleichzeitig ein geistliches Tun. Spiritualität ist also immer ein existentielles, grundlegendes Moment, das kirchliches Handeln von innen heraus prägt. Dieses spirituell geprägte Handeln wird niemals institutionell oder juridisch uniformierbar oder normierbar sein. So verstanden, hat das Leben auch

---

252 LG 40.
253 ZULEHNER: Gemeindepastoral, 88.

immer Vorrang vor der Lehre,[254] denn es wird sich nicht in einem "Für-wahr-Halten" und bloßen Umsetzen von Glaubenssätzen erschöpfen können. "Aus der Sicht des II. Vatikanischen Konzils führt das Christsein auf der Grundlage der Communio-Gesinnung nicht aus der Welt heraus, sondern immer in die Welt hinein."[255] So wird jedes kirchliche Tun im Geist Jesu die Welt anzunehmen und zu durchdringen suchen. "Dazu bedarf der Christ einer spezifischen Spiritualität, die im Mit- und Nachvollzug dessen wächst, was in der Eucharistie gefeiert wird, in der wir durch die Gemeinschaft mit Jesus, mit seinem Opfer des Lebens verbunden werden."[256]

Da alle gleichermaßen zur Heiligkeit berufen sind, bedarf es einer Communio-Spiritualität. Dieses gemeinsame "Leben gelingt nur, es gewinnt nur Gestalt und einen Sinnzusammenhang, der sowohl das Leben des einzelnen als auch das der Gemeinschaft umfaßt, wenn alle Mitglieder der Communio des Gottesvolkes einander uneingeschränkt annehmen".[257]

Man kann hier KRÄTZL zustimmen: "Wenn es wirklich zur christlichen Existenz gehört, immer mehr Mensch zu werden, und wenn dies die eigentliche Spiritualität ist, dann muß auch in der Pfarrei der Ort sein, wo man es erfahren, lernen, einüben kann."[258] Die Pastoral der Gemeinde fördert m.E. dieses Menschwerden und -sein, wenn wenigstens drei Gesichtspunkte bedacht werden:

1. Es muß in der konkreten Praxis einer Gemeinde immer darum gehen, die ganze Spannung von Kirche lebendig zu halten und ständig neu miteinander zu vermitteln, Sichtbares und Unsichtbares, Offenkundiges und Verborgenes. Dort, wo Selbstvollzüge von Gemeinde ausschließlich oder überwiegend von rechtlichen und juristischen Vorstellungen geleitet werden oder wo ständig die Strukturen ihrer

---

254 MÜLLER, Josef: Einer sagt's dem andern weiter. In: Michael B. MERZ u. Josef MÜLLER u. Alois SCHWARZ (Hrsg.): Auftrag und Praxis des Pfarrgemeinderates. Informationen, Impulse, Perspektiven. 2. Aufl. München 1991, 11.
255 Vgl. MÜLLER, Josef: Das Mit- und Füreinander im Gottesvolk. Perspektiven einer Communiotheologie und -ekklesiologie. In: Josef MÜLLER u. Edward J. BIRKENBEIL (Hrsg.): Miteinander Kirche sein. Idee und Praxis. München 1990, 56.
256 MÜLLER: Communiotheologie, 56.
257 Ebd. 57.
258 KRÄTZL: Spiritualität, 36.

vorfindbaren Sozialgestalt den unverrückbaren Rahmen für all ihr Tun abstecken, gehen ihre Geistlichkeit und Tiefendimension verloren.

So wird jede Pastoral der Gemeinde sich daran messen lassen müssen, inwieweit sie "Hilfe zur Identitätsbestimmung der Kirche"[259] ist, inwieweit sie öffentlich sichtbar darstellt, wessen sie sich als Kirche aufgrund der Botschaft, der Praxis, des Lebensschicksals Jesu und der Tradition als lebensförderlich für die Menschen gewiß ist. Andererseits und gleichzeitig wird sie dem unsichtbaren, dem Geheimnischarakter dadurch Rechnung tragen müssen, daß gerade Pastoralplanung darüber wacht, "daß dem Geist Gottes Platz gelassen wird für seine Improvisationen, daß Gemeinde eine Werkstatt bleibt und nicht zum durchgeplanten Fließbandbetrieb wird. Sie hat dafür zu sorgen, daß das Leben reizvoll bleibt und - ein bißchen - unvorhersehbar. Pastoralpläne allein haben noch keine Gemeinde lebendig gemacht."[260]

2. Alles Tun von Gemeinde muß zugleich theozentrisch und anthropozentrisch sein, also sowohl auf Gott als auch auf den Menschen und seine Welt ausgerichtet sein. Darin bestand ja ein entscheidender Impuls des II. Vatikanischen Konzils: "Die Kirche wollte - als institutionelle Körperschaft - die Welt, in der sie lebte, besser kennen und verstehen lernen, ihr wollte sie dienen mit der ihr eigenen Kraft, die spiritueller Natur ist."[261]

Dies hat zur Konsequenz, daß Praxis der Gemeinde gleichzeitig kairologisch und pneumatologisch sein muß, denn es geht immer darum, "im gegenwärtigen Moment das wahrzunehmen, was hier und jetzt dem Geist des Evangeliums am meisten entspricht. Das ist nicht ohne die Unterscheidung möglich, die durch den Geist selber gelenkt wird."[262] Dies setzt jedoch voraus, daß die Pastoral in der Gemeinde

---

259 LOTTAZ: Kirche, 15.
260 Ebd. 18.
261 VAUCELLES, Louis de: Der Katholizismus in der Zeit nach dem Konzil. Veränderungen des gesellschaftlichen Umfeldes. In: Hermann J. POTTMEYER u. Giuseppe ALBERIGO u. Jean-Pierre JOSSUA (Hrsg.): Die Rezeption des II. Vatikanischen Konzils. Düsseldorf 1986, 68.
262 FRALING, Bernhard: Basisgemeinden als Orte der Normfindung und als kritisches Potential der Volkskirche. In: Elmar KLINGER u. Rolf ZERFASS (Hrsg.): Die Basisgemeinden: Ein Schritt auf dem Weg zur Kirche des Konzils. Würzburg 1984, 104 f.

prinzipiell geschichtsoffen ist; d.h., sie muß die Vergangenheit dieser konkreten Gemeinde er-innern und muß mit einem offenen Prozeß auf Zukunft hin rechnen und ihn ermöglichen. - Wo in einer Gemeinde in allen Vollzügen nur immer ein status quo festgehalten, wo keine Geschichte geschrieben wird, scheint man sich nicht im Horizont des anbrechenden Gottesreiches zu bewegen, denn für diesen sind die Dynamik und das Drängen der Zeit auf Erfüllung hin bezeichnend.

3. Gott schenkt seiner Gemeinde die Heiligkeit, und es ist der Hl. Geist, der die Fruchtbarkeit dieser Heiligkeit ermöglicht. Eine Pastoral, die sich allein von Maximen des Machbaren und Leistbaren leiten läßt, ist ein sicheres Indiz dafür, daß das Wesen von Kirche in seiner ganzen Dimension nicht erfaßt wird. "Lebensgefährlich ist es, wenn die Kirche vergißt, daß ihre Mühen von Gott getragen sind, auch, daß seine Wege nicht unsere Wege sind."[263] Lebensgefährlich ist es auch, wenn Gemeinde vergißt, daß sie selbst als Kirche ein Geheimnis ist, das nicht darin besteht, alles und jedes bis ins letzte hinein zu klären, zu organisieren, zu planen, sondern es vielmehr zu bewohnen.[264] Alle pastoralen Schwerpunkte, die in einer Gemeinde gesetzt werden, die Ziele, die mit allen Aktionen und Aktivitäten verbunden sind, müssen daraufhin kritisch überprüft werden, ob sie eine Weise von Gemeindesein fördern, die eine immer wieder neue Verwurzelung in Gott ermöglicht und ihren Gottesglauben verdeutlicht und aktualisiert.

Einerseits muß jede Praxis der Gemeinde sich fragen, inwieweit sie ermutigt, "neue Formen der sozialen Gestaltung christlicher Existenz zu erproben, und entsprechende Unterstützungen und Vorgaben bereitstellt".[265] Dies setzt vor allem "die Wahrnehmung und Wahrung der Eigenart und Einzigartigkeit der verschiedenen und unterschiedlichen Gruppen"[266] voraus, die ein entsprechendes Transformationspotential in der Gemeinde darstellen. Andererseits muß Praxis der

---

263 FISCHER, Josef: Über das Gottvorkommen in der heutigen Kirche. Wider den ekklesialen Atheismus. In: Michael ALBUS u. Paul M. ZULEHNER (Hrsg.): Nur der Geist macht lebendig. Mainz 1985, 35.

264 Vgl. ZULEHNER: Gemeindepastoral, 85.

265 METTE, Norbert: Chancen einer Basiskirche in der Bundesrepublik Deutschland? In: Hubert FRANKEMÖLLE (Hrsg.): Kirche von unten: Alternative Gemeinden; Modelle, Erfahrungen, Reflexionen. München/Mainz 1981, 33 f.

266 SCHNEIDER: Grundbedürfnisse und Gemeindebildung, 195.

Gemeinde zum Ziel haben, den Menschen in der Gemeinde zu ermöglichen, daß sie "tatsächlich leben - nicht als ob es Gott gäbe, sondern -, weil es ihn gibt, weil er sich gibt, weil er uns Zeit gibt und Zeit
läßt, weil er weiß, daß sie nichts nötiger haben zu ihrer Menschwerdung als Zeit".[267]

5.2 Spiritualität des Pfarrgemeinderates

Die Praxis hat (immer wieder) gezeigt, wie spirituell ortlos der Pfarrgemeinderat in der Regel ist und wie unbeholfen im konkreten Alltag
der Pfarrgemeinderatsarbeit mit dem Anspruch, dieses Tun solle
(auch) ein geistliches Tun sein, umgegangen wird. Oftmals erschöpft
sich die Spiritualität des Pfarrgemeinderates aus der Sicht seiner Mitglieder in "religiösen Pflichtübungen", oder Spiritualität ist eine
Zugabe, etwas "für fortgeschrittene Mitglieder des Pfarrgemeinderats
oder für spirituelle Feinschmecker".[268]

Es muß also nachgefragt werden, ob und inwieweit Spiritualität ein
Existential der Pfarrgemeinderatsarbeit ist und welche Konsequenzen
dies für die Praxis des Pfarrgemeinderates mit sich bringt.

5.2.1 Spiritualität, Signum der Pfarrgemeinderatsarbeit

"Mitverantwortung setzt das Bereitsein für den Anruf Christi und das
Leben mit der Kirche voraus. Der Christ ist in der Erfüllung seines
Auftrages Christus, dem Herrn, verpflichtet. Er wird daher seinen
Dienst, sein Denken und Tun an der Hl. Schrift und am Wort der Kir-
che prüfen und seine Fähigkeiten als Gaben des Geistes 'zum all-
gemeinen Nutzen' (1 Kor 12,7) einsetzen."[269] Im ersten Teil des Syn-
odenbeschlusses "Räte und Verbände" wird dies als spirituelle
Grundlage für die Arbeit des Pfarrgemeinderates festgeschrieben.
"Die geistig-spirituelle Grundlage und damit der wichtigste Abschnitt
ist dieser Teil, der die gemeinsame Verantwortung aller Glieder der
Kirche behandelt. Er begegnet kaum Einwendungen, ... läuft deshalb

---

267 FISCHER: Gottvorkommen, 30.
268 KRÄTZL: Spiritualität, 34.
269 Synodenbeschluß: Räte und Verbände, I, 3.1.

aber auch Gefahr, unterbewertet zu werden. Es muß immer wieder betont werden, daß die institutionellen Gremien nur dann wirksame Arbeit leisten können, wenn sich ihre Mitglieder vorbehaltlos zu der Aussage dieses ersten Teils bekennen."[270]

Es war ein zentrales Anliegen der Synode, als spirituelle Grundlage der Pfarrgemeinderatsarbeit festzuschreiben, daß der Pfarrgemeinderat sein ganzes Denken, Planen und Tun an der Hl. Schrift ausrichten und vom Willen zur Übereinstimmung mit dem Lebenswissen der Kirche leiten lassen solle. Tut er das nicht, verliert sich das Tun des Pfarrgemeinderates in einer Haltung, "die mehr dem eigenen Verstand, der eigenen Einfallskunst, den eigenen Ideen, der eigenen Überzeugung frönt, als bereitwillig Aufgaben und Anregungen dem Auftrag Christi, der Heiligen Schrift zu entnehmen. Nichts gegen Verstand und Ideen, sie sind vorrangig in der Pfarrgemeinderatsarbeit, aber immer unter dem Aspekt 'der Erfüllung der Heilssendung der Kirche' und wie es weiter in der Einleitung der Pfarrgemeinderatssatzung der meisten Diözesen heißt, 'durch selbstlosen Dienst die heilsvermittelnde Wirksamkeit der ganzen Kirche inmitten der Welt voll zu entfalten'. Ausgangspunkt jeder Rede vom Heil und jeder Heilssendung ist aber das Wort der Bibel und aller Schriften, die darauf aufbauen."[271]

Es braucht hierzu jedoch immer das gemeinschaftliche Überlegen und Besinnen. Einer allein wird nie für sich in Anspruch nehmen können, die Botschaft der Schrift und die Zeichen der Zeit richtig und letztgültig zu deuten und in eins zu bringen. Wenn das richtig ist, so gewinnt der soziale Ort, also der Pfarrgemeinderat, "an dem Entscheidungen getroffen werden, fundamentale Bedeutung. Innere Erfahrungen in einer rein individualistisch konzipierten Spiritualität müssen ergänzt werden durch Miterfahrungen mit anderen."[272]

Die Bereitschaft des einzelnen, auf den Ruf Christi im Evangelium, in der Tradition der Kirche und in den Zeichen der Zeit zu hören, die Fähigkeit, das "Gehörte" ins gemeinsame Gespräch zu bringen und von

270 SYNODE: Protokoll 7. VV, 158.
271 MEIER, Josef: Das geistliche Gespräch. Regensburg 1976, 7.
272 FRALING: Basisgemeinden, 107.

daher Entscheidungen zu treffen, begründet das Tun des Pfarr-gemeinderates als ein geisterfülltes, spirituelles Tun.

5.2.2 Dienst am Kirche-Werden der Gemeinde

Die Synode läßt sich von der Grundüberzeugung leiten, daß in der Kirche am Ort das "Gemeinsam-Gemeinde-Sein" einerseits immer schon Wirklichkeit ist, dies andererseits allerdings noch bewußter an-genommen werden muß.

Was über das geistliche Leben der Laien im pastoralen Dienst gesagt wird, sind Grundelemente der Spiritualität des "Schon-gemeinsam-Gemeinde-Seins": "Das geistliche Leben ... muß geprägt sein vom Geist christlicher Großmut, von der Bereitschaft, sich auf die Fragen und Nöte der Situation einzulassen und in der Nachfolge Jesu anderen zu dienen. Persönliches Gebet, regelmäßige Teilnahme am sa-kramentalen Leben der Gemeinde und das Bemühen um eine vertiefte Kenntnis des Glaubens sind dafür unabdingbare Voraussetzung."[273]

"Der Pfarrgemeinderat ist in der Gemeinde, wie sie ist, und in der Gemeinde, wie sie sein wird. Er ist die 'Seele' des Ganzen, weil er aus der Tiefe heraus lebt, um in die Weite wirken zu können, einer, der die Gemeinde wirklich kennt und in ihr verwurzelt und mit ihr verbunden ist; einer, der der übertriebenen Geschäftigkeit zugunsten einer wohl-gepflegten Spiritualität entgegenwirkt."[274] Gerade im Kontext von Gemeindesein und Gemeindewerden sieht die Synode die wichtigste Funktion der Räte: "Die Räte sind dazu da, ein einmütiges Handeln aus dem gemeinsamen Glauben heraus zu ermöglichen."[275]

KRÄTZL folgert daraus für den Pfarrgemeinderat: "Spiritualität be-deutet für den Pfarrgemeinderat: 'Sich bewußtwerden, daß man Kirche ist' - das wäre der Indikativ. 'Gemeinsam alles versuchen, um immer mehr Kirche zu werden' - das wäre der Imperativ."[276] Das Bewußtsein vom Kirchesein wird gestärkt in der gemeinsamen Arbeit. Davon ist

273 Synodenbeschluß: Dienste und Ämter, 3.4.1.
274 VOGEL: Pfarrgemeinderat, 117.
275 Synodenbeschluß: Dienste und Ämter, 2.5.2.
276 KRÄTZL: Spiritualität, 34.

die Synode überzeugt: "In der Zusammenarbeit im Team erfährt der einzelne Ermutigung, Bestätigung, Ergänzung und Kritik; er erlebt persönliches Können und persönliche Begrenzung; die Arbeit erhält einen weiteren Horizont."[277]

Die Spiritualität des Pfarrgemeinderates im Sinne des Auftrages, das Kirchewerden der Gemeinde zu fördern, muß dann einerseits geprägt sein von der Botschaft des Evangeliums, "andererseits ist sie aber durch die sozio-ökonomischen Verhältnisse und heutigen Lebensbedingungen in Welt und Gesellschaft herausgefordert".[278]

Für die Pfarrgemeinderäte und ihre Mitglieder bringt dies eine doppelte Herausforderung und Aufgabe mit sich: "nämlich einmal alles zu fördern, was die Kirche am Ort aus dem Geist Jesu Christi braucht, und zum anderen, sich selbst seiner Berufung als Christ immer mehr bewußtzuwerden und seiner besonderen Verantwortung in dieser 'werdenden Kirche', je nach den eigenen Gaben und Aufgaben".[279]

Das Sein der Gemeinde zu tragen und zur Not auszuhalten und gleichzeitig dem Werden der Gemeinde zu dienen, ist die spirituelle Grundspannung, in der sich die Pfarrgemeinderatsarbeit vollziehen muß.

5.2.3 Dienst am Mensch-Werden der Menschen

Über die Pfarrgemeinderäte führt die Synode aus: "Aufgabe dieser Gremien ist es, die gemeinsame Sendung aller darzustellen."[280] Da diese Sendung jedoch nie Selbstzweck sein kann, dient sie doch den Menschen, und da diese Sendung nie aus eigener Beauftragung oder Machtvollkommenheit heraus geschehen kann, gründet sie doch im Auftrag Jesu, ist das Tun des Pfarrgemeinderates dann Kirche darstellendes, kirchliches Tun, wenn es ein vom Geist Jesu geprägter Dienst am Menschen ist. "Wer sich nach dem Beispiel Jesu um Menschen kümmert, gibt mit seinem ganzen Leben ein Glaubenszeugnis:

277 Synodenbeschluß: Räte und Verbände, I, 3.3.
278 LOTTAZ: Kirche, 15.
279 KRÄTZL: Spiritualität, 34.
280 Synodenbeschluß: Dienste und Ämter, 2.5.2.

Nicht nur, was er tut, sondern auch, wie er es tut und warum er es tut, macht seinen Dienst aus. Sein Leben selbst wird Dienst."[281]

Die Sendung und der Dienst, von denen hier die Rede ist, alles "zielt auf die Einheit von Sinn und Tun, von Geist und Praxis, damit sich unser Zeugnis in eine Einladung zur Hoffnung verwandle".[282] So ist die Frömmigkeit, die diesen Auftrag prägt, "heute viel stärker von dem Grundgedanken bestimmt, daß die von Gott verheißene Vollendung als Impuls verstanden wird, der schon in dieses gegenwärtige Leben und seine vielfältigen Beziehungen hineinwirken will, damit das Leben etwas menschlicher wird".[283]

Es geht also um das Leben und Handeln in einer Gesellschaft, die, wie die Synode dies diagnostiziert,[284] immer mehr zu einer reinen Bedürfnisgesellschaft wird, in der ein geheimnisleeres Bild vom Menschen um sich greift, in der die Fähigkeit, zu trauern und sich trösten zu lassen, schwindet und die oftmals eine Welt ist, die in sich verfeindet und leidvoll zerrissen ist.

Das vom Pfarrgemeinderat mitverantwortete Leben und Handeln von Gemeinde in dieser Zeit muß also allen Versuchen des Rückzuges und der Resignation widerstehen. Denn "geistliches Leben ist eben gerade nicht brave Rückkehr zu altbewährten Formen katholischen Christseins. Echte Spiritualität provoziert den Menschen, sich in der Kraft des Geistes verändern zu lassen."[285]

Die gemeinsame Sendung der Gemeinde darzustellen, beinhaltet gerade auch die Aufgabe, laut und öffentlich zu zeigen, daß der Inhalt dieser Sendung, die Gottesbotschaft christlicher Hoffnung nämlich, sich vielerlei Grundströmungen und Überzeugungen dieser Gesellschaft widersetzen wird. "Geistliches Leben ist nicht Beschwichtigung kritischer Geister. Der hl. Paulus ist - auch aufgrund eigener Erfahrung - der Überzeugung, daß man aufgrund geistlicher Erfahrungen

281 Ebd. 2.6.2.
282 Synodenbeschluß: Unsere Hoffnung, I,1.
283 BISCHÖFLICHES ORDINARIAT LIMBURG (Hrsg.): Leben aus dem Glauben. Arbeitshilfen für Pfarrgemeinderäte 2. Limburg 1982, 36.
284 Vgl. Synodenbeschluß: Unsere Hoffnung, I, 2 f.
285 FRALING: Basisgemeinden, 107.

befähigt wird zum 'krinein', wie das griechische Wort heißt, zum Be-urteilen dessen, was das Bessere ist."[286]

Angesichts des Drängens der Zeit und ihrer Probleme ist dieses geist-liche Tun jedoch alles andere als ein behäbiges, gemächliches und endloses Abwägen von Für und Wider, "schließlich ist der Hl. Geist der Sturmbraus Gottes; er ist das Feuer, das Christus auf die Erde bringen wollte".[287]

Die Spiritualität der Arbeit des Pfarrgemeinderates wird sich m.E. ge-rade darin erweisen, ob und inwieweit er Ausdruck der prophetischen Dimension der Sendung der Gemeinde in die Welt hinein ist und seine Sendung zu den Menschen dieser Zeit wahrnimmt.

Spiritualität meint also nichts zur übrigen Arbeit des Pfarr-gemeinderates Hinzukommendes, "das ein kirchliches Gremium an-standshalber nun einmal in Kauf nehmen muß, sondern ist 'Visions-klärung', 'Visionsvertiefung' und 'Visionserneuerung', ohne die der Pfarrgemeinderat und die Pfarrgemeinde ihren tragenden Grund verlieren würden".[288] Spirituell ist die Arbeit des Pfarrgemeinderates dann, wenn sie, vom Hören auf den Anruf Christi geleitet, aus dem gemeinsamen Glauben der Gemeinde heraus dem Kirche-Werden der Gemeinde dient und im Dienst am Menschen die Welt mit dem Geist Gottes durchdringt.

5.2.4 Pastoraltheologische Konsequenzen aus einem prinzipiell spirituell verstandenen Tun

1. "Im Miteinanderhören wird Christus als die Wahrheit der Ge-meinde, im Aufeinanderhören als die Wahrheit für mich und den an-deren lebendig. Sein Anspruch 'Ich bin die Wahrheit' (Joh 14,6) wird praktisch erfahrbar, wenn das alltägliche Ringen um das richtige In-einander von Freiheit und Wahrheit auf dem Dialog von Gott und Mensch und dem Dialog der Menschen untereinander aufruht."[289]

286 BISCHÖFLICHES ORDINARIAT LIMBURG: Leben aus dem Glauben, 35.
287 Ebd. 36.
288 ROOS: Gemeinde, 93.
289 WINDISCH: Auf dem gemeinsamen Weg, 39.

Damit der Pfarrgemeinderat sich in seinem Handeln tatsächlich vom Anruf Christi her leiten lassen kann, muß er immer wieder auf das Wort Gottes hören.

Dies freilich setzt die grundsätzliche Bereitschaft zum Miteinanderhören und das Aufeinanderhören voraus und außerdem Phantasie, die nach Formen und Strukturen sucht, die diesen Prozeß ermöglichen und garantieren.

Dabei wird der Pfarrgemeinderat in seiner konkreten Praxis sich an der Maxime orientieren müssen, daß in diesem Hören auf Gottes Wort möglichst alle Glaubens- und Sittlichkeitserfahrungen seiner Mitglieder und damit die der verschiedenen Gruppen der Gemeinde zu Wort kommen müssen. Von daher verbietet sich m.E. von selbst die Dominanz eines einzelnen und jede Zuständigkeitszuweisung, die einen einzelnen, sei es nun der Pfarrer oder ein anderes Mitglied des Pfarrgemeinderates, zum alleinigen, das Gehörte deutenden und auslegenden "Geistlichen" der Gruppe macht.

Im gemeinschaftlichen Hören auf Gottes Wort, im Sinn eines Gott-Mensch-Kommunikations-Ereignisses, werden für den Pfarrgemeinderat nicht nur Visionen und Ziele seines Dienstes an der Gemeinde geklärt werden müssen, er wird vielmehr auch von daher seinen Umgang miteinander bestimmt sein lassen müssen. Wenn in den Konzilstexten[290] "das vertrauensvolle Hören aufeinander herausgestellt wird, so liegen hier nicht einfach nur 'fromme Ermahnungen' vor, sondern es ist auf die unentbehrliche Grundlage hingewiesen, auf der alle formalisierten Bahnen und Regelungen der Zusammenarbeit aufruhen".[291]

Vertrauen, als eine unentbehrliche Grundhaltung für das Miteinander im Pfarrgemeinderat, dies betont auch die Würzburger Synode immer wieder, "kann durch keine juristische Regelung garantiert werden, sondern setzt entscheidend eine geistige Haltung voraus, christliche Brüderlichkeit".[292]

---

290 Vgl. z.B. LG 32, LG 37.
291 DIE DEUTSCHEN BISCHÖFE: Der Laie, 326.
292 SYNODE: Protokoll 2. VV, 310.

Gleichzeitig gilt aber auch hier: Der Pfarrgemeinderat wird immer wieder neu mit aller Phantasie und zugleich auch sehr sachkundig nach Formen und Strukturen suchen müssen, die ein brüderliches Miteinander im Handeln auch dann noch garantieren, wenn durch die Schuld einzelner das Vertrauen geschwunden ist, wenn Sympathie, die bislang Basis für das Miteinander war, verloren ging.

Hier braucht es viel stärker, als dies allgemein üblich ist, eine Institutionalisierung von Informationsflüssen, sollen nicht einzelne endgültig ausgegrenzt und vom gemeinsamen Handeln ausgeschlossen werden; hier braucht es Konfliktfähigkeit, die alle Beteiligten lernen müssen, und bisweilen wird auch die Hinzuziehung eines von außen kommenden Beraters notwendig werden, wenn Kommunikation wieder in Gang kommen soll.

Ein dem Evangelium entsprechendes Miteinander ist "sicher die menschenwürdigste, aber auch die schwierigste und konflikt-reichste Arbeitsform".[293] Dem Geist des Evangeliums "wider-sprechen sowohl Majorisierungen als auch ein autoritärer Leitungsstil; es setzt vielmehr neue Kooperationsformen und einen neuen Leitungsstil voraus".[294]

Mit dem Evangelium ist m.E. aber auch die Scheu vor der Übernahme von Verantwortung oder vor dem konsequenten Umsetzen dessen, was als richtig und angemessen erkannt wurde, nicht zu vereinbaren. Fragwürdig ist die Haltung eines Pfarrgemeinderates, wenn er der Gefahr erliegt, "nur bestimmen zu wollen, was andere, Pfarrer usw., tun sollen: Er betrachtet sich entweder wie ein Aufsichtsrat einer großen Firma oder als bloßer Ratgeber."[295] WESS behauptet, daß es oft dazu kommt: "Man will alles mitentscheiden, ohne die Lasten voll mitzutragen."[296]

Andererseits braucht es auch seitens der Hauptamtlichen im Pfarrgemeinderat ein hohes Maß an Disziplin gegenüber gemeinsam getroffenen Beschlüssen. "Manches entspricht in dem, wie es getan wird, nicht ihren Vorstellungen, und es gilt, auch 'unerleuchteten' Eifer zu

---

293 BORN: Tips, 39.
294 Synodenbeschluß: Dienste und Ämter, 2.5.2.
295 WESS: Überlegungen zum Pfarrgemeinderat, 245.
296 WESS, Paul: Ihr alle seid Geschwister. Mainz 1983, 124.

ertragen oder zu korrigieren. Sie stehen in der Gefahr, 'vieles selbst zu machen, weil es schneller geht'. Solchen und ähnlichen Schwierigkeiten nicht auszuweichen, kann zu einem Zeichen der Ermutigung und Hoffnung für die Mitarbeiter und die Gemeinde werden."[297]

Für die Arbeit des Pfarrgemeinderates ergibt sich aus dem bisher Gesagten folgende Konsequenz:

Die Arbeit des Pfarrgemeinderates ist dann spirituelles Tun, wenn sie zum einen eine Vielzahl von Formen gemeinschaftlichen Hörens auf die Hl. Schrift praktiziert, wenn sie zum andern der Last eines stets konfliktträchtigen Miteinanderumgehens nicht ausweicht und wenn sie sich nicht zuletzt durch ein hohes Maß an Disziplin und Verläßlichkeit auszeichnet im Tun dessen, was im Hören auf Gottes Wort erkannt und gemeinsam beschlossen wurde.

2. "Spiritualität heißt 'Leben aus dem Geist', heißt, die Gaben vom Geist Gottes empfangen und noch mehr zur Entfaltung bringen. Darum geht es. Das ist ein Prozeß des 'Immer-mehr-Kirche-Werdens'. Dabei hat der Pfarrgemeinderat eine ganz wichtige Impuls- und Führungsaufgabe."[298] Grundvoraussetzung jeder Praxis der Pfarrgemeinderatsarbeit muß einerseits das ständige Bemühen darum sein, die Gemeinde und die ihr geschenkten Charismen kennenzulernen, und andererseits, daraus eine Vision für die Zukunft dieser Gemeinde zu entwerfen und im Blick zu behalten.

Der Pfarrgemeinderat hat gleichzeitig eine konsolidierende und eine innovatorische Funktion. Konsolidieren heißt immer wieder neu zusammenführen und zusammenhalten, hierfür braucht es "den Geist Gottes, um die disparaten Wirklichkeiten zu einer Einheit zu bringen, und zwar, indem man ihre Verschiedenartigkeit respektiert, ja zu ihr animiert".[299]

Nicht weniger notwendig ist das Sich-Öffnen dem Geist Gottes gegenüber, wo es um Neues geht, um die Auferbauung der Gemeinde,

---

297 BRÜNTRUP: Pfarrgemeinderat und Pfarrer, 68.
298 KRÄTZL: Spiritualität, 39.
299 CONGAR, Yves: Der Heilige Geist. Freiburg - Basel - Wien 1982, 169.

wo der Pfarrgemeinderat sich darum sorgt, "daß die Gemeinde ein Ort wird, an dem sich christliches Leben entwickeln kann".[300]

GLATZEL erinnert an eine in diesem Kontext wichtige sozialwissenschaftliche Erkenntnis. Da nämlich die Leistungsfähigkeit einer jeden Gruppe, also auch die des Pfarrgemeinderates, personell und sachlich begrenzt ist, sind Dauerhöchstleistungen nicht möglich. So werden die Phasen der relativen Ruhe, des Bewahrens und Zusammenhaltens dessen, was schon gelebt und vollzogen wird in der Gemeinde, und die Phasen der Animation zu Aufbrüchen und Neuakzentuierungen immer wieder wechseln, d.h., auch in der Arbeit des Pfarrgemeinderates werden Konsolidierung und Innovation alternierend im Vordergrund stehen. "Damit aber tritt neben die beiden Funktionen, deren Verwirklichung zu den wichtigsten Aufgaben der Führung gehört, der Faktor der Zeit."[301] Dies bedeutet, daß jede Pfarrgemeinderatsarbeit ein Gespür dafür entwickeln muß, was die je gegenwärtige Zeit der Gemeinde, die momentane "Großwetterlage" erfordert und mit sich bringt.

"Unterstellt man diesen periodischen Wechsel der Dominanz der Außenaktivität mit der Festigung des Zusammenhalts, dann ergeben sich auch Folgerungen für die Führung."[302] Dies bedeutet für die Praxis der Pfarrgemeinderatsarbeit, daß einmal mehr diejenigen seiner Mitglieder gefragt sind und in Führungsposition gelangen, deren besonderes Charisma das Integrieren ist. Ein anderes Mal werden es eher diejenigen sein, deren prophetisches Charisma sie zu Provokateuren eines neuen Aufbruches macht.

"Wenn beide Funktionen in der Rolle des Pfarrers vereinigt sind, muß dieser sowohl für die Aktivierung als auch für die emotionale Stabilisierung der Pfarrgemeinde sorgen. Das aber dürfte auf längere Sicht fast unmöglich sein und zwangsläufig zu Intrarollenkonflikten führen mit der Folge, daß eine der beiden Funktionen überbetont wird. Das kann ein übersteigerter Aktivismus sein, eher aber eine überzogene Pfarrfamilienideologie, da sich die emotionale Funktion und die von

300 LISS, Bernhard: Pfarrgemeinderat - was ist das? Wien 1972, 7.
301 GLATZEL: Gemeindebildung, 110 f.
302 Ebd. 111.

ihr geprägte Rolle länger durchhalten lassen."[303] Es braucht also im Pfarrgemeinderat das Wissen um die unterschiedlichen Führungsbegabungen einzelner und die Bereitschaft des ganzen Gremiums, damit bewußt umzugehen und diese auch im Dienst für das Ganze einzusetzen und ins Spiel zu bringen.

Der Dienst des Pfarrgemeinderates am Kirche-Werden der Gemeinde ist ein spirituelles Tun, wo es ganz und gar beheimatet ist in den vom Geist Gottes gewirkten Lebensvollzügen der Gemeinde, wo es diese annimmt und bewahren hilft, aber auch je neu zu gestalten und prägen sucht. Der Pfarrgemeinderat wird dabei eine hohe Sensibilität für den Anruf der jeweiligen Zeitstunde aufbringen müssen und darauf nicht nur inhaltlich, sondern auch personell sehr flexibel zu antworten haben.

3. Der Pfarrgemeinderat darf keine ekklesial verengte Sicht von Welt und Leben haben. KLEIN hat darauf eindrücklich hingewiesen: "Wir nehmen viele Lebenswirklichkeiten und deren Mentalität zu wenig wahr oder verstehen sie nur negativ. Wir sehen die Welt und die Lebenswirklichkeit oft sehr eng und verkürzt mit einer kirchlich gefärbten Brille."[304] Gerade dies läßt sich jedoch nicht mit einem Glauben an das Wirken des Gottesgeistes überall in der Welt vereinbaren.

In besonderem Maß gilt statt dessen für den Pfarrgemeinderat: "Die Überwindung des unfruchtbaren Kreisens um kirchen- und gemeindeinterne Probleme, der Verzicht auf Selbstbeweihräucherung, - bemitleidung ist eine Forderung der Spiritualität, die sich dem Auftrag der Heilssendung verpflichtet weiß. Diese ist Bestandteil 'in der vom Geist vorwärtsgetriebenen Geschichte der Selbstmitteilung Gottes, in der das einmalige Christusereignis Wurzel fassen und Frucht tragen will' in der gesamten Menschheit, in den verschiedenen Kulturen und den menschlichen Lebensräumen."[305]

---

303 Ebd. 112.
304 SCHUSTER, Norbert: 20 Jahre: Grundorientierungen in der Pastoral. Ein Gespräch mit Hermann KLEIN. In: Josef MÜLLER u. Norbert SCHUSTER (Hrsg.): Die Sorge um die Gemeinden. Waldkirch 1990, 20.
305 MÜLLER: Communiotheologie, 55.

Was hier der Praxis des Pfarrgemeinderates abverlangt wird, kann mit GARHAMMER als ein Wandel "von der Abgrenzungsstrategie zur Interaktionskompetenz"[306] umschrieben werden. Der Pfarrgemeinderat darf mit seiner Arbeit weder einer engen ausschließlich innergemeindlich-katholischen Kultur Vorschub leisten noch kann er verantworten, die Lebensvollzüge der Gemeinde kritiklos an die gesellschaftlichen Bedürfnisse anzupassen. "Was vielmehr not tut, sind neue kommunikative Formen, in denen Christen mit den Beschädigten und Leidenden Verbindung aufnehmen und leben können, bzw. in denen die soziale und politische Wirklichkeit analytisch wahrgenommen und entsprechende Positionen besprochen und bezogen werden können."[307]

Die Praxis des Pfarrgemeinderates muß sich jedoch nicht nur fragen lassen, wie dialogfähig sie im Umgang mit der Welt ist, ob sie nicht dort, "wo die Offenbarung in einem für sie sehr modernen und fremden Gewand auf sie zukommt, zu sehr mit Berührungsängsten antwortet, in der Sorge, es handle sich dabei nicht mehr um die authentische Offenbarung Gottes in Jesus Christus".[308] Jede Praxis des Pfarrgemeinderates muß sich grundsätzlich überprüfen, ob sie die Notwendigkeit "einer Kooperation der Kirche mit den Kräften und Impulsen der Gesellschaft, denen es ebenfalls um den Menschen und um die Welt zu tun ist,"[309] bejaht.

Ob das Tun eines Pfarrgemeinderates spirituelles Tun ist, entscheidet sich also auch an der Frage, inwieweit der Pfarrgemeinderat zum ernsthaften Dialog und zur Kooperation mit der Welt und den Menschen außerhalb der Gemeinde bereit und in der Lage ist.

---

306 GARHAMMER, Erich: Ermunterungen zu einer riskanteren Praxis. In: Hubert WINDISCH (Hrsg.): Mut zum Gewissen. Einladung zu einer riskanten Seelsorge. Regensburg 1987, 168.
307 FUCHS, Ottmar: Die Kirche im Ernstfall der Diakonie. In: Michael ALBUS u. Paul M. ZULEHNER (Hrsg.): Nur der Geist macht lebendig. Mainz 1985, 51.
308 SCHUSTER: 20 Jahre, 22.
309 HEMMERLE: Theologische Bemerkungen, 140.

6. Der Pfarrer und der Pfarrgemeinderat

Der Pfarrer "entscheidet, was getan und was nicht getan wird, was pastoral möglich ist und was nicht. Er entscheidet aufgrund seines Informationsvorsprungs, d.h. aufgrund seiner Möglichkeit, die Informationen, die sich von Amts wegen bei ihm ansammeln, nach Gutdünken zu dosieren; er entscheidet aufgrund seines theologischen Fachwissens, das auch bei bescheidenem Stand der anderen Seite schnell zu Bewußtsein bringen kann, daß sie sich irgendwo im Katechismus oder im Kirchenrecht verheddert hat; er entscheidet, weil die Durchführung bei ihm liegt, welche schönen Vorhaben, die das Protokollbuch festhält, auf dem Verwaltungsweg den Hungertod sterben müssen".[310] Nicht immer ist die Dominanz des Pfarrers im Pfarrgemeinderat so offensichtlich, wie ZERFASS dies hier beschreibt. Vor allen Dingen weisen die Erfahrungsberichte aus dem Pfarrgemeinderat darauf hin, daß die Dominanz des Pfarrers nicht immer nur negativ bewertet wird.

Bei aller Unterschiedlichkeit, die die Praxiserfahrungen belegen, ist nicht von der Hand zu weisen, daß der Pfarrer meist die zentrale Figur des Pfarrgemeinderates ist, von dessen Person vieles abhängt: Von der Bereitschaft zur Kandidatur, die Konsequenzen für die Zusammensetzung des Pfarrgemeinderates hat, über Umgangsstil und Arbeitsweise, was entscheidend ist für die weitere Mitarbeit im Pfarrgemeinderat, bis hin zur konkreten Aufgabenbeschreibung und Kompetenzzuweisung, was Auswirkungen hat auf Zufriedenheit und Rollensicherheit der einzelnen Mitglieder des Pfarrgemeinderates, bestimmen das Amts- und Gemeindeverständnis des Pfarrers, sein persönlicher Lebens- und Arbeitsstil, seine theologischen Ziele und Prioritäten ganz entscheidend (mit), was der Pfarrgemeinderat ist.

Angesichts der Schlüsselrolle, die dem Pfarrer im Prozeß der Gemeindeleitung in der Praxis zukommt, sollen hier einige theoretische Überlegungen angestellt werden, die zur Schärfung des Profils des Pfarrers und seiner Aufgabe im Pfarrgemeinderat beitragen können.

---

310 ZERFASS: 15 Jahre Pfarrgemeinderäte, 742.

Ohne eine breite dogmatische Diskussion über das Amtsverständnis zu führen, geht es darum, einige Leitlinien von Konzil und Synode darzustellen und auf unsere Fragestellung hin zu konkretisieren.

6.1 Der Pfarrer als Gemeindeleiter

Nicht zuletzt gebietet die vorfindbare Praxis dringend, der Frage nachzugehen, welche Führungsrolle dem Pfarrer zugewiesen wird, d.h., soweit wie möglich muß die Leitungsfrage geklärt werden. Es gehört "zum gesicherten Wissensbestand der christlichen Gesellschaftslehre, daß es in jeder Vergesellschaftung im Sinne von dauernder, wirksamer Verbundenheit von Menschen in der Verwirklichung eines gemeinsamen Zieles oder Wertes einer ordnenden und leitenden Autorität bedarf. Diese Autorität entstammt dem Willen Gottes, ist deshalb aber den kreatürlichen Wirkursachen und Wirkformen nicht entzogen, denen im Schöpfungsplan eine weitgehende Eigenständigkeit und Eigengesetzlichkeit zugemessen ist. In jeder Vergesellschaftung muß sich deshalb gesellschaftliche Autorität auf eine Ordnung beziehen, die sowohl dem Willen Gottes als auch den natürlichen Gegeben- und Vorgegebenheiten der in einem Kollektiv zusammengeschlossenen Menschen zu entsprechen hat und sich nur soweit erstrecken darf, wie es Gemeinschaftswerte und -ziele erfordern."[311] Zunächst soll es hier darum gehen, aus der Sicht des II. Vatikanischen Konzils den Kontext zu benennen, in dem die Leitungsfunktion und die Führungsrolle des Pfarrers zu sehen sind.

6.1.1 Dienst an der Erneuerung der Kirche

"Die Kirche ist wesenhaft 'ecclesia peregrinans' und als 'ecclesia viatorum' eine 'ecclesia semper reformanda'. Dieses Bild vom Volk Gottes, das wandernd in dieser Weltzeit unterwegs ist, bildet eine Art Leitfaden der gesamten ekklesiologischen Konzeption des Kon-

---

311 GLATZEL: Gemeindebildung, 103.

zils."[312] KÖNIG weist darauf hin, daß die Kirche, selbst "Subjekt von Schuld und Sünde", stets "Subjekt der Erneuerung" sein muß.

Die Zielsetzung der Erneuerung der Kirche ist dabei nicht nur eine nach außen gewendete, "extrovertierte", missionarische und ökumenische "renovatio". Die Formulierungen in "Lumen Gentium" betreffen genauso "den fortschreitenden Aufbau der Kirche, näherhin der katholischen Glaubensgemeinschaft, durch moralische, strukturelle und dogmatische Erneuerung der Kräfte".[313] Die Kirche mahnt "ihre Söhne zur Läuterung und Erneuerung, damit das Zeichen Christi auf dem Antlitz der Kirche klarer erstrahle".[314]

Diese Erneuerung kirchlichen Lebens ist eines der erklärten Grundanliegen des Konzils. Davon sprechen auch die ersten Sätze der Liturgiekonstitution: "Das Heilige Konzil hat sich zum Ziel gesetzt, das christliche Leben unter den Gläubigen mehr und mehr zu vertiefen, die dem Wechsel unterworfenen Einrichtungen den Notwendigkeiten unseres Zeitalters besser anzupassen, zu fördern, was immer zur Einheit aller, die an Christus glauben, beitragen kann ..."[315]

Dabei weist das Konzil ausdrücklich darauf hin, daß die angestrebte Erneuerung der gesamten Kirche zum großen Teil vom priesterlichen Dienst abhängt.[316]

Nicht nur die Liturgiekonstitution[317], sondern auch das Vorwort zu "Optatam Totius" spricht in der Tat von der zentralen Rolle der Priester im Prozeß der Erneuerung der Kirche. "Die Erneuerung der Kirche muß von einer neuen Generation von Priestern getragen werden, von deren Ausbildung die Frucht des Konzils weitgehend abhängt."[318]

---

312 KÖNIG, Franz: Karl Rahners theologisches Denken im Vergleich mit ausgewählten Textstellen der Dogmatischen Konstitution "Lumen Gentium". In: Elmar KLINGER u. Klaus WITTSTADT (Hrsg.): Glaube im Prozeß. Freiburg - Basel - Wien 1984, 129.
313 GANOCZY: Kirche im Prozeß, 202.
314 LG 15.
315 SC 1.
316 Vgl. OT 1.
317 SC 15-18.
318 NEUNER, Josef: Einleitung und Kommentar zum Dekret über die Ausbildung der Priester. In: LThK Bd. 13. Freiburg 1986, 316.

Ob es gelingt, das neue Selbstverständnis von Kirche, die Besinnung auf das Wort Gottes als ihren Ursprung und ihr bleibendes Fundament und eine offene Haltung zur Welt, in der wir leben, Wirklichkeit werden zu lassen, liegt ganz entscheidend in der Hand der Priester, denen "als eigentlichen Hirten die Seelsorge in einem bestimmten Teil der Diözese unter der Autorität des Bischofs anvertraut"[319] ist. "In der seelsorglichen und menschlichen Unterstützung des für das Erneuerungsbemühen der Kirche so bedeutsamen Presbyteramtes sieht das Dekret 'Presbyterorum Ordinis' seine Hauptaufgabe."[320]

Das Dekret über die Ausbildung der Priester folgt konsequent diesem Anliegen. Dort wird ein zentrales Ziel der Priesterausbildung festgeschrieben, "daß sie nach dem Vorbild unseres Herrn Jesus Christus, des Lehrers, Priesters und Hirten, zu wahren Seelenhirten geformt werden".[321] Gefordert ist hier zuerst eine vertiefte Spiritualität, die von den Priestern verlangt, "in inniger und steter Gemeinschaft mit dem Vater durch seinen Sohn Jesus Christus im Heiligen Geist zu leben".[322] Das Konzil legt dabei großen Wert auf ständiges Studium und Meditation der Heiligen Schrift, die es in Wort und Leben darzustellen gilt.

Ausdrücklich wird betont, und dies ist m.E. ein entscheidender Hinweis für das Rollenverständnis der Gemeindepfarrer, daß die Priester "nicht zum Herrschen oder für Ehrenstellen bestimmt sind, sondern sich ganz dem Dienst Gottes und der Seelsorge widmen sollen".[323]

Dieses Verständnis des priesterlichen Dienstes ist nicht nur eine theologisch-ekklesiologische Frage, die Konzilsväter sehen darin vielmehr auch eine Frage der menschlichen Reife und Integrität des einzelnen. So fordern sie in diesem Kontext, daß jene Eigenschaften der Alumnen ausgebildet werden sollen, "die am meisten dem Dialog mit den Menschen dienen: wie die Fähigkeit, anderen zuzuhören und

---

319 CD 30.
320 WIEH: Konzil und Gemeinde, 176.
321 OT 4.
322 OT 8.
323 OT 9.

im Geist der Liebe sich seelisch den verschiedenen menschlichen Situationen zu öffnen".[324]

Kirche ist in erster Linie eine Communio, die nicht durch verordnete Herrschaft und durch den ihr zu leistenden Gehorsam bestimmt, sondern vielmehr durch den Dialog gestiftet wird.[325]

Die vom Konzil dem Pfarrer zugewiesene Führungsaufgabe ist eindeutig im Grundduktus der angezielten erneuerten Sicht von Kirche zu sehen. Denn die Kirche ist "für das Konzil nicht zuerst Institution und Herrschaftsverband, sondern 'Communio', Gemeinschaft der Gläubigen und als solche von Liebe, Verständigung und Vertrauen getragene Gemeinschaft Zeichen des Heils für die Welt".[326]

6.1.2 Dienst an der Auferbauung der Gemeinde

Vergleicht man die im Bischofsdekret Nr. 30 knapp dargestellte Aufgabenumschreibung der Pfarrer mit den Ämtern der Bischöfe für ihre Diözesen, fällt die durch die Gliederung nach den drei Ämtern Christi gegebene strukturelle Parallelität auf. Im Gegensatz zum Dienst des Bischofs, wo das Hauptaugenmerk des Konzils auf den koordinierenden und überpfarrlich leitenden Funktionen liegt, wird die Aufgabe des Pfarrers allerdings viel stärker in der konkreten gemeindeauferbauenden Funktion gesehen. "Der Pfarrer übt sein Amt sozusagen an der Basis des Gottesvolkes aus; seine Funktionen (etwa die Katechese, Hausbesuche, die sonntägliche Eucharistiefeier u.ä.) sind direkt auf die tägliche Seelsorgstätigkeit bezogen."[327]

Folgt man den ersten beiden Kapiteln von "Presbyterorum Ordinis", wird besonders deutlich, wie das Konzil das Wesen des Amtspriestertums versteht. Hier wird zunächst betont, daß es in der Kirche kein einziges Glied gibt, "das nicht Anteil an der Sendung des ganzen Leibes hätte".[328] Im Blick darauf wird dann in einem zweiten Schritt das

---

324 OT 19.
325 Vgl. HASENHÜTTEL, Gotthold: Kritische Dogmatik. Graz 1979, 165.
326 SEIBEL, Wolfgang: Vom Zweiten Vatikanischen Konzil bis zur außerordentlichen Bischofssynode 1985. In: SOG SPEYER (Hrsg.): Verpaßte Reform. Frankfurt 1986, 68.
327 WIEH: Konzil und Gemeinde, 170.
328 PO 2.

Priestertum der "amtlichen Diener" so begründet und umschrieben: "Damit die Gläubigen zu einem Leib, in dem nicht alle Glieder denselben Dienst verrichten (Röm 12,4), zusammenwachsen, hat der gleiche Herr einige von ihnen zu amtlichen Dienern eingesetzt."[329]

Gerade der Zusammenhang mit den hier vom Konzil angestellten Überlegungen zeigt das Tun der Priester "in besonderer Weise auf die Auferbauung einer christlichen Gemeinde bezogen".[330] Hierin liegt die spezifische Funktion des Gemeindepfarrers. Seine Aufgabe ist es, so interpretiert SUENENS die Intention der Konzilsväter, "die christliche Gemeinde aufzubauen und zu beleben, so wie Haupt und Herz den Organismus beleben. Seine Sache ist es, einer Gemeinde von Gläubigen Leben einzuhauchen, sie mit dem Wort Gottes und der Eucharistie zu nähren und ihr zum Bewußtsein zu bringen, daß sie die Sendung hat, der Welt das Evangelium zu verkünden und sie zu humanisieren."[331]

Die Auferbauung der Gemeinde, auf die das Wirken der Priester zielt, kann in einer dreifachen Konkretion gesehen werden.

Zunächst ist eine gründende und Gemeinde in sich konstituierende Dimension der Auferbauung im Blick. Die Notwendigkeit einer Erneuerung kirchlicher und gemeindlicher Lebensvollzüge zielt zuallererst auf die Auferbauung einer Gemeinde, die, vom Wort Gottes genährt, im gemeinsamen Glauben an Christus gegründet ist. So schreibt das Konzil als Aufgabe der Pfarrer fest: "Ihr Auftrag zur Lehre fordert von den Pfarrern, daß sie allen Gläubigen das Wort Gottes verkündigen, damit diese, in Glaube, Hoffnung und Liebe verwurzelt, in Christus wachsen und die christliche Gemeinde jenes Zeugnis der Liebe gebe, das der Herr anempfohlen hat."[332]

Aufgabe des Pfarrers ist zum einen, die einzelnen in ihrem Glauben zu stärken und sie zum anderen gegenseitig aufeinander zu verweisen. HÜNERMANN weist zu Recht darauf hin, daß die Bezeugung des Wortes Gottes durch Verkündigung und gelebtes Zeugnis auf die Er-

---

329 PO 2.
330 WIEH: Konzil und Gemeinde, 177.
331 SUENENS: Mitverantwortung, 110.
332 CD 30.

weckung des Glaubens[333] zielt, "aber nicht lediglich der einzelnen als solcher, sondern auf die Herausbildung von Gemeinde, von mündigen, selbständigen Christen, deren Leben schließlich ihre Mitte in der Feier der Eucharistie findet".[334]

Soll dieser gemeindestiftende und -auferbauende Glaube als Ziel priesterlichen Handelns im Blick bleiben, muß die ganze Gemeinde je neu Ort des pastoralen Tuns sein. "Bei der Erfüllung der Hirtenpflicht seien die Pfarrer vor allem bemüht, die eigene Herde kennenzulernen. Da sie aber Diener aller Schafe sind, sollen sie das Wachstum des christlichen Lebens sowohl in den einzelnen Gläubigen fördern als auch in den Familien und den Vereinigungen, besonders in jenen, die sich dem Apostolat widmen, und schließlich in der ganzen Pfarrgemeinde. Sie sollen also die Häuser und die Schulen besuchen, wie es die Hirtenaufgabe verlangt, sich eifrig um die Heranwachsenden und die Jugendlichen kümmern, den Armen und Kranken ihre väterliche Liebe schenken und schließlich ihre besondere Sorge den Werktätigen widmen."[335]

Mit BLASCHE wird man hinzufügen können: "Um die Gemeinde zu bilden, darf der Priester aber nicht nur mit den einzelnen Kontakt aufnehmen, sondern er muß die Glieder der Gemeinde miteinander in Kontakt bringen."[336]

Das Konzil sieht den Pfarrer also zunächst in einem gewissen Gegenüber zur Gemeinde, sieht ihn als den, der den Glauben einzelner weckt und stärkt, sie aufeinander verweist und der dadurch Gemeinde gründet und auferbaut. Man kann dies mit WESS so zusammenfassen: "Wo es noch keine Gemeinde gibt oder diese noch nicht die Mündigkeit im Glauben erreicht hat, steht der Priester als Apostel in einem relativen, vorläufigen Gegenüber, das man nicht als 'Herrschaft', sondern nur als 'Führung' verstehen darf."[337] Diese den Glauben weckende Grundfunktion des Gemeindeleiters ist ein missionarischer Dienst

---

333 Vgl. PO 5.
334 HÜNERMANN, Peter: Reflexionen zum Sakramentenbegriff des II. Vatikanums. In: Elmar KLINGER u. Klaus WITTSTADT (Hrsg.): Glaube im Prozeß. Freiburg - Basel - Wien 1984, 318.
335 CD 30.
336 BLASCHE: Kollegialität, 202.
337 WESS: Ihr alle seid Geschwister, 110 (Hervorhebungen im Zitat vom Verf.).

zur Auferbauung der ganzen Gemeinde: "Zudem sei die Seelsorge immer von missionarischem Geist beseelt, so daß sie sich in gehöriger Weise auf alle, die in der Pfarrei wohnen, erstreckt."[338]

Die Gemeinde gilt es jedoch nicht nur von innen her aufzuerbauen, sie wird gerade dadurch wirklich Gemeinde Jesu Christi, daß sie sich in die Lebensvollzüge der ganzen Kirche integriert. Dies zu fördern, ist eine zweite Dimension des Grunddienstes der Auferbauung. "In dieser Seelsorgearbeit aber sollen die Pfarrer mit ihren Gehilfen den Dienst des Lehrens, der Heiligung und der Leitung so ausüben, daß die Gläubigen und die Pfarrgemeinden sich wirklich als Glieder sowohl der Diözese wie auch der ganzen Kirche fühlen."[339]

Immer wieder betont das Konzil so sehr die notwendige und enge Verbundenheit der örtlichen Gemeinden mit dem Bischof, daß man sicher mit Recht über den Priester sagen kann: Er "stellt das Bindeglied zwischen den einzelnen Gruppen und der größeren Gemeinde, der Pfarrei, dar, wie er ja auch als Bevollmächtigter des Bischofs und dessen Vertreter die Gemeinschaft mit der Gesamtkirche wahrt".[340] Gerade um des angestrebten Erneuerungsprozesses willen gilt es, "jede Absonderung, jedes Abschließen der Gemeinde in sich selbst zu vermeiden und sie stets offen zu halten für die Einheit der bischöflichen Teilkirche".[341] Die Sorge um die Auferbauung der Gemeinde in die Orts- und Universalkirche hinein bestimmt wesentlich das Amt des Pfarrers.

Von daher wird vom Konzil das Amt des Gemeindeleiters "einerseits als eigenständiger, dem Presbyter als Repräsentanten Christi übertragener Dienst gesehen, der nicht nur als in die konkrete Pfarrei hinein verlängerter Arm des Bischofs zu verstehen ist. Andererseits besteht dieser Dienst in der Teilhabe am Amt des Diözesanbischofs, geschieht unter seiner Autorität und ist dadurch bezogen auf die gesamte Kirche."[342]

---

338 CD 30.
339 Ebd.
340 BLASCHE: Kollegialität, 202.
341 WIEH: Konzil und Gemeinde, 166.
342 Ebd. 167.

Gerade der Priester wird, und dies ist einer seiner Grunddienste, für die Auferbauung der Communio von "Pfarrei-Kirche" und bischöflicher Ortskirche einzustehen haben.

Ein drittes Grundmoment: Die Auferbauung der Gemeinde, als innere Auferbauung und als Auferbauung in die Ortskirche hinein, muß ihre Mitte in der Eucharistie haben, der der Priester vorsteht. "Die christliche Gemeinde wird aber nur auferbaut, wenn sie Wurzel und Angelpunkt in der Feier der Eucharistie hat; von ihr muß darum alle Erziehung zum Geist der Gemeinschaft ihren Anfang nehmen. Diese Feier ist aber nur dann aufrichtig und vollständig, wenn sie sowohl zu den verschiedenen Werken der Nächstenliebe und zur gegenseitigen Hilfe wie auch zu missionarischer Tat und zu den vielfältigen Formen christlichen Zeugnisses führt."[343]

So wie das gesamte Leben und Handeln der christlichen Gemeinde ausgerichtet sein muß auf das Sakrament der Einheit, die Eucharistie, so findet der Dienst des Priesters in der Feier der Eucharistie seinen Höhepunkt und seine Vollendung. Das eucharistische Opfer "bildet daher Mitte und Wurzel des ganzen priesterlichen Lebens, so daß der Priester in seinem Herzen auf sich beziehen muß, was auf dem Opferaltar geschieht".[344]

Es obliegt der Sorge des Pfarrers, "daß die Feier des eucharistischen Opfers Mitte und Höhepunkt des ganzen Lebens der christlichen Gemeinde ist".[345]

Denn in der Feier der Eucharistie ist Jesus Christus selbst der eigentlich Handelnde, der sich der Welt hingibt und Gemeinde um des Heils der Welt willen stiftet und auferbaut. "Zugleich aber vollzieht die Gemeinde in der Kraft seines Geistes dieses Opfer mit. Sie bringt in, mit und durch Christus dem Vater dieses opus salutis dar und opfert sich selbst zugleich mit Christus. Die so gegebene Doppelpoligkeit des christologisch-ekklesiologischen Geschehens, die zweifache Trägerschaft, gewinnt ihre Greifbarkeit und Ausdrück-

---

343 PO 6.
344 PO 14.
345 CD 30.

lichkeit im Gegenüber von Bischof bzw. Presbyter und Gemeinde. Der Vorsteher der Eucharistiegemeinde handelt 'in persona Christi capitis' (LG 10; PO 2), in der Vollmacht, der Rolle und Stellung Jesu Christi, des Hauptes seines Leibes, der die Kirche ist, die versammelte Gemeinde hingegen in der Vollmacht, Rolle und Stellung der Kirche, des Leibes Jesu Christi (vgl. LG 10)."[346]

Die Auferbauung der Gemeinde kann nie losgelöst von der Eucharistie gesehen werden; der Dienst der Auferbauung also auch nie unabhängig vom Dienst des Priesters, der der Eucharistie vorsteht.

6.1.3 Dienst der Leitung der Gemeinde

Die Priester stehen den Gemeinden vor, leiten sie. "Ihr Dienst, der in der Verkündigung des Evangeliums seinen Anfang nimmt,"[347] gipfelt darin, "die heiligen Geheimnisse als Diener dessen zu feiern, der sein priesterliches Amt durch seinen Geist allezeit für uns in der Liturgie ausübt".[348] Er ist ein Leitungsdienst, ein Dienst in Stellvertretung Christi.[349]

Das Konzil betont dadurch die zentrale Rolle des Pfarrers, daß er die Gemeinde leitet. Dies führt zu folgender Formulierung in dem Dekret Presbyterorum Ordinis: "Die Christgläubigen sollen sich bewußt sein, daß sie ihren Priestern gegenüber in Schuld stehen. Darum mögen sie diesen als Hirten und Vätern in Kindesliebe verbunden sein. Sie sollen an den Sorgen und Nöten ihrer Priester Anteil nehmen und ihnen durch Gebet und Tat nach Kräften helfen, daß sie ihre Schwierigkeiten leichter überwinden und erfolgreicher ihre Aufgaben erfüllen können."[350]

Dies heißt aber für das Konzil keineswegs, daß dem Priester allein die Rolle des aktiv Sorgenden, der Gemeinde aber nur die Rolle der passiv Versorgten zukäme. Aufbauend auf die Aussagen der Kirchenkonstitution über die grundlegende Gleichheit aller Getauften in

---

346 HÜNERMANN: Sakramentenbegriff, 315.
347 PO 2.
348 PO 5.
349 Vgl. AG 39.
350 PO 9.

der Kirche verdeutlichen auch das Presbyter- und Bischofsdekret immer wieder: "Der Presbyter steht mit der Gemeinde zusammen in der einen Sendung des Herrn. Mit der Gemeinde ist er berufen zum gläubigen Zeugnis; er ist hineingenommen in deren Fraternitas untereinander und für die Welt; in der Eucharistiefeier bringt er sich selbst zusammen mit der Gemeinde als lebendiges Opfer Gott dem Vater dar."[351]

So steht der Priester in der Sendung Christi für die Gemeinde und gleichzeitig mit ihr zusammen in der Sendung für die Welt und die Menschen. Dies hat zur Konsequenz: "Die Priester müssen also ihr Leitungsamt so ausüben, daß sie nicht das Ihre, sondern die Sache Jesu Christi suchen. Sie müssen mit den gläubigen Laien zusammenarbeiten ..."[352]

Die zentrale Rolle des Priesters als Gemeindeleiter bedeutet einerseits, daß die Gemeinde zu Recht von ihm Leitung erwarten darf, andererseits wird jedoch nicht verschwiegen, daß der Priester eben nicht grundsätzlich in allen Fragen der kompetente Leiter sein kann. "Von den Priestern dürfen die Laien Licht und geistliche Kraft erwarten. Sie mögen aber nicht meinen, ihre Seelsorger seien immer in dem Grad kompetent, daß sie in jeder, zuweilen auch schweren Frage, die gerade auftaucht, eine konkrete Lösung schon fertig haben könnten oder die Sendung dazu hätten."[353] In diesem Zusammenhang mahnt das Konzil die Priester: "Sie sollen gern auf die Laien hören, ihre Wünsche brüderlich erwägen und ihre Erfahrung und Zuständigkeit in den verschiedenen Bereichen des menschlichen Wirkens anerkennen, damit sie gemeinsam mit ihnen die Zeichen der Zeit verstehen."[354]

Die Aufforderung zum Hören auf die Laien und zur Zusammenarbeit mit ihnen als ein wesentliches Moment priesterlichen Tuns in der Gemeinde heißt für die Gemeindeleiter vor allem: Sie sollen "die vielfältigen Charismen der Laien, schlichte wie bedeutendere, mit Glaubenssinn aufspüren, freudig anerkennen und mit Sorgfalt hegen".[355] Denn

---

351 WIEH: Konzil und Gemeinde, 187.
352 PO 9.
353 GS 43.
354 PO 9.
355 PO 9.

gerade im Geschenk dieser Charismen, die eben dem ganzen Volk gegeben sind, ist die unverzichtbare aktive Rolle der Glieder der Gemeinde zum Aufbau ihrer Gemeinde begründet. "Aus dem Empfang
dieser Charismen, auch der schlichteren, erwächst jedem Glaubenden
das Recht und die Pflicht, sie in Kirche und Welt zum Wohl der Menschen und zum Aufbau der Kirche zu gebrauchen. Das soll gewiß mit
der Freiheit des Heiligen Geistes geschehen, der 'weht, wo er will'
(Joh 3,8), aber auch in Gemeinschaft mit den Brüdern in Christus."[356]

Vom Priester als dem Vorsteher der Gemeinde wird nun zum einen
die Gabe und der Dienst der Unterscheidung erwartet, er soll "die Geister prüfen, ob sie aus Gott sind,"[357] und zum anderen dafür Sorge tragen, daß gemäß ihren Charismen "alle in ihrer Weise zum gemeinsamen Werk einmütig zusammenarbeiten".[358]

Die priesterliche Leitungstätigkeit besteht also darin, für ein geordnetes Miteinander der Charismen und Dienste zu sorgen. Den Vor-
stehern der Gemeinde "obliegt es, die ganze Fülle der Gaben, die vom
Geist der Gemeinde verliehen sind, zu entfalten, zu koordinieren und
zum Einsatz zu bringen, damit in der Vielfalt aller Ämter, Dienste und
Funktionen die Pfarrgemeinde als 'Teilkirche', in der die ganze Kirche
gegenwärtig ist, der lebendige Leib des Christus werde".[359]

Die vom Konzil angestrebte Erneuerung der Kirche steht und fällt
demnach mit dem Dienst der Priester in den Gemeinden. Ihr Tun ist
gemeindeauferbauendes und damit auch gemeindeprägendes Tun.

Durch ihre Anteilhabe am dreifachen Amt Christi und als Mitarbeiter
der Bischöfe leiten sie die Gemeinden. Konkret fordert der Auftrag
zur Lehre dabei von den Pfarrern die katechetische Unterweisung der
Gläubigen, wozu sie auch die Mitarbeit der Laien in Anspruch nehmen sollen. Der Dienst der Heiligung verlangt vor allem die Sorge
darum, daß die Eucharistie die Mitte allen gemeindlichen Tuns darstellt.

---

356 AA 3.
357 PO 9.
358 LG 3.
359 BLASCHE: Kollegialität, 200.

Die Hirtenpflicht setzt das Mühen voraus, die Gemeinde kennenzulernen, und beinhaltet die besondere Sorge um die Armen und Kranken, um die Jugendlichen und die Werktätigen der Pfarrei. "Bei all dieser Mühe steht der Pfarrer innerhalb seiner Gemeinde aber nicht allein."[360] Seine Leitungstätigkeit hat vielmehr das Mittun aller an der Auferbauung der Gemeinde zum Ziel. Er hat die Charismen zu unterscheiden, zu fördern und zusammenzubringen zum gemeinsamen Tun.

6.1.4 Pastoraltheologische Konsequenzen für das Verständnis der Leitung durch den Pfarrer

1. Der Priester im Kontext des Anspruchs der Erneuerung und Verlebendigung der Gemeinde

Ohne Zweifel kommt dem Pfarrer in der momentanen Situation der Kirche, im Prozeß der Veränderung, eine entscheidende Rolle zu. "Im vielgestaltigen Erscheinungsbild christlicher Gemeinden spielt die Art und Weise, wie ein Pfarrer sein Amt versieht, eine wichtige Rolle."[361]

Die immer wieder geforderte bewußte Übernahme von Verantwortung aller in der Gemeinde, die tätige Mitsorge, die selbständige Arbeit sind Ziele, deren Verwirklichung auch der Pfarrer ermöglichen soll.

Sicher ist es richtig: "Der Pfarrer kann durch sein Verhalten in der Zeit des Überganges seiner Gemeinde den Prozeß des Selbständigwerdens erheblich erleichtern."[362] Andererseits zeigt die Praxis, daß sowohl jene, denen am Erhalt volkskirchlicher Verhältnisse gelegen ist, als auch jene, die ein aktives, auf Erneuerung ausgerichtetes Gemeindeleben wollen, dazu tendieren, ihren Pfarrer trotz all seines Eifers, Menschen und Verhältnisse zu ändern, beharrlich und störrisch mißzuverstehen als den Pfleger und Stabilisator ihrer Form der Teilnahme an

---

360 WIEH: Konzil und Gemeinde, 169.
361 MÜLLER: Pfarramt, 315 f.
362 SCHLÖSSER, Felix u. Michael KRATZ: Gemeinden ohne Priester. Limburg 1973, 38.

der Kirche und ihrer religiös-moralischen Einstellungen und Verhaltensweisen."[363]

Die Volkskirche als eine Institution im Übergang bedeutet, daß "weder die Kirche noch der einzelne Pfarrer aus der Dialektik von 'Treue und Verrat', von Ende und Anfang je herauskommen könnte oder auch nur herauskommen wollen dürfte. Die Schwierigkeit, Pfarrer zu sein, ist eben die, diese Dialektik von Treue und Verrat, von Kontinuität und Wandel, von Ende und Anfang in der eigenen Person, in der eigenen Berufsführung durchhalten zu müssen."[364]

Das heißt, der Pfarrer muß zwar einerseits für die Traditionssicherung in der Gemeinde einstehen, ohne jedoch dadurch ein wesentliches Element dieser Tradition, nämlich seine eigene Rolle, die dominierende Rolle des Priesters, weiter zu stabilisieren. Andererseits steht er ohne Zweifel im Dienst und unter dem Anspruch der Bürgschaft für die gute Zukunft, "dient also nicht so sehr der Stabilisierung in den religiös-moralischen Erfahrungen und Regeln von gestern, sondern der Befreiung zum Wandel im Wandel der Welt".[365]

Der Pfarrer steht also immer in dem Dilemma, daß einerseits seinem Amt Multifunktionalität und Omnipotenz zugeschrieben werden, er ist der originäre Führer, Lehrer und Helfer, und andererseits ist von ihm verlangt, erwartungsfreie, herrschaftsfreie Räume und Lernfelder in der Gemeinde zur Verfügung zu stellen, so daß jede und jeder die ihm eigene Berufung entdecken und leben kann und sich so Gemeinde und Kirche erneuern und verlebendigen.

Weder Traditionssicherung, auch und gerade im Sinn von Fortschreibung der Tradition, noch innovativer Mut, die beide zusammen die Erneuerung der Gemeinde ausmachen, lassen sich aber einer Gemeinde, einzelnen Gruppen oder Gemeindemitgliedern verordnen. Deshalb bleibt m.E. dem Pfarrer als Weg ausschließlich der Versuch einer dialogischen Pastoral. Er muß sich selbst den Wandel des Priesterbil-

---

363 LANGE, Ernst: Die Schwierigkeit, Pfarrer zu sein. In: Norbert GREINACHER u. Norbert METTE u. Wilhelm MÖHLER (Hrsg.): Gemeindepraxis. Analysen und Aufgaben. München - Mainz 1979, 216.
364 Ebd. 219.
365 Ebd. 222.

des zumuten, wie ihn GARHAMMER formuliert hat: "von der Standesgnade zur Dialogfähigkeit".[366]

Dies bedeutet, daß der Pfarrer all sein Handeln ständig daraufhin überprüfen muß, inwieweit es im Einklang mit einer Kirche steht, die sich spätestens seit dem II. Vatikanum nicht mehr als eine Instanz versteht, "die von oben herab bloß dirigistisch festschreibt, wie es im Leben der Menschen zugehen soll."[367] Er dient der Erneuerung und Verlebendigung der Kirche gerade dadurch, daß er sich werbend, einladend im Dialog mit der Gemeinde befindet. Jeder andere Umgang mit der Gemeinde wäre kontraproduktiv zur Zielvorgabe: Verlebendigung und Vertiefung der Communio. "Ein Seelsorger, der sich zum alleinigen Maßstab des pastoralen Handelns macht und auf diese Weise eine ganze Gemeinde von oben herab zwingt, ... hat schon vom Ansatz her den Dialog mit den anderen verfehlt und die Chance verpaßt, die Gemeinde Jesu Christi auf dem von ihr zu verantwortenden Weg zur Communio zu begleiten."[368]

Der Pfarrer wird sich fragen müssen, inwieweit er sich einerseits eine pointiert eigene Meinung bildet und diese vertritt, inwieweit er andererseits offen wird für die Argumente der anderen und ob sein Handeln daraufhin angelegt ist, daß es ein gemeinsames Suchen nach der richtigen Antwort ermöglicht. Er "muß das Miteinander mündiger, reifer, radikaler Gewissensträger im Blick haben, da gemäß der adäquaten Korrespondenz von Freiheit zu Freiheit ein Miteinander ohne dieses Befreiungsziel nicht stattfinden kann. Vielmehr bliebe eine Gemeinde ohne diese Intention im Neben-, Gegen- oder Übereinander stecken. Nur Miteinandersein gewährt Freiheit, aber auch: nur gegenseitige Freiheitsermöglichung gewährt Miteinandersein."[369]

366 Vgl. GARHAMMER: Riskantere Praxis, 166 - 168.
367 BIRKENBEIL, Edward J.: Dialogisches Leben als fundamentale Voraussetzung für die Communio-Praxis im Miteinander-Kirche-Sein. In: Josef MÜLLER u. Edward J. BIRKENBEIL (Hrsg.): Miteinander Kirche sein. Idee und Praxis. München 1990, 81.
368 BIRKENBEIL: Dialogisches Leben, 81.
369 WINDISCH: Auf dem gemeinsamen Weg, 38.

2. Den gemeindestiftenden und -auferbauenden Glauben zu wecken und zu stärken, ist Grundauftrag des Priesters.

"Der Priester in seiner Gegenwärtigkeit verhindert, daß die alles grundlegende Heilstat Gottes von den Menschen als eine vergangene, immer gründlicher vergehende, immer uninteressanter werdende Angelegenheit zurückgelassen wird. Gottes Wort und Sakrament, die Kirche Jesu Christi, sind heute genauso präsent, genauso unbequem, ärgerlich und Entscheidung fordernd wie je. Der Priester ist dazu ausersehen, diese ärgerliche Präsenz, die immer eine Umkehr zu den Ursprüngen, einen Aufblick aus der Horizontalen in die Vertikale fordert, in den Menschen wachzuhalten."[370] Der persönliche Glaube des einzelnen erfordert die Sorge und das Mühen des Priesters. Doch im selben Maß wird von seinem Tun verlangt, Möglichkeiten zu eröffnen, daß der Glaube des einzelnen seine gemeindebildende Kraft entfalten kann. Gerade hier gilt: "Wir müssen entschieden die Ära des Individualismus und des Isolationismus hinter uns lassen und alles vorantreiben, was der Idee der Gemeinschaft dient."[371] Das Konzil wollte unter allen Umständen Vorstellungen von einem wie auch immer gearteten Heilsindividualismus wehren.

Der Pfarrer muß seine Gemeinde im Blick haben als den "Schnittpunkt, an dem sich der persönliche Glaube und der Glaube der Kirche begegnen. Die Gemeinde ermöglicht die Betätigung des persönlichen Glaubens und vermittelt zugleich den 'kirchlichen Glauben' als Glauben der Gemeinschaft der Kirche. Somit ist die Gemeinde jener Raum, in dem der Glaube des einzelnen in die Dimension der Kirche und in die gemeinsame Verantwortung einbezogen wird."[372]

Dies bedeutet, der Pfarrer wird seinen pastoralen Alltag kritisch beleuchten müssen und fragen, welchen tatsächlichen Stellenwert der Dienst am Glauben in seiner Gemeindearbeit einnimmt. Er wird fragen, ob sein Handeln Glauben provozierendes Tun ist, das ein Mün-

370 BALTHASAR, Hans Urs von: Der Priester in der Kirche. In: Lebendige Seelsorge 23 (1972) 7.
371 SUENENS: Mitverantwortung, 109.
372 MÜLLER: Gemeinde, 80.

digwerden der Gemeinde in einem existentiellen Glauben zum Ziel hat.

Ist der Prozeß der Mündigwerdung im Glauben innerhalb einer Gemeinde sehr weit gediehen, darf der Pfarrer die Verantwortung aller für ihren persönlichen Glauben und das Glaubensleben der Gemeinde nicht wieder aus Willkür oder Ängstlichkeit beschneiden. Seine Aufgabe besteht fortan darin, "sichtbar zu machen, daß die Gemeinde sich nicht selbst für mündig erklärt, sondern durch die Kirche als solche anerkannt werden muß".[373] Darüber hinaus gilt nur, was im Konfliktfall jedem anderen Gemeindeglied auch obliegt, bei ihm allerdings zur ausdrücklichen zusätzlichen Verpflichtung wird, nämlich Einspruch zu erheben, wenn durch einen Abfall der Mehrheit der Gemeindeglieder gegen die Gemeinschaft mit der Gesamtkirche und so mit Jesus Christus verstoßen wird. Er tritt dann der Gemeinde amtlich gegenüber.

3. Der Priester zwischen bischöflicher Ortskirche und Pfarrgemeinde

Die hierarchische Struktur innerhalb der Kirche, die Vertikale in der Kirchenstruktur und die Horizontale, die Gemeindestruktur, treffen im Amt und in der Person des Priesters als Gemeindeleiter aufeinander. Hier wird der Pfarrer zum Schnittpunkt der bischöflichen Ortskirche mit der Pfarrgemeinde. Gemeinde als Kirche Gottes am Ort einerseits und die bischöfliche Ortskirche andererseits sind ekklesiologisch gedacht keine grundsätzlich verschiedenartigen Wirklichkeiten. Unter organisationssoziologischen Gesichtspunkten handelt es sich allerdings bei Bistum und Pfarrei ohne Zweifel um zwei unterschiedliche Organisationsformen.[374] "Der einzelne Seelsorger befindet sich im Schnittpunkt zweier Organisationsmuster. Einmal ist er das unterste Glied der kirchlichen Hierarchie und somit deren Anordnungsvollmacht unterworfen. Zum anderen ist er Leiter einer Ortskirchengemeinde und von daher weitgehend von der Kooperationsbereitschaft der Gemeindemitglieder abhängig."[375] Der Priester

373 WESS: Ihr alle seid Geschwister, 103.
374 Vgl. die Überlegungen in SPIEGEL, Yorick: Der Pfarrer im Amt. München 1970, 148 f.
375 INHOFFEN, Peter: Die Kommunikation zwischen Gemeinde und Kirchenleitung. In: Lebendige Seelsorge 24 (1973) 99.

sieht sich also mit unterschiedlichen Funktionsbeschreibungen seiner Aufgabe konfrontiert, "aus denen Rollenkonflikte der Seelsorger mit moralischer Notwendigkeit folgen".[376]

Offenheit der Gemeinde für die Diözese heißt Offenheit für das, was Kirche als ihr Wesen und ihren Auftrag entdeckt, "in dem Maße, in dem sie thematisch und organisatorisch im Prozeß des 'aggiornamento' fortschreitet".[377] Kirche, die sich viel stärker als missionarisch evangelisierende Kirche versteht, Kirche, die ihre Verantwortung für Schöpfung und Welt konkretisiert, Kirche, die sich mit gesellschaftlichen Prozessen auseinandersetzt, Kirche, die sich als Trägerin von Bildungsverantwortung im Sinne des lebenslangen Lernens begreift, um nur einige Beispiele zu nennen, sucht all dies in Initiativen und pastoralen Planungen an die Pfarrgemeinden weiterzugeben. Das heißt zunächst aber nur, daß all dies durchschlägt "auf den Pflichtenkatalog des Pfarrers, ohne daß dadurch anderes, Herkömmliches in nennenswertem Umfang gestrichen würde".[378]

Versucht der Pfarrer nun diese Anliegen in die Gemeinde hinein zu verwirklichen, hat er in aller Regel nicht die Möglichkeit, dies mittels Kommunikation von oben nach unten zu tun, mittels der bloßen Weitergabe von Anordnungen, Direktiven und Anregungen. Auf der Ebene der Gemeinde bleibt ihm nur ein mühsamer Kommunikationsprozeß, will er das immer wieder formulierte pastoraltheologische Postulat von der Subjekthaftigkeit der mündigen Gemeinde nicht aus dem Blick verlieren. Will der Pfarrer also tatsächlich die Gemeinde offenhalten für die Diözese, will er dafür Sorge tragen, daß pastorale Leitlinien, wie sie von der Kirchenleitung entworfen werden, die Lebensvollzüge auch der Gemeinde bestimmen, der er vorsteht, kann er unter einen großen Druck geraten.

Andererseits läßt ihm die Institution Kirche auch einen ungeheuer großen Freiraum. Der Pfarrer ist frei, so formuliert LANGE aus seiner eher evangelischen Sicht heraus, "weil er a) seiner rechtlichen Stellung nach nahezu unabsetzbar und undisziplinierbar ist; b) weil seine

---

376 Ebd. 99.
377 LANGE: Pfarrer sein, 214.
378 Ebd.

Pflichten zwar zahlreich, aber nicht von der Art sind, daß ihre Erfüllung über die alleräußerlichsten statistischen Kontrollen hinaus überprüfbar wären; und schließlich c) weil er in seiner geistlichen Amtsführung, das heißt inhaltlich, völlig unabhängig und nur an Schrift und Bekenntnis gebunden ist. Und diese seine geistliche Freiheit wächst in dem Maße, in dem diese Normen unsicher, weil in ihrer geschichtlichen Relativität und Pluralität erkennbar werden. Die Freiheit des Pfarrers ist fast so beängstigend, wie sein Pflichtenkatalog absurd ist."[379] Wenngleich aus katholischer Sicht ergänzt werden muß, daß der Pfarrer über die Bindung an Schrift und Bekenntnis hinaus der Communio der Kirche und der Einheit des Presbyteriums bzw. der Einheit mit seinem Bischof verpflichtet ist, so ist der Hinweis von LANGE auf die Freiheit des Pfarrers dennoch auch für unsere Überlegungen sehr wichtig. Diese faktische Freiheit bedeutet, daß sich die Institution Kirche auf den Pfarrer als Bindeglied zwischen bischöflicher Ortskirche und Pfarrgemeinde verlassen muß und auf ihn, auf seine Arbeitskraft, auf seine Kooperationsbereitschaft, seine Urteilskraft und Kreativität angewiesen ist.

Dies heißt zum einen, der Pfarrer muß sich seiner doppelten Rolle im Schnittpunkt zwischen Ortskirche und Pfarrgemeinde bewußt sein; sein Handeln muß die Pfarrgemeinde für die bischöfliche Ortskirche offen halten, muß eine kommunikative Vernetzung gewährleisten. Dies bedeutet aber auch, er muß für den Rückfluß der Kommunikation von unten nach oben Sorge tragen. Zum anderen muß er sich fragen, inwieweit er die Balance hält zwischen dem Aufnehmen und Umsetzen von Anliegen, die ihm von der Kirchenleitung aufgetragen sind, und seiner persönlichen Freiheit im Blick auf die tatsächlichen Bedürfnisse und Notwendigkeiten des Prozesses der konkreten Pfarrgemeinde, der er vorsteht, zu entscheiden, was Priorität hat und was vernachlässigt werden kann. Dabei sind beide Extreme zu vermeiden: Der Pfarrer darf sich nicht zum bloßen Handlanger diözesaner pastoraler Direktiven machen lassen, darf aber andererseits auch nicht ignorieren, was Wesen und Auftrag der Ortskirche ist, der die Pfarrgemeinde zugehört.

---

379 Ebd.

4. Der Priester ist der Vorsteher der Eucharistie.

"Weil gerade sie den Geschenkcharakter des Heils, der Gemeinschaft mit Gott und der von Gott durch Jesus Christus gestifteten Gemeinschaft der Gläubigen untereinander sichtbar macht; und weil sie das Zeichen der Einheit mit der Kirche und durch sie mit Jesus Christus ist. Deshalb soll sie der leiten, dem durch die Weihe aufgetragen ist, diese Einheit zu verkörpern und der Gemeinde dadurch bewußtzumachen, daß sie sich als ganze der Gnade Gottes verdankt, was sie ja gerade in der Eucharistie feiert."[380]

Die dominierende Rolle des Priesters in der Gemeinde wird verstärkt durch seine Funktion als Vorsteher der Eucharistiegemeinschaft. Von der Wahrnehmung der Gemeinde her gedacht gilt: "Wer den Gottesdienst leitet oder wer beerdigt (beides wohl die komplexesten religiösen Gemeinschaftsvollzüge), der gerade ist Pfarrer im Sinne des kompetenten Gemeindeleiters."[381] Kompetenz wird ihm aber nicht nur dadurch zugesprochen, daß er sichtbar dem Gemeinschaftsvollzug Eucharistie vorsteht, sondern auch dadurch, daß er in diesem gemeinschaftlichen Tun den privaten und individuellen Bedürfnissen einzelner entspricht. "Der Pfarrer ist immer auch ein priesterlicher Religionsagent, auf den sich die religiösen Wünsche und Hoffnungen in den Gemeinden in besonderer Weise konzentrieren."[382] Es gibt eine Hierarchie der Leitungsfunktionen, die der Prioritätensetzung bei den eigenen Bedürfnissen entspricht. D.h., entspricht der Pfarrer den vorrangigen Erwartungen, die einzelne im religiös-kirchlichen Kontext haben, ist er für sie in jedem Fall der originäre und erste Gemeindeleiter.

Dies bedeutet zum einen: Der Pfarrer muß sich der zentralen Rolle bewußt sein, in der er in der Gemeinde agiert, dadurch daß er der Eucharistie vorsteht. Die Gemeinde hat ein Recht darauf, daß er diesen Dienst ausübt. Denn "das Amt ist für die Eucharistiefeier, für die Gemeindeleitung usw. da und nicht umgekehrt... Das Amt kann nicht

---

380 WESS: Ihr alle seid Geschwister, 105.
381 HPrTh Bd. 3, 562.
382 WEINRICH, Michael: Das Priestertum ohne Priesteramt. In: Paul HOFFMANN (Hrsg.): Priesterkirche. Düsseldorf 1987, 252.

sich selbst verabsolutieren."[383] Der Priester muß alles daran setzen, die zentrale Bedeutung, die diesem Dienst zukommt, nicht zu entwerten. "Wenn die Eucharistie uns tatsächlich das bedeutet, was der Glaube lehrt, dann können wir damit nicht wie mit einer serienmäßigen Dienstleistung verfahren. Den Gemeinden und dem Bischof kann nicht daran gelegen sein, daß die Priester zu liturgischen Funktionären entarten."[384] Der Pfarrer muß seine Praxis des Vorstehens der Eucharistie immer wieder daraufhin überprüfen, inwieweit sie der Bedeutung der Eucharistie und seiner eigenen Rolle darin gerecht wird.

Andererseits muß die Praxis des Pfarrers darauf zielen, der zentralen Rolle der Gemeinde bei der Eucharistiefeier Rechnung zu tragen. Wenn die Gemeinde ständig erlebt, daß es auch ohne sie geht, daß "die Messe stattfindet" ob mit oder ohne aktive Teilnahme der Gemeinde, ob mit oder ohne Ministranten, Organist, Mesner, Lektor, Kommunionhelfer, wird der Pfarrer seiner Verantwortung der Eucharistiefeier gegenüber nicht gerecht.

5. Die Leitungsfunktion des Priesters als Dienst an den Charismen der Gemeinde

"Der Priester muß wissen, daß sein Amt, seine Aufgabe, wenn auch wichtig und unersetzlich, doch nur eine Aufgabe unter vielen anderen darstellt, die zum Aufbau des Leibes Christi genauso wichtig sind. Er muß wissen, daß er Bruder unter Brüdern ist, daß sein Vorsteheramt ein Dienstamt ist. 'Wer unter euch der Erste sein will, der sei aller Knecht' (Mk 10,44)."[385] Der Pfarrer muß sich also bewußt sein, daß sein Tun einen funktionalen Charakter hat. Er hat dafür einzustehen, daß die in der Gemeinde vorhandenen, vom Geist Gottes geschenkten Fähigkeiten, Begabungen und Kräfte sich realisieren können. "Es ist wirklich in der Kirche so wie in einem Schachverein: Die wirklich den Verein Tragenden und ihm Sinn Gebenden sind die Mitglieder in dem Maße, in dem sie gut Schach spielen. Die Hierarchie der Vereinslei-

383 FRANKEMÖLLE, Hubert: Die Jesusbewegung als Basisgemeinde? In: DERS. (Hrsg.): Kirche von unten: Alternative Gemeinden; Modelle, Erfahrungen, Reflexionen. München/Mainz 1981, 56.
384 KAMPHAUS, Franz: Zur Lebenssituation des Priesters. In: Bibel und Liturgie 60 (1987) 32.
385 BLASCHE: Kollegialität, 200.

tung ist notwendig und sinnvoll, wenn und soweit sie der Gemeinschaft der Schachspielenden und ihrer 'Hierarchie' dient und nicht meint, mit dieser identisch zu sein und auch schon vi muneris am besten Schach spielen zu können. So ist auch in der Kirche das Amt zu respektieren, aber die Liebenden, die Selbstlosen, die Prophetischen in der Kirche machen die eigentliche Kirche aus, diese sind noch längst nicht immer identisch mit den Amtsträgern, auch wenn es zum katholischen Glauben gehört, daß Gottes Geist in der Kirche ein absolutes Schisma zwischen Geistträgern und Amtsträgern zu verhindern weiß und darum, aber nur so letztlich, auch dem Amt in der Kirche in seiner gesellschaftlichen Funktionalität so etwas wie Geistbegabung zukommt."[386]

Den Charismen Raum zu geben, dieser Dienst verlangt vom Pfarrer die Bereitschaft, immer wieder neu sich auf die Suche nach den noch verborgenen Talenten und Begabungen in der Gemeinde zu machen. Eine solche Sicht der Aufgabe des Pfarrers hat Konsequenzen für die Prioritäten, die er in seiner Arbeit setzt. Wenn er sein Tun in erster Linie so versteht, daß es ihm darum geht, den einzelnen und der Gemeinde die Wirklichkeit der vom Hl. Geist in ihnen bewirkten Charismen zu bezeugen, muß er sich fragen, wieviel Zeit er sich dafür nimmt, "Gläubige zu versammeln, um mit ihnen das Evangelium zu lesen, Glaubenserfahrungen auszutauschen, mit ihnen über das zu sprechen, was die Mitte der eigenen geistlichen Existenz bildet, und gemeinsam mit ihnen zu beten".[387]

Der Dienst an der charismatischen Grundstruktur der Gemeinde ist gerade da, wo es um die Unterscheidung der Geister geht, ein Tun in Vollmacht. Hier wird vom Priester eine brüderliche Autorität verlangt, eine Autorität, die immer wieder neu seine eigene Gewissensentscheidung herausfordern wird. Es bleibt in diesem Zusammenhang "eine unverzichtbare Aufgabe der Kirche und des jeweiligen Seelsorgers, im Namen des Gewissens aufzutreten, das Gute und das Böse beim Namen zu nennen und das Kommen des Reiches Christi prophetisch anzumahnen: als Anwalt der Armen und Entrechteten, als Kämpfer für das Leben und Überleben, als Visionär eines Lebens in

---

386 RAHNER: Strukturwandel, 61 f.
387 MÜLLER, Josef: Lebensräume des Glaubens. München 1981, 31.

Frieden und Gerechtigkeit".[388] Mit dem Stichwort vom "Kommen des Reiches Gottes" ist m.E. das Kriterium genannt, mittels dessen der Priester die Charismen in der Gemeinde zu unterscheiden hat. Die Gaben des Geistes Gottes dienen dem Kommen des Gottesreiches.

Dies bedeutet: Der Pfarrer wird sich immer wieder fragen müssen, wie unbefangen und selbstverständlich er damit umgeht, daß andere in der Gemeinde Fähigkeiten und Begabungen haben, die ihm nicht geschenkt sind. Er wird fragen müssen, ob er, wie RAHNER es nennt, von "fröhlicher Demut"[389] erfüllt ist, von der Demut, die weiß, daß das nie völlig reglementierbare Charismatische ebenso notwendig zu seiner Gemeinde gehört wie das Amt, das er selbst innehat. Darüber hinaus gilt: Was ein Charisma ist und wie es eingesetzt werden kann im Dienst an der Gemeinde, ist die Frage danach, was Gott von einem konkreten Menschen in einer konkreten Situation erwartet. Der Pfarrer muß sich fragen, inwieweit sein Tun in der Gemeinde ihr glaubwürdig vermittelt und bezeugt, daß er selbst aus dem Anruf Gottes heraus lebt und das zu tun sucht, was Gott von ihm erwartet. "Nur wenn der Priester selbst ganz entschlossen ist, nach dem Evangelium zu leben, wenn er Freude und Brüderlichkeit ausstrahlt, finden Menschen den Weg zu ihm, um zu fragen, was Gott vom einzelnen erwartet."[390]

Will der Priester den Dienst der Unterscheidung der Gaben wahrnehmen, will er den einzelnen und die Gemeinde immer wieder in die Krisis hineinnehmen, also hinterfragen, ob in dem, was als Wille Gottes zu tun erkannt wurde, sich tatsächlich das Wirken des Gottesgeistes offenbart, muß der Priester sich fragen, inwieweit sein Handeln Beleg einer natürlichen und authentischen Autorität ist. Begegnen die Menschen in ihm "eher einem kirchlichen Vollzugsbeamten als einem Jünger des Jesus von Nazareth? Kann man an seinem Leben, kann man an seiner Haltung, seiner Einstellung, seiner Art, mit Welt und Menschen umzugehen, einen Widerschein jenes faszinie-

---

388 BAUMGARTNER, Konrad: Der Seelsorger - ein Ermutiger der Gewissen. In: Hubert WINDISCH (Hrsg.): Mut zum Gewissen. Einladung zu einer riskanten Seelsorge. Regensburg 1987, 87.
389 RAHNER: Strukturwandel, 61 f.
390 MÜLLER: Lebensräume des Glaubens, 31.

renden Eindrucks ablesen, den Jesus gemacht hat: 'Er lehrte wie einer, der Vollmacht hat, und nicht wie ihre Schriftgelehrten (Mt 7, 29)'?"[391]

6.2 Gemeindeleitung im Pfarrgemeinderat

Die oftmals ungeklärte Rolle des Pfarrers im Pfarrgemeinderat, seine eigene Rollenunsicherheit und die Unsicherheit der übrigen Mitglieder des Pfarrgemeinderates machen eine effektive und für alle Beteiligten zufriedenstellende Arbeit oft schwierig, wenn nicht gar unmöglich. Dies ging aus den Erfahrungsberichten der Pfarrgemeinderäte deutlich hervor. Nicht minder problematisch, auch dies wurde offenkundig, ist es mit der Akzeptanz des Pfarrgemeinderates als Leitungsorgan der Gemeinde bestellt.

Oft scheint es so, daß der Pfarrgemeinderat seinen Ort in der Gemeinde nicht gefunden hat. Selbst wo dies jedoch der Fall ist, stellt sich in der Praxis trotzdem häufig die Frage danach, was Leitung der Gemeinde, als ein gemeinsames Handeln von Amtsträger und Laien, konkret heißen muß. Welche Aufgaben müssen in Kooperation mit wem wie wahrgenommen werden? Diesen Fragen soll nachgegangen werden.

6.2.1 Die grundsätzlich personale Dimension von Leitung

GLATZEL hat auf eine in diesem Zusammenhang sehr wichtige Entwicklung in der Ekklesiologie hingewiesen. Die einseitig christologische Begründung des Amtes, die am Ende dazu führte, den Priester aus der konkreten Situation der Gemeinde zu isolieren und in ihm nur noch den Mann der Sakramente zu sehen, führte zu einer verkürzten Sicht seines Auftrages in der Kirche. "Erst das II. Vatikanische Konzil hat die dadurch entstandenen Einseitigkeiten korrigiert, indem es die ekklesiale Dimension wieder zur Geltung brachte, wodurch auch die Zuordnung von Amt und Gemeinde eine andere Sicht erhielt. Stand zuvor die Amtsbefugnis im Vordergrund, so wird nun stärker die Sendung betont und damit weniger die

---

391 BAUMGARTNER: Seelsorger, 84.

'sachliche' als vielmehr die personale Zuordnung zwischen dem Amtsträger und den Gemeindemitgliedern gesehen."[392] Gerade mit dieser personalen Zuordnung, mit der personalen Dimension von Gemeindeleitung setzte sich die Würzburger Synode immer wieder auseinander.

Dies bedeutete für die Synode aber nicht, daß Gemeindeleitung nicht den sachlichen Fortschritt der Gemeinde im Blick haben muß, das Vorankommen in einem Entwicklungsprozeß, ein Tun also, das auch an äußeren, formalen Daten festgemacht werden kann und diese zum Ziel hat. Selbstverständlich war man sich auch darüber im klaren, daß das Verständigen über Ziele und das Feststellen eines eventuellen Übereinkommens das Wissen und Einhalten formaler Grundregeln braucht. Dabei wird es immer wieder besonders wichtig sein, "das Gespräch anzubahnen und ausufernde Emotionen auf sachbezogene Arbeit zurückzuführen".[393]

Nicht zuletzt gilt gerade für den Abschluß eines Meinungsbildungsprozesses im Pfarrgemeinderat: "Selbstverständlich muß abgestimmt werden. Anders kann man einen Konsens nicht feststellen."[394] Doch der erste Grundsatz für die Leitung der Gemeinde lautet: "Gott braucht Menschen. Damit sind wir alle ohne Unterschiede angesprochen. Priester und Laien, das ganze Volk Gottes ist damit gemeint."[395] So stellt sich als zentrale Frage die Suche nach der menschlichen Form der Leitung der Gemeinde.

Menschlich kann nicht sein, dies wird in der Synode häufig angemahnt, wenn der gerade auch durch den fortschreitenden Priestermangel immer mehr überforderte Priester die Leitungsverantwortung für eine oder mehrere Gemeinden allein aufgebürdet bekommt. Der mit immer mehr Arbeit beauftragte Priester "ist darauf angewiesen, aktive Mitarbeiter am Ort zu haben, die ihm einen großen Teil der Arbeit abnehmen, ja die, so möchte ich sagen, die direkte Gemeindeleitung am Ort vollziehen".[396] Er ist dabei, und darüber herrscht ein

392 GLATZEL: Gemeindebildung, 128.
393 BRÜNTRUP: Pfarrgemeinderat und Pfarrer, 69.
394 SYNODE: Protokoll 7. VV, 137.
395 Ebd. 135.
396 Ebd.

Konsens auf der Synode, wenigstens auf ihren Rat angewiesen, da die Wirklichkeit oder sein Auftrag zu handeln in der Regel so ungemein anspruchsvoll und kompliziert sind, daß es eingehender Besinnung und Beratung bedarf, bis man überhaupt zum Handeln fähig ist. Die meisten Aufgaben bedürfen der Beratung, "weil sich nicht von selbst darstellt, wie man richtig handeln soll. Die Wirklichkeit ist eben sehr differenziert, und das richtige Handeln ist sehr anspruchsvoll."[397] Eine der Funktionen, die die Synode im Pfarrgemeinderat sehen will, ist die, den Pfarrer dabei zu unterstützen, auf eine menschlich tragbare und kompetente Art und Weise seinen Teil der Gemeindeleitung wahrzunehmen.

Dabei ist jedoch wichtig, daß die Synode es nicht in das Belieben des jeweiligen Pfarrers gestellt hat, ob er sich beraten läßt oder nicht. "Nicht der Pfarrer hat zur Lösung von akut anstehenden Fragen einen Kreis von Beratern um sich versammelt - was ihm jederzeit unbenommen wäre -, sondern die Gesamtheit der Gemeinde hat dieser Gruppe als ihrem offiziellen Vertretergremium für einen festgesetzten Zeitraum ein Mandat erteilt."[398] Außerdem hat die Synode kein Ratsmodell entworfen, bei dem der Pfarrer außerhalb oder gegenüber steht. "Ehe man an das Gegenüber denkt, den Pfarrer, der beraten werden soll, käme es auf die gegenseitige Beratung der Ratsmitglieder selber an, natürlich unter Einschluß des Pfarrers."[399]

Die grundsätzlich personale Dimension von Gemeindeleitung wird zuallererst im dialogischen Miteinander konkret. Für den Priester selbst bedeutet dies die Chance zur "Vermenschlichung" seines Dienstes. Vielleicht kann er gerade in einer in den Dialog mit anderen hinein verwobenen Praxis des Dienstes der Gemeindeleitung mehr Mensch werden. Denn "erst aus der Bezogenheit zu einem Du erwacht das Ich zu sich selbst und erspürt dabei, was es sein soll: nämlich das Ich eines Menschen, das erst in der Beziehung und aus der Beziehung zum andern die Begegnung mit seinem Du wagen kann, um darin zum menschlichen Leben zu erwachen".[400]

---

397 SYNODE, 329.
398 SCHLÖSSER: Pfarrgemeinderat, 61.
399 Ebd. 63.
400 BIRKENBEIL: Dialogisches Leben, 65.

Wo es um die personale Dimension der Gemeindeleitung geht, muß im Blick auf den Pfarrgemeinderat noch ein weiterer Grundgedanke der Synode nachbuchstabiert werden. Während der Grundsatzdebatte über die pastoralen Dienste in der Gemeinde wird betont: "Die ideale Arbeitsform eines solchen Rates ist weder die parlamentarische Abstimmung mit einem Kampf um Mehrheitsvoten noch der autoritäre Leitungsstil, sondern das letztlich einmütige Handeln aus dem gemeinsamen Glauben heraus."[401] KASPER, der für die Synodenkommission VII spricht, erinnert daran, wie konfliktträchtig grundsätzlich dieses Miteinander im Leiten ist. Die Konflikte müssen ausgetragen und Wege gefunden werden, wie sie zur rechten Zeit auch wieder beendet werden können: "Aber das Ziel kann nicht die Unterdrückung einer Minorität durch eine Majorität sein. In einem Parlament kann es legitim sein, ein bestimmtes Gesetz mit einer Stimme Mehrheit durchzubringen. Das ist eine legitime demokratische Form. Das schiene mir aber in der Kirche bei Grundsatz-, bei Gewissensentscheidungen nicht möglich zu sein."[402]

Weder Majorisierung noch der autoritäre Leitungsstil eines einzelnen, sei es nun des Pfarrers, des Pfarrgemeinderatsvorsitzenden oder eines anderen, werden dem Anspruch einer menschlichen Form der Leitung gerecht. Der Pfarrgemeinderat ist eine Communio personarum, der selbstherrliche Personen oder selbstherrliche Mehrheiten schaden. Vielmehr geht es darum, daß jeder dem anderen das Recht gewährt, "seine Sichtweise von den Ereignissen einzubringen. Beide hören aufeinander und leben aus dem Dialog, so daß Wort und Antwort sowie Antwort und Wort eine gemeinsame Verantwortung für das Handeln freigeben."[403] Nur so ist auch eine "Vermenschlichung" der Last gemeinsam getragener Verantwortung möglich. Gerade weil Leitung eine zunächst grundsätzlich personale Dimension hat, ist jeder Versuch, Leitung auszuüben, der dies nicht berücksichtigt, auch zwangsläufig ineffektiv.

"Grundsätzlich gilt, daß sich alle einbahnigen, ihrer Struktur nach autoritären Kommunikationswege als wenig wirksam erweisen, sobald

---

401 SYNODE: Protokoll 7. VV, 137.
402 Ebd.
403 BIRKENBEIL: Dialogisches Leben, 75.

es um die Veränderung grundlegender Einstellungen und Verhaltensweisen erwachsener Menschen geht."[404] Aber genau diese grundlegenden Einstellungsänderungen werden im Prozeß des gemeinsam Gemeindeleitens immer wieder bei einzelnen nötig sein.

6.2.2 Die korrektive Funktion des Pfarrgemeinderates

Amtsträger und Laien sind im Pfarrgemeinderat aufeinander verwiesen. Die Struktur und die Formen dieses Aufeinander-verwiesen-Seins, wie sie die Synode in ihrer Mustersatzung festgeschrieben hat, waren und blieben bis zum Ende in den Debatten der Vollversammlung umstritten: "Die einen befürchten, daß das Amt durch die Gremien der Mitwirkung in unzulässiger Weise in seiner Entscheidungsvollmacht eingeschränkt wird, die anderen sehen im Gegenteil das Prinzip synodaler Mitwirkung an entscheidenden Punkten nicht ernstgenommen."[405] DÖPFNER hat in seiner Schlußansprache auf der Synode eingeräumt, daß es sehr schwierig war, hier einen von möglichst vielen akzeptierten Mittelweg zu finden. "Wir haben vielleicht nicht immer schon die beglückende Formel gefunden, aber doch zwischen den Extremen den Raum ausgespart und die Richtung für die gesuchte Synthese gewiesen. Nicht zuletzt darin versuchten wir allumfassend, d.h. katholisch, zu sein."[406] Dies bedeutet für die Einrichtung des Pfarrgemeinderates, sich von dem grundsätzlichen Anliegen leiten zu lassen: "Die Spannung zwischen dem Dienst der Laien und dem Priester - in je eigenem Auftrag - darf nicht aufgelöst werden, da sie für das Leben in der Kirche entscheidend ist."[407]

Die Synode wollte eine Form der Leitung der Gemeinde, in der diese Spannung gewahrt bleibt, Amt und Laien aufeinander verwiesen sind, sich ergänzen und gegenseitig zum Korrektiv werden.

Einerseits kann die Einbindung des Leitungsamtes in die Struktur des Pfarrgemeinderates dem Pfarrer zu einem institutionalisierten Korrektiv werden, das ihm immer wieder verdeutlicht, daß er nicht Mit-

404 ZULEHNER: Religion nach Wahl, 113.
405 SYNODE: Protokoll 2. VV, 304 f.
406 DÖPFNER: Synode, 8 f.
407 Ebd. 13.

telpunkt der Gemeinde ist. Gerade die Zusammenarbeit mit den Laien im Pfarrgemeinderat "ist im Blick auf die überkommenen Leitbilder für das Verhalten und Wirken des Priesters noch weithin Neuland. Wunsch eines Priesters ist es in der Regel, eines Tages 'seine eigene Pfarrei zu haben'."[408] Das institutionalisierte Verwiesensein auf andere zeigt jedoch: "Nicht die eigene Person steht im Mittelpunkt der Seelsorge, sondern Jesus, der Christus, der allein Mittelpunkt unseres Lebens ist."[409]

Andererseits erinnert die Verwiesenheit auf das Amt die Laienmitglieder daran, daß sie zwar Kirche sind, denn wo sie im Namen Jesu und im Gehorsam gegen das Evangelium sich dem Dienst an der Gemeinde und für Welt und Gesellschaft zur Verfügung stellen, da geschieht Kirche, ja, da handelt Kirche. "Immer wo aber 'im Namen der Kirche' gesprochen und gehandelt wird, ist die Verbindung mit dem kirchlichen Leitungsamt unerläßlich; als Garant der inneren Einheit der Kirche repräsentiert es den einenden und begründenden Dienst Jesu."[410]

Auf der Synode wird daran erinnert, daß "nach katholischem Verständnis eine Gemeinde oder Diözese ohne den ihr zugeordneten Amtsträger nicht vollständig ist, daß aber auch der Amtsträger nicht allein die Gemeinde oder Diözese ausmacht".[411] Dies heißt einerseits: Der Pfarrer ist nicht Gemeindeersatz. Gerade die in der Institution ausgedrückte Wirklichkeit, daß die Gemeinde ihre Mitarbeiter aus sich heraus bestellt, hat eine korrigierende Funktion für den Pfarrer. "Der Priester hört auf, Gemeindeersatz zu sein. Der Auftrag, zu leben, was das Evangelium ansagt, trifft nicht in erster Linie ihn, sondern die Gemeinde. So sucht der Priester auch keine Mitarbeiter. Er selbst soll vielmehr Mitarbeiter der Gemeinde sein."[412] Andererseits erinnert die Tatsache, daß der Pfarrer nicht aus der Gemeinde heraus, sondern "von außen her" zum Mitarbeiter und Vorsteher für die ganze Ge-

---

408 BRÜNTRUP: Pfarrgemeinderat und Pfarrer, 69.
409 Ebd.
410 HEMMERLE: Theologische Bemerkungen, 141.
411 SYNODE: Protokoll 2. VV, 306.
412 SCHULZ, Heinz-Manfred: Die territoriale Gemeinde als Basisgemeinde. In: Hubert FRANKEMÖLLE (Hrsg.): Kirche von unten: Alternative Gemeinden; Modelle, Erfahrungen, Reflexionen. München/Mainz 1981, 117.

meinde bestellt wird, die er auch als ganze im Blick zu haben hat, daran, daß auch der Pfarrgemeinderat und seine Laienmitglieder sich nicht als Gemeindeersatz verstehen dürfen. In diesem Zusammenhang betont die Synode m.E. zu Recht, "daß unter den Strukturen der Mitverantwortung in den Gemeinden nicht nur die Räte zu verstehen sind. Vielmehr setzen die Räte eine lebendige Gemeinde mit vielfältigen Querverbindungen, Aktivitäten, Gruppen und Verbänden voraus."[413]

Die Institution des Pfarrgemeinderates wird von der Synode im Zusammenhang dessen gesehen, was sie als ihren Auftrag ansieht, "nun, wenn es um Erneuerung unserer Kirche geht, ein Verhältnis zwischen Priestern und Laien zu finden, bei dem wir zueinander sagen können: Gib du mir deine Sorgen".[414] Die Synode betont immer wieder ihre Überzeugung, "daß es keine Alleinverantwortung der Amtsträger gibt und das hierarchische Prinzip durch das Prinzip synodaler Mitwirkung zu ergänzen ist".[415] Einerseits heißt das: Die Einrichtung des Pfarrgemeinderates kann den Pfarrer immer wieder korrigieren und entlasten. Er ist nicht der einzige und der, der allein die Sorge für die Gemeinde trägt. Er ist nicht der einzige und alleinige Seelsorger der Gemeinde. Andererseits bedeutet es für den Pfarrgemeinderat, der mit dem Dienst des Pfarrers konfrontiert wird, daß er seine seel-sorgerliche Verantwortung ebenfalls wahrnehmen muß. Der Dienst des Seelsorgers, wenn sein Tun tatsächlich in erster Linie seelsorgliches Tun ist, wird zum ständigen Korrektiv für die Arbeit der Laienmitglieder im Pfarrgemeinderat.

Zur Frage der Leitung der Pfarrgemeinde heißt es im Synodenbeschluß Pastoralstrukturen: "Der Pfarrer leitet die Pfarrgemeinde kraft seiner Weihe und seiner Beauftragung durch den Bischof. Er nimmt die Leitungsaufgabe im Zusammenwirken mit dem Pfarrgemeinderat wahr."[416] Man kann mit BLASCHE schlußfolgern, daß die "Leitung der Pfarrei nicht mehr allein in den Händen des Pfarrers liegt,"[417] sondern durch das kollegiale Gremium Pfarrgemeinderat mitausgeübt wird. Gerade darin liegt wohl das stärkste gegenseitige Korrektiv und

---

413 SYNODE: Protokoll 2. VV, 306.
414 SYNODE: Protokoll 7. VV, 158.
415 SYNODE: Protokoll 2. VV, 305.
416 Synodenbeschluß: Pastoralstrukturen, 1.1.2.
417 Vgl. BLASCHE: Kollegialität, 203 f.

gleichzeitig die konfliktträchtigste Spannung begründet. "Niemand von uns will bestreiten, daß sich oft in dem Verhältnis zwischen Räten und Amtsinhabern eine ungesunde Polarität abzeichnet, daß die einen mehr dem Amt wegnehmen möchten, während die anderen auf ihrem Standpunkt beharren. Wenn man das den Laien aber als Amtsanmaßung auslegt, muß man auf der anderen Seite auch erkennen, daß falsches Amtsverständnis und Beharren auf Herrschaftsansprüchen genauso verurteilenswert sind."[418]

Einerseits stellt die von der Synode geforderte Ausübung des Leitungsamtes im Zusammenwirken mit dem Pfarrgemeinderat für den Pfarrer selbst eine ständige Korrektur seines Amtsverständnisses dar. Andererseits zwingt es die Laienmitglieder des Pfarrgemeinderates dazu, ein eigenes Selbstverständnis von ihrem Dienst zu entwickeln, damit "sie sich nicht kritiklos als 'Hilfskleriker' in jeder ihrer Äußerungen und Handlungen an das Amt klammern".[419]

6.2.3 Pastoraltheologische Konsequenzen für eine dialogische Leitungsstruktur

1. Soll die durch Konzil und Synode neu beschriebene Zuordnung von Amt und Gemeinde Konsequenzen für die Praxis der Leitung der Gemeinde haben, ist es m.E. unverzichtbar, sich zunächst der hier zugrundeliegenden, sehr differenzierten Zusammenhänge von Amt und Gemeinde bewußtzuwerden. PERELS weist z.B. in diesem Kontext auf wenigstens fünf mögliche Machtzentren in der Gemeinde hin, die für das Miteinander von Amt und Gemeinde von entscheidender Bedeutung sind.[420]

Da ist zum einen der Pfarrer, zum anderen der/die Vorsitzende des Pfarrgemeinderates. "Beider Arbeitsbereich umfaßt selbstverständlich auch die Führung und Organisation der Kirchengemeinde."[421] Beide repräsentieren verschiedene Machtzentren und begründen ihre Kompetenz von verschiedenen Ebenen aus. "Dem Vorsitzenden des Pfarr-

---

418 SYNODE: Protokoll 2. VV, 315.
419 ZDK: Pfarrgemeinderat, 10.
420 Vgl. PERELS: Kirchengemeinde, 33 - 52.
421 PERELS: Kirchengemeinde, 33.

gemeinderates wird durch seine Wahl in einer besonderen Weise das Vertrauen der Mitglieder des Rates ausgesprochen. Er ist für den Pfarrer der erste Kooperationspartner und darum für das Gelingen der Arbeit mit entscheidend. Sehr wichtig ist sein partnerschaftlicher Umgang mit dem Pfarrer. Wenn die Beziehung zueinander gut ist, ist das Miteinander-Arbeiten kein Problem. Gegenseitiges Sich-Achten und die Suche nach Einheit sind wichtiger als Durchsetzungsvermögen."[422]

Ein weiteres "Machtzentrum" ist das Team der Hauptamtlichen in der Gemeinde. Die Synode ist sich deren zentraler Bedeutung bewußt und fordert deshalb die Einrichtung einer ständigen Pastoralkonferenz. "Die ständige Pastoralkonferenz setzt sich aus allen zusammen, die als Priester, Diakone, Pastoralassistenten/referenten im pastoralen Dienst haupt- oder nebenberuflich tätig sind. Je nach Gegenstand der Beratungen sind auch Kirchenangestellte und ehrenamtliche Dienste an den Sitzungen der Pastoralkonferenz zu beteiligen. Den Vorsitz führt der Pfarrer; er ist verpflichtet, in einem festgelegten regelmäßigen Zeitabstand die Pastoralkonferenz einzuberufen."[423]

Die nicht hauptamtlichen Mitarbeiter in der Gemeinde, der große Kreis derer, die mit ihrer ehrenamtlichen Mitarbeit die Lebensvollzüge in den Gemeinden ganz entscheidend prägen, sind ein weiterer, sehr wichtiger Faktor, der den Willensbildungs- und Entscheidungsprozeß der Gemeinde nachhaltig beeinflußt. Diese informellen Gruppen von Mitarbeitern, "selbst wenn sie frei von jeder Art von Kompetenz sind, werden zu einem bedeutenden Machtfaktor der Kirchengemeinde".[424]

Daneben beeinflussen oftmals örtliche Traditionen in einem sehr hohen Maß die Entscheidungen, ohne daß dies den tatsächlich entscheidenden Personen immer bewußt sein muß. D.h., die Gemeinde in ihrer Gesamtheit, mit ihrer Geschichte, den in ihr vorherrschenden Interessen, ob sie nun von einzelnen Gruppen artikuliert werden oder nicht, ob es sich dabei lediglich um Stimmungen und Gefühle handelt

422 BRÜNTRUP: Pfarrgemeinderat und Pfarrer, 70.
423 Synodenbeschluß: Dienste und Ämter, 6.1.
424 PERELS: Kirchengemeinde, 34.

oder um klar formulierte Erwartungen, ist ein weiterer Machtfaktor, der nicht gewichtig genug eingeschätzt werden kann, will man realistisch auf das Miteinander von Amt und Gemeinde in der Gemeindeleitung reflektieren.

"Die Zusammenarbeit aller im einen Dienst der Gemeinde findet ihren Ausdruck vor allem im Pfarrgemeinderat."[425] So hält dies die Synode fest. Vergewissert man sich jedoch der eben kurz angedeuteten Fülle von Einflüssen, Machtaufteilungen und Kompetenzen innerhalb der Pfarrgemeinde, wird deutlich, welch hohe Ansprüche dies an den Pfarrgemeinderat und seine Mitglieder und alle anderen an der Gemeindeleitung Mitbeteiligten stellt. Die immer wieder aufgestellten Forderungen nach Kooperationsbereitschaft, Vertrauen und partnerschaftlichem Umgang miteinander sind m.E. allein wenig hilfreich, um die Institution Pfarrgemeinderat zu einem effektiven Leitungsorgan der Gemeinde werden zu lassen.

Denn darauf weist GLATZEL zu Recht hin: "Die innerpfarrliche Kommunikation ist das Hauptproblem dieser Institution überhaupt. Solange die Funktionen, die sie zu erfüllen hat, nicht im Bewußtsein derer verankert sind, für die sie erfüllt werden, kann sich keine ausreichende Kommunikation zwischen den Beteiligten entwickeln. Ebensowenig können auch stabile Erwartungshaltungen entstehen, an denen sich die tatsächlich geleistete Arbeit messen läßt."[426] Dies führt aber dazu, daß Meinungsbildungs- und Entscheidungsprozesse entweder ungeheuer langsam und zähflüssig vonstatten gehen, es zu einem großen Reibungsverlust kommt, Leitung also letztlich nicht effektiv geschieht; oder es kommt dazu, daß einige wenige sich zu einem "Topmanagement" entwickeln, das "sich verselbständigt und selber Entscheidungen trifft, die die demokratischen Einrichtungen zur Kulisse für das Handeln des Managements werden lassen".[427]

Die Konsequenz für die Praxis der Gemeinde kann also nur heißen: Der Pfarrgemeinderat wird erst dann zu einem Organ der Leitung der Gemeinde, wenn für klare und funktionsfähige Kommunikati-

---

425 Synodenbeschluß: Dienste und Ämter, 6.1.
426 GLATZEL: Gemeindebildung, 35.
427 PERELS: Kirchengemeinde, 37.

onsstrukturen in der Gemeinde gesorgt wird. Diese Strukturen setzen allerdings die Existenz eindeutig profilierter Kommunikationspartner voraus. GLATZEL spricht hier etwa davon, "daß ein aktiver Pfarrgemeinderatsvorsitzender zum Sprecher der Gruppenziele wird und der Pfarrer mehr den Zusammenhalt garantiert".[428] Eine solche Aufgabenteilung kann sich für die Gemeindeleitung als eine günstige Konstellation erweisen.[429]

Die Einrichtung einer Pastoralkonferenz kann die Funktion der hauptamtlichen Mitarbeiter der Gemeinde profilieren und sie so zu einem Kommunikationspartner des Pfarrgemeinderates machen. "Die laufende pastorale und personelle Planung innerhalb einer Pfarrei soll von einer ständigen Pastoralkonferenz wahrgenommen werden; sie legt die Grundlinien des gemeinsamen Dienstes fest; wichtige Fragen bringt sie in den Pfarrgemeinderat ein (vgl. Pastoralstrukturen, Teil III, 1.1.2)."[430]

Darüber hinaus halte ich die regelmäßige Zusammenkunft aller ehrenamtlichen Mitarbeiter der Gemeinde, im Sinn eines Mitarbeiterkonventes, ebenfalls für unverzichtbar. Hier muß es möglich sein, im Namen und im Auftrag einzelner und von Gruppen innerhalb der Gemeinde Interessen zu formulieren und zu vertreten. Hier können sich Zufriedenheit oder Unzufriedenheit mit den Lebensvollzügen der Gemeinde artikulieren, können Stimmungen und Trends deutlich werden.

Werden diese Kommunikationsstrukturen geschaffen, ist es eher wahrscheinlich, daß der Pfarrgemeinderat in der Praxis der Gemeinde tatsächlich die zentrale Leitungsfunktion wahrnehmen kann, wie sie z.B. SCHLÖSSER formuliert: "Der Pfarrgemeinderat denkt und überlegt, berät und beschließt im Auftrag der Gesamtgemeinde. Ihr ist er in erster Linie verantwortlich. Daher wird es für seine Funktionsfähigkeit höchst wichtig sein, sich nach keiner Seite hin zu isolieren, sondern mitten im Kommunikationsfluß der Gemeinde zu stehen."[431]

---

428 GLATZEL: Gemeindebildung, 112.
429 Vgl. ebd.
430 Synodenbeschluß: Dienste und Ämter, 6.1.
431 SCHLÖSSER: Pfarrgemeinderat, 65.

2. Eine veränderte Sicht der Zuordnung von Amt und Gemeinde in einem Miteinander der einen Sendung verlangt, daß verschiedene Arten von Kompetenzen miteinander harmonisiert werden. Man wird dabei wohl in der Praxis nicht von einer derart klaren Unterscheidung ausgehen können, wie sie PERELS vornimmt, wenn er von formaler Kompetenz auf der einen Seite und fachlicher Kompetenz auf der anderen Seite spricht[432] und dabei die formale Kompetenz den gewählten Leitungsgremien, die fachliche dem Pfarrer und den übrigen hauptamtlichen Mitarbeitern zuweist. Es sei denn, man hat bei der Frage nach der Kompetenz in erster Linie die Strukturen im Blick, innerhalb derer in der Kirche einzelnen Kompetenz zugebilligt wird. Dann kann man sicher davon ausgehen, daß zunächst in einer Gemeinde in aller Regel den Laienmitgliedern des Pfarrgemeinderates lediglich eine formale Kompetenz zugebilligt wird, während vom Pfarrer ein hohes Maß an fachlicher Kompetenz als Befähigung zur Gemeindeleitung erwartet und diese ihm auch zugetraut wird.

Betrachtet man jedoch die Funktion des Pfarrgemeinderates, seine Aufgaben und die Arbeit seiner Mitglieder recht nüchtern, wird deutlich, daß es hier recht unterschiedliche Kompetenzen im Sinne von Fähigkeiten braucht, die allesamt fachliche Kompetenzen sind. Über diese verfügt der Amtsträger keineswegs selbstverständlich, nur weil er Amtsträger ist, und keineswegs sind sie bei den Laienmitgliedern nicht zu erwarten, nur weil diese, durch Wahl zur Mitarbeit im Pfarrgemeinderat legitimiert, über eine bloß formale Kompetenz verfügen. Dies wird deutlich, fragt man genauer, welcher Kompetenz der Pfarrgemeinderat bedarf:

Da braucht es zum einen die Kompetenz, mit Sachverstand und Erfahrung den Entscheidungsprozeß vorzubereiten, den Willensbildungsprozeß sachgerecht durchzuführen und den Meinungsbildungsprozeß abzuschließen; die Kompetenz also, die Arbeit des Pfarrgemeinderates sinnvoll und effektiv zu leiten. Zum anderen braucht der Pfarrgemeinderat die Kompetenz, möglichst alle am Kommunikationsprozeß in der Gemeinde Beteiligten in die Lage zu versetzen, ihre persönlichen Fähigkeiten, Erfahrungen und Über-

---

432 Vgl. PERELS: Kirchengemeinde, 35.

zeugungen über den Pfarrgemeinderat in die Lösung der Probleme und die Gestaltung des Lebens der Gemeinde einzubringen. Und es braucht zum dritten die fachliche Kompetenz der einzelnen Pfarr-gemeinderatsmitglieder für den konkreten Teilaspekt der Lebens-vollzüge der Gemeinde, für den sie sich in besonderem Maß für ver-antwortlich erklärt haben.

Man wird also über die besondere fachliche Kompetenz des Amts-trägers zunächst sagen können: "Die jeweilige Aufgabe des Pfarrers im Pfarrgemeinderat wird durch den 'Entwicklungsstand' des Pfarr-gemeinderates selbst mitgeprägt; sein Maß an Aktivität oder Zu-rückhaltung wird sich daran ausrichten. Einerseits besteht die Gefahr, daß der Pfarrer aufgrund seiner Ausbildung und Stellung in die Rolle des 'Allround-Führers' gedrängt wird. Genauso kann es aber auch ge-schehen, daß er im Pfarrgemeinderat dominiert. Dem kann er entge-hen, wenn er sich als 'Befähiger und Berater' einbringt. Das läßt sich auf die Formel bringen: 'So initiativ wie nötig, so verhalten wie mög-lich'."[433] Wo es also notwendig ist, kann und soll der Pfarrer im Pfarr-gemeinderat die Rolle des Befähigers und Beraters wahrnehmen, im-mer vorausgesetzt, daß er dazu selbst aufgrund seiner fachlichen Qua-lifikation überhaupt in der Lage ist.

Gleichzeitig wird er, wo dies nötig ist, und dies halte ich für die weitaus schwierigere Aufgabe innerhalb der Gesamtgemeinde, deren Eucharistievorsteher er ist, bei den Hauptamtlichen, deren Dienst-vorgesetzter er ist, bei den ehrenamtlichen Mitarbeitern, bei den Gruppen, Kreisen und Vereinen, deren erster Ansprechpartner er meist ist, und in der gemeindeübergreifenden Öffentlichkeit, die in ihm den Repräsentanten der Kirche und Gemeinde sieht, eine Be-wußtseinsänderung herbeiführen müssen, ohne die der Institution Pfarrgemeinderat keine Leitungskompetenz zugebilligt wird. Meiner Meinung nach sind gerade hier die Pfarrer in aller Regel total über-fordert. "Es kann also nicht darum gehen, den Priester als Gemein-deleiter zu diskreditieren."[434] Vielmehr, und darauf weist HOFF-MANN mit Recht hin, braucht es für die betroffenen Priester und für

---

433 BRÜNTRUP: Pfarrgemeinderat und Pfarrer, 68 f.
434 HOFFMANN, Paul: Von der "Priesterkirche" zu einer Kirche des Volkes Gottes. In: Ders. (Hrsg.): Priesterkirche. Düsseldorf 1987, 346.

die Gemeinden einen mühsamen und zähen Lernprozeß, in dessen Verlauf sich das Rollenverständnis des Priesters wandelt und so Raum entsteht für eine Gemeinde, in der der Pfarrgemeinderat seine Funktion als Leitungsorgan wahrnehmen kann.

Als Konsequenz für die Praxis ergibt sich daraus zunächst eine sehr nüchterne Einschätzung der Möglichkeiten des Pfarrgemeinderates. Seine Arbeitsmöglichkeiten und seine grundsätzliche Stellung in der Gemeinde hängen sehr stark vom Pfarrer ab. Schon während der Synodendebatte wird dies realistisch gesehen: "Sie können die besten Satzungen für einen Pfarrgemeinderat machen, - wenn der Pfarrer nicht kooperationsbereit ist, ist alles für die Katz'. Das muß man ebenfalls bedenken. Diese Dinge kann man nicht einfach durch Gesetz erzwingen."[435]

Das bedeutet: Ist ein Pfarrer nicht kooperationsbereit und läßt sich an diesem Zustand auf lange Sicht nichts ändern, sollte sich m.E. die Pfarrgemeinderatsarbeit auf ein formales Minimum beschränken, soll es nicht zu einer Dauerfrustration der engagierten Laienmitglieder im Pfarrgemeinderat kommen.

Sind sowohl Pfarrer als auch Laienmitglieder zur Zusammenarbeit bereit, wird es immer wieder darum gehen, kritisch zu überprüfen, wie es um die Kompetenz zur Leitung des Pfarrgemeinderates bestellt ist und ob die einzelnen Mitglieder des Pfarrgemeinderates ausreichend befähigt sind, ihre jeweiligen Aufgabenbereiche verantwortlich und effizient wahrzunehmen. Ist dies (noch) nicht der Fall, trägt der Pfarrer und der/die Vorsitzende des Pfarrgemeinderates die Verantwortung dafür, daß der Pfarrgemeinderat sich für die anstehenden Aufgaben genügend qualifiziert. Dabei halte ich es nicht für sinnvoll, wenn der Pfarrer, selbst wenn er dazu fachlich in der Lage wäre, diese Bildungs- bzw. Weiterbildungsarbeit leistet. Für angemessener halte ich die Lösung, daß sich der Pfarrgemeinderat insgesamt, also Pfarrer und Laienmitglieder, in dieselbe Lernsituation begeben und etwa an Schulungsmaßnahmen der Diözese oder der Region teilnehmen.

---

435 SYNODE: Protokoll 7. 164.

Unverzichtbar dagegen ist der Pfarrer in der Rolle des "Befähigers" der Gemeinde dort, wo dem Pfarrgemeinderat noch keine Leitungskompetenz zugebilligt wird. "So kann der Leiter der Pfarrgemeinde zwar Kooperation fordern, nie aber erzwingen. Ihm kommt deshalb stärker die Aufgabe zu, die Bedingungen zu schaffen, in denen sich Zusammenarbeit mit den Gemeindegliedern optimal vollziehen kann."[436] So muß der Pfarrer seine eigene Praxis in der Gemeinde reflektieren. "Die Wahrnehmung von Kirche deckt sich weitgehend mit den Tätigkeiten des Pfarrers. Er wird als der Repräsentant von Kirche angesehen. Auf seinen Dienst ist das Kirchlichkeitsbewußtsein ausgerichtet."[437] Was er tut, und wie er es tut, besonders wie er in den alltäglichen Vollzügen der Gemeinde zu Entscheidungen kommt, davon hängt es in hohem Maße ab, ob der Pfarrgemeinderat in der Gesamtgemeinde überhaupt die Chance hat, als Leitungsorgan akzeptiert zu werden.

3. Da die personale Dimension der Gemeindeleitung auf die dialogische Struktur von Leitung verweist, kann man mit SCHMIED "das Gespräch als Funktion des Pfarrgemeinderats"[438] bezeichnen. Ansätzen aus der Soziologie der Kommunikation folgend, definiert er das Geschehen im Pfarrgemeinderat so: "Es handelt sich bei der Kommunikation im Pfarrgemeinderat erstens um direkte Kommunikation, und zweitens um Kommunikation, die sich in ganz überwiegendem Maße des Kommunikationsträgers 'Sprache' bedient (wenn auch von Fall zu Fall Gestik und Mimik durchaus von Bedeutung sein können)."[439]

Das Gespräch kann aber auch aus theologischen Gründen, weil dem Wesen der Kirche entsprechend, als die Grundfunktion des Pfarrgemeinderates bezeichnet werden. Schon das Bischofsdekret des II. Vatikanum erinnert daran, daß "es der Kirche aufgegeben ist, mit der menschlichen Gesellschaft, in der sie lebt, in ein Gespräch zu kommen,"[440] und verweist darauf, daß es in erster Linie Pflicht der Bischöfe ist, "zu den Menschen zu gehen und das Gespräch mit ihnen

---

436 GLATZEL: Gemeindebildung, 119 f.
437 METTE: Basiskirche, 21.
438 SCHMIED, Gerhard: Pfarrgemeinderat und Kommunikation. Zur Soziologie einer neuen Institution. München/Freiburg 1974, 40.
439 Ebd. 41.
440 CD 13.

zu suchen und zu fördern".[441] Das Dekret über das Laienapostolat fordert die Katholiken auf, mit allen Menschen guten Willens zusammenzuarbeiten. "Sie mögen mit ihnen im Gespräch bleiben, mit Klugheit und Menschlichkeit ihnen zuvorkommen..."[442] Und im Blick auf die spirituelle Grunddimension der Kirche kann gesagt werden: "Eine christliche Gemeinde ist eine Gehorsamsgemeinschaft, die die Wahrheit im Dialog zu ergründen sucht."[443]

Für die Praxis des Pfarrgemeinderates heißt dies: Es braucht ein hohes Maß an Gesprächskultur. Einerseits gehört zum Gespräch "ein gewisser intimer Rahmen, auch eine gewisse Formlosigkeit"[444], andererseits braucht es das Beachten ausgeprägter Regeln der Gesprächsführung. Die Gesprächskultur hat eine zweifache Voraussetzung. Zum einen kann man durchaus sagen: "Der Pfarrer hat für eine offene Gesprächsatmosphäre zu sorgen, auszugleichen, aufzufangen und auch einmal etwas zu erdulden."[445] Zum anderen gilt: Das Verhalten des Gesprächsleiters, in der Regel der/die Vorsitzende des Pfarrgemeinderates, "prägt das Verhalten der Mitglieder. Für ein gutes Gespräch ist wichtig: - daß sich jeder frei äußern kann, - daß keine Wortmeldung übersehen wird, - daß die Reihenfolge der Wortmeldungen eingehalten wird, - daß Erfahrungen der Mitglieder aufgenommen, durchdacht und geklärt werden, - daß jeder Beitrag ernst genommen wird und niemand lächerlich gemacht wird, - daß angedeutete Erwartungen oder Sorgen beachtet werden. Daher soll der Leiter - dafür sorgen, daß die Mitglieder die Aufgabe verstehen, - darauf achten, daß Ideen nicht sofort gewertet werden, - dafür sorgen, daß die Mitglieder einander zuhören, - versuchen, daß jeder am Gespräch beteiligt ist, - vermeiden, seine eigenen Lösungsvorschläge aufzudrängen, - von Zeit zu Zeit den Stand der Beratung feststellen, - ganz deutlich auf den Zeitfaktor hinweisen, - Mut zu Teilentscheidungen haben."[446]

---

441 Ebd.
442 AA 14.
443 WINDISCH: Auf dem gemeinsamen Weg, 39.
444 SCHMIED: Pfarrgemeinderat und Kommunikation, 42.
445 BRÜNTRUP: Pfarrgemeinderat und Pfarrer, 67.
446 WEIGAND, Peter: Zusammenkünfte und Sitzungen. In: Hermann KLEIN, Michael B.
    Merz u. Peter WEIGAND (Hrsg.): Der Dienst in der Gemeinde. Düsseldorf 1986, 238.

Nicht zuletzt muß aber auch von allen Beteiligten verlangt werden können, "auch unangenehmen Gesprächen nicht auszuweichen und davon auszugehen, daß der andere genauso das Wohl der Kirche im Auge hat - auch wenn er anderer Meinung in einer gewichtigen Sachfrage ist und dies deutlich ausspricht".[447] Gerade dies erfordert die Fähigkeit und Bereitschaft des ganzen Pfarrgemeinderates und besonders dessen, der die Sitzungen leitet, darauf zu achten, daß die Gespräche nicht an der Oberfläche einer anstehenden Frage bleiben. Denn dies würde bedeuten, "daß keine Auseinandersetzung erfolgt. Widersprechende Ansichten werden entweder nicht zur Kenntnis genommen oder sofort übernommen. So werden Konflikte geleugnet, vertuscht und verdrängt."[448]

Der Pfarrgemeinderat muß grundsätzlich auch immer wieder überprüfen, ob und in welchem Maß er im Gespräch mit der ganzen Gemeinde bzw. mit möglichst vielen in der Gemeinde ist. Stimmt man der These zu, "Kommunikation schließt prinzipiell ein gegenseitiges Kennenlernen der Kommunizierenden mit ein,"[449] stellt sich die Frage, inwieweit der Pfarrgemeinderat die ihm durch seine Struktur gegebene Chance nutzt, daß seine Mitglieder in eine Fülle von Beziehungsgeflechten hinein vernetzt sind, oder ob alle Mitglieder des Pfarrgemeinderates nur innerhalb der innersten Kerngemeinde mit denen kommunizieren, die sie ohnehin schon kennen.

4. Neben dem Gespräch als der Grundfunktion des Pfarrgemeinderates bestimmt die Einbindung des Leitungsamtes in die Struktur des Pfarrgemeinderates ganz wesentlich die Eigenart der Institution Pfarrgemeinderat. Es ist im Aufeinanderverwiesensein von Amtsträger und Laien zum einen kirchliches Handeln, Handeln im Namen der Kirche; zum anderen gemeindliches Handeln, das das Handeln der Gemeinde jedoch nicht ersetzt; es ist darüber hinaus pastorales Handeln, da es die Lebensvollzüge der Gemeinde, die allesamt Ausdruck der Sorge um den Menschen sind, zum Ziel hat; nicht zuletzt ist es ein organisatorisch-führendes Handeln, da ihm die Leitung der Gemeinde aufgetragen ist.

---

447 ZDK: Pfarrgemeinderat, 11.
448 DIÖZESANRAT FREIBURG: Handbuch, 4.6, 20.
449 SCHMIED: Pfarrgemeinderat und Kommunikation, 46.

Die Kirchlichkeit des Handelns des Pfarrgemeinderates erweist sich inhaltlich u.a. darin, daß es versucht, "im gegenwärtigen Moment das wahrzunehmen, was hier und jetzt dem Geist des Evangeliums am meisten entspricht".[450] Daß es sich niemals losgelöst von der Eucharistie vollzieht und daß es in Übereinstimmung zu stehen sucht mit dem, was die bischöfliche Ortskirche als Schwerpunkte ihres Handelns gesetzt hat. Formal erweist sich die Kirchlichkeit des Handelns des Pfarrgemeinderates darin, daß es sich vorschriftsmäßig vollzieht, also gemäß kirchlicher Ordnung, wie sie sich in den Statuten, Satzungen und Geschäftsordnungen, auf deren Grundlage der Pfarrgemeinderat arbeitet, ausdrückt.

Die Gemeindlichkeit des Handelns erweist sich darin, daß der Pfarrgemeinderat sich in aller Konsequenz von den Prinzipien der Subsidiarität und der Solidarität leiten läßt. D.h., der Pfarrgemeinderat "dient der Lebensmöglichkeit der Menschen und ihren basalen Sozialformen".[451] Und es ist ihm unbedingt aufgetragen, "in der Solidarität mit anderen Glaubenden vor der Welt zum glaubwürdigen und einheitsstiftenden Zeichen zu werden".[452]

Das Handeln des Pfarrgemeinderates ist dann pastorales Handeln, wenn es ermöglicht, daß "sich Menschen Rechenschaft vom Heilsanruf Jesu Christi geben, sich in Gemeinschaft zusammenfinden, denselben Glauben bekennen, dieselbe endzeitliche Befreiung feiern und sich bemühen, in der Nachfolge Jesu Christi zu leben".[453]

Organisatorisch-gemeindeführendes Handeln des Pfarrgemeinderates erstrebt im Sinn einer gezielten Personal- und Arbeitsorganisation "die optimale Lösung von zwei Aufgaben: systematische Zuordnung von Menschen und Menschen - systematische Zuordnung von Menschen und Sachen bzw. Aufgaben. 'Organisation' stellt sicher, daß die obengenannten Zuordnungen möglichst klar, unmißverständlich und sinnvoll vorgenommen und auch praktiziert werden."[454]

---

450 FRALING: Basisgemeinden, 104.
451 FRIEDBERGER: Gemeindearbeit, 29.
452 ZULEHNER: Religion nach Wahl, 87.
453 BOFF: Neuentdeckung der Kirche, 23.
454 SCHALL: Mitarbeiterführung, 15.

Für die Praxis der Pfarrgemeinderatsarbeit heißt dies: Seine Mitglieder müssen immer neu "Einstellungen, Wissen und Können im Sinne des Evangeliums zu verändern"[455] suchen. Sie müssen sich um ein tätiges Offensein im Aufeinanderhören, im Miteinandersprechen, im Voneinanderlernen bemühen gemäß dem Kirchenverständnis "als eines Leibes mit vielen Gliedern, die durch Christus miteinander verbunden sind und um ihre Abhängigkeit voneinander wissen".[456] Ebenso müssen sie ihren Teil zur Herstellung innerkirchlicher Öffentlichkeit beitragen.

Der Pfarrgemeinderat wird darüber hinaus seine Praxis ständig daraufhin zu überprüfen haben, inwieweit sie einerseits ein Ausdruck der Solidarität, des Mitdenkens, des Mitfragens, des Mitleidens an den Prozessen innerhalb der Gemeinde darstellt, ohne andererseits in dieses Geschehen einzugreifen, wenn es auch ohne Intervention durch die Gemeindeleitung Aussicht hat, zu einem guten Ende zu kommen.

Der Pfarrgemeinderat sollte seine Prioritätensetzung, seine Aufgabenstellung und -bewältigung ständig daraufhin korrigieren, daß dadurch für die Gemeinde eindeutig sichtbar wird, "daß die Seelsorge nicht nur Sache der dafür freigestellten Priester und Seelsorgehelfer(innen), sondern Angelegenheit der ganzen Gemeinde ist".[457] Nicht zuletzt muß der Pfarrgemeinderat ständig fragen, ob und wie er seine eigene Arbeit organisiert und ob er mit seinem Tun die Gemeinde tatsächlich leitet.

5. Die Tatsache, daß der Pfarrgemeinderat zwischen den verschiedenen Machtzentren der Gemeinde steht, in ihm Amtsträger und Laien im Dienst der Leitung aufeinander verwiesen sind und sich gegenseitig ergänzen und daß das Gespräch seine Grundfunktion darstellt, bestimmt die Eigenart der Institution Pfarrgemeinderat.

Er unterscheidet sich dadurch wesentlich von anderen Organen der Leitung in Kirche und Gesellschaft.

---

455 Synodenbeschluß: Räte und Verbände, I 3.6.
456 Ebd. I 3.2.
457 BLASCHE: Kollegialität, 203.

Selbstverständlich muß auch die Zielvorstellung einer bruder-
schaftlichen Ordnung der Gemeinde Rückwirkungen auf die Struktur
des Leitungsorganes der Gemeinde haben und bestimmt damit
zugleich den Leitungsstil, also das tatsächliche Verhalten derer, die
Leitungsrollen übernommen haben. Aber "auch eine bruderschaftliche
Ordnung kommt ohne die Einrichtung von bestimmten gemeindeleitenden Organen nicht aus. Die Gemeinde unterliegt hier Gesetzmäßigkeiten, die in allen Organisationen bestimmend sind."[458] In
bezug auf die Aufgabe des Pfarrgemeinderates, ein Gemeinwesen zu
leiten, dessen Bestand zu garantieren und dabei Ziele zu entwickeln
und deren Verwirklichung zu ermöglichen, sind also Grunddaten zu
berücksichtigen, wie sie für alle Leitungsorgane gelten.

Dies heißt zuallererst: "Selbst wenn die Leitungsentscheidungen von
einer möglichst großen Zahl von Gemeindemitgliedern getragen werden sollen, kann die Gemeindeorganisation nicht darauf verzichten,
bestimmte einzelne dafür verantwortlich zu machen, daß die Prozesse
der Entscheidungsfindung und Zielverwirklichung tatsächlich stattfinden."[459] Diese Verantwortung, die dem Pfarrgemeinderat von der
Gemeinde her zukommt, bestimmt zunächst die Dynamik des Verhältnisses, in dem seine Mitglieder zueinander stehen. Denn dadurch
ist der Pfarrgemeinderat dauernd damit beschäftigt, Entscheidungen
zu treffen und Beschlüsse zu fassen, was bedeutet: "Das Treffen von
Entscheidungen bestimmt dauernd die Eigenart der Beziehungen zwischen den Mitgliedern einer Gruppe, eine Eigenart, die jedes einzelne
Mitglied der Gruppe dauernd bedeutsam mitbestimmt."[460] Gerade
dann, wenn alle Pfarrgemeinderatsmitglieder in einer grundsätzlich
gleichrangigen Stellung zueinander stehen, "müssen die Zuständigkeiten geregelt werden, die Kompetenzabgrenzung ist zu klären".[461]
Dann ist jede Position für ein bestimmtes Aufgabenfeld zuständig, und
übergreifende Entscheidungen werden gemeinsam getroffen.

Für die Arbeitsweise des Pfarrgemeinderates, für seine Substruktur
von Sachbeauftragten und Ausschüssen und für seine Vernetzung mit

---

458 DAIBER: Leitung, 186.
459 Ebd.
460 ANTONS, Klaus: Praxis der Gruppendynamik. Göttingen 1976, 163.
461 DAIBER: Leitung, 188.

der Gruppe der hauptamtlichen Mitarbeiter und den Führungsorganen der Gruppen, Kreise und Vereine in der Gemeinde ist es entscheidend, daß alle Beteiligten sich auf eine eindeutige und transparente Organisationsform verständigen.

Man kann die Forderung von BORN nur unterstreichen: "Wir brauchen eine sinnvolle Organisationsform, die von allen Beteiligten verstanden werden kann; einen Verbund, der das Miteinander erleichtert und der die Arbeit rationalisiert. Eine solche Organisation gilt es schrittweise und systematisch aufzubauen."[462]

Dabei ist die Frage, wie Leitung ausgeübt wird, die Frage nach dem Führungsstil der Leitenden wenigstens so entscheidend wie die Frage danach, wer leitet, wem also in diesem Verbund welche Leitungsfunktion zukommt. Der Führungsstil, den es zu entwickeln gilt, muß dem entsprechen, was nach GLATZEL von Führung erwartet werden kann: "Die eigentliche Führungsleistung besteht dabei nicht mehr nur in der Entwicklung von Gruppenzielen und der Begleitung ihrer Verwirklichung, sondern auch in der Fähigkeit, Informationen aus dem Beziehungsnetz der Gruppe in das der sie umschließenden Umwelt zu übersetzen und umgekehrt, im Plausibelmachen von Forderungen der einen Seite gegenüber der anderen, im Ausgleich divergierender Forderungen aus der organisierten und der nichtorganisierten Umwelt sowie im Zurückhalten von solchen Informationen, die die Gruppe oder die Organisation belasten und beeinträchtigen könnten."[463]

Der Pfarrgemeinderat verantwortet als Leitungsgremium der Gemeinde Entscheidungsfindung und Zielverwirklichung der Lebensvollzüge der Gemeinde in größtmöglicher Kooperation mit allen Meinungs- und Leitungsträgern der Gemeinde.

462 BORN: Tips, 45.
463 GLATZEL: Gemeindebildung, 119.

Daraus ergibt sich als eine erste pastoraltheologische Konsequenz die eminent hohe Bedeutung des Vorganges der Beratung und der Konsensfindung. Schon während der Synode wird betont, "daß das Ratgeben und das Ratnehmen zweifellos unentbehrliche und wertvolle Elemente in unserem kirchlichen Leben sind".[464]

Nicht von der Hand zu weisen ist jedoch, daß es immer wieder neu das Einüben in diesen Vorgang des Sich-gegenseitig-Beratens braucht. Ratgeben und Ratnehmen müssen stets neu gelernt werden. Dabei muß der Pfarrgemeinderat seinen Arbeitsstil daraufhin überprüfen, ob alle, die etwas zu sagen oder zu fragen haben, auch zu Wort kommen können; ob er die Sachkompetenz, die außerhalb des Pfarrgemeinderates vorhanden ist, mit einzubeziehen vermag. Es wird für den Pfarrgemeinderat darum gehen, daß seine Mitglieder ein kritisch-kooperatives Verhältnis zueinander aufbauen, das ermöglicht, daß in einer rationalen Diskussion die besseren Argumente jeweils den Ausschlag geben können.

Die Beratung innerhalb des Pfarrgemeinderates ist nur ein Schritt auf dem Weg der Entscheidungsfindung. Es bedarf immer auch des zweiten Schrittes: Ein Konsens muß erzielt werden.

Gerade wenn, wie beim Pfarrgemeinderat, mehrere Personen teilhaben an der Verantwortung für eine bestimmte Entscheidung, muß es immer das Ziel sein, daß möglichst viele mit dieser Entscheidung einverstanden sein können. "Eine Entscheidung ohne allgemeine Unterstützung ist wie ein Auto ohne Benzin; es sieht zwar schön aus, kommt aber nicht weiter."[465]

Der Pfarrgemeinderat wird in seiner Praxis bestrebt sein müssen, eine Entscheidung erst dann zu treffen, "nachdem allen die Möglichkeit gegeben war, die verschiedenen Seiten des Problems ausgiebig zu erörtern, bis zum Schluß alle übereinstimmen, daß die vorgeschlagene Entscheidung bestmöglich ist. Diejenigen Mitglieder der Gruppe, die nicht mit dieser Entscheidung in allem übereinstimmen, werden trotzdem die Entscheidung unterstützen und ausführen, wenigstens auf ei-

---

464 SYNODE: Protokoll 2. VV, 321.
465 ANTONS: Gruppendynamik, 170.

ner vorläufigen Basis. Sie wurden dafür gewonnen, weil ihnen Gelegenheit gegeben war, die eigene Meinung voll zur Geltung zu bringen."[466]

Gerade im Blick auf die Gesamtgemeinde, auf die Machtzentren in der Gemeinde und deren Meinungs- und Entscheidungsträger muß der Pfarrgemeinderat, will er für die Verwirklichung der in Übereinstimmung gefundenen Ziele sorgen, erst recht den Weg des Konsensverfahrens wählen. Dies ist m.E. eine weitere wichtige Konsequenz aus dem bislang Gesagten.

Dabei muß der Pfarrgemeinderat immer im Blick haben, daß sich Problemstellungen in der Pastoral der Gemeinde nicht "im herkömmlichen Sinne des Wortes lösen lassen; durch Mehrheitsentscheidungen können nur die internen Verfahrensweisen festgelegt werden, die die Mitglieder selbst binden, nicht aber Außenstehende.

An der Zahl der zustandegekommenen Beschlüsse läßt sich die innere Lebendigkeit einer Gruppe ohnehin nicht ablesen. Deswegen kann der Pfarrgemeinderat doch ein Führungsgremium der Pfarrei sein. Und er wird es in dem Maße werden, wie er sich dafür durch sachkundige Förderung der Gemeindearbeit ausweist."[467]

---

466 Ebd. 164.
467 SCHLÖSSER: Pfarrgemeinderat, 64.

7. Zusammenfassung: Zehn Thesen zum Pfarrgemeinderat

Im folgenden sollen - der bisherigen Inhaltsstruktur folgend - die Überlegungen zur Theorieklärung zum Pfarrgemeinderat in zehn Thesen zusammengefaßt werden. Hier wird noch einmal deutlich werden, daß es in dieser Arbeit nicht um eine in sich abgeschlossene Theorie des Pfarrgemeinderates gehen kann. Vielmehr wurden einzelne Fragestellungen aus der Praxis aufgenommen und der Versuch unternommen, die damit zusammenhängenden Theorieelemente genauer darzustellen. Die Thesen, die sich daraus ergeben, sollen als Leitideen verstanden werden, mittels derer dann im folgenden dritten Teil einzelne Elemente einer Konzeption hin zu einer veränderten Praxis des Pfarrgemeinderates entwickelt werden können.

---

1. These: Der Pfarrgemeinderat ist das im Dienst der gemeinsam wahrgenommenen Leitung der Gemeinde stehende Organ von prinzipiell gleichberechtigten Mitarbeitern der Gemeinde.

Der Pfarrgemeinderat kann die Institution in der Gemeinde sein, die die Gemeinde leitet. Er erfüllt dadurch, daß er sich immer als eine Gruppe von mehreren Gemeindemitarbeitern konstituiert, eine wichtige Bedingung für Gemeindeleitung, nämlich die Allzuständigkeit eines einzelnen in allen Belangen der Gemeinde zu überwinden.[468]

Dies heißt aber notwendigerweise, daß es das Bestreben dieses Gremiums sein muß, sich nicht durch ungleiche Arbeitsverteilung, durch Dominanz, Multifunktionalität oder Ämterhäufung einiger seiner Mitglieder selbst um die Chance zu bringen, ohne die All- oder Letztzuständigkeit einzelner auszukommen und vielmehr die Gemeinde gemeinsam zu leiten.

---

468 Zur Besonderheit des theologischen Ort des Pfarrers vgl. dann die 9. These.

271

Dieses Vorhaben setzt weiter voraus, daß seitens der Gemeinde die prinzipielle Gleichgewichtigkeit und Gleichberechtigung jeder Mitarbeit in der Gemeinde akzeptiert wird. Der Pfarrgemeinderat selbst und seine Mitglieder müssen sich zuallererst selbst konsequent von dieser Überzeugung in ihrem Umgang mit den anderen Mitarbeitern der Gemeinde leiten lassen. Darüber hinaus muß es das Anliegen des Pfarrgemeinderates sein, den Bewußtseinsstand der Gemeindemitglieder und Gruppen bzgl. der Rolle ehrenamtlicher Mitarbeiter nüchtern zu analysieren und innerhalb der Gemeinde einen Vereinbarungsprozeß zu ermöglichen, an dessen Ende ein möglichst breiter Konsens besteht, was Rolle, Funktion und Verantwortung ehrenamtlicher Mitarbeit ist.

---

2. These: Der Pfarrgemeinderat ist Ausdruck und Konkretion der mit jeder Mitarbeit in der Gemeinde grundsätzlich einhergehenden Eigenverantwortung für die Gemeinde.

Wenn dem Pfarrgemeinderat eine klare Funktions- und Aufgabenzuschreibung in seinen eigenen Reihen gelingt, kann er ein Ausdruck dafür sein, daß jede Mitarbeit in der Gemeinde grundsätzlich und immer eigenverantwortliches Tun ist.

Dies heißt zunächst für sein eigenes Tun, daß sich jede Praxis der Pfarrgemeinderatsarbeit kritisch daran messen lassen muß, inwieweit es ihr gelingt, transparent zu machen, daß Mitarbeit im Pfarrgemeinderat nicht eine Teilhabe am spezifischen Amt des Priesters und dessen Leitungsfunktion ist, sondern vielmehr aus einer eigenen Berufung und Sendung heraus erfolgt. Für sein Verhältnis zu den anderen Mitarbeitern und Gruppen in der Gemeinde bedeutet dies, daß er zwar die Wichtigkeit seiner eigenen Rolle und Funktion für das Gesamt der Gemeinde sehen und bejahen wird, er aber gleichzeitig dafür Sorge zu tragen hat, daß jede Mitarbeit im Bewußtsein der gesamten Gemeindeöffentlichkeit als ein Beitrag zum Ganzen der Gemeinde gesehen wird und somit als ein aus eigener Verantwortung heraus erwachsender und nicht im Auftrag und mittels Delegation durch den

Pfarrgemeinderat oder den Pfarrer vollzogener Beitrag zur Leitung der Gemeinde.

---

3. These: Der Pfarrgemeinderat ist Ort des ständigen Aushandelns des Prinzips der Einheit und der Vielfalt im Prozeß der Sammlung und Sendung der Gemeinde.

Der Pfarrgemeinderat spiegelt wider, was ein einzelner, dem die Leitung allein obliegt, nicht vermag, eine Grundgesetzlichkeit jeder kirchlichen Communio: das Prinzip der Vielfalt und Einheit. Hierfür muß er jedoch die Profilierung der Charismen und Talente seiner Mitglieder wollen und in der Lage sein, dies immer wieder auch zu ermöglichen, und er muß gleichzeitig die Spannung aushalten, die sich daraus zwingend ergibt: Je mehr Profil die einzelnen Mitglieder des Pfarrgemeinderates entwickeln, desto mehr muß es zu einem gemeinsamen Handeln im Pfarrgemeinderat kommen. Dasselbe gilt für die Gemeinde insgesamt. Die Leitungsfunktion des Pfarrgemeinderates wird gerade darin bestehen müssen, eine Vielfalt von unterschiedlichst geprägten Lebensvollzügen in der Gemeinde zu ermöglichen bzw. zu garantieren und zugleich dafür einzustehen, daß es zu einem ständigen Aushandlungsprozeß der Bedürfnisse innerhalb der Gemeinde und zwischen ihren Gruppen und Einzelpersonen kommt. Hier ist im Pfarrgemeinderat selbst und im Verhältnis des Pfarrgemeinderates zur Gemeinde ein hohes Maß an Konfliktfähigkeit die Voraussetzung dafür, daß diese Prozesse gelingen können.

In diesem stets konfliktträchtigen Zusammenspiel von Vielfalt und Einheit wird in den unterschiedlichen Charismen der einzelnen bzw. von Gruppen auch immer wieder die doppelte Berufung der Kirche zum Heils- und Weltdienst offenkundig, die aber niemals zwei voneinander getrennte Wirklichkeiten sein können. Jede Praxis der Gemeinde muß sich daran messen lassen, ob sie die Spannung zwischen Sammlung und Sendung aushält, oder ob sie sie auflöst zugunsten der Überbetonung einer dieser beiden Dimensionen. Ob und wie der Pfarrgemeinderat seine Leitungsfunktion innerhalb der Gemeinde wahrnimmt, hängt aufs engste mit der Frage zusammen, ob es ihm gelingt, diesen beiden Dimensionen kirchlichen Handelns ein je klares Profil zu geben und sie zugleich immer im Gespräch miteinander zu halten.

4. These: Die Leitungsfunktion des Pfarrgemeinderates vollzieht sich im Spannungsfeld zwischen den beiden Grunderfordernissen von Eigenverantwortung und gemeinsam wahrgenommener Verantwortung.

Leitung der Gemeinde muß sich immer der zwei miteinander konkurrierenden Prinzipien bewußt sein, zwischen denen sie sich bewegt: der Mitverantwortung und der Eigenverantwortung. Dies erfordert zum einen innerhalb des Pfarrgemeinderates, daß in den Kompetenzbereich der einzelnen Mitglieder nicht eingegriffen wird, und im Blick auf die ganze Gemeinde, daß das Subsidiaritätsprinzip gelten muß. Zum anderen heißt dies aber auch, daß im Vorstand des Pfarrgemeinderates im Blick auf das Miteinander innerhalb des Pfarrgemeinderates und im Pfarrgemeinderat im Blick auf das Miteinander in der Gemeinde der Wille zur Macht, zur Leitung vorhanden sein muß. Dies wird sich in einer Fülle von Formen, Strukturen und Prozessen, die die Integration zu leisten vermögen, je neu zu aktualisieren und zu konkretisieren haben.

5. These: Der Pfarrgemeinderat steht im Dienst der Leitung einer konkreten unverwechselbaren Ortsgemeinde.

Der Pfarrgemeinderat ist das Leitungsorgan der Gemeinde und steht im Dienst dieser Gemeinde. Was diese von ihrem Wesen her und in ihren alltäglichen Konkretionen ist, ist Ort und Gegenstand seiner Verantwortung. Sie ist Territorialgemeinde, zu der Menschen gehören, unabhängig davon, ob sie sich ihr zurechnen oder nicht, deren Identifikation mit ihr sehr unterschiedlich ausgeprägt ist. Es ist die Verantwortung des Pfarrgemeinderates, die Provokation der Orthaftigkeit von Gemeinde nicht zugunsten einer wie auch immer näherhin zu beschreibenden "Mitarbeiter-", "Beteiligungs-" oder "Elitegemeinde" zu übergehen. Ob und inwieweit diese Verantwortung wahrgenommen wird, wird sich vor allem darin erweisen, welche Kontakte der Pfarrgemeinderat auch zu sog. "distanzierten Christen" hat und ob er, wo dies möglich ist, durch Zuwahl solcher Gemeindemitglieder ein Gremium wird, das in der Tat die ganze Gemeinde repräsentiert. Dies wird aber darüber hinaus auch dadurch zu realisieren sein, daß er die soziale, soziologische, historische und kirchliche Vorgegebenheit dieser konkreten Gemeinde im Blick hat und dies der Ansatzpunkt seines Handelns wird.

---

6. These: Der dreifache Auftrag der Gemeinde ist das Grundgesetz des Handelns für den Pfarrgemeinderat und das Kriterium, an dem sich alle Lebensvollzüge der Gemeinde auszurichten haben.

Unabhängig von den konkreten Prozessen innerhalb der Pfarrgemeinde, in deren Dienst der Pfarrgemeinderat steht, wird der Pfarrgemeinderat um den dreifachen Grundauftrag, der das Existential einer jeden christlichen Gemeinde ausmacht, wissen müssen. Das Proprium christlicher Gemeinde, Verkündigung, Liturgie und Diakonie, steht nicht in seiner Verfügungsgewalt. Es ist vielmehr Maßstab, Kriterium und das Gesetz des Handelns der Pfarrgemeinde, will sie Gemeinde Jesu Christi sein. Leitung muß ermöglichen und gewährleisten, daß alle drei Lebensvollzüge tatsächlich Lebensvollzüge der konkreten Gemeinde sind, daß nicht der eine oder andere überbetont wird und sie im Einklang miteinander stehen.

Der Pfarrgemeinderat wird sich in diesem Zusammenhang fragen müssen, ob sein eigenes Tun, sein Umgang im Miteinander Verkündigung und Zeugnis ist, also den Glauben seiner Mitglieder weckt und stärkt, der Feier des Handelns Gottes Raum läßt, also je neu Danksagung, "Eucharistie" ist für das, was Gott an denen tut, die diese Gemeinde leiten, und ob sein Miteinander ein grundsätzlich geschwisterliches Miteinander ist, das gerade die schwächeren, ärmeren und weniger selbstbewußten Mitglieder im Rat aufrichtet und befreit. Ebenso wird der Pfarrgemeinderat auch seine Sorge darum, daß Gemeinde eine Gott verkündende, seine Taten feiernde und in jeder Hinsicht dem Leben dienende Gemeinschaft ist, dadurch verwirklichen, daß er die jeweils Verantwortlichen miteinander ins Gespräch bringt und auf eine gemeinsame Ausrichtung all dessen, was getan wird, achtet.

---

7. These: Die Leitung des "Gemeinwesens" Gemeinde als eines komplexen Mysteriums erfordert vom Pfarrgemeinderat alle denkbare schöpferische Anstrengung und zugleich ein hohes Maß an Askese und Verzicht.

Gemeinde ist als Kirche Gottes am Ort ein Mysterium. Das komplexe Ineinander von Sichtbarem und Verborgenem, die Anwesenheit Gottes in Gemeinde und in der Welt, die grundsätzlich geschenkte Heiligkeit und Heilung und die je neuen Früchte dieser Geistbegabung stellen einen ungeheuer hohen Anspruch an die Leitung. Das heißt, sie wird einerseits um möglichst klare und eindeutige Strukturen, um konsequente analytische und konzeptionelle Arbeit bemüht sein. Andererseits wird sie im Gegensatz zu jeder anderen Leitung im gesellschaftlichen, politischen oder wirtschaftlichen Bereich mit einer zunächst wenig greifbaren, sich als Gefühle oder Stimmungen artikulierenden, letztlich auch im Verborgenen bleibenden Grundgesetzlichkeit des Reiches Gottes umzugehen haben. Sie steht im Dienst der Communio zwischen Gott und dem Menschen und zwischen den Menschen untereinander. Dies heißt, daß sie immer neu versuchen wird, möglichst geeignete Orte und Bedingungen für diese Begegnung zu schaffen, aber gleichzeitig auch stets damit rechnen muß, daß der Geist Gottes mit den Menschen eigene und auch andere Wege geht und daß sie niemals ein "Monopol" hat für die Gottes- und Menschenbegegnung. Wo und wie die Gaben des Gottesgeistes sich entfalten, ist niemals steuerbar und festlegbar, höchstens kann dies gefördert und begleitet werden.

8. These: Gemeindeleitung im Pfarrgemeinderat ist eine Leitung, deren Signum die Spiritualität der Gemeinde und der Welt ist.

Das gemeindeleitende Tun im Pfarrgemeinderat gründet zutiefst immer darin, daß der Pfarrgemeinderat eine Hör- und Gehorsamsgemeinschaft gegenüber Gottes Wort wird. Als ganzes und im Miteinander wird sich dieses Gremium ständig darum zu mühen haben, Gottes Wille zu erkennen. Dabei wird der Pfarrgemeinderat damit rechnen, daß in der Gemeinde vielerorts Gottes Wille längst schon das Tun bestimmt, daß Gemeinde schon längst Kirche Gottes ist. Zugleich ist es ihre Berufung, dies noch mehr zu werden. Diesem Neuwerden, dieser Auferbauung des Reiches Gottes dient der Pfarrgemeinderat auch in seinem Vollzug in die Welt hinein. Im Dienst an der Menschwerdung des Menschen wird er mit vielen auch außerhalb der Gemeinde zusammenzuarbeiten haben.

9. These: Der Pfarrgemeinderat ersetzt nicht die zentrale Rolle des Priesters als Vorsteher der Gemeinde und macht sie nicht überflüssig.

Im angestrebten Prozeß der Erneuerung der Gemeinden kann der Pfarrgemeinderat nicht auf die zentrale Rolle des Pfarrers verzichten. Inwieweit dieser seine Kompetenz und seine Funktion als Vorsteher in den Dienst innovativer und transformatorischer Prozesse innerhalb der Gemeinde stellt, entscheidet maßgeblich darüber, welche Rolle dem Pfarrgemeinderat selbst in der Gemeinde zugebilligt wird. Dies zeigt zum einen die Abhängigkeit des Pfarrgemeinderates vom Pfarrer, verlangt deswegen aber zum anderen die kritische Begleitung des Pfarrers durch den Pfarrgemeinderat. Unabhängig davon kann der Pfarrgemeinderat jedoch zu Recht vom Pfarrer erwarten, daß dieser pointiert und profiliert seinen Teil zur Auferbauung der Gemeinde im Sinn des Dienstes der Sammlung und Sendung beiträgt und vor allem die Kommunikation zwischen bischöflicher Ortskirche und Pfarrgemeinde garantiert.

10. These: Der Pfarrgemeinderat als Leitungsorgan der Gemeinde steht in komplexen Zusammenhängen und muß dementsprechend seine Arbeitsweise einerseits nach soziologischen und organisationspsychologisch sinnvollen Kriterien entwickeln. Andererseits hat er dem ekklesiologischen Wesen der Gemeinde Rechnung zu tragen.

Er muß seinen Ort finden inmitten der tatsächlichen Macht- und Entscheidungszentren der Gemeinde. Eine effektive Leitungsfunktion im Sinn von Entscheidungsfindung und Zielverwirklichung der Lebensvollzüge der Gemeinde kann er nur in Kommunikation mit der ganzen Gemeinde ausüben. Er muß eine hohe Sachkompetenz bzgl. der einzelnen Aufgabenbereiche innerhalb der Gemeinde entwickeln. Die Leitungskompetenz innerhalb der Gemeinde wird er sich stets neu zu erwerben haben durch das Gespräch, das seine Grundfunktion ist, und durch die Unterstützung des Pfarrers. Sein Handeln muß als kirchlich, gemeindlich, pastoral und organisatorisch führend von der ganzen Gemeinde wahrgenommen werden können. Zum Dienst der Leitung wird er nur dann in der Lage sein, wenn er diese Funktion in Übereinstimmung mit möglichst vielen einzelnen und Gruppen in der Gemeinde wahrzunehmen sucht.

Drittes Kapitel
Operationalisierung - Schritte zu einer veränderten Praxis des Pfarrgemeinderates

1. Vorbemerkung zum methodischen Vorgehen

Dieses Kapitel soll in erster Linie der Praxis dienen. Dabei müssen jedoch, soweit dies möglich ist, zwei Extreme vermieden werden: Zum einen kann es nicht um bloße Anleitungen für die Praxis gehen, also um pastorale Technologie, die "von außen" oder gar "von oben" in die Gemeinde eingebracht wird und mit der der Anspruch einhergeht, daß sich die Praxis des Pfarrgemeinderates von allein in die richtige Richtung verändern würde, wenn das im Rahmen dieser Arbeit Bedachte angewandt und umgesetzt wird. Zum anderen kann es aber auch nicht um bloße Hinweise gehen, nach welchen Regeln und Grundgesetzen ein Theoriebildungsprozeß, der zu einer veränderten Praxis führen kann, sinnvoll gestaltet werden soll. All dies selbst leisten zu wollen, würde m. E. die Beteiligten in der Gemeinde und im Pfarrgemeinderat überfordern.

Ein wichtiger Hinweis im Zusammenhang der Gemeindeberatung (wenngleich es hier nicht um diese geht) kann in jedem Fall die Richtung der Absicht und des Vorgehens in diesem dritten Kapitel wenigstens andeuten: "Aus dem Respekt vor dem Subjekt und seiner Eigenverantwortlichkeit und vor der Identität einer Gemeinde heraus ergibt sich, daß Gemeindeberatung nicht 'von oben' kommen kann, sondern von allen Beteiligten gerufen werden muß und dann 'von der Seite' in die Gemeinde kommt."[1]

---

1   LUMMER, Franz: Gemeindeberatung. In: Isidor BAUMGARTNER (Hrsg.): Handbuch der Pastoralpsychologie. Regensburg 1990, 340.

1.1 Situation: Die Einführung des Pfarrgemeinderates, ein Einschnitt in die Organisationsstruktur der Gemeinde

Gemeinde ist, soziologisch wie ekklesiologisch betrachtet, eine komplexe Wirklichkeit, die sich durch das Handeln von einzelnen und Gruppen ständig neu aktualisiert. Dieses Handeln wird dabei in der Regel zu einem gewissen Teil gesteuert, geführt und koordiniert. Denn in jeder Vergesellschaftung als einer dauerhaften Verbundenheit von Menschen zur Verwirklichung eines gemeinsamen Zieles ist mit dem Vorhandensein von leitender Autorität zu rechnen.[2] Eine Pfarrgemeinde ist ohne Zweifel eine solche "Vergesellschaftung". Auch in ihr gibt es natürlich Leitung und Leitungsstrukturen, werden Leitungspositionen besetzt und Leitungsfunktionen wahrgenommen.

Es kann nicht behauptet werden, vor dem II. Vatikanum wäre die Leitung der Gemeinde ausschließlich und allein Sache des Amtsträgers gewesen. Denn es war auch ohne die Institution Pfarrgemeinderat "keinesfalls so, daß ... in den Pfarreien keine Zusammenarbeit zwischen Klerikern und Laien, jenen Personen also, die die Pfarrgemeinde bilden, praktiziert worden wäre. Es lassen sich für diese Zeit sogar drei Ebenen nachweisen, auf denen sich diese Zusammenarbeit vollzog. Es sind die Ebene der katholischen Vereine und Verbände, die Ebene der Kirchenangestellten und die Ebene des Kirchenstiftungsrates."[3]

Die Einführung des Pfarrgemeinderates stellt aber dennoch eine enorme Veränderung der Leitungs- und Organisationsstruktur der Gemeinde dar - wenigstens in der Theorie. Ein solcher "Wandel der Organisationsstruktur bedeutet ... immer auch die Veränderung der Positionen, über die man Einfluß in einer Organisation bekommen kann".[4]

Das reine Faktum einer rechtlich und theoretisch modifizierten Leitungsstruktur besagt allerdings noch wenig, denn "Neuerungen müs-

---

2   Vgl. GLATZEL: Gemeindebildung, 103 f.
3   SCHMIED: Pfarrgemeinderat und Kommunikation, 24.
4   GLATZEL: Gemeindebildung, 27.

sen unabhängig ... davon, ob die Initiative von den Verantwortlichen oder von den Betroffenen ausgeht, von einer Mehrzahl der Mitglieder akzeptiert werden, nicht im Sinne eines demokratischen Verfahrens, sondern in der Bejahung ihrer Zweckmäßigkeit und Brauchbarkeit".[5]

Die Beobachtung der Praxis der Pfarrgemeinderäte hat verdeutlicht, daß die Zweckmäßigkeit und Brauchbarkeit dieser neuen Institution in mancherlei Hinsicht in Frage gestellt wird. Einiges deutet auch darauf hin, daß die Positionen, über die Einfluß auf die Selbstvollzüge der Gemeinde genommen wird, mancherorts unverändert die alten geblieben sind. Dies kann ein Indiz dafür sein, daß in der Praxis mancher Gemeinde, in ihrer Organisations- und Leitungsstruktur der Pfarrgemeinderat noch nicht mit Sicherheit seinen Ort gefunden hat.

Nach meiner Meinung ist auch fraglich, ob man damit nach der recht kurzen Zeit von wenig mehr als zwanzig Jahren schon rechnen kann. Verlangt doch die Einführung des Pfarrgemeinderates im Sinn einer Reform der bestehenden Struktur die Akzeptanz der bisherigen Führungsschicht und die Rezeption durch die ganze Gemeinde.

Wie schwierig diese "Verortung" des Pfarrgemeinderates in der Gemeinde ist, wird deutlich, wenn man sich anhand der Organisationspsychologie[6] der Fülle von einzelnen Faktoren vergewissert, die das Handeln der Gemeinde bestimmen und somit darüber entscheiden, ob und wann dieser Prozeß gelingt und zu einem - wenn auch vorläufigen - Abschluß kommt.

Es geht dabei um Einflußnahme auf Personen, Aufgaben und Ziele; um die Veränderung von Strukturen, d.h. um die Neubestimmung des Verhältnisses von Zentralisierung und Formalisierung der Vollzüge und Aufgabenteilung, also Dezentralisierung und Pluriformität; und es geht dabei um einen Prozeß von Zielentwicklung, Problemlösung und Ausführung.

---

5   Ebd. 26.
6   Vgl. BERKEL: Organisationspsychologie, 305 - 308.

1.2 Ziel: Ein Beitrag zur Verortung des Pfarrgemeinderates in der Organisationsstruktur der Gemeinde

Pfarrgemeinderäte sind formal in allen Gemeinden eingerichtet. Im Gegensatz zu dieser formalen Eindeutigkeit sind Aufgaben und Funktionen oft noch nicht geklärt. So ist es nicht verwunderlich, daß die Sinnhaftigkeit der vorherrschenden Praxis der Pfarrgemeinderatsarbeit immer wieder von vielen in den alltäglichen Vollzügen der Gemeinde Stehenden hinterfragt und bisweilen bezweifelt wird.

Gerade in diesen Fragen sehe ich eine große Chance. Denn hierbei handelt es sich m.E. um einen unbedingt notwendigen ersten Schritt, daß der Pfarrgemeinderat sich zu einem zweckmäßigen und brauchbaren Instrument in der Leitungsstruktur der Gemeinde entwickeln und damit auch tatsächlich seinen Ort finden kann.

Soll sich die Praxis in einer Gemeinde ändern, muß dies in der Gemeinde selbst geschehen. Die Fragen, die dort gestellt werden, sind die entscheidenden Fragen. Mir geht es im Rahmen dieser Arbeit lediglich darum, Hilfestellungen zu geben, Angebote zu machen, sich der eigenen Befindlichkeit in konkreten Situationen und Funktionen von einem anderen Blickwinkel her zu vergewissern. Da dies ein Tun von "außen her" ist, ist es sekundär und kann nie unmittelbar Praxis verändern. Es kann höchstens mittelbar dazu beitragen.

1.2.1 Erster Schritt: Fragen

Zunächst geht es mir darum, Fragen, die z.T. jedenfalls längst schon in den Gemeinden gestellt werden, aufzunehmen und in ihrer Fragestellung zu präzisieren. D.h., sie sind jeweils auf die drei Bezugssysteme, in die nach HABERMAS Menschen ihr Erleben und Handeln einordnen, ausgerichtet: Werte, Fakten und die Personen, mit denen zusammen gehandelt wird.[7]

---

7   Vgl. HABERMAS, Jürgen: Theorie des kommunikativen Handelns. Bd. 1. Frankfurt 1981.

BERKEL hat in diesem Zusammenhang darauf hingewiesen, wie sehr für die Fragestellung zum Handeln von Personen und Gruppen innerhalb einer Organisation die Relativierung typisch ist. Sie "versetzt die Kernelemente, Ziele, Aufgaben und Personen in wechselnde Perspektiven und 'befragt' sie so jeweils aus einer anderen Sicht. Dadurch kann sie den Mitgliedern einer Organisation helfen, 'die Augen zu öffnen', 'den Horizont zu erweitern', um über die jeweilige Fixierung auf Ziele (an sich), Aufgaben (an sich) und Beziehungen (an sich) hinauszukommen."[8]

Die Fragestellungen, die in diesem Teil angeboten werden sollen, verfolgen zwar die Absicht einer solchen Relativierung, d.h., sie versuchen, von unterschiedlichen Seiten ein und denselben Problemzusammenhang anzugehen. Sie können aber, was die unterschiedlichen Zugänge anlangt, nicht den Anspruch einer in sich geschlossenen Systematik erheben. Dies wäre auch völlig unmöglich, da der Fragende die konkreten Personen, ihre Ziele und Aufgaben gar nicht kennen kann. Insofern verstehen sich die Einzelfragen in einer Fragestellung als Anregung dazu, dies muß ausdrücklich betont werden, wonach man fragen *kann*.

1.2.2 Zweiter Schritt: Adressaten

Fragen zur Reflexion einer konkreten Praxis können durchaus "von außen" angeregt werden. Aber sie müssen von den Betroffenen, als den in der Gemeinde Handelnden, gestellt und diskutiert werden, selbst wenn diese sich die Fragestellung unverändert zu eigen machen.

ROOS spricht im Vorwort zu seinem Grundkurs für die Arbeit im Pfarrgemeinderat die potentiellen Träger dieses Veränderungsprozesses an: "Vielleicht sind Sie ein Pfarrgemeinderatsmitglied mit langjähriger Erfahrung, haben das Auf und Ab dieses Gremiums miterlebt, manche enttäuschende Sitzung hinter sich gebracht und manchen Ärger geschluckt und fragen sich jetzt, wie das Ganze weitergehen soll. Welche Perspektiven gibt es? Wo können Sie ansetzen,

---

8   BERKEL: Organisationspsychologie, 308.

um die Arbeit im Pfarrgemeinderat zu verbessern?"[9] Aufgrund einer Vielzahl von Erfahrungsberichten aus den Pfarrgemeinderäten scheint es mir wichtig, einen über die Mitglieder des Pfarrgemeinderates hinausgehenden Kreis von Mitarbeitern der Gemeinde als diejenigen anzunehmen, die tatsächlich darüber entscheiden, ob und woraufhin sich die Praxis der Leitung der Gemeinde verändern will.

Subjekte dieses Prozesses sind also die einzelnen Mitglieder eines Pfarrgemeinderates, in besonderem Maße der Pfarrer als Vorsteher der Gemeinde und Mitglied im Pfarrgemeinderat und die Mitglieder des Pfarrgemeinderates, die den Vorstand des Pfarrgemeinderates bilden. Subjekte dieses Prozesses sind aber auch die übrigen Mitarbeiter der Gemeinde. Besonders die Hauptamtlichen und diejenigen, die in einzelnen Gruppen, Kreisen und Vereinen als ehrenamtliche Mitarbeiter eine explizite Leitungsverantwortung tragen. Damit sind auch die Adressaten dieses Teiles meiner Arbeit genannt. Diese verantworten und gestalten aktiv den Veränderungsprozeß der Pfarrgemeinderatsarbeit in ihrer konkreten Gemeinde. Oder es geschieht nichts.

1.2.3 Dritter Schritt: Theorieelemente

"Der Mensch lebt, indem er sich in die Zukunft hinein 'handelnd' ('praktisch') realisiert. Dabei folgt er, bewußt oder unbewußt, einem Entwurf. Er hat somit eine seinem Handeln innewohnende 'Theorie' seines Lebens. Dieser implizite Entwurf kann ausdrücklich 'nach-gedacht', es kann auf ihn 'reflektiert' werden."[10] Dies gilt auch für die Pfarrgemeinde und das Handeln in der Pfarrgemeinde. Ich gehe davon aus, daß jeder einzelne in der Gemeinde Handelnde ein "Bild" von Gemeinde hat, und dabei ein mehr oder minder klar ausformuliertes Verständnis dessen, was Leitung der Gemeinde ist und wie sie sein soll. Daraufhin kann und muß er nach-denken.

Der Betroffene selbst wird je neu über die eigene Praxis nachdenken und dabei auf die implizite Theorie dieser Praxis reflektieren.

---

9   ROOS: Gemeinde, 7.
10   ZULEHNER: Fundamentalpastoral, 13.

Ein nächster Schritt besteht darin, in die Diskussion über diese Praxis und ihre Theorie einzutreten. Dies kann im Rahmen einer Arbeit, wie der hier vorgelegten, nicht geleistet werden.

Was (versucht bzw.) angestrebt werden kann, ist lediglich dies: Im Sinne von Hinweisen Theorieelemente anzubieten, wie das Handeln des Pfarrgemeinderates als kirchliche Praxis theologisch verantwortbar ausgerichtet werden kann.

Es geht dabei darum, die pastoraltheologischen Konsequenzen, die aus der Diskussion der anstehenden Fragen der Praxis im Kontext ekklesiologischer Grunddaten des II. Vatikanums und der Konkretionen, wie sie die Würzburger Synode für die pastorale Situation in der Bundesrepublik Deutschland festschrieb, abgeleitet wurden, als Leitideen zur Veränderung der Praxis des Pfarrgemeinderates vorzustellen und sie für einen möglichen Diskussionsprozeß innerhalb der Gemeinde zur Verfügung zu stellen.

1.2.4 Vierter Schritt: Vereinbarungsprozeß und Operationalisierung von Zielen

Die Analyse der Erfahrungsberichte aus den Pfarrgemeinderäten hat auch gezeigt, daß es keineswegs an Leitideen und Zielen mangelt, auch nicht an solchen, an denen das Handeln des Pfarrgemeinderates theologisch und sozialwissenschaftlich verantwortlich ausgerichtet werden könnte.

Woran es immer wieder mangelt, nimmt man die Erfahrungsberichte ernst, ist die klare und eindeutige Zustimmung der einzelnen und die Vereinbarung zwischen möglichst vielen, die dann konkrete Ziele erst zu Leitideen ihres Handelns werden lassen.

Dieser Prozeß kann den Betroffenen natürlich nicht abgenommen werden, deshalb kann er auch im Rahmen dieser Arbeit nicht geleistet werden.

Woran es darüber hinaus häufig mangelt - dieses Problem soll hier angegangen werden -, ist eine solide, d.h. für alle Beteiligten in der

Praxis auch realisierbare Operationalisierung dieser Ziele. Leitideen und Ziele müssen, wie LUMMER dies formuliert, in die "Wechselstube". Dort müssen sie in "kleine Münzen" umgewechselt werden, "mit denen manche tatsächlich etwas Praktisches anfangen können".[11]

Es geht also darum, mögliche Leitideen vorzustellen und zu operationalisieren, um damit Wege zu einer Praxis des Pfarrgemeinderates aufzuzeigen, die ihn jedenfalls mit hoher Wahrscheinlichkeit in die Lage versetzen, die beobachteten Defizite zu beheben.

Es geht um die einzelnen Schritte eines Veränderungsprozesses, der, wenn er von allen Beteiligten einzeln und gemeinsam getragen wird, dazu beitragen soll, den Pfarrgemeinderat stärker in der Organisationsstruktur der Gemeinde zu verorten.

2. Das einzelne Mitglied im Pfarrgemeinderat

Die erste Gruppe, deren Selbstverständnis und Tun entscheidend den Ort des Pfarrgemeinderates in der Leitungs- und Organisationsstruktur der Gemeinde bestimmen, sind die Mitglieder des Pfarrgemeinderates selbst.

2.1 Fragen

Zunächst soll diesen Mitgliedern mittels verschiedener Fragestellungen das Angebot gemacht werden, sich zu vergewissern, welche Aufgabe/n sie als Mitglied im Pfarrgemeinderat wahrnehmen, worin der Anlaß zur Übernahme dieser Aufgabe bestand und welches Verhältnis sie zu der mit dieser Aufgabe verbundenen Arbeit haben.

Die Frage danach, welches Verhältnis der einzelne zu seiner Aufgabe hat, kann eine Reihe interessanter Aufschlüsse bringen, besonders wenn es gelingt, das bloße Gefühl der Zufriedenheit oder Unzufrie-

---

11   LUMMER: Gemeindeberatung, 340.

denheit mit der getanen Arbeit zu klären, also dahinter zu kommen, warum die Arbeit nach eigener Einschätzung "gut" oder "weniger gut" ist.

Sicher kann nicht bestritten werden, "daß Arbeit für sich selbst die Motive von Menschen befriedigen kann".[12] Dies setzt jedoch voraus, daß diese Arbeit den Motiven, d.h. den mit diesen Motiven verbundenen Erwartungen, weitmöglichst entspricht. Es wird also in einer dritten Fragestellung das Angebot gemacht, die eigenen Motive und Erwartungen anhand dessen, was die Betroffenen in ihrer konkreten Arbeit eher hemmt bzw. anspornt, kurz zu beleuchten,[13] um dann in einem vierten Fragekomplex etwas genauer den Bedürfnissen und Erwartungen nachzugehen, die ursprünglich zur Übernahme einer Aufgabe geführt haben.

---

12 SCHALL: Mitarbeiterführung, 47.
13 Diese Fragen sind entnommen aus SEILER: Betriebsklima, 173.

1. Fragestellung

Meine Aufgabe(n). Ich bin im Pfarrgemeinderat.

Dieses Arbeitsblatt soll den Mitgliedern des Pfarrgemeinderates helfen, die Aufgabe(n), die sie übernommen haben, genauer zu betrachten.

Fragen zu meiner Aufgabe

1. Was tue ich?

❑   Ich weiß eigentlich nicht, wozu ich im Pfarrgemeinderat sitze.
❑   Ich habe die konkrete Aufgabe:...
➜   Sie durchzuführen, verfolgt das Ziel:..
➜   will das Anliegen verwirklichen:..
➜   bringt folgende Tätigkeiten mit sich: ....
➜   bringt den Kontakt mit diesen Personen:....................................
➜   erfordert, daß ich unterstützt werde durch:.................................
➜   bedeutet für mich:..

2. Warum tue ich es?

❑   Ich kam zu dieser Aufgabe
➜   "wie die Jungfrau zum Kind".
➜   weil kein anderer sich dazu bereiterklärte.
➜   weil man mir das nötige Stehvermögen zutraute.
➜   weil meine berufliche Qualifikation dafür sprach.
➜   weil ich es in erster Linie selbst so wollte.
➜   weil mich der Pfarrer dazu überredete.
➜   weil ich aus der Gemeinde darum gebeten wurde.
➜   weil...

3. Wie tue ich es?

→ Ich habe Spaß an dieser Aufgabe.
→ Einer muß es eben tun.
→ Die Arbeit geht mir gut von der Hand.
→ Ich habe ständig das Gefühl, immer noch zu wenig zu tun.
→ Ich bin der Sache nicht gewachsen.
→ Das ist mir wie auf den Leib geschrieben.
→ Ich kann so richtig aufgehen in dieser Aufgabe.

Die Pfarrgemeinderäte beantworten in Form der Einzelarbeit die Fragen dieses Arbeitsblattes und machen sich eventuell Notizen. Erst zu einem späteren Zeitpunkt können sie sich gegenseitig informieren.

Impulse zum Nachdenken
* Was fällt auf?
* Welche Absicht verfolge ich mit dieser Aufgabe in erster Linie?
* Welche Bedeutung für mein Wohlbefinden bei dieser Aufgabe hat die Tatsache, wie ich zu dieser Aufgabe kam?

---

2. Fragestellung

Arbeitsblatt (M2)

Meine Aufgabe(n) und ich

Dieses Arbeitsblatt verfolgt die Absicht, die Frage danach, WIE eine Aufgabe wahrgenommen wird, zu präzisieren, und will die Pfarrgemeinderatsmitglieder auch ermutigen, darüber nachzudenken, ob ihnen ihre Aufgabe einen persönlichen Gewinn bringt.

Fragen danach, wie ich meine Aufgabe wahrnehme

1. Bekomme ich Rückmeldungen zu dem, was ich tue?

❑ Von wem? Wie häufig? Schnell und unmittelbar? Anerkennend/kritisierend?

2. Lerne ich in dieser Arbeit etwas für mich Neues?

❑ Was habe ich mir durch diese Arbeit angeeignet an Fertigkeiten, Fähigkeiten, zusätzlichen Kenntnissen?

3. Werde ich in meiner Aufgabe begleitet?

❑ Geht jemand mit und hilft mir, daß ich mich qualifiziere? Wer oder was fördert mich bei meiner Arbeit?

4. Bin ich für meinen Teilbereich Fachmann/Fachfrau?

❑ Gibt es etwas, was nur ich weiß? Werde ich von anderen um Rat gefragt? Bin ich für das Ganze nötig?

5. Kann ich über bestimmte Mittel selbst verfügen?

❏ Ist mein Arbeitsbereich im Gemeindeetat berücksichtigt? Habe ich Verantwortung für im Haushalt beschlossene Mittel?

6. Habe ich einen persönlichen Kontakt zur Gemeindeleitung?

❏ Wie sieht der Kontakt zum Pfarrer aus? Wie der zum Vorsitzenden des Pfarrgemeinderates?

7. Fühle ich mich persönlich verantwortlich?

❏ Wird in meinen Aufgabenbereich hineinregiert? Habe ich freie Hand? Werde ich kontrolliert?

Auch hier wird es in allererster Linie darum gehen, daß die Fragen in Einzelarbeit beantwortet werden. Die Pfarrgemeinderäte müssen entscheiden können, wen sie über ihre Antworten informieren wollen und wen nicht.

Impulse zum Nachdenken
Wenn ich über all dies nachdenke, komme ich dann zu der Schlußfolgerung,
* daß ich mit meiner Arbeit eher zufrieden bin?
* daß ich mit meiner Arbeit eher nicht zufrieden bin?

Arbeitsblatt (M3)

Meine Aufgabe(n). Wie halte ich bloß durch?

Hier geht es darum, den Mitgliedern des Pfarrgemeinderates eine "Nachdenkhilfe" anzubieten. Sie sollen für sich klären können, was sie brauchen an Atmosphäre und Klima, an "Arbeitsbedingungen", an "Umfeld", damit sie nicht die Lust an ihrer Arbeit verlieren.

Fragen zur Motivation

1. Was bremst oder hemmt mich im Pfarrgemeinderat?

→   Zu wenig Sitzungen.
→   Wenige tun vieles.
→   Es reden immer dieselben.
→   Das Wort der einen gilt mehr als das der anderen.
→   Ich werde nicht ernst genommen.
→   Man fühlt sich in meine Situation nicht hinein.
→   Es herrscht zu wenig christlicher Geist.
→   Niemand fragt, wie es mir im Pfarrgemeinderat geht.
→   Der Pfarrgemeinde scheint der Pfarrgemeinderat nicht wichtig.
→   Es gibt keine Anerkennung für das, was ich tue.
→   Der Pfarrgemeinderat wird ja doch nicht ernst genommen.
→   Ich bin der einzige, der hier etwas arbeitet.
→   Keiner weiß, wo es letztlich lang gehen soll.

2. Was spornt mich an?

→ Die Spiritualität (Schriftwort, Einkehrtag).

→ Die Pflege der Geselligkeit und Gemeinschaft im Pfarrgemeinderat (Ausflug, Kegeln, Wandertag).

→ Das Interesse und die Resonanz bei anderen an meiner Arbeit
und an der Arbeit des Pfarrgemeinderates (Gemeinde, Pfarrer,
Vorsitzender).

→ Anerkennung und Lob für das, was ich im Pfarrgemeinderat
beitrage und leiste.

→ Der menschliche Ton im Pfarrgemeinderat und im Sachausschuß (Höflichkeit, Offenheit, Aufeinander-Zugehen, Be-
sonnenheit, Geduld, Rücksichtnahme, Zuhören).

→ Die konkrete Aufgabenstellung.

→ Meine Fähigkeiten einbringen zu können.

*Die Pfarrgemeinderäte setzen sich in Form der Einzelarbeit mit den
vorliegenden Alternativen auseinander. Dabei wird es wichtig sein,
daß sie das Ergebnis für sich selbst festhalten.*

Impulse zum Nachdenken

* Welchen der hier gemachten Äußerungen kann ich zustimmen?
Was sind auch für mich wichtige Bedingungen dafür, daß ich
die Lust an meiner Arbeit nicht verliere?

* Wie ist es damit in unserer Gemeinde, in unserem Pfarrgemeinderat konkret bestellt?

294

Arbeitsblatt (M4)

Meine Aufgabe(n). Da waren / sind Bedürfnisse und Erwartungen.

Dieses Arbeitsblatt soll den Mitgliedern des Pfarrgemeinderates helfen, sich ihrer eigenen Bedürfnisse und Erwartungen zu vergewissern. Sie sollen sich ihrer Motive erinnern (oder bewußt werden), aus denen heraus sie zu ihrer Aufgabe ja gesagt haben.

Fragen, die zurückführen zum Anfang der Tätigkeit im Pfarrgemeinderat, an den Zeitpunkt, da eine Aufgabe übernommen wurde.

1. Was waren damals meine Bedürfnisse?

❑　Ich habe damals zu dieser Aufgabe ja gesagt, weil ich
➜　etwas leisten wollte.
➜　etwas bewegen wollte.
➜　etwas in Gang setzen wollte.
➜　etwas verändern wollte.
➜　meine Kompetenz unter Beweis stellen wollte.
➜　mich bewähren wollte.
➜　mit anderen zusammensein wollte.
➜　Gemeinschaft und Zugehörigkeit erfahren wollte.
➜　mich angenommen und geborgen fühlen wollte.
➜　mit anderen gemeinsam arbeiten wollte.
➜　letztlich das ganz konkrete Ziel hatte:......................

2. Was habe ich erwartet, als ich diese Aufgabe übernahm?

❏   ....

❏   ....

❏   ....

Die Pfarrgemeinderäte nehmen dieses Arbeitsblatt mit nach Hause und versuchen, sich dort mit den einzelnen Fragen auseinanderzusetzen. Hilfreich kann es sein, wenn sie über ihre Ergebnisse mit jemandem reden, der sie sehr gut persönlich kennt. Dadurch kann ihre eigene Einschätzung eine eventuell noch solidere Basis erhalten.

Impulse zum Nachdenken
* Wo bin ich enttäuscht worden oder habe mich getäuscht?
* Welche meiner Bedürfnisse sind erfüllt worden, und welche Erwartungen haben sich bestätigt?
* Habe ich mich inzwischen von einzelnen Bedürfnissen und Erwartungen "heimlich" verabschiedet?

2.2 Klärung

Was ergibt sich aus den Antworten auf die hier gestellten Fragen? Was wird deutlicher und geklärter, wenn die Ergebnisse des Nachdenkens über die einzelnen Fragestellungen "zusammengestellt" werden? Die Antwort darauf kann nicht "von außen" gegeben werden, jeder wird diesen Klärungsprozeß zunächst für sich selbst zu leisten haben.

Hier werden lediglich einige aus meiner Sicht denkbaren Antworten angedeutet. Damit soll allerdings auch gezeigt werden, daß es sinnvoll ist, diesen oder ähnlichen Fragestellungen nachzugehen. Sie tragen durch die damit angestoßene Reflexion zu einer Vergewisserung der Praxis bei und weisen klärend auf Zusammenhänge hin, die für die Theoriediskussion wichtig sind.

1. Möglichkeit: Ein Pfarrgemeinderatsmitglied stellt fest, daß es keine besondere Aufgabe hat. "Eigentlich weiß ich nicht, wozu ich im Pfarrgemeinderat sitze." Dies macht ihm jedoch keinen übermäßigen Druck, weil es vielleicht durchaus dem entspricht, wie er oder sie zur Kandidatur für den Pfarrgemeinderat überredet wurde. "Sie sind nur verpflichtet zur Teilnahme an einigen Sitzungen im Jahr, bei denen Sie mitentscheiden sollen, was in der Pfarrei geschieht."[14]

2. Möglichkeit: Es stellt sich Unbehagen darüber ein, keine besondere Aufgabe zu haben. Wenn dies der Fall ist, müßte wohl geklärt werden, was dieses Unbehagen signalisiert. Sind es die Kolleginnen und Kollegen im Rat und deren Engagement, die nun Druck machen? "Ich weiß nicht, die anderen machen so viel und ich ...?" Ist es das eigene Bedürfnis, sind es die eigenen Erwartungen, die "sich melden" und nach einer Aufgabe suchen? Doch was, wenn diese Aufgabe schon ein anderer wahrnimmt, wenn diese Position also schon besetzt ist? Was, wenn es sich dabei um eine Aufgabe handelt, die bislang im Pfarrgemeinderat überhaupt noch nicht im Blick war?

---

14 Vgl. WESS: Überlegungen zum Pfarrgemeinderat, 245 (Angleichung der Ausdrucksweise durch den Verf.).

3. Möglichkeit: Mit der Zeit hat es sich erwiesen, daß mit dieser Aufgabe das Ziel, um das es dem Betreffenden ging, nicht verwirklicht werden kann. "Also ich habe mir nun wirklich etwas total anderes darunter vorgestellt." Vielleicht ist die Aufgabe und die damit verbundene Rolle von Vorgängern geprägt und festgelegt und dient letztlich im Gesamt der Gemeinde der Verwirklichung einer anderen Absicht. Wie aber dann mit der übernommenen Verpflichtung umgehen?

4. Möglichkeit: Die Aufgabe und die mit ihr eingegangene Verpflichtung wird zur Last. "Ich schaffe das nicht mehr, es wird mir alles zuviel." Der Arbeitsumfang, den sie mit sich bringt, wurde unterschätzt. Oder es hat sich herausgestellt, daß das Talent, die Begabung dazu fehlt. Eigentlich würde man viel lieber etwas ganz anderes tun. Muß die Aufgabe neu umschrieben werden, ist sie einzuschränken, mit anderen zu teilen? Oder braucht es "nur" eine bessere Qualifikation, um die man sich ja selbst kümmern kann ...?

2.3 Praktisch-theologische Verständigung

Bei der Aufgabe, die ein Mitglied des Pfarrgemeinderates übernimmt, geht es immer darum, darauf hat JOSUTTIS zu Recht hingewiesen, "bei sich selbst eine Balance herzustellen zwischen den verschiedenen Antriebsfaktoren: Was kann ich tun? meine Fähigkeiten; was muß ich tun? mein theologischer Auftrag; was soll ich tun? die Erwartungen der Gemeinde; was will ich tun? meine Wünsche und Interessen".[15] Dies miteinander zu vernetzen, ist weiterhin nur möglich in Balance zu den Fähigkeiten, Erwartungen und Interessen, die im gesamten Pfarrgemeinderat gegeben sind.

In ihm muß es erstens prinzipiell möglich sein, daß jedes Mitglied des Pfarrgemeinderates für eine Aufgabe Verantwortung trägt. Wenn es durch die Institution des Pfarrgemeinderates um die Überwindung der All- und Letztzuständigkeit einzelner geht, um das ekklesiologische Korrektiv einer "absolutistisch-monarchischen" Gemeindeleitung, ist

---

15 JOSUTTIS, Manfred: Der Pfarrer und der Erfolg. In: Ottmar FUCHS (Hrsg.): Theologie und Handeln. Beiträge zur Fundierung der Praktischen Theologie als Handlungstheorie. Düsseldorf 1984, 174 f.

es nicht sinnvoll, wenn einer mehrere Aufgaben wahrnimmt bzw. wenn einzelne oder viele keine konkrete Aufgabe übernehmen.

Zweitens muß ermöglicht werden, daß die Aufgabe, die jemand übernimmt, aus eigenem Antrieb übernommen wird. Theologisch gesagt, die Übernahme einer konkreten Aufgabe wird der ureigenen Sendung und Berufung des Betreffenden entsprechen. Damit wird jedes Verständnis und jede Praxis von Delegation relativiert.

Die Aufgabe, die einer übernimmt, muß seinem Charisma entsprechen, seinen Talenten und Begabungen. Dabei muß ermöglicht werden, daß dieser einzelne ein immer klareres Profil in seiner Aufgabe entwickeln kann, sich kompetent und mit Gewicht im Interesse dieser Aufgabe bzw. der mit ihr verbundenen Menschen in den Pfarrgemeinderat einbringen kann. Das ekklesiologische Prinzip der Vielfalt wird nur so gewährleistet werden können.

2.3.1 Eine Aufgabe, den eigenen Fähigkeiten entsprechend

Das Wissen um das eigene unverwechselbare Charisma ist die Voraussetzung für die Entscheidung über eine konkrete Mitarbeit. Wer bereit ist, eine Aufgabe im Pfarrgemeinderat zu übernehmen, muß realistisch seine Fähigkeiten und Grenzen einzuschätzen wissen. Dialogfähigkeit, Konfliktfähigkeit, Fähigkeit zur Zusammenarbeit, Fähigkeit zu einer fröhlichen Ermutigung, Fähigkeit zum immer neuen Anfangen, Leitungsfähigkeit, Fähigkeit, Informationen zu übersetzen, Kontaktfähigkeit, um nur einige Beispiele zu nennen, sind zwar grundsätzlich alle wichtig; im Blick auf eine konkrete Aufgabe wird aber sehr schnell deutlich, daß dafür jeweils eine Fähigkeit besonders gebraucht wird, während eine andere vielleicht nicht so entscheidend ist.

Den eigenen Fähigkeiten entsprechend sollten sich Pfarrgemeinderatsmitglieder Aufgaben zutrauen oder eher Abstand davon nehmen. "Oft begnügt man sich allerdings mit vagen Vertröstungen. 'Fangen Sie erst mal an. Das meiste wird sich dann schon zeigen...'."[16] Eine

---

16   KELLERHOFF: Mitarbeiter, 34.

solche Haltung scheint mir wenig verantwortlich. Vielmehr muß es darum gehen, gerade wenn Zweifel daran bestehen, ob die eigenen Fähigkeiten für die zu übernehmende Aufgabe ausreichen, Weiterbildungs- und Qualifizierungsmaßnahmen wahrzunehmen.

Fähigkeiten und Charismen sind nicht dasselbe. Charismen sind, wohl noch tiefer als die Fähigkeiten, die ein Mensch an den Tag legt, in seinem Wesen grundgelegt. Denn sie "sind göttlichen Ursprungs".[17] Als "Geistbegabungen, die sich spontan entfalten und zur Wirkung kommen,"[18] sind sie die "Bauelemente des kirchlichen Lebens,"[19] "Geschenke Gottes an die Kirche und an die Gemeinde".[20]

Gerade der Geschenkcharakter der Charismen verdeutlicht, daß Fähigkeiten im letzten nicht aktional zu schaffen sind. Es geht vielmehr darum, die eigenen, einem jeden Menschen innewohnenden Fähigkeiten zu entdecken und unter Beweis zu stellen. Gabe und Aufgabe, Charisma und Fähigkeit: "Zusammengefaßt sind beide Aspekte in der biblischen Verheißung des Segens. Segen heißt in diesem Problemhorizont: Es gibt eine Wirkung des Handelns, die zum Handelnden gehört, ohne daß er behaupten kann, er hätte sie von sich aus hergestellt. Pastoraler Erfolg könnte darin bestehen, daß man den Segen Gottes erfährt, indem man für andere Menschen zum Segen wird."[21]

2.3.2 Eine Aufgabe, dem theologischen Auftrag entsprechend

Die Bereitschaft zur verantwortlichen Übernahme einer Aufgabe erfordert ein Mindestmaß an Selbstbewußtsein. Ein Selbstbewußtsein, den anderen Mitarbeiter zu sein - und nicht Helfer. "'Helfer' leisten Handlangerdienste und überblicken nur Teilbereiche. Im Hintergrund steht der 'Chef', bei dem die eigentlichen Fäden zusammenlaufen. Der

---

17 SUENENS: Mitverantwortung, 25.
18 WANKE: Seelsorge, 3.
19 SYNODE: Protokoll 7. VV 158.
20 MÜLLER, Josef: Die Gemeinde meiner Träume. In: Michael B. MERZ u. Josef MÜLLER u. Alois SCHWARZ (Hrsg.): Auftrag und Praxis des Pfarrgemeinderates. Informationen, Impulse, Perspektiven. 2. Aufl. München 1991, 200.
21 JOSUTTIS: Erfolg, 172 f.

Mitarbeiter dagegen ist verantwortlicher Partner in bestimmten Aufgabenbereichen der Gemeinde."[22]

Die Aufgabe, die übernommen wird, muß dem theologischen Wesen und Auftrag eines Mitarbeiters der Gemeinde entsprechen. D.h., es wird sich dabei immer um einen verantwortlichen Beitrag zur Sendung der Kirche im Heils- und Weltdienst handeln, um "die Realisierung von Kirche in all ihrer Vielfalt".[23] Mitarbeiter sein, und dies ist der theologische Auftrag, heißt "personales Angebot"[24] sein, solidarisch und engagiert. Dies wird die jeweilige Aufgabe auszudrücken haben, und dem hat auch das mit dieser Aufgabe eventuell verbundene "Sachangebot" zu dienen. Da es zum Wesen der Mitarbeit gehört, ein Teil der gemeinsamen Arbeit aller zu sein, ist es wichtig, daß die Gemeindeleitung "die Mitarbeiter - haben sie sich erst einmal positiv entschieden - mit ihrer Aufgabe nicht allein läßt".[25]

2.3.3 Eine Aufgabe, den Erfordernissen der Gemeinde entsprechend

Die Erfordernisse einer Gemeinde, die Situation dieser Gemeinde und der Menschen, die dort leben, wie auch der dreifache Grundauftrag, der das Wesen jeder christlichen Gemeinde ausmacht, werden zum Anspruch, konkrete Aufgaben nicht über längere Zeit hinweg unbewältigt zu lassen. Verkündigung, Gottesdienst und Diakonie als Lebensvollzüge der Gemeinde verlangen die Übernahme von Aufgaben, die die drei Ziele verwirklichen helfen sollen: "das Evangelium neu hören", "Mut zu Fest und Feier", "Hilfe in Not".[26]

"Aus organisationspsychologischer Sicht sind Ziele entwickeln und vereinbaren kreative Tätigkeiten, Aufgaben durchführen dagegen Arbeit."[27] So wird in vielerlei Hinsicht in der Gemeinde gearbeitet wer-

---

22 KELLERHOFF: Mitarbeiter, 37.
23 BORN: Tips, 26.
24 Vgl. dazu den Begriff "personales Angebot" z.b. im Synodenbeschluß: Ziele und Aufgaben kirchlicher Jugendarbeit, 4.
25 KELLERHOFF: Mitarbeiter, 38.
26 Vgl. MÜLLER, Josef: Der dreifache Auftrag der Gemeinde. In: Michael B. MERZ u. Josef MÜLLER u. Alois SCHWARZ (Hrsg.): Auftrag und Praxis des Pfarrgemeinderates. Informationen, Impulse, Perspektiven. 2. Aufl. München 1991, 45.
27 BERKEL: Organisationspsychologie, 324.

den müssen, die notwendigen Arbeiten werden auch immer wieder unangenehme Aufgaben und lästige Pflichten sein.

Hier gilt in besonderem Maße: "Ich kann mich erst dann mit einer Sache, einer Aktion identifizieren, mich auf sie einlassen, wenn mir eine umfassende Analyse der Gesamtsituation sowie der geistig-geistliche Hintergrund erhellt wird, wenn ich Gründe erkannt habe, weshalb mein Handeln sinnvoll ist."[28] Gewiß kann Mitarbeit in der Gemeinde auf die Dauer nicht von moralischen Appellen leben. Dem Anspruch und der Verpflichtung, sich den aus dem Grundauftrag der Gemeinde ergebenden Aufgaben zu stellen, kann sie jedoch unter keinen Umständen ausweichen.

2.3.4 Eine Aufgabe, den eigenen Wünschen und Interessen entsprechend

Die Entscheidung zur Übernahme einer Aufgabe soll sich auch von den persönlichen Wünschen und Interessen derer, die zur Mitarbeit in der Gemeinde bereit sind, leiten lassen. Auch dieser "Grundsatz" muß betont werden, verweist er doch auf das notwendige Korrektiv zum eben angedeuteten Prinzip der Vorrangigkeit des gemeindlichen Grundauftrages.

Die eigenen Wünsche und Interessen können Ausdruck einer Vielfalt von Motiven sein, die nicht immer nur die sind, die man gerade im kirchlichen Raum voraussetzt und von anderen und vielleicht auch von sich selbst erwartet: "Für die Kirche arbeiten, heißt zutiefst und zuletzt für Christus als den Herrn der Kirche, für das Reich Gottes oder aber wenigstens für andere Menschen und ihre Probleme arbeiten."[29] Menschliches Handeln wird fast immer von mehreren Beweggründen in Gang gebracht. Deshalb geht es darum, im Sinn der pastoralen Redlichkeit, wie sie STENGER einfordert, "die neben und hinter dem Hauptmotiv des Dienens vorhandenen Antriebe zu entdecken. Die 'blinden Passagiere' unseres ... Handelns werden gebeten, auf das

---

28   KELLERHOFF: Mitarbeiter, 32 f.
29   SCHALL: Mitarbeiterführung, 43.

Deck unseres Bewußtseins zu kommen, damit wir uns mit ihnen verständigen können."[30]

Dies bedeutet, die Tatsache ernstzunehmen, daß es z.b. ein "legitimes" Motiv ist, von der Arbeit zu erwarten, daß sie - bei aller Mühe - auch Freude bereitet. "Freude über neue Bekanntschaften, Freude über Erfolge der Gruppe, Freude, etwas Sinnvolles zu leisten."[31] Antrieb für das Handeln kann auch sein, in dieser Aufgabe eine Chance für sich selbst zu sehen, z.b. "die Chance, in einem überschaubaren Bereich den Umgang mit einzelnen Menschen, sowie den Umgang mit Gruppen einzuüben und im Team die Kunst der kritischen Wertung zu trainieren. Viele Menschen haben diese Möglichkeit weder in ihrer Familie noch in ihrem Beruf."[32]

Ein Kriterium zur Entscheidungshilfe, ob zu einer Aufgabe ja gesagt wird oder nicht, kann auch sein, sich für sich selbst einen persönlichen Gewinn von dieser Arbeit zu versprechen.

2.4 Operationalisierung von Zielen

Ein Prozeß der Zielvereinbarung kann im Rahmen der hier vorliegenden Arbeit nicht geleistet werden. Dies müssen die Betroffenen selbst tun. Daß ein einzelner für sich selbst im Prozeß klärt bzw. geklärt hat, ob er diesem oder jenem Ziel zustimmt, daß eine Gruppe sich auf Ziele verständigt hat, ist Voraussetzung dafür, daß das Operationalisieren möglicher Ziele überhaupt Sinn macht. Das soll hier noch einmal betont und nüchtern gesehen werden.

2.4.1 Das persönliche Charisma

Besteht Übereinkommen darüber, daß es ein wichtiges Ziel ist, daß jedes Mitglied des Pfarrgemeinderates eine Aufgabe übernimmt, die seinen Fähigkeiten und seinem Charisma entspricht, setzt dies zuerst

---

30 STENGER, Hermann: Dienen ist nicht nur dienen. Ein Beitrag zur Redlichkeit pastoralen Handelns. In: Lebendige Seelsorge 34 (1983) 82.
31 KELLERHOFF: Mitarbeiter, 39.
32 Ebd.

voraus, daß die einzelnen sich ihrer Fähigkeiten und ihres Charismas vergewissern können.

ROOS weist darauf hin, daß ein "Grundkurs für die Arbeit im Pfarrgemeinderat" sich letztlich darin bewähren muß, "daß er bei allen praktischen Fragen zu Sitzungstechnik und Selbstverständnis, zu Planungsschritten und Gesellschaftsanalysen immer wieder zur Quelle führt, aus der christliches Engagement gespeist wird. Dann erst kann das Wasser des Geistes strömen und das Feuer des Geistes brennen."[33] Eine Reihe von Handreichungen und Hilfen für die Pfarrgemeinderatsarbeit weist ebenfalls auf die Existenz und Bedeutung der Charismen hin. So kann man z.b. im "Ratgeber Gemeinde. Wirkungsvolle Pfarrgemeinderatsarbeit"[34] lesen: "Der Heilige Geist wirkt in jedem, und jeder von uns hat ein besonderes, unverkennbares Charisma, eine einzigartige Begabung, die durch nichts und niemanden zu ersetzen ist, nicht durch Hauptamtliche und nicht durch Priester."[35] Bisweilen wird auch ausdrücklich darauf hingewiesen, daß es Aufgabe des Priesters sei, die "Geister zu unterscheiden, aber vor allem die Charismen zu suchen und zu entdecken, sie freudig aufzunehmen, zu pflegen, zur Entfaltung zu bringen, Mut zu machen."[36]

In keiner der mir zugänglichen Handreichungen finden sich allerdings Vorschläge oder wird auf Wege hingewiesen, wie ein "Charisma entdeckt" werden kann, wie also der Grundstock dafür gelegt werden soll, daß das Pfarrgemeinderatsmitglied nicht irgendeine Aufgabe, sondern eine seiner "einzigartigen Begabung" entsprechende übernimmt.

Die Impulse, die im folgenden gegeben werden, sind ein Angebot an den einzelnen, zunächst über sich selbst ins Nachdenken zu kommen. Sie sind als unterschiedliche Annäherungen gedacht, die aus einem je etwas anderen Blickwinkel die "Entdeckungsreise" nach dem persönlichen Charisma anregen wollen.

---

33 ROOS: Gemeinde, 133.
34 GESELLSCHAFT FÜR CHRISTLICHE ÖFFENTLICHKEITSARBEIT (GCÖ) e.V. (Hrsg.): Ratgeber Gemeinde. Wirkungsvolle Pfarrgemeinderatsarbeit. Würzburg o. J.
35 Ebd. 24.
36 KRÄTZL: Spiritualität, 37.

1. Impuls

"Im Theater"

Dieses Arbeitsblatt will die Mitglieder des Pfarrgemeinderates anregen, ihren eigenen Fähigkeiten und Fertigkeiten nachzuspüren und nach einem Ort in der Gemeinde zu suchen, wo genau diese gefragt sind. Sie sollen sich dazu in Gedanken den Grundriß eines Theaters zur Hand nehmen und sich das Theater als ein komplexes Unternehmen vorstellen mit einer Fülle von Aufgaben und Mitarbeitern, einer Vielzahl von Positionen, die alle besetzt sein müssen; das Theater als ein "Ganzes", bei dem es im Sinn des Wortes auf das "Zusammenspiel" aller Beteiligten ankommt und darauf, daß möglichst alle Aufgaben mit "fähigen" Leuten besetzt sind. Sie sollen sich mit Hilfe des folgenden "Stellenplanes" zu entscheiden versuchen.

Fragen zu meinen Fähigkeiten und Fertigkeiten

❑ Nach meinen Fähigkeiten könnte ich
→ in der Verwaltung mitarbeiten.
→ die Intendanz innehaben.
→ auf der Probebühne stehen.
→ eine Arbeit in den Künstlergarderoben verrichten.
→ auf dem Schnürboden stehen.
→ auf die Bühne treten.
→ im Souffleur-Kasten sitzen.
→ im Orchestergraben meinen Platz einnehmen.
→ auf dem Seitenbalkon der Vorstellung beiwohnen.
→ im Parkett oder auf den Rängen sitzen.
→ auf der Beleuchterempore arbeiten.
→ mich in der Eingangshalle aufhalten.
→ an den Kassen meine Arbeit tun.

→ die Regie führen.

→ in den Garderoben Dienst tun.

→ für die Sauberkeit der Toiletten sorgen.

→ auf der Straße den Passanten Werbezettel geben.

→ an den Requisiten, in Kammer und Werkstätten arbeiten.

→ ....

→ ....

→ ....

Impulse zum Nachdenken

* Welche dieser Tätigkeiten würde am ehesten meinem tiefsten Wesen entsprechen? Welche würde meiner inneren Berufung nahekommen?

* Kann ich mir eine Aufgabe in der Pfarrgemeinde vorstellen, die in etwa dem entspricht, was ich beim "Theaterstellenspiel" als die meinen Fähigkeiten entsprechende Aufgabe entdeckt habe; bzw. als die, die meiner inneren Berufung nahekommt, ob ich mich nun (schon) dazu befähigt fühle oder nicht?

2. Impuls

"Die Farbe meines Glaubens"

Dieses Arbeitsblatt soll den Mitgliedern des Pfarrgemeinderates helfen, ihren Glauben von der eigenen Lebensgeschichte her zu betrachten. Dabei soll auch etwas über die konkrete Gestalt dieses Glaubens erfahrbar werden.

Fragen nach der Geschichte und Prägung meines Glaubens

1. Wenn ich auf mein Leben zurückschaue:

→   Welche Menschen, Begegnungen, Erlebnisse haben meinen Glauben geweckt, gefördert, gestützt?

→   In welchen Situationen, im Bezug zu welchen Menschen oder bei welchen Ereignissen hat mich mein Glaube am meisten getragen?

→   Welche Eigenschaft ist es, die mein Leben am meisten prägt?

2. In welchem der folgenden Schriftworte entdecke ich mich am meisten wieder?

→   Voll Vertrauen war ich, auch wenn ich sagte: Ich bin so tief gebeugt. (Ps 116,10)

→   Die Apostel baten den Herrn: Stärke unseren Glauben! Der Herr erwiderte: Wenn euer Glaube auch nur so groß wäre wie ein Senfkorn, würdet ihr zu dem Maulbeerbaum hier sagen: Heb dich samt deinen Wurzeln aus dem Boden, und verpflanz dich ins Meer!, und er würde euch gehorchen. (Lk 17,5f.)

→ Da traten sie zu ihm und weckten ihn; sie riefen: Meister, Meister, wir gehen zugrunde! Er stand auf, drohte dem Wind und den Wellen, und sie legten sich, und es trat Stille ein. Dann sagte er zu den Jüngern: Wo ist euer Glaube? (Lk 8,24 f.)

→ Dem aber, der keine Werke tut, sondern an den glaubt, der den Gottlosen gerecht macht, dem wird sein Glaube als Gerechtigkeit angerechnet. (Röm 4,5)

→ Er aber sagte zu ihr: Meine Tochter, dein Glaube hat dir geholfen. Geh in Frieden! Du sollst von deinem Leiden geheilt sein. (Mk 5,34)

→ Aufgrund des Glaubens brachte Abraham den Isaak dar, als er auf die Probe gestellt wurde. (Hebr 11,17)

→ Sie entgegneten ihm: Welches Zeichen tust du, damit wir es sehen und dir glauben? (Joh 6,30)

Impulse zum Nachdenken

* Was hat von den Menschen, die mich geprägt haben, auf meine Art zu glauben "abgefärbt"?

* Was ist die für mein Leben wichtigste Eigenschaft, die ich meinem Glauben verdanke?

---

3. Impuls

"Komm, Schöpfer Geist"

Mit diesem Arbeitsblatt sollen die Mitglieder des Pfarrgemeinderates angeregt werden, sich mit den Charismen zu beschäftigen. Sie sollen für sich diese Geistesgaben assoziativ ausmalen und zu ergründen suchen, was wohl ihr ganz persönliches Charisma ist.

Die Frage nach meinem Charisma

1. Was fällt mir zu den hier aufgeführten "Gnadengaben" des Hl.Geistes ein?

Der Geist der Weisheit
Der Geist der Einsicht
Der Geist des Rates
Der Geist der Stärke
Der Geist der Erkenntnis
Der Geist der Frömmigkeit
Der Geist der Gottesfurcht
Der Geist der Wahrheit
Der Geist des Trostes
Der Geist der Freiheit

2. Von welcher dieser "Geistesgaben" glaube ich, daß sie mir
   geschenkt ist?

❏   ....
         ....
         ....
         ....
         ....

Impulse zum Nachdenken

* Wie schwer oder wie leicht fällt es mir, mir etwas unter den
  einzelnen Gaben vorstellen zu können?

* Wen kenne ich, von dem ich ganz spontan und mit großer Ge-
  wißheit sagen kann: Der/die hat genau diese Gabe?

* Wie schwer oder wie leicht fällt es mir, wenn ich das Gefühl
  habe, ich weiß, daß dies meine Gabe ist, mir das einzugestehen
  bzw. es auch anderen mitzuteilen?

Arbeitsblatt (M8)

"Eine kleine Typologie"

Die Selbsteinschätzung von Fähigkeiten und Talenten, Gaben und Begabungen ist schwierig, weil sie Courage und Risikobereitschaft erfordert, zumal wenn sie anderen - etwa im Pfarrgemeinderat - offengelegt werden soll und damit gerechnet werden muß, daß diese anderen zu einer anderen Einschätzung kommen. Dieses Arbeitsblatt bietet eine Reihe unterschiedlicher Charakterisierungen, die auch für Mitglieder im Pfarrgemeinderat gelten können. Es geht darum, sich mit dieser "Typologie" auseinanderzusetzen.

Frage: Was für ein "Typ" Pfarrgemeinderat bin ich?

1. Welche der folgenden Charakterisierungen würde am ehesten auf mich zutreffen?

❏ Da gib es den

→ "Paulus-Typ": Sein Temperament spielt eine große Rolle. Besonders denen gegenüber, die er gut kennt, läßt er ihm freien Lauf.

→ "Apokalyptiker": Sein Weltbild vom Drängen der Zeit kann ihn ungeduldig machen. Er ist einer, der auf alles oder nichts setzt.

→ "Rhetoriker": Von Natur aus begabt, steht ihm eine ganze Palette von Argumentationsweisen zur Verfügung; er kann vergleichen, Gegenfragen stellen, erzählen.

→ "Kreativen": Mit einer originellen Kompetenz ausgestattet, geht er eigenständig, profiliert und schöpferisch mit dem Widerspruch um.

→ "Wahrheitssucher": Für ihn ist noch nichts entschieden. Er geht gelassen mit "Normbegriffen", "Werten" um.

→ "Stillen im Lande": Er denkt sich grundsätzlich seinen Teil, hält damit aber meist hinter dem Berg, seine Fähigkeiten warten darauf, "wachgeküßt" zu werden.

→ "Schaffer": Er kann mit dem Reden und Diskutieren nicht viel anfangen, es drängt ihn, zuzupacken und etwas zu unternehmen.

2. Wie erleben mich die Kolleginnen und Kollegen im Pfarrgemeinderat? Wie schätzen sie mich ein?

❑ ....
....
....

❑ ....
....
....

Impulse zum Nachdenken
*   Welche Einschätzungen lösen bei mir ein gutes Gefühl aus?
*   Welche Einschätzungen möchte ich gerne verändern? Wie kann ich das tun?
*   Wo zeigen sich wohl Unterschiede zwischen meiner Selbsteinschätzung und dem, wie mich andere einschätzen?
*   Worin könnten die Ursachen für diese Unterschiede liegen?
*   Worauf möchte ich in Zukunft einmal mehr achten?

2.4.2 Aufgaben, die die Gemeinde stellt

Kann bejaht werden, daß die Gemeinde "die Tagesordnung des Pfarrgemeinderates" bestimmt, mithin also auch die Aufgaben, denen es sich zu stellen gilt, so muß jedes Mitglied des Pfarrgemeinderates auf seine Weise in der Lage sein, Notwendigkeiten und Aufgaben, die die Situation der Gemeinde erfordert, zunächst einmal möglichst umfassend zu sehen, ohne sie sich selbst sofort zu eigen zu machen bzw. sie automatisch im Zuständigkeitsbereich des Pfarrgemeinderates anzusiedeln.

Wenn es darum geht, die Aufgaben, die die Gemeinde stellt, in den Blick zu nehmen, wird es notwendig sein, dies nicht nur unter dem Druck der konkreten Einzelsituationen und ihrer Sachzwänge zu tun. Vielmehr ist es unerläßlich, die Frage nach den Aufgaben auch vor dem Hintergrund des Grundauftrages der Gemeinde zu stellen.

Dieser dreifache Grundauftrag wird wohl in aller Regel eine Vision sein, wird Orientierungen geben, "die uns ermutigen, Schritte einzuleiten und Aktivitäten zu unternehmen, die uns in die Nähe dessen bringen, was wir uns als Zukunft vorstellen, ersehnen. Die tatsächlich verwirklichte Zukunft, die Gegenwart also, wird immer anders aussehen - meist armseliger, mühsamer, bescheidener, ent-täuschender - als das visionäre Bild, das ihr vorangin."[37] Gerade weil die Gegenwart anders aussieht als die Zukunft, muß sie im Licht dieser Zukunft und ihrer Vision betrachtet werden.

---

37 BERKEL: Organisationspsychologie, 321.

313

Arbeitsblatt (M9)

"Fundgrube"

Der nachfolgende Beitrag möchte den Mitgliedern des Pfarrgemein-
derates helfen, sich der Aufgaben zu vergewissern, die in der Ge-
meinde darauf warten, "angepackt" zu werden. Vielleicht kann es
schon an dieser Stelle gelingen, erste Weichen zu stellen, wer diese
Aufgaben angehen soll und wer nicht.

Was ist bei der Aufgabensichtung zu beachten?

1. Es geht dabei um eine größtmögliche Vollständigkeit.

Jedes Mitglied des Pfarrgemeinderates wird eine Fülle von Informationen im Hinterkopf haben, die später, wenn sie im gesamten
Pfarrgemeinderat systematisch zusammengetragen werden, ein Bild
der Gemeinde ergeben. Zunächst wird es jedoch für das einzelne
Pfarrgemeinderatsmitglied darum gehen, sich der Informationen aus
der und über die Gemeinde zu vergewissern.

❏ Ein möglicher Weg dazu könnte sein, sich von folgenden
"Satzbruchstücken" zum Nach- und Weiter-denken anregen zu lassen.

→   die alten Pfarrgemeinderatsprotokolle durchgeblättert und ......

→   der Pfarrverbandsvorsitzende hat neulich erzählt, daß............

→   die Sachausschußvorsitzenden bewegt zur Zeit......................

→   Thema bei den Stammtischgesprächen ist..............................

→   die Situation der Schulkinder ....

→   was wird eigentlich in unserer Bücherei ausgeliehen ....

→   in den Jugendleiterrunden geht es neuerdings "heiß" her ....

→   die Religionslehrer beklagen sich über ....

→ im Kummerkasten finden sich Briefe zum Thema.................

→ die Caritasgruppe ist.................

→ aus der Pfarrbriefredaktion hört man.................

→ im Altenclub.................

→ die Leute bei der Pfarrversammlung würden sagen.................

→ anstehende kirchliche Feste bringen mit sich.................

→ in letzter Zeit gibt es zunehmend spürbare Schwierigkeiten.....

→ Informationen des Dekanats und der Diözese.................

→ festgesetzte Termine (z.b. Visitation, Haushaltsplan).................

2. Jeder muß zunächst seine persönliche Gewichtung vornehmen.

Wenn man sich der Informationen aus der Gemeinde vergewissert, kann sehr schnell deutlich werden: Wir stehen vor einem Berg von Aufgaben, die alle wichtig erscheinen: Kinderarbeit, Gemeindekatechese, Gastarbeiterprobleme, Altenarbeit, Familiengruppenarbeit, Stadtsanierung, Schule, Jugendarbeit, Gottesdienstgestaltung, Freizeitgestaltung, Bücherei, Pfarrfest, Probleme der Entwicklungshilfe... Bevor es im Pfarrgemeinderat zu einer Schwerpunktfestlegung kommt, scheint es angezeigt, daß jedes einzelne Mitglied im Pfarrgemeinderat zu entdecken versucht, was auf seiner persönlichen Prioritätenliste ganz oben steht.

❏ Hilfreich kann es dabei sein, sich von folgenden Gedanken leiten zu lassen:

Von all dem, was ich aus der Gemeinde weiß,

→ macht mir am meisten zu schaffen, daß.................

→ bedrängt mich am stärksten, daß.................

→ scheint es mir eher heute als morgen nötig, daß.................

315

3. Selbst wenn etwas für mich persönlich ein großes Gewicht hat, heißt dies nicht, daß ich es selbst tun muß.

Bei einer Fülle von anstehenden Aufgaben einerseits und angesichts einer Reihe von haupt- und ehrenamtlichen Mitarbeitern anderseits ist es von elementarer Bedeutung, die Frage zu klären, wer eine Arbeit konkret übernimmt. Dabei ist es gerade für Mitglieder des Pfarrgemeinderates entscheidend, im Blick zu behalten, daß sie nicht die einzigen Mitarbeiter der Gemeinde sind. Ganz im Gegenteil: In aller Regel ist das Personalprofil einer Gemeinde recht vielschichtig und komplex. So sei einem Pfarrgemeinderatsmitglied folgende Überlegung angeraten:

Eine Situation, die mich bedrängt, eine Aufgabe, die dringend angegangen werden müßte, muß nicht schon deswegen von mir selbst übernommen werden.

❏ Wer könnte außer mir diese Aufgabe übernehmen?
→   der Pfarrer?
→   einer der anderen priesterlichen Mitarbeiter?
→   der Diakon?
→   ein hauptamtlicher Mitarbeiter der Gemeinde?
→   die Schwestern der Sozialstation?
→   ein anderes ehrenamtliches Gemeindemitglied?

Impulse zum Weiterdenken
* Für das Anpacken welcher Aufgabe will ich kämpfen? Und was werden dabei meine gewichtigsten Argumente sein?
* Wen halte ich für zuständig, für befähigt, die Verantwortung für diese Aufgabe zu übernehmen? Wie will ich ihn/sie von der Notwendigkeit der Aufgabe und daß gerade er/sie sich dafür einsetzt, überzeugen?
* Welche Aufgabe wird, so wie ich das jetzt sehe, meine sein?

2. Impuls

"Provokation Leben"

Im folgenden Beitrag werden den Pfarrgemeinderäten drei Textaus-schnitte vorgelegt. Sie stammen aus dem Artikel: "Der dreifache Auf-trag der Gemeinde" von Josef MÜLLER im Handbuch "Auftrag und Praxis des Pfarrgemeinderates", München 1991. Diese Ausschnitte thematisieren die Grundvollzüge des Christ-Seins in der Gemeinde und sind gleichzeitig Ausdruck einer Vision. Sie sollen die Mitglieder des Pfarrgemeinderates dazu anregen, noch einmal (diesmal eher von der Theorie her) die Aufgaben zu bedenken, die in der Gemeinde "anstehen".

a) Das wahre Leben aus der Heilsbotschaft

Jesus hat die Botschaft, die er verkündete, gelebt und die Menschen eingeladen, ihr Leben danach auszurichten. Grundlage und Ziel der Verkündigung Jesu, die er selbst eine "Frohe Botschaft" nennt, ist die Ansage der erlösenden und befreienden Wirklichkeit des Reiches bzw. der Herrschaft Gottes. Damit will Jesus den Menschen die Einladung zum Leben in der Gemeinschaft mit Gott selbst mit-teilen. Die Sen-dung der Jünger zur Weitergabe dieser Botschaft setzt bei der Zusage dieses "Lebens in Überfülle" (Joh 10,10) an.

Für die Menschen und ihre Erfahrungen kann das Evangelium Leben deuten helfen, indem es Lebenserfahrungen mit Glaubenserfahrungen verbindet. Bei der Bezeugung und Weitergabe des Glaubens geht es immer um das ganze Leben, für das der Glaube lebens- und wirklichkeitsgestaltende Kraft sein soll.

b) Lebensstiftender Gottesdienst

Liturgie ist nicht frommes Ritual, isoliert von den Schicksalen der Menschen, sondern ist Leben: ein Leben, hinter dem zugleich Gott und die Menschen stehen, indem sie sich begegnen. In der Liturgiefeier erhält diese Begegnung einen Namen. Wir feiern Gottes Bund mit den Menschen, die Befreiung des von Gott gerufenen neuen Volkes und vor allem die Befreiung des Menschen vom Tod. Im Sterben und in der Auferweckung Jesu Christi wird das wahre Leben gefeiert. Darum kann Leben finden, wer "hörend und glaubend mitfeiert und tut, was die Feier aussagt".

c) Gemeinschaftliche Diakonie

Diakonie wird gerade im Zusammenhang mit Gemeinde als jene Dimension verstanden, die das gesamte Denken und Handeln der Kirche und der Christen durchziehen soll. Es geht nicht nur darum, sich um die Notleidenden zu kümmern, so sehr diese Sorge um die anderen eine Umsetzung des Glaubens in die Wirklichkeit ist. Der Geist Jesu Christi treibt die Kirche an zu einem Handeln in seinem Sinn. Jesu besondere Vorliebe galt den Einfachen, den Sündern, den vom Leben an den Rand Gedrängten. Sein Bemühen um Gerechtigkeit für die Unterdrückten, um Befreiung von Hunger und Krankheit galt den in vielfacher Hinsicht Armen als den unmittelbaren und ersten Adressaten seiner Botschaft vom Reich Gottes. Jesus hielt die Armen am ehesten für fähig, seine Botschaft aufzunehmen und ihr zu folgen.

Insofern ist mit *gemeinschaftlich* der notwendige ständige Aufbruch aus der Trägheit des eigenen Herzens und der Trägheit der Institution mitgemeint. Zugleich ist jene Herausforderung im Blick, offen zu bleiben für Neues, für überraschende Einfälle, für die kreative Kraft des Heiligen Geistes, der in der Gemeinschaft der Glaubenden am Werk sein will. Dieses diakonische Handeln läßt sich nicht auf bestimmte Regeln, Gesetze und Normen einschränken. Eine rein fürsorgliche, medizinische, finanzielle und psychologische Hilfe können Institutionen - u.U. sogar besser - leisten. Das Spezifikum für die gemeinschaftliche Diakonie ist das Sich-Hineingeben in die persönliche Situation des Schwachen und Bedürftigen. Dazu gehört die Sorge um jene stille, verborgene Not, die von niemand wahrgenommen wird, auch die Sorge um jene, um die sich niemand kümmert oder kümmern kann.

Für Jesus war der Grund seiner Liebe zu den Menschen weder Not, noch Mangel, noch Leid, sondern ausschließlich die Liebe. Sie ist der Weg Gottes zum Menschen. Jesus hat den Weg der 'Erniedrigung' nicht gescheut, sondern sich um uns angenommen, damit auch wir uns des anderen annehmen, wie 'Christus uns angenommen hat' (Röm 15,7). In dieser liebenden Existenz der Gemeinde, die zum christlichen Lebensvollzug gehört, wird sie zum Ort der ausgetauschten Liebe.

❏ Welche Aufgaben stellen sich in der Gemeinde?

In diesen Texten fielen entscheidende Stichworte: Leben in Überfülle, Frohe Botschaft, Lebensgestaltende Kraft, Gottes Bund mit den Menschen, Befreiung, die Armen als erste Adressaten des Reich Gottes u.v.a.m.

1. Welches Stichwort, welche Textpassage hat mich am meisten

→ angesprochen?
→ provoziert?
→ geärgert?
→ beschämt?
→ verunsichert?
→ nachdenklich gemacht?
→ zustimmen lassen?

2. Wo ist die Wirklichkeit unserer Gemeinde angesichts der in diesen Texten ausgesprochenen Orientierungen am

→ armseligsten?
→ mühsamsten?
→ bescheidensten?
→ enttäuschendsten?

Impulse zum Weiterdenken
* Welche Schritte müßten im Zusammenhang dieser Überlegungen möglichst sofort eingeleitet werden?
* Und wer kann dies Ihrer Meinung nach am sinnvollsten tun?

2.4.3 Aufgaben und persönliche Wünsche

Wenn Wünsche, Interessen und persönliche Neigungen bei der Entscheidung zur Übernahme einer Aufgabe ein legitimes Motiv sein dürfen, muß jede und jeder die Möglichkeit haben, sich diese selbst einzugestehen und auch den anderen gegenüber benennen zu dürfen. Der Wunsch, Macht auszuüben, der Wunsch, Anerkennung und Liebe zu gewinnen, und der Wunsch, Leben gemeinsam und in Fülle zu erleben, bewegen und leiten menschliches Handeln. Macht auszuüben, etwas erreichen und bewegen zu wollen, machtvoll zu handeln, ist als Antrieb menschlichen Tuns durchaus zu bejahen.[38] "Anerkennung und Lob zu erhalten für das, was ich im Pfarrgemeinderat beitrage und leiste,"[39] ist, darauf weist SEILER hin, ebenfalls ein wichtiger Beweggrund für die Arbeit. Isolation und Anonymität zu überwinden, Freunde zu finden, das eigene Leben reicher und erfüllter erleben zu wollen, ist gewiß ein menschliches Bedürfnis, das nicht im Widerspruch zum Evangelium vom "Leben in Fülle" (Joh 10, 10) steht.

Interessanterweise kann auch hier festgestellt werden, daß keine der einschlägigen Arbeitshilfen bzw. Handreichungen zur Pfarrgemeinderatsarbeit diese Problematik thematisiert. Vielleicht ist dies der Ausdruck für ein zu wenig reflektiertes Verständnis von Dienst, bei dem die Erwartung an die "Selbstlosigkeit", mit der eine Aufgabe wahrgenommen werden soll, die vorherrschende Vorstellung ist. Vielleicht zeigt sich darin aber auch ein problematisches Verhältnis zu dem, was wir Leistung und Erfolg heißen. So wird z.b. die Meinung vertreten, "daß die Stunde des Erfolgs für den Christenmenschen immer als eine Stunde der Gefahr schlägt: anstatt Gott die Ehre zu geben, auch nun selbst Ehre zu nehmen von den Menschen. Der Erfolg ist die Versuchung des Starken, der Erfolg will uns verführen, uns selbst an Stelle Gottes zu setzen."[40] All dies kann hier nicht entschieden werden. Sinnvoll und notwendig scheint es mir allerdings, wenigstens Anregungen zu geben, mit den Wünschen nach Macht, Anerkennung und Leben in Fülle als Motive, die zur Übernahme einer Aufgabe führen können, umzugehen.

---

38 Vgl. STENGER: Dienen, 84.
39 SEILER: Betriebsklima, 173.
40 BOHREN, Rudolf: Prophetie und Seelsorge. Neunkirchen 1982, 124.

Arbeitsblatt (M11)

"Dreimal Gottes Wort - Macht, Anerkennung, Leben"

Drei kurze Abschnitte aus dem Neuen Testament werden hier vorgelegt. Sie sollen die Mitglieder des Pfarrgemeinderates anregen, sich mit der menschlichen Ur-Sehnsucht nach Macht, Anerkennung und Liebe auseinanderzusetzen. Dabei wird es vor allem darum gehen, Hinweise für ein geklärtes und menschlich reifes Umgehen mit diesen Bedürfnissen zu entdecken.

a) Die Frage nach der Macht

Damals kam die Frau des Zebedäus mit ihren Söhnen zu Jesus und fiel vor ihm nieder, weil sie ihn um etwas bitten wollte. Er fragte sie: Was willst du? Sie antwortete: Versprich, daß meine beiden Söhne in deinem Reich rechts und links neben dir sitzen dürfen. ... Da rief Jesus sie zu sich und sagte: Ihr wißt, daß die Herrscher ihre Völker unterdrücken und die Mächtigen ihre Macht über die Menschen mißbrauchen. Bei euch soll es nicht so sein, sondern wer bei euch groß sein will, der soll euer Diener sein. (Mt 20,20-21;25-26)

b) Die Frage nach Anerkennung

In allem habe ich euch gezeigt, daß man sich auf diese Weise abmühen und sich der Schwachen annehmen soll, in Erinnerung an die Worte Jesu, des Herrn, der selbst gesagt hat: Geben ist seliger als nehmen. Nach diesen Worten kniete er nieder und betete mit ihnen allen. Und alle brachen in lautes Weinen aus, fielen Paulus um den Hals und küßten ihn. (Apg 20,35-37)

c) Die Frage nach der Sehnsucht nach gemeinsamem Leben

Unablässig denke ich an euch in allen meinen Gebeten und bitte darum, es möge mir durch Gottes Willen endlich gelingen, zu euch zu kommen. Denn ich sehne mich danach, euch zu sehen; ich möchte euch geistliche Gaben vermitteln, damit ihr dadurch gestärkt werdet, oder besser: damit wir, wenn ich bei euch bin, miteinander Zuspruch empfangen durch euren und meinen Glauben. (Röm 1,10 f.)

❏ Hören auf Gottes Wort. In der Haltung der Offenheit für die Gegenwart des Herrn in diesen Worten ... Im bedächtig meditierenden Lesen dieses Textes ... Im Verweilen bei diesem oder jenem Wort ... Im Schweigen ... auf die Einsicht horchen, die mir etwas sagen will:

1. Wie steht es mit meiner Sehnsucht nach Macht?

2. Wie steht es mit meiner Sehnsucht nach Anerkennung?

3. Wie steht es mit meiner Sehnsucht nach Leben?

Impulse zum Nachdenken
* Was bedeutet dies für meine Wünsche?
* Für die Sehnsucht danach, daß sie sich erfüllen?
* Worin erfahren meine Wünsche die Begrenzung ihrer Erfüllung?

2. Impuls

"Wunschzettel"

Dieses Arbeitsblatt soll die Mitglieder des Pfarrgemeinderates ermutigen, einen "Wunschzettel" zu schreiben. Es geht dabei darum, sich die eigenen Wünsche "ungeniert" eingestehen zu dürfen.

Die Frage nach meinen Wünschen

Ich will entscheiden können, daß ....
Ich möchte unbedingt erreichen, daß ....
Ich möchte durchsetzen, daß ....
Mir liegt sehr daran, daß ich anerkannt werde von ....
Ich will etwas gelten bei ....
Mir liegt viel am Urteil von ....
Mir wäre es wichtig, Kontakt zu bekommen zu ....
Ich würde besonders gern zusammenarbeiten mit ....
Ich würde gern privat etwas unternehmen mit ....

Impulse zum Nachdenken
* Kenne ich diese Wünsche schon lange?
* Wem habe ich sie schon einmal eingestanden?
* Wem würde ich sie gerne erzählen?
* Habe ich ein gutes Gefühl bei diesen Wünschen? Wenn nein, warum? Mit wem könnte ich über dieses "schlechte Gefühl" ins Gespräch kommen?

2.4.4 Die Präferenz für eine Aufgabe

Wird das Ziel akzeptiert, daß jede Mitarbeit in der Gemeinde verantwortliche Mitarbeit ist und nicht nur ein bloßer "Hilfsdienst", hat dies zuallererst Konsequenzen dafür, wie Entscheidungen getroffen werden. "Gemeint ist die eigene Entscheidung über das 'Wo' und 'Wie' der Mitarbeit. Häufig 'nagelt' man den anderen auf ein ganz bestimmtes Ressort fest... Eindringliches Zureden verhindert eine Auseinandersetzung mit Einsichten und Argumenten. Die spätere Folge wird mangelnde Einsatzfreudigkeit sein. Es gibt keine Entscheidungstreue, weil keine Entscheidung vorausging."[41]

Es wird darum gehen, daß sich jedes Pfarrgemeinderatsmitglied vorab eine eigene Meinung dazu bilden kann, welche Aufgabe es übernehmen will. Im Idealfall bedeutet dies, bei der Suche nach einer Aufgabe erstens die Frage nach den eigenen Fähigkeiten und Fertigkeiten, also nach dem persönlichen Charisma, zu stellen, zweitens die Frage nach den Erfordernissen der Gemeinde in ihrer konkreten gegenwärtigen Situation und im Blick auf den ihr zugemuteten Grundauftrag und drittens die Frage nach den eigenen Wünschen in ein ausbalanciertes Verhältnis zueinander zu bringen. Daraus kann sich dann die Präferenz für diese oder jene Aufgabe ergeben.

An späterer Stelle erst wird die Frage zu behandeln sein, wie ein möglichst sinnvolles, d.h. die Präferenzen aller Beteiligten berücksichtigendes Vorgehen zur Entscheidung darüber führen kann, wer nun tatsächlich welche Aufgaben übernimmt.

---

41   KELLERHOFF: Mitarbeiter gewinnen, 33.

Arbeitsblatt (M13)

"Mein Puzzle"

Es soll nun darum gehen, das bisher Überlegte zusammenzusetzen, d. h., es müssen wie bei einem Puzzle immer wieder neu die einzelnen Überlegungen und Einsichten zusammengesetzt und verworfen werden, bis sich das "richtige" Bild ergibt. Am Ende dieses Prozesses soll bei den Mitgliedern des Pfarrgemeinderates die Präferenz für eine Aufgabe stehen.

a) Fähigkeiten und Charismen

1. Nehmen Sie noch einmal Ihren Theatergrundriß her und erinnern Sie sich, wo Sie sich aufgrund Ihrer Fähigkeiten und Fertigkeiten vorstellen konnten, mitzuarbeiten (M5).
2. Es handelte sich ja bei dem "Theater" um eine Metapher für die vielen Aufgabenbereiche und Funktionen innerhalb der Pfarrgemeinde. Welche Aufgabe konnten Sie sich also der Einschätzung Ihrer Fähigkeiten und Fertigkeiten nach vorstellen, in der Pfarrgemeinde zu übernehmen?
3. Erinnern Sie sich noch einmal an das, was Sie entdeckt haben, als Sie der "Farbe" Ihres Glaubens nachgespürt haben. Wann trägt Sie der Glaube, so wie er sich in Ihrem Leben ausgeprägt hat, in ganz besonderem Maß?
4. Welche Gabe des Hl. Geistes, glauben Sie, ist Ihnen geschenkt?

Frage:
Passen diese Teile zueinander, wie die richtigen Einzelteile eines Puzzles zueinandergelegt werden können? Sind Sie nach Ihrer Selbsteinschätzung und von Ihrem "Typ" her der richtige Mann, die richtige Frau für diese Aufgabe?

b) Erfordernisse der Gemeinde

5. Sie haben in der "Fundgrube" Gemeinde gestöbert und dabei eine ganze Reihe von Fragen, Klagen, Erwartungen zu hören bekommen, haben einzelne Situationen betrachtet und Notwendigkeiten gesehen. Was war es, was Sie dabei am meisten bedrängt hat?

6. Vielleicht hat sich das auch in etwa gedeckt mit dem, was für Sie die stärkste Herausforderung in den Texten zum Auftrag der Gemeinde war, bzw. damit, wo die Wirklichkeit der Gemeinde noch am weitesten von den Visionen entfernt ist?

Frage:
Auch dies sind Einzelteile des Puzzles, die es richtig zusammen-zusetzen gilt. Passen diese neuen Teile zu denen, die zuvor schon zusammengesetzt wurden? Der richtige Mann / die richtige Frau nicht für irgendeine Aufgabe, sondern für eine, deren Bewältigung für die Gemeinde sehr wichtig ist?

---

c) Wünsche

7. Vergewissern Sie sich noch einmal, welcher Wunsch es ist, dessen Erfüllung Ihnen bei aller realistisch zu erwartenden Begrenzung und Ent-täuschung am wichtigsten ist.

8. Dabei geht es ja auch vor allem um das Miteinander im Arbeiten und Leben mit Menschen. Mit wem wollen Sie ganz besonders gern zusammenarbeiten und -leben?

Frage:
Für wie realistisch halten Sie es, daß sich Ihre Wünsche im Zusammenhang mit dieser Aufgabe erfüllen werden? Daß Sie darin
also "aufgehen" und sich entfalten können?

Sie haben versucht, die Fragen zu beantworten. Welche Aufgabe
wollen Sie übernehmen?

❏

3. Der Pfarrer als Vorsteher der Gemeinde und als Mitglied im Pfarrgemeinderat

Weil der Pfarrer in zweifacher Weise die Leitungsverantwortung für die Gemeinde innehat: als Vorsteher der Eucharistiegemeinschaft und als Mitglied im Pfarrgemeinderat, kommt ihm bei der Frage nach der Verortung des Pfarrgemeinderates eine zentrale Bedeutung zu. Das Selbstverständnis, das er von seinem Amt hat, und sein konkretes Tun im Pfarrgemeinderat beeinflussen Funktion und Aufgaben dieses Gremiums in der Gemeinde ganz entscheidend.

3.1 Fragen

Zuallererst muß es für den Pfarrer um eine nüchterne Einschätzung des *status quo* gehen. Dazu ist das Nach-denken darüber, was er im Pfarrgemeinderat tut, erforderlich. Das beinhaltet auch, diese Tätigkeiten in das Gesamt seines Arbeitspensums einzuordnen.[42] Wie ist es dazu gekommen, daß er diese oder jene Tätigkeit übernommen hat? Darüber hinaus ist es wichtig, einzuschätzen, wie hoch seine Bereitschaft ist, auf diese Weise im Pfarrgemeinderat weiterhin mitzuarbeiten. Eine zweite Fragestellung soll diese Überlegungen fortführen und dazu beitragen, daß sich der Pfarrer bewußter werden kann, in welche Rolle er im Pfarrgemeinderat durch das, was er tut, "geraten" ist. Die Frage: Wer bin ich und wie bin ich in diesem Gremium? verlangt zum einen eine möglichst realistische Selbsteinschätzung und zum anderen eine ehrliche Auseinandersetzung mit der zunächst gemutmaßten Einschätzung, die die Mitglieder des Pfarrgemeinderates von ihm vornehmen. In einem dritten Schritt soll es für den Pfarrer darum gehen, sich der Frage anzunähern, welches Gewicht er dem Pfarrgemeinderat innerhalb der Leitung der Gemeinde zumißt. Dabei werden vor allem die Fragen zu stellen sein, wo sich der Pfarrer Rat holt und wo innerhalb der Gemeinde Entscheidungen fallen.

---

42   Vgl. dazu die Untersuchung in LOTTAZ: Kirche, 92.

1. Fragestellung

Meine Tätigkeit(en) im Zusammenhang mit dem Pfarrgemeinderat

Dieses Arbeitsblatt soll eine grobe Checkliste sein, die zum einen helfen will, möglichst vollständig in den Blick zu bekommen, welche Tätigkeiten für den Pfarrer in seiner alltäglichen Praxis mit dem Pfarrgemeinderat verbunden sind, welche Zeit im Rahmen des gesamten Zeithaushaltes dafür aufgewendet wird und wie dies zu bewerten ist.

Fragen zu den Aufgaben, die die Existenz des Pfarrgemeinderates mit sich bringen

1. Was tue ich?

Versuchen Sie sich an Hand der folgenden Tätigkeitsliste ein ziemlich exaktes Bild darüber zu verschaffen, was die Pfarrgemeinderatsarbeit für Sie an Aufgaben mit sich bringt. Streichen Sie am besten die, die Sie nicht wahrnehmen, und ergänzen Sie solche Tätigkeiten, die nicht aufgeführt sind.

❏ Ich bin Mitglied im Pfarrgemeinderat; dies bringt mit sich, daß ich dort

→ regelmäßig an den Sitzungen teilnehme.

→ die Sitzungen vor- und nachbereite.

→ in häufigem Kontakt mit dem Vorsitzenden stehe.

→ das Protokoll führe.

→ in schwierigen Situationen das Gespräch moderiere.

→ in Konfliktfällen zwischen einzelnen Mitgliedern vermittle.

→ die pastoralen Richtlinien "von oben" weitergebe.

→ über die Vorgänge in der Gemeinde berichte.

→ das geistliche Wort spreche.

→ seelsorgerliche Grundfragen zur Debatte zu stellen habe.

→ den Sitzungssaal vorher herrichten muß.

→ ....

→ ....

→ ....

→ die Entscheidungen und Beschlüsse des Kirchenvorstandes/Stiftungsrates erläutere und begründe.

2. Wie zeitaufwendig ist das, was ich tue?

❑ Wenn Sie Ihr durchschnittliches Wochenpensum an Arbeit prozentual verteilen, wieviel Zeit nehmen die im folgenden aufgeführten Kategorien Ihrer Schätzung nach ein?

→ ....

→ ....

→ ....

→ Außerkirchliches.........................

→ Bildungsarbeit.........................

→ Dienstgespräche mit Hauptamtlichen.........................

→ Einzelseelsorge.........................

→ Gottesdienst.........................

→ Jugendarbeit.........................

→ Kasualien.........................

→ Katechese.........................

→ Kirchliche Räte (insgesamt).........................

→ Mitarbeiterpflege.........................

→ Pfarrgemeinderat.........................

→ Predigtvorbereitung.........................

→ Repräsentation.........................

→ Schulung der Mitarbeiter.........................

→ Spiritualität.........................

→ Teambesprechung.........................

→ Verwaltung.........................

→ Vordenken/Entwurf von Konzeptionen.........................

→ Weiterbildung.........................

3. Wie belastend für meinen Zeithaushalt ist das, was ich tue?

❏ Die Tätigkeiten, die im Zusammenhang mit dem Pfarrgemeinderat stehen, nehmen im Rahmen meiner zeitlichen Möglichkeiten
→   einen angemessenen Platz ein.
→   sind im Vergleich zu ihrer Bedeutung zu zeitaufwendig.
→   sind von ihrer zeitlichen Belastung her vernachlässigenswert.

4. Wie nehme ich die Tätigkeiten im Zusammenhang mit dem Pfarrgemeinderat wahr?

❏ Wenn ich überlege, kommt mir in den Sinn:
→   Ich habe Spaß an ihnen.
→   Einer muß es eben tun.
→   Die Arbeiten gehen mir gut von der Hand.
→   Das ständige Gefühl, immer noch zu wenig zu tun.
→   Ich bin der Sache nicht gewachsen.
→   Das ist mir wie auf den Leib geschrieben.
→   Ich kann so richtig aufgehen in diesen Aufgaben.

Impulse zum Nachdenken
* Was fällt auf?
* Bin ich über eines der Ergebnisse überrascht?
* Lohnt sich eigentlich der ganze Aufwand?
* Zu welcher Tätigkeit bin ich auf Dauer nicht mehr bereit? Worin möchte ich meinen Schwerpunkt im Pfarrgemeinderat setzen?

---

2. Fragestellung

Arbeitsblatt (M15)

Die Einschätzung meiner Rolle im Pfarrgemeinderat - Wie erleben mich die anderen?

Dieses Arbeitsblatt soll zum einen dem Pfarrer die Möglichkeit geben, sich selbst besser einschätzen zu können, also der Frage nachzugehen, "wer" er ist im Pfarrgemeinderat und "wie" er ist im PGR. Zum anderen wird es aber auch darum gehen, den Horizont auf die übrigen Pfarrgemeinderatsmitglieder zu weiten und zu mutmaßen, wie er wohl von ihnen erlebt und eingeschätzt wird.

Fragen zur Selbsteinschätzung

1. Versuchen Sie sich bitte selbst einzuschätzen, sich die Frage zu stellen: Wer bin ich im Pfarrgemeinderat? Wie bin ich im Pfarrgemeinderat?

❑ Ich habe den Eindruck, ich bin eher ungeduldig.
❑ Ich glaube, ich möchte andere lenken.
❑ Ich schätze, daß ich dazu neige, meinen Ärger zu kontrollieren.
❑ Ich habe den Eindruck, daß alle während der Sitzung auf mich schauen.
❑ Ich halte mich für sehr wenig ängstlich.
❑ Ich kann meine Gefühle gut zeigen.
❑ Ich merke immer wieder, daß ich doch die Verantwortung allein tragen muß.
❑ Ich habe das Gefühl, daß sich vor jeder Abstimmung alle Blicke verstohlen auf mich richten.
❑ Ich gebe im Pfarrgemeinderat viel Persönliches von mir.
❑ Es gelingt mir schwer, Kontakt herzustellen.
❑ Schon beim ersten Wort, das ich sage, ist es mit Händen zu greifen, daß die anderen den Eindruck haben, ich wolle sie bevormunden.
❑ Ich kann gut zuhören.

- Ich gerate im Vergleich zu anderen Kollegen besonders häufig in Auseinandersetzungen.
- Wenn ich merke, daß etwas schief läuft, werde ich ausgesprochen ungeduldig.
- Ich bin sehr einfühlsam.
- Es gelingt mir schlecht, meine Interessen zu vertreten und durchzusetzen.
- Ich kann sehr schwer ausgelassen sein.
- In ungeordneten Situationen verhalte ich mich eher passiv.
- Ich bin eher ein fröhlicher, offener Mensch.
- Ich fühle mich sehr verunsichert durch Kritik an meiner Arbeit.
- Auf Kritik reagiere ich spontan heftig.
- Ich habe genügend Hobbys.
- Ich fühle mich im Pfarrgemeinderat sehr wohl.
- Ich kann gut abgeben.

Fragen zur mutmaßlichen Fremdeinschätzung

2. Im folgenden sind eine Reihe von authentischen Stimmen von Pfarrgemeinderatsmitgliedern zusammengetragen. Versuchen Sie sich bitte beim aufmerksamen Lesen dieser Äußerungen die Fragen zu stellen: Wie erleben mich die Kolleginnen und Kollegen im Pfarrgemeinderat? Welche dieser Stimmen könnte von jemandem aus unserem Pfarrgemeinderat stammen? Welche Äußerung, wenn sie über mich gemacht wäre, würde mich am meisten betroffen machen, welche am meisten freuen?

→   Unser Pfarrgemeinderat hat sich selbst zum "Zustimmungsorgan" für den Pfarrer degradiert.

→   Die Entscheidung für eine Mitarbeit im Pfarrgemeinderat der neuen Pfarrei werde ich nicht unabhängig von der Person des Pfarrers treffen.

→   Meine Erfahrungen mit dem Pfarrer im Pfarrgemeinderat sind gut, ich wünschte mir allerdings, er hätte noch etwas mehr Zeit für unsere Probleme und würde mehr versuchen, Konflikte zu lösen anstatt zu verschleiern.

→ Ich muß immer wieder feststellen, daß der Pfarrgemeinderat total uninformiert ist und dann die große Mehrheit die Meinung des Pfarrers übernimmt und diese eifrig verficht.

→ Ich glaube, daß unser Pfarrer mehr Einfluß auf den Pfarrgemeinderat und unsere Entscheidungen nehmen muß.

→ Der Pfarrer ist sehr enttäuschend, zeigt keine Initiative, ist nicht genug um ein reges Leben im Pfarrgemeinderat bemüht.

→ Ich habe allen Anlaß zu bezweifeln, daß der Pfarrer den Pfarrgemeinderat als solchen richtig ernst nimmt und bejaht.

→ Zum Pfarrer habe ich ein sehr positives Verhältnis; es ist für mich ein Verhältnis wie unter Freunden.

→ Man kann sehr gut mit ihm zusammenarbeiten, und ich muß sagen, daß mir die Arbeit im Pfarrgemeinderat viel mehr Spaß macht, seit er da ist.

→ Es gibt zwar einen Pfarrgemeinderatsvorsitzenden, aber die Sitzung leitet eigentlich immer der Herr Pfarrer.

→ Da der Pfarrer sehr dominant ist, dauert es manchmal sehr lang, bis jemand etwas sagt.

→ Tendenz unseres Pfarrers im Pfarrgemeinderat: nur keinen Krach riskieren, keine eigene Meinung äußern.

→ Unsere Arbeit im Pfarrgemeinderat ist solange nutzlos und Spiegelfechterei, wie der Pfarrer uns und den Vorstand nicht als Partner, sondern als Erfüllungsgehilfen und Laufburschen (wörtlich) betrachtet.

→ Es ist mir und den anderen Ehrenamtlichen im Pfarrgemeinderat trotz vielfältiger Bemühungen nicht gelungen, zu einer offenen, ehrlichen und vertrauensvollen Zusammenarbeit mit unserem Pfarrer zu gelangen.

→ Unser Pfarrer ließ dem Pfarrgemeinderat und seinen Ausschüssen viele Möglichkeiten der Entfaltung und der Verwirklichung.

→ Unser Pfarrer versteht sich als absoluter Leiter der Gemeinde und betrachtet sich im Pfarrgemeinderat als unser amtliches Gegenüber.

→ ....

→ ....

Bevor weiter nachgedacht wird, kann es nützlich sein, das eine oder andere des bisher Überlegten zu notieren

....
....
....
....
....
....
....
....
....
....
....
....
....
....

Impulse zum Nachdenken

*   Was sagt mir meine Selbsteinschätzung über meine Rolle im Pfarrgemeinderat? Bin ich mit dieser Rolle zufrieden? Ist sie von meiner Theologie her "stimmig"?
*   Erleben mich die Mitglieder des Pfarrgemeinderates tatsächlich so? Wo gibt es wohl Unterschiede? Und warum?

Arbeitsblatt (M16)

Wo hole ich mir Rat? - Wo fallen die Entscheidungen?

Im folgenden soll der Pfarrer angeregt werden, darüber nachzudenken, welche Rolle der Pfarrgemeinderat für ihn als den Vorsteher der Gemeinde spielt.

Fragen dazu, wer mich berät

Wie verhalten Sie sich vor schwierigen Entscheidungen in der Gemeinde, wenn grundlegende seelsorgliche oder administrative Probleme anstehen oder wenn Sie das Gefühl haben, allein mit einer Frage, die die ganze Pfarrei anlangt, nicht mehr weiter zu kommen?

❑ Ich versuche es mit mir selbst auszumachen.
❑ Ich hole mir einen Rat
→   bei der Kirchenbehörde.
→   bei Freunden in der Gemeinde.
→   bei Kollegen.
→   bei meinem Beichtvater.
→   bei meinem Vikar.
→   bei Priestern in unserer geistlichen Gemeinschaft.
→   bei unserem Dekan.
→   beim Pfarrgemeinderatsvorsitzenden.
→   im Pfarrgemeinderat.
→   im Seelsorgeamt.
→   im Stiftungsrat/Kirchenvorstand.
→   im Team der hauptamtlichen Mitarbeiter.
→   in der entsprechenden Fachliteratur.
→   in der Supervision.

Wo fallen die Entscheidungen in der Gemeinde?

Überlegen Sie, welcher der folgenden Aussagen Sie zustimmen können:

❑ Ich treffe die meisten Entscheidungen in der Regel allein.

❑ Die Entscheidungen treffen andere, sie fallen
→   bei den Pfarrversammlungen.
→   bei der Dienstbesprechung der Sozialstation.
→   beim Mitarbeiterkonvent.
→   im Leitungsteam des Kindergartens.
→   im Pfarrgemeinderat.
→   in den Sachausschüssen des Pfarrgemeinderates.
→   in der Dienstbesprechung der Hauptamtlichen.
→   in der Jugendleiterrunde.
→   in der Vorstandschaft der kirchlichen Vereine.
→   unter uns Priestern.
→   Wir treffen die Entscheidungen gemeinsam.

Impulse zum Nachdenken
* Was fällt mir auf? Stimmen die Aufgaben, die dem Pfarrgemeinderat in der Praxis zukommen, mit denen überein, die er
  "eigentlich" übernehmen müßte?
* Ist der Pfarrgemeinderat tatsächlich unentbehrlich für mich und
  meine Arbeit?

3.2 Klärung

Die hier angebotenen Fragestellungen genügen ohne Zweifel nicht, das äußerst komplexe Zu- und Ineinander von Personen, Funktionen, Strukturen und Aufgaben, um das es sich beim Zusammenwirken von Pfarrgemeinderat und Pfarrer handelt, zu hinterfragen und auszuloten. Um die ganze Wirklichkeit in den Blick zu bekommen, wird der Pfarrer weiterfragen müssen, und zwar seiner jeweiligen Situation entsprechend anders akzentuiert. Zu welchem Ergebnis er im Sinne einer klareren, geklärteren Sicht kommt hinsichtlich der Funktionen, die der Pfarrgemeinderat tatsächlich hat, und seiner persönlichen Rolle im Pfarrgemeinderat, muß hier offen bleiben. Einige denkbare Ergebnisse seien hier angedeutet.

1. Möglichkeit: Da gibt es den Pfarrer, der in der Pfarrei das "Mädchen für alles" ist. "Wozu haben die denn studiert? Die können das besser als wir!" - "Der hat schließlich mehr Zeit als wir. Wir haben ja auch noch Familie." So übernimmt der Pfarrer eben alle Tätigkeiten, die im Rahmen der Pfarrgemeinderatsarbeit anfallen, wenn sie kein anderer übernehmen will oder kann. Am Ende fragt er sich, ob es nicht besser wäre, lieber gleich alles selbst zu machen.

2. Möglichkeit: Da gibt es den Pfarrer, der grundsätzlich davon überzeugt ist, daß man die Arbeit der Laien in der Gemeinde endlich höher bewerten muß, der ziemlich konkrete Vorstellungen darüber hat, welche Rolle der Pfarrgemeinderat in der Gemeinde "eigentlich" haben müßte. Er nimmt sich immer wieder vor, mit dem Pfarrgemeinderat so weit zu kommen, daß der dann diese oder jene (Leitungs-)Funktion tatsächlich ausüben kann. Doch letztlich erreicht er sein Ziel nie, denn im alltäglichen Geschäft der Gemeinde verhält er sich in Kleinigkeiten ständig kontraproduktiv zu dem, was er letztlich erreichen will.

3. Möglichkeit. Da gibt es den Pfarrer, der sich vom Pfarrgemeinderat ein weitaus höheres Maß an Unterstützung erwarten würde. Er sieht den Pfarrgemeinderat als die Gruppe der "Elitemitarbeiter in der Pfarrei". Sie sollten Vorbild sein in jeder Hinsicht: Was die Regelmäßigkeit des Gottesdienstbesuches betrifft, was ihr intaktes Familienleben angeht, was die Bereitschaft zur Übernahme von Aufgaben

und Diensten anlangt. Die Mitglieder des Pfarrgemeinderates sollten am besten all das tun, wozu er nicht kommt. "Wozu haben wir denn den Pfarrgemeinderat? Sollen die auch etwas tun!"

4. Möglichkeit. Der Pfarrer ist sich bewußt, daß die Mitglieder des Pfarrgemeinderates von der Satzung her nicht die "Handlanger" des Pfarrers sein sollen. Er sieht durchaus die Chance, die die Existenz des Pfarrgemeinderates für die Veränderung der Gemeinde zu mehr Selbständigkeit und Eigeninitiative bietet. Er hält diese Chance aber inzwischen für vertan, hat er doch mehrere Gemeinden zu "versorgen", müßte er sich also ständig nur noch mit "Sitzungen rumschlagen, bei denen am Ende zu wenig herauskommt". So leitet er schließlich die Gemeinde(n) ohne Pfarrgemeinderat, nur mit der Unterstützung "seiner" hauptamtlichen Mitarbeiter.

3.3 Praktisch-theologische Verständigung

Zwei grundsätzliche Kriterien müssen für die theologische Verständigung leitend sein. Jede Theorie zur Funktion des Pfarrers im Pfarrgemeinderat muß zunächst eindeutig klären, wie der Pfarrer ein klares Profil seiner Arbeit in der Gemeinde entwickeln kann, ein Profil, das es ihm erlaubt, seine Gemeindeleitungsverantwortung zwischen All- und Nichtzuständigkeit in pointierter Weise wahrzunehmen. Es geht um die Rollensicherheit als Gemeindeleiter. Weiterhin muß geklärt werden, wie die gemeinsam getragene Leitungsverantwortung einerseits als Zielfunktion der Pfarrgemeinderatsarbeit verwirklicht werden kann und andererseits eine klare Funktionstrennung möglich wird, die dem Pfarrer eine eigenständige Rolle zuweist und ihm gleichzeitig in den Mitgliedern des Pfarrgemeinderates eine eindeutige Beschränkung, Korrektur und Ergänzung seiner Funktion vorgegeben ist. D.h., es geht auch um die Rollensicherheit als Mitglied im Pfarrgemeinderat.

Diese beiden grundsätzlichen Kriterien müssen bei den folgenden Einzelfragen immer im Blick sein.

Erstens muß der Pfarrer bei seiner Mitarbeit im Pfarrgemeinderat unbedingt im Blick haben, daß er von seinem Amt und Auftrag her existentiell für die dialogische Grundstruktur der Kirche einzustehen hat.

Der Pfarrer wird im Kontext dieses Auftrages vor allem den Glauben zu stärken haben. Dabei darf er davon ausgehen, daß er nicht der einzige ist, der in der Gemeinde zur Stärkung des Glaubens beiträgt.

Außerdem wird er in allen Lebens- und Glaubensvollzügen das Miteinander mündiger, reifer, radikaler Gewissensträger als Ziel vor Augen haben. Dies bedeutet aber auch, daß er in seiner "Vaterrolle" hinterfragt werden wird und mit der Provokation zu rechnen hat, den anderen nunmehr "Bruder" sein zu sollen.

Zweitens ist der Pfarrer als Vorsteher der Eucharistiegemeinde Mitarbeiter im Pfarrgemeinderat. Dabei steht er von Person und Amt her für das, was in der Eucharistie gefeiert wird: Bund und Bindung. Die Stiftung des Bundes zwischen Gott und den Menschen und die Bindung unter den Menschen. Er steht auch für die Einbindung der Gemeinde, der er vorsteht, in die Gemeinschaft der Ortskirche.

Drittens ist dem Pfarrer die Sorge um die Charismen in der Gemeinde anvertraut. Er hat damit der Subjektwerdung und Identität der einzelnen zu dienen und gleichzeitig Raum und die Möglichkeit zu geben, daß sie ihre Gaben zum gemeinsamen Auferbauen der Gemeinde einbringen können.

3.3.1 Der Dienst, der zu radikaler Freiheit ermutigt

"Das Leben hat Vorrang vor der Lehre", lautet die Überschrift in einem grundlegenden Artikel zur Pfarrgemeinderatsarbeit.[43] Mit dieser Aussage soll kein Gegensatz zwischen Leben und Lehre konstruiert werden. Es geht dabei um eine Vorrangstellung, die dem Leben zukommt. Dies kann m.E. aber auch heißen, daß das Leben die eigene Rolle weitaus stärker prägt und bestimmt als die "Lehre": Das Leben mit seinen Irrtümern und unseren Versuchen, sie zu korrigieren; das

---

43   Vgl. MÜLLER: Einer sagt's dem andern weiter, 11.

Leben mit seinen stabilen Phasen und mit den Phasen der Unsicherheiten. "Der Seelsorger ist ein Mensch, der ansprechbar und einsatzbereit, verschwiegen und verläßlich, verantwortungsbewußt und aufrichtig ist. Er versteht etwas vom Leben und seinen Aporien, verschanzt sich nicht hinter Paragraphen, hat selber ein Gewissen und wagt auch andere auf ihr Gewissen hin anzusprechen."[44] Den Anfang der Ermutigung zur Freiheit sehe ich darin, mit dem eigenen Leben und seinen Aporien, mit der eigenen Unsicherheit, auch der eigenen Rollenunsicherheit als Mitglied und als Pfarrer im Pfarrgemeinderat, umgehen zu lernen.

Besonders wenn es ihm immer wieder gelingt, sein Gläubigsein und sein Personsein zu integrieren, wenn Lebens- und Glaubensgeschichte keine getrennten Wirklichkeiten sind, dann ist er selbst, so wie er ist, das "Instrument seines pastoralen Handelns".[45] Sein pastorales Handeln, das den Glauben stärkt, heißt dann: "ein Stück Weg gehen mit den anderen, aber nicht einen beliebigen Weg, sondern eine Strecke des Weges, den Gott mit ihnen geht oder den er diesen Menschen gehen läßt auf ihn zu. Es ist eine Wegstrecke, auf der er uns einander anvertraut und auf der er mit uns Geschichte macht."[46]

Treffend kommt dies in der Emmaus-Erzählung zum Ausdruck. Glaube ist Motorik (miteinander gehen) und Kommunikation (miteinander sprechen). Von dem, der mitgehend und mitsprechend den Dienst der Glaubensstärkung zu tun hat, darf erwartet werden, daß er sich von den Erfahrungen derer, mit denen er geht und mit denen er spricht, wirklich berühren läßt, auch von den schmerzhaften. Wichtig ist es aber dann, "nicht im gemeinsamen Schmerz zu versinken, sondern verstehend begreifen zu lernen, was dieser Schmerz bedeutet. Verstehen heißt, sich hineinbegeben in die Wirrnisse und Windungen der Lebensgeschichte und die Bedeutung der einzelnen Teile neu sehen lernen. Dieser dem Leben zugewandte und zugleich nüchterne Vorgang hat nichts mit gutgemeinten Ratschlägen oder einer frommen Betulichkeit zu tun. Es ist das risikoreiche Unternehmen, sich Ge-

---

44   ZERFASS, Rolf: Der Seelsorger - ein verwundeter Arzt. In: Lebendige Seelsorge 34 (1983) 77.
45   LUYN, Kees van: Der Seelsorger als Instrument seines pastoralen Handelns. In: Lebendige Seelsorge 34 (1983) 88.
46   Ebd.

schichten auszusetzen und sie mit anderen neu lesen zu lernen."[47] Die
Stärkung im Glauben im Sinn der Emmaus-Erzählung ist der zweite
Schritt auf dem Weg des Pfarrers, ein Ermutiger zur Freiheit zu wer-
den.

Diese biblische Geschichte verweist aber auch schon auf den dritten
Schritt, ist sie doch die Geschichte des Loslassen- und Gehenlas-
senkönnens. "Da gingen ihnen die Augen auf, und sie erkannten ihn;
dann sahen sie ihn nicht mehr" (Lk 24,31). Ermutigung zur Freiheit
bedeutet Nähe, und dies ist nicht dasselbe wie Abhängigkeit, bedeutet
Hören, dies ist jedoch nicht identisch mit Gehorsam. Der Ermutiger
zur Freiheit wird in seinem Leben und in seiner Arbeit den Abschied
vom bloßen "Gehorsams-Gewissen" intendieren. "Der Abschied vom
bloßen 'Gehorsams-Gewissen', das lange Zeit ausschließlich die Gläubigen   bestimmte,   hin   zum   'Verantwortungs-Gewissen',   zur
'Mündigkeit' der Christen, hat allerdings Information, Sachkenntnis,
Dialog, Konfliktfähigkeit, Überzeugung und Verantwortungsbereitschaft zur Konsequenz. Mündigkeit hat zu tun mit dem mündigen Gebrauch der Vernunft: mit dem Wissen, dem Bedenken und Berücksichtigen des Transrationalen wie des Irrationalen - so, wie zur Freiheit der Einbezug faktischer oder gebotener Bindungen gehört, die
Einsicht, daß Grenzen der Eigenständigkeit zu wahren sind, daß die
Mitmenschlichkeit als Gebot zu beachten ist oder sonstige Regeln des
Zusammenlebens."[48]

3.3.2   Der Dienst, der zu radikaler Bindung ermutigt

Die Feier der Eucharistie ist immer zuerst das Geheimnis der
"Katabasis: Abstieg Gottes, Zu-Wendung, Angebot und An-Rede
Gottes, Kenosis: Hin-Gabe und Über-Lieferung des Sohnes und Koi-
nonia/Communio: Mitteilung und Gemeinschaft im Heiligen Geist".[49]
Erst wenn dies, darauf weist HAHNE hin, klar gesehen wird, kann
von der "anabatischen" Seite des christlichen Gottesdienstes gespro-

---

47   GÄRTNER, Heribert W.: Die Einheit von prägender Lebens- und Glaubensgeschichte. In:
     Michael B. MERZ u. Josef MÜLLER u. Alois SCHWARZ (Hrsg.): Auftrag und Praxis des
     Pfarrgemeinderates. Informationen, Impulse, Perspektiven. 2. Aufl. München 1991, 175.
48   BAUMGARTNER: Seelsorger, 78.
49   HAHNE, Werner: De Arte Celebrandi. Von der Kunst, Gottesdienst zu feiern. Freiburg -
     Basel - Wien 1990, 193.

chen werden: "Die An-Sprache Gottes verlangt die Antwort des angesprochenen Menschen. ... In sprachloser Anbetung, in Lobpreis und Danksagung, in (Für-)Bitte und Opfer, vollzieht sich der Aufstieg des Gläubigen zu Gott, nicht aus eigener Kraft und durch persönlichen Dienst, sondern als Erfüllung der von Jesus zugesagten Verheißung: 'Und ich, wenn ich über die Erde erhöht bin, werde ich alle zu mir ziehen' (Joh 12, 32)."[50]

Wenn man mit HERMANN sagt, die Eucharistie ist die "höchste Form der Seelsorge,"[51] ist es sinnvoll, einige "Grunddaten" des eucharistischen Geschehens auf die "anderen Formen" seelsorglichen Handelns hin zu betrachten. Dann heißt dies z.b. zu fragen, was es für den Leitungsdienst des Pfarres in der Gemeinde bedeutet, wenn HAHNE über das Leiten in der Eucharistie ausführt: "Die 'Spiritualität' des Vorstehens, als ein Vorstehen im Pneuma, in Angleichung an den Geist Christi, verlangt gerade das Sich-Unterscheiden von den auf dieser Erde üblichen Herrschaftsweisen, -symbolen und -mechanismen. Auf diesem Terrain gibt es noch manche 'Diabase', manche Umkehr und Entrümpelung vorzunehmen, damit der Vorsteher in der Versammlung nicht länger nach dem Vorbild höfischer Herrschaftsspiele erscheint, sondern als Bild Christi, der für uns gelitten hat, gestorben ist und auferweckt wurde am dritten Tag. In dieser Kenosis wird der Vorsteher nicht nur von jeder 'Machermentalität', Selbstüberschätzung, aber auch von Selbstüberforderung befreit werden, auch die Versammlung wird von willkürlichen Übergriffen durch ihn verschont bleiben."[52]

All dies wird nur möglich sein, wenn der Pfarrer als der Vorsteher der Eucharistie und der Leiter der Gemeinde aus seiner radikal tiefen Bindung an Christus lebt.

In der Eucharistie selbst, und das ist ein zweites wichtiges Grunddatum für jede Pastoral in der Gemeinde, wird die radikale Bindung Gottes an seine Menschen und seine Schöpfung gefeiert, und darauf

---

50   Ebd. 194.
51   Vgl. HERMANN, Theo: Priester und Gemeinde. In: Lebendige Seelsorge 17 (1966) 143.
52   HAHNE: De Arte Celebrandi, 333 f. (Hervorhebung im Zitat vom Verf.).

wird die Gemeinde mit der in ihr gelebten radikalen Bindung aneinander und an diese Schöpfung zu antworten haben.

Damit sind die Begegnung zwischen Gott und dem Menschen, die Begegnung der Menschen untereinander und die Bindung, der Bund, der hier gestiftet wird zwischen Gott und den Menschen, zwischen den Menschen und mit der Schöpfung, als Letztziele jeden pastoralen Handelns ausgewiesen.

Die Feier der Eucharistie ist aber auch immer das Geheimnis der Communio der ganzen Kirche. Gerade im Dienst des Vorstehers wird die Begegnung und Verbindung der eucharistiefeiernden Ortsgemeinde mit der je größeren Gemeinschaft der Kirche ausgedrückt. Sein Amt ist das Amt der Einheit, das die Aufgabe hat, "der versammelten Gemeinde zu helfen, sich als Teil, Glied und Repräsentant der Kirche zu verstehen, d.h. in ihrer Beziehung zur Gesamtgemeinde am Ort, zur Teilkirche - dem Bistum bzw. der Diözese - und zur Universalkirche".[53]

Die Eucharistiefeier ist hier der Brennpunkt, in dem all dies in eins kommt. Deswegen braucht es zur Ausübung des Vorsteherdienstes besondere "kybernetische" Gaben. Der Pfarrer leistet diesen Dienst an der Einheit, "indem er der Eucharistie des Gottesvolkes vorsteht, indem er das Evangelium autorisiert verkündet, indem er die apostolische Überlieferung weitergibt, indem er in vielfältiger Weise 'die Heiligen für die Erfüllung ihres Dienstes zurüstet, für den Aufbau des Leibes Christi' (Eph 4,12)".[54]

Die Pastoral der Gemeinde wird auch der Vernetzung und Kommunikation mit dem Leben der ganzen Kirche zu dienen haben.

3.3.3 Der Dienst, der zu radikaler Identität ermutigt

Man wird ohne Zweifel einen Grundauftrag des priesterlichen Dienstes in der Gemeinde darin sehen, die Charismen zu suchen und zu entdecken, sie freudig aufzunehmen, zu pflegen, zur Entfaltung zu

---

53   Ebd. 334.
54   WANKE: Seelsorge, 3.

bringen und Mut zu machen, sie zu leben. Ein anderer Grunddienst, der aufs engste damit verbunden ist, besteht darin, dafür Sorge zu tragen, daß diesen Charismen in der Gemeinde Raum gegeben wird, daß sie aufeinander verwiesen werden und zum "Zusammenklang kommen".

Beides dient der Identitätsfindung, einmal der Identität des einzelnen, seiner Entfaltung, damit sein Leben und Tun in seiner Unverwechselbarkeit zu einem eindeutigen Profil gelangen kann, und zum anderen der Identität der Gemeinde, damit sich in deren Leben und Tun ihr einzigartiges unverwechselbares Gesicht zeigen kann.

"Die Hoffnung, die eigene Identität zu finden in der Kommunikation mit anderen; das Bedürfnis, anderen zu einer - wie auch immer gearteten - Identität zu verhelfen;"[55] im Wechselspiel dieser beiden Hoffnungen drücken sich Berufung und Chance des Gottesvolkes aus, in sich eine identitätsbildende Kraft zu haben und sie zur Entfaltung zu bringen.

Dies bedeutet zum einen, daß der Mensch sich mit seiner Berufung selbst identifizieren kann. "Sie gibt ihm eine neue Existenz. Er wird durch sie von allem, was nicht er selber ist und nicht zu dem Auftrag gehört, der seine eigentliche Bestimmung ist, befreit. Er kann sich durch sie entwickeln und in Übereinstimmung mit sich selber gelangen."[56] Zum andern heißt dies, daß die Gemeinde ihre unverwechselbare Berufung leben kann und daß auch sie von allem, was nicht ihre eigentliche Bestimmung ist, erlöst wird.

Für den Vorsteher der Gemeinde heißt dies - neben der Notwendigkeit des "Auf-sich selbst-Schauens": auf seine eigenen Wachstums- und Identitätsfindungsprozesse - für das Leben und Arbeiten mit einzelnen und mit der Gemeinde zweierlei:

Sein Handeln ist weder einzelnen gegenüber, noch gegenüber der Gemeinde Betreuung, schon gar nicht Bevormundung, sondern vielmehr der Versuch, an der Seite der Menschen und an der Seite der Gemeinde zu bleiben, so wie Gott uns allen verheißen hat, an unserer Seite zu bleiben.

55 SIELERT, Uwe: Die Mitarbeiter in den Jugendverbänden. München 1978, 70.
56 KLINGER: Die Kirche der Basisgemeinden, 45.

Dieses "An-der-Seite-Bleiben" wird bei allem Verstehen und Mittragen aber auch immer Intervention sein, die ermöglichen will, daß sich "die Unterscheidung der Geister einstellen kann (vgl. 1 Kor 12,10), die für die wahre Gestaltung der sozial-individualen Freiheit in der jeweiligen Situation unabdingbar ist".[57]

Um diesen Prozeß begleiten zu können, braucht es erstens ein hohes Maß an Bereitschaft zum Dialog, zur Kommunikation, zur Sprache, ein hohes Maß an Beharrlichkeit, die nie aufhört, den einzelnen und die Gemeinde dazu zu ermutigen, das zu "versprachlichen", was geschieht. Denn "die Sprache birgt den Menschen, in der Sprache findet der Mensch zu seiner Identität, Sprache ist Leben".[58]

Um diesen Prozeß zu begleiten, braucht es zweitens einen nüchternen Blick und einen langen Atem: "Geduld ist vonnöten, weil es um einen Prozeß des Wachstums geht, der sich über das ganze Leben hin erstreckt. Wachstum aber braucht Zeit. Geduld heißt griechisch Hypomone, d.h. die Fähigkeit, 'darunter zu bleiben'. Die Vorstellung, das Leben müsse kontinuierlich aufwärts gehen, und zwar rasch und ohne Umwege, ist eine Ideologie. Zum wirklichen Leben gehören Latenzperioden ebenso wie Wachstumsschübe, Ruhepausen so notwendig wie Aufbrüche. Exodus in Ehren - aber ab und an brauche ich auch eine schöne Bank."[59]

Um diesen Prozeß zu begleiten, braucht es drittens bei allem Wissen um die Vorläufigkeit jeder Identität den Mut, in einzelnen Situationen den Prozeß zunächst für abgeschlossen zu erklären und die Frage zu stellen: Was heißt das jetzt für uns? Es muß geplant, gehandelt werden. "Wenn ich sage, was ich will und was ich nicht will, dann beziehe ich Stellung, lege meinen Standpunkt dar. Ich verstehe Pastoralplanung als Hilfe zur Identitätsbestimmung der Kirche."[60]

57 WINDISCH: Auf dem gemeinsamen Weg, 39.
58 GASTGEIGER, Franz: Ein Wort verändert den Menschen. In: Hubert WINDISCH (Hrsg.): Mut zum Gewissen. Einladung zu einer riskanten Seelsorge. Regensburg 1987, 130 f.
59 ZERFASS: Seelsorger, 81.
60 LOTTAZ: Kirche, 15.

3.4 Operationalisierung von Zielen

3.4.1 Der Pfarrer als Ermutiger zur Freiheit

Wenn ein Seelsorger, ein Pfarrer sich als "Ermutiger zur Freiheit" verstehen kann, als einer, dessen Tun darauf zielt, in den offenen Entscheidungssituationen, mit denen er sich konfrontiert sieht und mit denen die vielen in der Gemeinde konfrontiert werden, dem Anbruch der Gottesherrschaft Raum zu geben, wird er sich zunächst immer wieder seinen eigenen Offenheiten und "Unentschiedenheiten" zu stellen haben. Auch in diesem Kontext gilt, worauf ZERFASS im Blick auf die Seelsorge ganz allgemein hinweist: "Das Anschauen der eigenen Verletzungen, die Konfrontation mit den eigenen Grenzen ist eine unersetzbare Voraussetzung für den seelsorglichen Dienst."[61]

Als Ermutiger zur Freiheit wird der Pfarrer den Glauben zu stärken haben. Dies bedeutet zunächst die Forderung, zu überprüfen, "was ich als Seelsorger bei mir selbst zur Verfügung habe an Glauben, an Erwartungen und Zweifel, an Möglichkeiten und Begrenzungen".[62] Dann folgen die Fragen: Was haben die anderen an Glauben zur Verfügung? Wo können sie mich stärken? Wo brauche ich ihre Stärkung?

Amtsträger und Gemeinde haben nach dem Matthäus-Evangelium die Autorität, "zu binden und zu lösen" (vgl. Mt 16,19). "Das Binden fasziniert freilich ungemein mehr als das Lösen: letzteres gerät schnell unter den Verdacht billigen Ausverkaufs und liberaler Auflösungstendenzen."[63] Es wird jedoch bei der Ermutigung zur Freiheit immer zuerst um das Lösen gehen, weil es um Erlösung geht. Der Exodus ist das bleibend gültige Grundmotiv pastoralen Handelns.

---

61 ZERFASS: Seelsorger, 78.
62 LUYN: Der Seelsorger, 91.
63 GARHAMMER: Riskantere Praxis, 172.

Arbeitsblatt (M17)

Von der eigenen "Unsicherheit" zur "Freiheit"

Dieses Arbeitsblatt will dem Pfarrer helfen, die Frage nach der eigenen Unsicherheit zu sehen, sie zu meditieren und zunächst einmal anzunehmen.

Fragen zu Verletzungen und Grenzen

"Diejenigen, die mit Priestern näher zu tun haben, die im Pfarrgemeinderat mit ihnen zusammenarbeiten, werden gelegentlich etwas von deren 'Rollenunsicherheit' gespürt haben. Wenn der Pfarrer in den Sitzungen des Pfarrgemeinderates manchmal nicht so richtig weiß, ob er 'führen' oder 'folgen' soll - einmal abgesehen von der Fragwürdigkeit einer solchen Alternative -, so sind das nur Symptome für eine tiefer sitzende Unsicherheit. Was gilt er in seiner Gemeinde noch? Seine Mitarbeiter sollten um diese Schwierigkeiten wissen. Sie können den Priestern aber nur dann wirksam helfen, wenn sie ein wenig von deren Berufung und vom Sinn ihres Dienstes verstehen, von der Problematik, in die heute das Amtspriestertum hineingeraten ist" (SCHÖSSER, Felix: Testfall Pfarrgemeinderat. Lahn 1969, 39).

1. Warum bin ich unsicher, ob ich leiten soll?

❑ Das Wort "leiten" bedeutet vom Ursprung her: "gehendmachen", also: sich selbst und andere auf den Weg bringen.

→   Habe ich mich selbst schon mit Erfolg "gehend gemacht"? Oder falle ich in mir persönlich wichtigen Dingen immer wieder zurück?

→   Habe ich andere schon mit Erfolg "gehend gemacht"? - Oder scheitere ich eigentlich häufiger in diesem Mühen?

→ Habe ich schon mit Erfolg die Gemeinde auf den Weg gebracht? - Oder bleibt die Gemeinde in der Regel sitzen und will in ihrer Unbeweglichkeit nur, daß einer sie bewacht, sie versorgt, auf sie aufpaßt?

2. Warum bin ich über meine Autorität im Zweifel?

❑ Das Wort Autorität (auctoritas) ist abgeleitet von augere: wachsen, machen, vermehren, bereichern, zeugen, erzeugen, zum Werden verhelfen.

→ Welche Erfahrungen habe ich damit, Leben in Gruppen der Gemeinde "zeugen" zu können?

→ Habe ich in meinem eigenen Leben und im Leben mit den anderen eine Fülle, aus der ich geben kann?

→ Gibt es Ideen und Taten, die meine "Kinder" sind, die ich geboren habe? Wie wurden sie aufgenommen?

Impulse zum Weiterdenken

* Was sind meine schönsten Erfahrungen in diesem Zusammenhang? Was meine größten Enttäuschungen?

* Welche Wunden und Verletzungen habe ich im Geschäft der Leitung davongetragen? Sind sie schon "verklärt"? Kann ich sie anderen zeigen?

Arbeitsblatt (M18)

Gold und Silber besitze ich nicht.

"Petrus aber sagte: Silber und Gold besitze ich nicht. Doch was ich habe, das gebe ich dir: Im Namen Jesu Christi, des Nazoräers, geh umher" (Apg 3,6). Der Frage nachzugehen, was ich "besitze", soll hier angeregt werden. - "Am gleichen Tag waren zwei von den Jüngern auf dem Weg in ein Dorf namens Emmaus, das sechzig Stadien von Jerusalem entfernt ist" (Lk 24,13). Das Arbeitsblatt will anregen, der Frage nachzugehen, wie ich mit den Durchkreuzungen meines Glaubens und meiner Hoffnung umgehe.

Fragen zu meinem Glaubensschatz

→ Fühle ich, daß ich auch immer wieder im Namen Jesu Christi und in Vollmacht reden kann?

→ Bin ich so von ihm berührt, daß ich etwas von seiner Kraft auszustrahlen vermag?

→ Gibt es da, wie bei Paulus, eine Gotteserfahrung, die mich "umgeworfen" hat, die meinem Leben ungeahnte Tiefe und Schwung gegeben hat?

→ Welcher zentrale Punkt der Botschaft des Evangeliums bewegt mich, als Priester zu handeln?

→ Gibt es eine Vision der Kirche, die mich forttreibt, mich mit Heimweh erfüllt oder mit Schmerzen, mit Bewunderung?

→ Dreht sich mein Herz um, "wenn ich Gottes Volk über die Straßen ziehen" sehe?

→ Welcher Traum liegt wie ein Same in meiner Seele verborgen und meldet sich immer wieder in wechselnden Bildern, hält mich wach und unterwegs zu Gott?

Fragen zu meinem Glaubensverlust

→ Kann ich meine Ent-täuschungen, mein Nicht-mehr-glauben-Können mir selbst eingestehen?

→ Verstehe ich es, diese Durchkreuzungen motorisch (davonlaufen!) und kommunikativ (darüber sprechen!) zu bewältigen?

→ Gelingt mir in solchen Situationen eine "produktive Distanz" zur Gemeinde, um mich wieder neu zu ihr aufmachen zu können?

Impulse zum Weiterdenken

* Was bedeutet für mich der Anspruch, den Glauben anderer stärken zu sollen? Wo wird mir dieser Anspruch zur Last? Wo erfüllt er mein Leben mit Sinn?

* Wie gehe ich mit meinem Scheitern um? Kann ich mich darauf verlassen, daß nicht alles von mir allein abhängt? Lasse ich mir selbst den Glauben stärken? Von wem?

Arbeitsblatt (M19)

Von der Lust am Binden und Lösen

Dieses Arbeitsblatt soll dem Pfarrer auf zwei verschiedenen Ebenen Anregungen dazu geben, mit sich selbst darüber ins Gespräch zu kommen, inwieweit sein Handeln dem Freiwerden und der Mündigkeit derer dient, mit denen zusammen er auf dem Weg ist. Zunächst gilt es dabei das Augenmerk auf die Beziehungsstruktur seiner Einzelseelsorge zu richten. Dann geht es um seine Beziehung zum Pfarrgemeinderat.

Fragen zu meinen seelsorglichen Beziehungen

→ Wie verhalte ich mich in den Beziehungen zu diesen Menschen?

→ Was lasse ich zu oder nicht zu?

→ Wieviel dürfen sie mir "antun", und wieviel "tun" sie mir an sowohl im Guten wie im Bösen?

→ Wie sehr sind wir existentiell verbunden, und wieviel Raum geben wir einander?

→ Habe ich Auge und Gefühl für den Weg des anderen?

→ Fördere ich sein Wachstum, oder beenge ich es?

→ Wie weit hilft all dies dem anderen, immer mehr die Person zu werden, die er im tiefsten Innern zu sein wünscht?

Fragen zu meiner Beziehung zum Pfarrgemeinderat

→ Kann ich ohne Angst auf meinen Informationsvorsprung verzichten? Informationen weitergeben, die Wissen bedeuten? "Wissen ist Macht!"

→ Kann ich die Sachkenntnis anderer selbst fördern, bzw. sie gern zu Schulung und Weiterbildung "lassen" und mich an ihrer neuerworbenen Kompetenz ehrlich freuen?

→ Kann ich einen Dialog oder einen Konflikt zulassen, wenn damit zu rechnen ist, daß sich darin erweist, daß ich der "Schwächere", der "Unkundigere" bin?

→ Kann ich die gewachsene Verantwortungsbereitschaft anerkennen, indem ich ihnen mehr Raum lasse?

→ Kann ich verkraften, wenn andere für sich zur Einsicht gelangen, daß ihre Aufgabe sinnlos ist, und sie sich so aus der gemeinsamen Arbeit und dem miteinander geteilten Leben verabschieden?

Impulse zum Weiterdenken
* Was fällt mir auf?
* Was macht mir dabei zu schaffen?
* Was will ich um meiner und der anderen willen unbedingt ändern?

3.4.2 Der Pfarrer als Zeuge der Verläßlichkeit

Kann der Pfarrer seinen Dienst verstehen als ein Einstehen für die
Verläßlichkeit der in der Eucharistie gestifteten Begegnung und Ver-
Bündung, wird sein Handeln erstens immer wieder das Bezeugen der
Verläßlichkeit göttlichen Dienens an den Menschen und der Welt zum
Ziel haben, und gleichzeitig wird es die Verläßlichkeit menschlicher
Reaktion auf die Aktion Gottes einfordern. Zweitens muß sein Tun
der Begegnung und Verbündung, der Communio zwischen Pfarrge-
meinde und Ortskirche dienen.

Das heißt aber, er muß sich zunächst selbst die Frage stellen: "Kann
ich aushalten, daß ich ich bin und nicht Gott, der alles kann und alles
weiß und allen hilft? Kann ich dankbar dafür sein, daß ich so bin, wie
ich bin? Kann ich mich gar freuen darüber, daß ich nicht Gott sein
muß?"[64] Denn ich kann mich auf das verlassen, was er von sich gesagt
hat: "Ich werde 'da-sein' als der, der je für euch da ist" (Ex 3,14).
Gleichzeitig wird der Pfarrer aber auch die Gemeinde und ihre Selbstvollzüge stets kritisch zu hinterfragen haben, inwieweit sich die Gemeinde selbst an Gottes Stelle setzt, ihrem eigenen Vermögen mehr
vertraut als Gottes Wirken.

Sein Augenmerk wird sich aber auch darauf zu richten haben, mit
welchem Maß an Verläßlichkeit und Verbindlichkeit sein eigenes Leben und das Leben der Gemeinde auf Gottes Zuwendung antworten.
Die Grundhaltung, um die es hier geht, zu der immer neu die Bereitschaft eingefordert und zu der je neu befähigt werden muß, ist die
verläßliche Übernahme von Verantwortung. Dabei darf nicht die
Angst Motiv und Ziel sein, denn der Mensch ist vor Gott und durch
ihn frei und kein Sklave mehr; "aber auch nicht die Ungebundenheit
und Beliebigkeit. Gott ist und bleibt Herr, und der Christ ist und bleibt
sein Knecht, den Gott durch Jesus aus freien Stücken zur Würde der
Kindschaft erhoben hat."[65]

Verläßlichkeit und Verbindlichkeit zwischen den einzelnen in der
Gemeinde, zwischen einzelnen Gruppen und Vereinen und in der gan-

---

64 JOSUTTIS: Erfolg, 176.
65 BAUMGARTNER: Seelsorger, 89.

zen Gemeinde ist Ausdruck der Communio, die hier am Ort gestiftet und je neu gelebt werden soll. Zu dieser Treue, in der Menschen miteinander ihr Leben gestalten, soll die Pastoral der Gemeinde immer wieder neu herausfordern, ermutigen, auch Gestaltungsmöglichkeiten bieten.

Bund und Treue zwischen Gott und den Menschen umgreifen - dies wird zur dritten Aufforderung verläßlich treu gelebter Bindung - die ganze Schöpfung Gottes. Die Eucharistiefeier, die den Menschen in den Durchgang des Pascha hineinnimmt, zeigt das Geheimnis des mit Christus auferstehenden Menschen an. "Für diesen gewandelten Menschen wird auch die Welt eine andere, sie wird transparent für Christus - insofern jedenfalls, als der Glaubende sein Christsein der Umwelt gegenüber immer neu verwirklicht. Der in Christus versöhnte Mensch verändert sein Verhältnis zur Gesamtheit der Kreaturen."[66]

Die Aufgabe, integrierend am Schnittpunkt zwischen Ortskirche und Pfarrgemeinde zu stehen, stellt hohe Anforderungen an den Pfarrer. Hier wird sich bisweilen die Frage nach dem Verhältnis von Amt und Identität auftun; Interessen und Rollenkonflikte werden nicht ausbleiben und müssen bewältigt werden. Die Gemeinde hingegen ist zu fragen, wie es mit ihrem kirchlichen Bewußtsein bestellt ist, inwieweit sie sich als Teil der Ortskirche weiß, bzw. ob diese letztlich für sie eine erfahrbare und gestaltete Wirklichkeit ist.

---

66 AUER, Alfons: Umweltethik. Ein Beitrag zur ökologischen Diskussion. Düsseldorf 1985, 250.

1. Impuls

Gottesdienst-"Feier"?

Dieses Arbeitsblatt soll dem Pfarrer als Gewissenserforschung die-
nen. Es will der Frage nach dem "Gottvorkommen" in der Liturgie
nachgehen. Die Gedankensplitter, die zum Nachdenken anregen sol-
len, stammen aus dem Artikel von Josef FISCHER: Über das Gottvor-
kommen in der heutigen Kirche. Mainz 1985.

Fragen zu "meiner", zu "unserer" Feier

❑ Wie feiere ich Gottesdienst?

→ Daß er auf Gottes Dienst an uns verweist und davon kündet
oder daß er auf meine Fähigkeiten, Talente und Begabungen
verweist.

→ Daß auch Raum und Stille bleiben oder so, daß durch mein
pausenloses Reden, Beten, Singen jede Freiheit erstickt wird,
auch noch ein anderes Reden und andere (leisere) Töne zu
vernehmen.

→ Daß darin Gott der Herr der Zeit sein kann oder so, daß ich
dadurch, daß ich mich dem Diktat der "Meßhäufigkeit" der
Pfarrei(en) unterwerfe, auf die Minute genau die Zeit be-
schränke.

❏   Wie feiern wir Gottesdienst?

➝   Daß darin sichtbar wird, daß Gott bei seiner Kirche bleibt in
     Selbstverständlichkeit und sie nie fallen läßt, das feiern wir.

➝   Natürlich feiern wir auch uns: weil und insofern wir seine Be-
     schenkten, Gottes Lieblinge sind, weil Gott "ein Wohlgefallen
     an uns hat".

➝   Oder sind die Gründe, die uns zum Feiern motivieren, die ab-
     wechslungsreiche Gestaltung, das Bemühen um immer neue
     Effekte, die tolle Predigt...

Impulse zum Weiterdenken
*   Was fällt auf?
*   War es für mich unangenehm, mich mit diesen Gedanken aus-
    einanderzusetzen? Warum?
*   Hat mir da einer "aus der Seele gesprochen", etwas gesagt, was
    ich auch schon lange denke?
*   Gibt es etwas, was ich an dieser Situation ändern möchte?
*   Was sagt mir die Art und Weise, wie ich, wie wir Gottesdienst
    feiern, über mein, über unser Tun und Handeln in der Ge-
    meinde?

Arbeitsblatt (M21)

"Dienst an" Gott?

Auch dieses Arbeitsblatt will zum Nachdenken über die Gottesdienst-praxis in der Gemeinde anregen. Dabei geht es darum, der Frage nachzuspüren, wie der Mensch Gott dient. Worin seine Antwort auf Gottes Dienst an uns besteht und wie er sie gibt.

Nachdenken über meinen, unseren "Dienst"

In einer der Wochentagspräfationen heißt es:

"In Wahrheit ist es würdig und recht, dir, allmächtiger Vater, zu danken und deine Größe zu preisen. Du bedarfst nicht unseres Lobes, es ist ein Geschenk deiner Gnade, daß wir dir danken. Unser Lobpreis kann deine Größe nicht mehren, doch uns bringt er Segen und Heil durch unseren Herrn Jesus Christus."

❏ Wie diene ich Gott in der Eucharistie?

Was kommt mir in den Sinn, wenn ich diese Präfation meditiere? Was schenkt sie mir an Einsicht zu meinem Dienst? Oder müßte ich mich eigentlich angesichts meiner alltäglichen Praxis scheuen, diese Präfation zu beten?

❏ Wie dienen wir Gott in der Eucharistie?

→   in sprachloser Anbetung?
→   in Lobpreis und Danksagung?
→   im Spiel vor ihm?
→   im Bitten und Flehen?
→   im Opfer?
→   mit Leib und Seele?
→   mit Leben und Leiden?
→   ....
→   ....
→   ....

Impulse zum Weiterdenken
* Wie "ganzheitlich" ist unser Dienst?
* Nehmen wir einen Teil unseres Menschseins von diesem Antwortdienst aus?
* Sparen wir eventuell ganze Lebensbereiche aus?
* Was sagt mir die Art, wie wir im Gottesdienst unsere Antwort auf Gottes Dienst an uns geben, über unser Handeln in der Gemeinde?

Arbeitsblatt (M22)

"Komm ich heut nicht, komm ich morgen ..."

Bei einem kritischen Überprüfen des eigenen alltäglichen Lebens und des Lebens der Gemeinde muß die Frage lauten, ob die Art und Weise, wie Pfarrer und Gemeinde leben, ein Ausdruck der Verläßlichkeit und Treue darstellt gegenüber dem Bund Gottes mit uns Menschen oder ob dieses Leben nicht viel eher ein Spiegelbild von innerer Unverläßlichkeit, von Bindungsscheu und Beliebigkeit ist. Eine Anregung für den Anfang einer solchen "Überprüfung" soll dem Pfarrer hier gegeben werden.

Fragen zur Verläßlichkeit meiner Bindung an Gott

→ Ich versuche im Gebet je neu Gott zu bitten, daß er mir seinen An-spruch an mich noch mehr verdeutlicht.

→ Ich erbitte mir von ihm bisweilen "Bedenkzeit"; bitte, daß er eine Frage nochmal zurückstellt.

→ Ich lasse mich in jedem Tun unterbrechen, wenn ich spüre, daß die Antwort reif ist und gegeben werden kann.

→ Ich weiß, daß er sich nach dem Geschenk meiner Zeit und Absichtslosigkeit sehnt, wie dies sich jede Liebe wünscht.

→ Ich spüre, daß es ihn schmerzt, wenn er von mir immer nur dann, wenn ich Kopf und Herz mal frei habe, mit ein bißchen Nähe und Freundlichkeit bedacht wird.

→ Ich ahne, daß er will, daß ich "erwachsen" werde und mit ihm auf "Du und Du" berede, was es zu bereden gibt.

→ Ich liebe ihn nicht, weil ich ihn brauche. Ich brauche ihn, weil ich ihn liebe.

Fragen zur Treue der Gemeinde gegenüber Gott

→ Worin zeigt sich meiner Meinung nach die Treue einer Gemeinde gegenüber ihrem Gott?

→ Ist der Bund zwischen Gott und uns eine erlebbare Wirklichkeit?

→ Ist ein solcher Gedanke wie der der Bundestreue überhaupt ein Gedanke, der in unseren pastoralen Überlegungen eine Rolle spielt?

Impulse zum Weiterdenken

* Was für Gedanken stellen sich ein bei diesen Überlegungen? Welche Gefühle beschleichen mich?

* Gibt es etwas, das mich hindert, diese Fragen an mich heranzulassen?

* Taugen die Fragen für mich nicht? Muß ich anders fragen?

Arbeitsblatt (M23)

Der, den ich liebe

Das folgende Gedicht von Bert Brecht soll ein Anstoß sein, über die Liebe, Verbindlichkeit und Verläßlichkeit im Blick auf die in der Gemeinde vorhandenen oder nicht vorhandenen Beziehungen nachzudenken.

Morgens und abends zu lesen

Der, den ich liebe
Hat zu mir gesagt
Daß er mich braucht.
Darum
Gebe ich auf mich acht
Sehe auf meinen Weg und
Fürchte von jedem Regentropfen
Daß er mich erschlagen könnte.

Bert Brecht

"Liebe", ein mißbrauchtes Wort ...

....

....

....

....

....

....

....

....

....

....

....

....

Impulse zum Nachdenken

* Wie ganz, wie verbindlich und wie "gegenseitig" erlebe ich die Beziehungen, in denen ich in der Gemeinde lebe?

* Wie verläßlich bin ich? Wie verläßlich sind die anderen mir gegenüber?

* Wie entschieden und treu erlebe ich die Beziehungen einzelner zueinander, die Beziehungen in den einzelnen Gruppen und die Beziehungen der Gruppen untereinander?

* Sind unsere Beziehungen überwiegend eher geschäftlicher Natur, im Dienst der "Sache" Jesu oder leben wir miteinander mit einem hohen Maß an Interesse an unseren Lebensgeschicken und Lebensgeschichten?

Arbeitsblatt (M24)

Die Treue zur Schöpfung

Im folgenden wird nun eine ganze Reihe von Thesen zur Schöpfungs-ethik aufgeführt. Sie sind Anregungen für Pfarrgemeinden und Christen im Erzbistum Paderborn entnommen und wurden von Josef LUHMANN herausgegeben. Sie sind ein Angebot, sich mit der Frage auseinanderzusetzen, wie verläßlich oder achtlos, wie veruntreuend oder treu, wie verantwortungslos oder liebend der einzelne und die Gemeinde mit der Welt umgeht.

Wie verläßlich und liebend ratifizieren wir unsere Ein-bindung in die Schöpfung Gottes?

❏ Ein Zeichen der Verläßlichkeit ist die Klugheit, die gebietet,

→ den Blick über das Tagesgeschehen hinaus in die Zukunft zu lenken.

→ Regeln und Gewohnheiten, die bisher für das Funktionieren unseres Zusammen-lebens ausgereicht haben, nicht unkritisch als allgemein gültig hinzunehmen, sondern zu hinterfragen, ob sie unter veränderten und erschwerten Existenzbedingungen noch Gültigkeit beanspruchen können.

→ mit Augenmaß die Zukunftsprognosen und Krisenbewälti-gungsvorschläge zu vergleichen und zu prüfen, sich nicht durch Hektik und Panik anstecken zu lassen.

❏ Ein Zeichen der Verläßlichkeit ist die Tapferkeit, zu der es gehört,

→ gegen die allgemeine Gleichgültigkeit und Bequemlichkeit als lästiger Mahner aufzutreten, auch wenn man sich dadurch unbeliebt macht, und Kritik zu ertragen.

→ als einer der ersten alte, auf Dauer nicht mehr verantwortbare Gewohnheiten aufzugeben, selbst wenn man damit anderen, die sich in diesen Gewohnheiten wohlfühlen, zum Ärgernis wird.

→ sich an Aktivitäten zugunsten der Umwelt zu beteiligen, auch wenn diese sich im nachhinein als nur annähernd richtig erweisen können; denn in kritischen Situationen ist es besser, annähernd richtig als gar nicht zu handeln.

Impulse zum Weiterdenken
* Was fällt mir bei diesen Thesen besonders auf?
* Gibt es für mich einen Zusammenhang zwischen Eucharistie und Schöpfung?
* Liegt der Ort, wo sich in unserer Gemeinde die Verantwortung und Verläßlichkeit gegenüber der Schöpfung ausdrückt, nicht an der "Peripherie" der (Kern-)Gemeinde?

Arbeitsblatt (M25)

Der Bischof ist weit weg ...

Ein Textausschnitt aus einem Artikel von Ernst LANGE über "Die Schwierigkeit, Pfarrer zu sein" weist auf einen Aspekt der Rolle, im Schnittpunkt zwischen Pfarrgemeinde und Ortskirche zu stehen, hin: auf die doppelte Last der Erwartungen. Gleichzeitig will dieser Textausschnitt auch anregen zum Weiterdenken auf die Frage hin: der Pfarrer zwischen ...?

Die Frage nach den Stühlen, zwischen denen ich sitze

"Wir Pfarrer sind von der kirchlichen Institution und von der Mitgliedschaft her ganz und gar im Zentrum der Erwartungen. Aber diese Erwartungen sind different. Die erhebliche Freiheit, die die Institution dem Pfarrer läßt, bedeutet mindestens auch, daß sie sich für die Repräsentation von Kirche in der Gesellschaft und in der Mitgliedschaft sehr weitgehend auf den Pfarrer verläßt und verlassen muß. Nicht nur auf ihn als Funktionär, sondern auf ihn als Charismatiker, als Persönlichkeit, als 'Virtuose'. Und von der Mitgliedschaft her dürfte das ganz genauso sein, sie sieht die Potenz der Kirche offenbar auch vornehmlich in der Potenz des Pfarrers, und auch sie versteht diese Potenz offenbar vor allem als eine Potenz der Proexistenz, des Helfens und Pflegens. Die Schwierigkeit, Pfarrer zu sein, ist jedenfalls nicht so sehr die des Außenseiters, der immer mehr an den Rand rückt, der nicht mehr recht weiß, wozu er eigentlich gut ist und wer ihn eigentlich noch braucht. Die Schwierigkeit, Pfarrer zu sein, ist in dieser Perspektive vor allem die, im Schnittpunkt von Erwartungen zu stehen, die sich zu einem Teil widersprechen und in der Summe viel zu groß sind, als daß man sie erfüllen könnte."

Wie heißen die Stühle, auf oder zwischen denen ich sitze?

→ ....
→ ....
→ ....
→ ....
→ ....
→ ....
→ ....
→ ....
→ ....
→ ....
→ ....
→ ....
→ ....
→ ....
→ ....
→ ....

Impulse zum Weiterdenken
* Wie erlebe ich meine "Stellung" zwischen Diözese und Pfarrei?
* Bin ich bei allen Fragen, die die Gemeinde anlangen, für die Diözesanleitung der einzige Ansprechpartner? Muß das so bleiben?
* Verkörpere ich für die Gemeinde (von Bischofsbesuchen anläßlich der Firmung abgesehen) allein "die" Kirche? Muß das so bleiben?
* Kann und will ich das einzige "Nadelöhr" für die Kommunikation zwischen Ortskirche und Pfarrgemeinde bleiben?

3.4.3 Der Pfarrer als Begleiter im Prozeß der Identitätsfindung

Bejaht der Pfarrer für sich selbst diese Aufgabe, kann er als eines der zentralen Ziele, das sein Handeln leiten soll, akzeptieren, "Prozeßbegleiter bei der Identitätsfindung" einzelner und der Gemeinde zu sein. Dann wird er sich zuerst und immer wieder neu seiner eigenen Identität zu vergewissern haben. Denn er ist als Persönlichkeit ein die Menschen und die Gemeinde begleitendes "Zeichen" der Nähe Gottes. Weder von seiner Stola, noch von seiner Gesprächstechnik, sondern von seiner Menschlichkeit und Reife wird es darum abhängen, ob er zum Gelingen dieses Prozesses beitragen kann. Er wird also darauf schauen müssen, wie es bei ihm um die Einheit von Leben und Glauben in seiner Geschichte und in seinem konkreten Jetzt bestellt ist.

Der Pfarrer wird sein Handeln, seine Seelsorge als Begleitung des anderen, der ihn um sein Mitgehen bittet, verstehen. Als Begleitung gerade dort, wo es darum geht, den heiklen "Übergang von heute nach morgen"[67] zu bestehen, wo es um Identitätskrisen geht. Dabei wird der Pfarrer zunächst seine eigene Person in den Dialog mit dem anderen einbringen. Wie er seine eigene Existenz deutet, wie er von einem besseren Leben, im Sinn der vollen Entfaltung des einem jeden geschenkten Charismas zu kundschaften vermag, ist von großer Bedeutung. Er wird sich dabei stets neu seines eigenen Menschenbildes zu vergewissern haben, seiner eigenen Vision von einem geglückten Leben.

Er wird als Partner und Weggefährte der ganzen Gemeinde für sich entdecken und entscheiden müssen, was er dieser Gemeinde auf ihrem Weg des Wachstums, der Entfaltung und der Gestaltwerdung sein kann und will. Und er wird immer wieder neu in sich hineinhorchen müssen und überprüfen, ob er (noch) einen Traum, eine Vision von dieser Gemeinde hat.

---

67 Vgl. ZERFASS: Seelsorger, 77.

Arbeitsblatt (M26)

Leben - Glauben - Geschichte

Die Thesen, die auf diesem Arbeitsblatt zur Diskussion werden, stammen aus einem Aufsatz von Heribert W. GÄRTNER über "Die Einheit von prägender Lebens- und Glaubensgeschichte," der im Handbuch "Auftrag und Praxis des Pfarrgemeinderates", München 1991, zu finden ist. Sie sollen Impulse sein, mittels derer der Pfarrer darüber nachdenken kann, was "der Stand" seiner Lebens- und Glaubensgeschichte ist, was die Reife seines Mensch- und Christseins ausmacht.

Die Sehnsucht nach wirklichem Leben - meine Identität

Nur wenn Christen in Reichweite zu wirklichen Lebensprozessen stehen, können sie überzeugende Deuter ihrer eigenen Existenz und Kundschafter eines besseren Lebens sein.

Lernen, sich zu trennen, ohne dabei den sicheren Grund zu verlieren, ist eine wichtige Erfahrung, die Leben und Glauben miteinander verbindet.

Es kann nichts wirklich Lebensstiftendes geben, das wir vor unserer gläubigen Existenz verbergen müßten, und nichts Verehrungswürdiges und Heiliges, das dem Leben vorenthalten werden müßte.

In der Durchschreitung, nicht in der Vermeidung krisenhafter Lebensereignisse erweist sich die religiöse Kraft eines authentisch gelebten Lebens.

Auch wenn es unverzichtbar ist, daß wir uns in eine menschliche und christliche Identität hineinentwickeln und entfalten, gilt es ebenso festzuhalten, daß unsere Entwicklung fragmentarisch sein darf.

Was fällt mir jetzt zuerst ein, wenn ich an das Stichwort "Leben"
denke?

....

....

....

....

....

....

....

....

....

....

....

....

....

....

Impulse zum Weiterdenken
* Welche dieser Thesen spricht mich im Moment am meisten an?
* Mit welchen Gefühlen, Einsichten, Überzeugungen, an die
  mich diese Thesen eventuell er-innert haben, konnte ich noch
  vor einiger/längerer Zeit nichts anfangen?
* Fühle ich mich wohl in meiner "Lebens- und Glaubenshaut"?
* Was müßte ich hier dringend anpacken / regeln / ändern?

Arbeitsblatt (M27)

Meine Berufung und die des anderen

Dieses Arbeitsblatt soll den Pfarrer zur Frage ermutigen, was er von sich in den Dialog mit dem anderen einbringt. Wie kann er aus seiner eigenen Geschichte und Identität heraus den Entwicklungsprozeß des Partners fördern? Eine interessante und lohnende Frage. Dabei soll die Frage mit einigen Überlegungen, zu denen Rolf ZERFASS teilweise in Anlehnung an C.G. JUNG den Beitrag "Der Seelsorger - ein verwundeter Arzt" geschrieben hat, angeregt werden.

Die Frage danach, was ich dem anderen zu "bieten" habe

❑ Die eigenen Wunden ernst nehmen. Daß ich den Bettler bewirte, daß ich dem Beleidigten vergebe, daß ich den Feind sogar liebe im Namen Christi, ist unzweifelhaft hohe Tugend. Was ich dem geringsten meiner Brüder tue, habe ich Christo getan. Wenn ich nun aber entdecken sollte, daß der geringste von allen, der ärmste aller Bettler, der frechste aller Beleidiger, ja der Feind selber in mir ist, daß ich selber des Almosens meiner Güte bedarf, daß ich mir selber der zu liebende Feind bin, was dann?

❑ Wenn ich schwach bin, bin ich stark. Wer die eigene Armut und Gebrochenheit nicht mehr fürchtet, wird sich auch der fremden Verwirrung furchtlos zuwenden können, und so wird er mit seiner Person zu einem lebendigen Hoffnungszeichen. Die Furchtlosigkeit des Seelsorgers läßt die Panik weichen, die Angst beherrscht nicht mehr einfach alles, die Hoffnung beginnt.

❏   Jetzt oder nie. Man kann alles verstehend einsehen und doch
    wird man nicht den Augenblick verpassen dürfen, auf den es
    ankommt, an dem gehandelt werden muß.

Das Wort "Berufung" weckt Assoziationen. Vor dem Weiterdenken
vielleicht ein paar Notizen dazu machen ...

....

....

....

....

....

....

....

....

....

....

....

....

....

....

Impulse zum Weiterdenken
* Welche Menschen fallen mir zuerst ein, wenn ich über all dies
  nachdenke?
* Verstehen, Mittragen, Eingreifen ... welche Gefühle lösen diese
  Worte bei mir aus?
* Wen kann ich nicht verstehen, nicht mittragen, wen kann ich im
  letzten nicht provozieren?
* Ist ein anderer durch mein "Mitgehen" reifer, erwachsener, un-
  abhängiger geworden? Kann dieser Mensch sagen, wer er ist,
  was er will?

Arbeitsblatt (M28)

Was ist der Mensch, daß du seiner gedenkst?

Dieses Arbeitsblatt geht davon aus, daß jeder eine Vorstellung, eine Vision, ein Bild davon hat, was der Mensch ist und/oder sein kann. Wer andere Menschen begleiten will bei ihrem "Menschwerden", wird sich auch immer wieder Rechenschaft über sein eigenes "Menschenbild" geben müssen. Vielleicht bieten die hier angeführten Gedanken zum Menschen den "Stoff", der zum Nachdenken einlädt und zum Überlegen darüber, was gelungenes und geglücktes Menschsein ausmacht.

Die Frage nach dem, was meine Vorstellung von Menschsein ausmacht

❑ Die Ehre Gottes ist der lebendige Mensch (Irenäus von Lyon).

❑ Die Gottesbotschaft unserer christlichen Hoffnung widersetzt sich einem schlechthin geheimnisleeren Bild vom Menschen, das nur einen reinen Bedürfnismenschen zeigt, einen Menschen ohne Sehnsucht (Synode: Unsere Hoffnung).

❏ *Der Radwechsel*
Ich sitze am Straßenrand.
Der Fahrer wechselt das Rad.
Ich bin nicht gern, wo ich herkomme.
Ich bin nicht gern, wo ich hinfahre.
Warum sehe ich den Radwechsel
mit Ungeduld? (Bert Brecht)

❏ Was ist der Mensch, daß du an ihn denkst, des Menschen Kind, daß du dich seiner annimmst? Du hast ihn wenig geringer gemacht als Gott, hast ihn mit Herrlichkeit und Ehre gekrönt (Psalm 8).

Impulse zum Weiterdenken
* Habe ich Vorbilder? Menschen, die mir ein Leitbild sind, deren Leben in meinen Augen geglückt und vollendet ist?
* Was zeichnet diese Menschen aus? Was ist erstrebenswert?
* Wie geht es mir damit, daß andere und auch ich selbst von diesem Ideal entfernt sind?
* Was ist für mich der Inbegriff des Glückes?

Arbeitsblatt (M29)

Wer bin ich? - Was das Gebot der Stunde ist

Im folgenden werden fünf notwendige Dienste bei der Begleitung der Gemeinde zu ihrer Identität kurz angerissen. Dies soll den Pfarrer dazu anregen, weiter zu überlegen, was diese Dienste in seiner konkreten Situation von ihm verlangen und in welcher Phase sich die Gemeinde im Moment befindet.

Fragen zu meiner Aufgabe als der Begleitung eines Identitätsfindungsprozesses

❑ Der Dienst der Gemeindegründung:
das Sammeln, Neu-Beginnen nach einer Zeit des Niedergangs. Eine Gemeinde, die sich "verlaufen" hat.

❑ Der Dienst der Inspiration:
das Aneifern, Zum-Aufbruch-Verlocken aus dem "Schlaf der Sicherheit". Eine Gemeinde, die behäbig und selbstgenügsam bleibt.

❑ Der Dienst der Evangelisation:
das stetige Aufrufen und Ermahnen zur Umkehr, zur Besinnung auf das Evangelium. Eine Gemeinde, auf deren Antlitz sich das Licht Christi nicht mehr widerspiegelt.

❏ Der Dienst der Moderation:
das Zusammenführen und Verbinden der Vielen. Eine Gemeinde, die in ihrer Vielfalt nicht mehr in dieselbe Richtung geht.

❏ Der Dienst der Approbation:
das Sichern und Festhalten dessen, was in diesem Moment, am Ende dieser Phase der Geschichte der Gemeinde nicht verloren gehen darf. Eine Gemeinde, die unaufhaltsam "im Fluß" ist.

Impulse zum Weiterdenken
* Entdecke ich unterschiedliche Phasen in der Geschichte der Gemeinde?
* Wo stehen wir heute, wo waren wir gestern noch nicht?
* Was macht mir Sorgen, was freut mich bei dieser Entwicklung?
* In welche Richtung hoffe ich, daß es weitergeht?

5. Impuls

Dort sein, wo wahres Leben ist

In George Bernard Shaws Komödie "Haus Herzenstod" hält ein alt gewordener Kapitän einem jungen Mann den Spiegel vor. Dabei wird die Frage gestellt, was ein Leben ist, das diesen Namen auch verdient. Vielleicht können die Worte des alten Kapitäns zum Nach- und Weiterdenken bewegen, welche Vision der Pfarrer von einer Gemeinde hat, deren Reden und Handeln den Namen Leben verdient.

"Kapitän: das Interesse eines Menschen an der Welt ist nur, was von seinem Interesse an sich selbst übrigbleibt. Solange man Kind ist, ist der Krug noch nicht voll, und man kümmert sich nur um seine eigenen Angelegenheiten. Wenn man erwachsen ist, fließt der Krug über, und man wird Politiker, Philosoph, Entdecker oder Abenteurer. Im Alter trocknet der Krug aus. Er fließt nicht mehr über. Man wird wieder Kind. Ich kann Ihnen sagen, was mir von meinem Verstand noch im Gedächtnis geblieben ist, nichts als Kratzer und Abfall. Und ich kümmere mich nur noch um meine eigenen kleinen Bedürfnisse und Steckenpferde. - Ich sehe Euch, die jüngeren, wie Ihr Euch von der Romantik, der Sentimentalität und dem Snobismus ab- und dem Geld, dem Komfort und dem verdammt gesunden Menschenverstand zuwendet. Ich war zehnmal glücklicher auf meiner Brücke im Taifun oder in der Arktis, monatelang eingefroren in Eis und Dunkelheit, zehnmal glücklicher als Sie und die anderen es jemals sein können. Sie suchen einen reichen Mann. In Ihrem Alter suchte ich Mühsal, Gefahr, Schrecken und Tod, um das Leben in mir noch stärker zu spüren. Ich ließ mein Leben nicht von Todesfurcht beherrschen, und mein Lohn war, daß ich mein Leben lebte. Sie lassen Ihr Leben von der Furcht vor Armut beherrschen, und Ihr Lohn wird sein, daß Sie zu essen haben, aber leben werden Sie nicht."

❏ Die Geschichte ist gut!

❏ Die Geschichte ist schlecht!

❏ Spontan fällt mir ein

→ ....

→ ....

→ ....

→ ....

....

....

....

....

....

....

Impulse zum Weiterdenken

* Was ist mein Traum von Gemeinde? Welche Visionen habe ich vom Leben einer Gemeinde, in der "ganz" gelebt wird und nicht nur "Teil- und Bruchstücke" von Leben vorkommen?

* Wie sieht diese Gemeinde aus, die einen Gott verehrt, von dem die Kunde geht, er sei ein "Liebhaber des Lebens" (vgl. Weish 11,26)?

* Glaube ich daran, daß dieser Traum Wirklichkeit werden kann?

* Wer seine Träume verwirklichen will, muß aufhören zu träumen. Wo höre ich in diesem Sinn auf?

Arbeitsblatt (M31)

Was tun?

In diesem vorläufig letzten Schritt soll dem Pfarrer eine Möglichkeit angeboten werden, das bislang Überlegte noch einmal "zusammenzudenken". Dazu werden im folgenden einige m.E. zentrale Aufgaben in Kurzformeln gebracht; sie sollen als Orientierungshilfen dienen, das eigene Rollenverständnis zu überprüfen und eventuell klären zu helfen.

Rolle und Funktion des Pfarrers im Pfarrgemeinderat

→ Er ermutigt den Pfarrgemeinderat, die Unsicherheit und Ungeklärtheit bezüglich seines Ortes in der Gemeinde, die Frage, ob er führen oder folgen soll, in ihrer belastenden Unentschiedenheit zunächst auszuhalten und als Chance anzunehmen.

→ Er ermutigt den Pfarrgemeinderat zu dem risikoreichen Unternehmen, sich der (den) Geschichte(n) in der Gemeinde auszusetzen. Das bedeutet, daß der Pfarrgemeinderat immer auch eine Gemeinschaft von Menschen ist, die die "Emmausgeschichte der Gemeinde" kennt und je neu lesen zu lernen versucht.

→ Er ermutigt den Pfarrgemeinderat, etwas zu riskieren, mit der Gemeinde neue Wege zu gehen. Der Pfarrgemeinderat braucht nicht zum "Opfer" der Tradition zu werden, er kann vielmehr im gemeinschaftlichen Tun ihr kreativer Interpret werden.

→ Der Pfarrer dient dem Pfarrgemeinderat durch die kritische Frage, welches Verständnis von Macht und Ohnmacht, von Möglichkeiten und Grenzen menschlichen Handelns und Tuns im Pfarrgemeinderat und in der Gemeinde vorherrschend ist. Es geht dabei vor allem um die kritische Reflexion einer Lebenseinstellung oder Gesinnung, die meint, alles "machen" zu können.

→ Er fragt danach, welches Zeugnis das Leben der ganzen Gemeinde und besonders derer in ihr, die entscheidend und mit einem hohen Maß an Einfluß dieses Leben prägen, davon gibt, daß jedes Tun der Gemeinde eine treu gelebte Antwort auf Gottes Bund mit seinem Volk darstellen soll.

→ Er befragt mit dem Pfarrgemeinderat zusammen das, was in der Gemeinde geschieht und gelebt wird, daraufhin, inwieweit es die Gemeinschaft von Menschen begründet und stiftet. Hat es gemeindebildende Kraft? Fordert es immer wieder die Verläßlichkeit dieser Gemeinschaftsbeziehungen ein?

→ Er hat bei allem Tun der Gemeinde Welt und Schöpfung im Blick als einen Ausweis dafür, wie ernst und verläßlich die Gemeinde aus ihrer Versöhnung mit dem "Gott des Lebens" das Leben mitgestaltet.

→ Er nimmt den Pfarrgemeinderat mit hinein in die Nahtstelle zwischen Bistum und Gemeinde und nimmt mit ihm zusammen die Verantwortung für die "Kirchlichkeit der Gemeinde" und die "Gemeindlichkeit der Kirche" wahr.

→ Der Pfarrer steht gerade im Pfarrgemeinderat dafür ein, daß jeder und jede sich zu entfalten vermag und aufgrund der ganz persönlichen und unverwechselbaren Berufung zu einer angemessenen Form der Mitarbeit findet.

→ Der Pfarrer trägt mit dem Pfarrgemeinderat zusammen die Sorge dafür, daß die Gemeinde zu ihrer Identität finden kann, in der zu leben und zu wachsen vermag, was in ihr grundgelegt ist.

❑ Wo finde ich mich wieder?

❑ Spontan fällt mir ein
→ ....
→ ....
→ ....
→ ....
....
....

Impulse zum Weiterdenken
* Welche dieser Aufgaben steht aus meiner Sicht am dringendsten an? - Traue ich sie mir zu? - Ist es meine Aufgabe, oder wird sie ein anderes Pfarrgemeinderatsmitglied genausogut oder besser wahrnehmen können?
* Welche Aufgabe lehne ich für mich ab, weil sie nicht "meine Sache" ist?
* Welche Aufgabe fasziniert mich am meisten? - In welche möchte ich gerne hineinwachsen?
* Welche dieser Aufgaben wird von mir erwartet?
* Welche dieser Aufgaben kann ich meiner Einschätzung nach auch ohne Pfarrgemeinderat wahrnehmen?

4. Der Vorstand des Pfarrgemeinderates

"(1) Der Pfarrgemeinderat bildet aus seiner Mitte einen Vorstand. Dieser hat die Aufgabe, für eine lebendige und zeitnahe Arbeit des Pfarrgemeinderates in allen Bereichen zu sorgen und die Geschäfte des Pfarrgemeinderates ... zu führen.

(2) Der Vorstand besteht aus dem Pfarrer und aus drei vom Pfarrgemeinderat zu wählenden Laienmitgliedern: dem Vorsitzenden, einem ersten und einem zweiten Stellvertreter, von denen einer das Amt des Schriftführers übernehmen soll."[68]

4.1 Fragen

Nimmt man die Erfahrungsberichte aus den Pfarrgemeinderäten noch einmal zur Hand, ergeben sich daraus genügend Hinweise, die darauf deuten, daß es ein "lohnendes" Unterfangen sein kann, die Rolle des Pfarrgemeinderatsvorstandes genauer zu hinterfragen. Ohne hier zu klären, was z.b. der Anspruch, er habe für die "lebendige und zeitnahe Arbeit des Pfarrgemeinderates zu sorgen," genauer bedeutet, kommt m.e. dem Pfarrgemeinderatsvorstand eine zentrale Schlüsselrolle bei der Frage zu, ob der Pfarrgemeinderat "funktioniert" und ob er einen Platz in der Gemeinde findet. Bevor darüber innerhalb der theologischen Verständigung nachgedacht wird, soll den Mitgliedern des Pfarrgemeinderatsvorstandes zunächst das Angebot gemacht werden, sich der Funktion und der Aufgabe dieses Leitungsgremiums in ihrem Pfarrgemeinderat und in der Gemeinde zu vergewissern.

---

68   PGR-Satzung Freiburg, § 6.

Arbeitsblatt (M32)

Vorstand des Pfarrgemeinderates - Machtzentrum oder Dienstleistungszentrale?

Diese Arbeitsblätter wenden sich an die Mitglieder des Pfarrgemeinderatsvorstandes. Es werden hier ausschließlich authentische Stimmen von Pfarrgemeinderatsmitgliedern zitiert. Die darin zum Ausdruck kommenden Erfahrungen, Meinungen und Überzeugungen kreisen um unterschiedliche Fragestellungen zu Aufgabe und Arbeit des Pfarrgemeinderatsvorstandes und zeigen gleichzeitig, wie differenziert die Erwartungen an dieses Gremium sind und wie verschieden es selbst seine Aufgaben versteht und wahrnimmt. Vielleicht kann dies die Mitglieder des Pfarrgemeinderatsvorstandes zum Nachdenken über die eigene Rolle und den eigenen Standort im Pfarrgemeinderat und in der Gemeinde anregen.

❏ Pfarrer und Pfarrgemeinderatsvorsitzende(r)

➙ Der Pfarrgemeinderatsvorsitzende und der Pfarrer bildeten bei kritischen Themen meist eine Einheit.

➙ Wir sitzen im Stuhlkreis, und nach Möglichkeit setze ich mich nicht neben den Vorsitzenden oder Gesprächsleiter, um nicht einen "Block" zu bilden. Der Stuhlkreis verhindert auch, daß der Vorsitzende und auch ich selbst eine Verschanzung hinter Akten vollziehen können.

➙ Es gibt ja einen Pfarrgemeinderatsvorsitzenden, den Herrn V., aber die Sitzung leitet eigentlich der Herr Pfarrer.

→ Es ist selbstverständlich, daß sich der Pfarrer und der Vorsitzende des Pfarrgemeinderates in ihrer Arbeit für die Gemeinde einig sein müssen.

→ Eine gute Zusammenarbeit des Vorsitzenden mit dem jeweiligen Ortspfarrer ist unerläßlich.

→ Nachdem der alte Pfarrer nicht mehr da war, kamen die "Wechselbäder" mit unseren neuen Pfarradministratoren. Doch jetzt konnten wir beweisen, daß ein Pfarrgemeinderat nötig war. Allen voran ging unser Vorstand, der fast in der Pufferzone zwischen Gemeinde und Pfarrer zerrieben wurde.

Impulse zum Nachdenken

* Wie sehe und bewerte ich das Verhältnis zwischen uns? - Ist mir diese Frage wichtig, unangenehm, lästig?
* Kennen wir uns, wissen wir um unsere Schwächen und Stärken? - Reden wir darüber miteinander?
* Gibt es Aufgaben- und Rollenteilung?
* Wie sieht das Verhältnis und die Aufgabenverteilung im Blick auf die anderen Mitglieder des Vorstandes aus?

❑ Vorstand und Pfarrgemeinderatsmitglieder

→ Meiner Meinung nach kümmert sich der Vorstand des Pfarrgemeinderates zu wenig um die Pfarrgemeinderäte.

→ Der Vorstand des Pfarrgemeinderates ist so unnötig wie ein Kropf, außer, daß eben noch ein Gremium mehr in der Pfarrei existiert.

→ Seit wir drei Gemeinden sind, die sich einen Pfarrer teilen müssen, habe ich das Gefühl, braucht es uns normale Pfarrgemeinderatsmitglieder gar nicht mehr, es wird eigentlich alles in den Sitzungen, in denen die Vorstände der Pfarrgemeinderäte "zusammenhocken", entschieden.

→ Von seiten des Vorstandes kamen die Anliegen der Kinder kaum oder gar nicht zur Sprache. Ich habe es öfters angesprochen.

→ Meine Erfahrung war die, daß der Vorstand etwas zu diktatorisch vorging und immer das erreichen wollte, was in den eigenen Köpfen vorging und schwebte. Der übrige Pfarrgemeinderat meldete wenig Bedenken an, um den sogenannten Hausfrieden zu bewahren. Oft waren die Leute in Wirklichkeit anderer Meinung.

→ Meine Wünsche an den neuen Pfarrgemeinderat sind: ein Pfarrgemeinderat, der sich regelmäßig trifft, der in Beschlüsse, die der Vorstand jetzt noch alleine beschließt, mehr eingebaut wird.

→ Ich wurde jedoch übergangen und kam nicht einmal in den engeren Vorstand des Pfarrgemeinderates, weil in einem kleinen Kreis bereits vor der konstituierenden Sitzung der Vorstand festgelegt wurde.

❑ Welcher dieser "Aussprüche" könnte von mir stammen?

❑ Spontan fällt mir dazu eine konkrete Geschichte ein.

→ ....

....

....

....

....

....

Impulse zum Nachdenken

* Ist der Pfarrgemeinderatsvorstand eine Realität? - Hat er Gewicht und Bedeutung? - Wird er von den übrigen Pfarrgemeinderatsmitgliedern wahrgenommen? Wie?

* Sind wir das "Machtzentrum" der Pfarrei oder die "Dienstleistungszentrale"?

* Sind wir nötig? Ist unsere Arbeit nur eine zusätzliche Belastung für jeden von uns, die die Mitglieder des Pfarrgemeinderates vielleicht gar nicht zu schätzen wissen?

❏ Vorstand und Arbeitsweise des Pfarrgemeinderates

→ Der Vorstand verhielt sich entsprechend dem ganzen Pfarrgemeinderat, brachte wenig Initiative ein, die Sitzungen und die Arbeit zu verändern.

→ Sitzungen sind vom Vorstand oft nicht gut vorbereitet. Auch ist nie so klar, wie die Tagesordnung zustande kommt.

→ Der Pfarrgemeinderat ist immer gut vorbereitet, denn der Vorstand setzt sich mit dem Pfarrer immer vorweg zusammen und arbeitet alles aus.

→ Rückschauend muß ich sagen, daß die Vorstandsarbeit ein Schwachpunkt in diesen Jahren war. Sicher gab es ein unterschiedliches Selbstverständnis der Vorstandsmitglieder, und somit hatte die Nach- und Vorbereitung der Pfarrgemeinderatssitzung nicht für alle den gleichen Stellenwert.

→ Unsere Pfarrgemeinderatssitzungen sind in aller Regel von der Vorstandschaft so perfekt vorbereitet und durchorganisiert, daß im Grunde keinerlei Luft bleibt, einmal etwas länger einen Punkt zu diskutieren. Die Methoden und Verfahren, nach denen wir arbeiten, sind wie ein Korsett.

→ Es fanden keine Vorstandssitzungen statt, Vorstandsmitglieder verständigten sich in der Regel telefonisch wegen des Programms von Pfarrgemeinderatssitzungen. Der Vorstand trat nicht als solcher in Erscheinung.

→ Sitzungen werden lebendiger, der Grad der Zufriedenheit bei den Mitgliedern nimmt zu, wenn der Pfarrgemeinderatsvorstand sich regelmäßig zwischen den Sitzungen trifft, um sowohl Inhalte als auch methodische Vorgehensweisen der Arbeit zu besprechen.

❑ Spontane erste Einfälle:

➥ ....

....

....

....

....

....

....

....

....

....

....

....

....

....

....

Impulse zum Nachdenken

* Was fällt an diesen Äußerungen besonders auf?

* Mit welcher könnte unsere Arbeit am besten charakterisiert sein?

* Welchen Zeitaufwand bedeutet es, die Pfarrgemeinderatsarbeit vorzubereiten und zu begleiten? Macht es Spaß? Habe ich durch diese Tätigkeit für mich selbst etwas dazugelernt?

* Würde ich mich wieder in den Vorstand wählen lassen?

❏ Die/der Vorsitzende des Pfarrgemeinderates

➜ Der Vorsitzende kann sich in meine Situation nicht hineinfühlen.

➜ Als Pfarrgemeinderatsvorsitzender ging es mir darum, das kirchliche Leben mitzugestalten und mitzuhelfen, die Gemeinschaft der Pfarrei zu stärken.

➜ Die Aussprache wurde vom Vorsitzenden vorzeitig abgewürgt, obwohl ich von einigen Mitgliedern unterstützt wurde.

➜ Besondere Unterstützung fanden wir beim Vorsitzenden, der für jede Initiative dankbar war.

➜ Der Informationsfluß zwischen dem Pfarrgemeinderatsvorsitzenden und mir als Jugendvertreter war kontinuierlich und prompt.

➜ Rückblickend auf vier Jahre Tätigkeit als Vorsitzender des Pfarrgemeinderates Hl. K. ist die Freude vorherrschend, die mir die vielen Begegnungen und Gespräche mit alten und neuen Freunden bereitet haben.

➜ Die meisten Zusammenkünfte sind, nicht zuletzt durch die humorvolle Leitung des Pfarrgemeinderatsvorsitzenden, gut gelungen.

➜ Der neue Vorsitzende, der dieses Amt bis heute bekleidet, ist ein Mann des Ausgleichs, der auch durch seine sonstigen Aufgaben in Gemeinde und Vereinen vorbildlich wirkt. Er versteht es, durch seine Tatkraft glaubwürdig ein gutes Beispiel zu geben.

❑ Spontane erste Einfälle:
→ ....
....
....
....
....
....
....
....
....
....
....
....
....
....
....
....

Impulse zum Nachdenken
* Welche dieser Äußerungen macht mich persönlich am meisten betroffen? - Warum?
* Welche Erwartungen bedrängen mich am meisten? Was kann ich nicht leisten, was will ich nicht leisten?
* Wieviel Zeit muß ich für meine Arbeit investieren?
* Habe ich das Gefühl, daß ich mich entfalten kann, oder fühle ich mich eher eingeschränkt?
* Würde ich noch einmal für den Vorsitz des Pfarrgemeinderates kandidieren? - Würde ich wohl noch einmal gewählt werden?

2. Fragestellung

Beim Durchblättern der Handreichungen gefunden ...

*Dieses Arbeitsblatt hält für die Mitglieder des Pfarrge-
meinderatsvorstandes einige in Handreichungen und Handbüchern
für den Pfarrgemeinderat entdeckten Funktionsbeschreibungen des
Pfarrgemeinderatsvorstandes fest. Mittels dieser Thesen können sich
die einzelnen Pfarrgemeinderatsvorstandsmitglieder mit dem auseinandersetzen, was sie in ihrem Pfarrgemeinderat und ihrer Gemeinde
tun. Vielleicht kann es auch zu einem gemeinsamen Gespräch darüber
kommen.*

Ob wir dem gerecht werden (wollen)? - Anfragen an unser
Selbstverständnis

These: Für das Entwickeln von Schwerpunkten für die Pfarrgemeinderatsarbeit, also die Aufgabe, unter Berücksichtigung der konkreten Situation der Gemeinde und im Rahmen des Leistbaren die
dringendsten Aufgaben auszuwählen und diese zielgerichtet und plan-
voll in Angriff zu nehmen, sind zuerst der Pfarrer und der Pfarrgemeinderatsvorsitzende verantwortlich.

These: Führung wird dort entstehen, wo Menschen miteinander Umgang haben, miteinander arbeiten, miteinander Gemeinde gestalten
wollen. Führung unterliegt einem System von einzelnen unterschiedlich wirksamen Faktoren und Regeln. Der Pfarrgemeinderatsvorsitzende ist bereit, Führungsaufgaben zu übernehmen.

These: Die Verwirklichung eines Ziels wird in dem Maße erfolgreich gesichert, in dem der Vorsitzende des Pfarrgemeinderates sich bewußt macht, daß er in der Hauptverantwortung steht und stets als erster zu fragen hat: Wo stehen wir auf dem Weg zum Ziel; was ist bisher geschehen; was muß noch geschehen; welche Hindernisse sind zu beseitigen? Er ist als erster, nicht als einziger, eingeladen, die Initiative zu ergreifen, entsprechende Fragen zu stellen, Entscheidungen vorzubereiten, konstruktive Anregungen zu geben. Wird diese "Führungsverantwortung" gegenüber einem Pfarrgemeinderat nicht oder nur unvollkommen wahrgenommen, wird das gesteckte Ziel nur in eingeschränktem Maße erreicht werden.

These: Ein Vorsitzender ist immer als erster eingeladen, von sich aus auf andere zuzugehen, das Gespräch zu suchen, die Initiative zu ergreifen, Fragen zu stellen und seinen konstruktiven Rat anzubieten. Er muß außerdem alle Informationen, über die er verfügt und die für den Pfarrgemeinderat wichtig und von Bedeutung sind, an diesen weitergeben.

These: Der Vorstand des Pfarrgemeinderates muß möglichst viele Aufgaben delegieren. Delegation bezeichnet das Übertragen von Aufgaben, Kompetenzen und Verantwortung. Delegierbar ist dabei im Prinzip alles, was auf der jeweils betroffenen Ebene selbst entschieden werden kann. Delegation ist damit ein Anspruch an denjenigen, der delegieren kann, von der Delegation Gebrauch zu machen. Delegation bedeutet, mit der Fähigkeit leben zu können, daß andere in einem gewissen Rahmen eigenständig Entscheidungen treffen, aber auch Fehler machen, die der Vorstand mitzuverantworten hat. Delegation bedeutet nicht, daß er aus seiner Verantwortung entlassen ist.

These: Alle Kräfte in einem Gremium wie dem Pfarrgemeinderat sollten sich grundsätzlich gegenseitig bestärken in der Bereitschaft zur Mitarbeit im Weinberg des Herrn. Diese Bereitschaft zur Mitarbeit ist nicht immer selbstverständlich und bei allen Pfarrgemeinderatsmitgliedern gleichermaßen vorhanden. Sie muß behutsam geweckt und gefördert werden. Der Vorsitzende und auch der Pfarrer sind hier vor allem zur Initiative aufgefordert, andere zur Mitarbeit einzuladen. Fehlt dieser entscheidende erste Schritt, wird sich wenig entwickeln, weil viele aus falscher Bescheidenheit sich nicht selbst zur Mitarbeit anbieten und lieber abwarten, bis sie persönlich angesprochen werden.

These: Dem Vorsitzenden des Pfarrgemeinderates wird durch seine Wahl in einer besonderen Weise das Vertrauen der Mitglieder des Rates ausgesprochen. Er ist für den Pfarrer der erste Kooperationspartner und darum für das Gelingen der Arbeit mit entscheidend. Sehr wichtig ist sein partnerschaftlicher Umgang mit dem Pfarrer. Wenn die Beziehung zueinander gut ist, ist das Miteinander-Arbeiten kein Problem. Gegenseitiges Sich-Achten und die Suche nach Einheit sind wichtiger als Durchsetzungsvermögen.

Impulse zum Nachdenken

* Was fehlt? Zu welchen Aufgaben und Funktionen, die ich (die wir) für wichtig halte(n), wird hier nichts gesagt?
* Ist das, was hier gesagt wird, "blanke Theorie", am grünen Tisch entworfen, für die Praxis aber nicht tauglich?
* Gibt es Aufgaben, die ich (die wir) sehr gerne wahrnehmen würde(n)? Wozu reicht die Zeit (nicht)?
* Welche dieser Funktionen wird von unserem Pfarrgemeinderat bejaht, für notwendig gehalten? - Wozu wird uns die Kompetenz zugetraut? Wozu nicht?
* Wenn ich das so lese, hätte ich mich lieber nicht in den Vorstand des Pfarrgemeinderates wählen lassen ...?

Arbeitsblatt (M34)

Braucht Ihr uns?

Unter der Überschrift "Aus der Praxis - für die Praxis. Erfahrungen sollen zur Verbesserung führen" hat das Generalvikariat Münster die im folgenden wiedergegebenen Fragen einer Pfarrgemeinderätin veröffentlicht. Diese Fragen sollen den (Laien-)Mitgliedern des Pfarrgemeinderatsvorstandes als Anregung dienen, über ihr Verhältnis zu den hauptamtlichen Mitarbeitern der Gemeinde und über die Zusammenarbeit mit ihnen nachzudenken.

Fragen einer Ehrenamtlichen an Hauptamtliche

❑ Haben Sie ein inneres Bedürfnis, mit Laien zusammenzuarbeiten, auch in der wirklichen Seelsorge?

❑ Wodurch helfen Sie den Laien, ihr Selbstverständnis zu finden und mit Selbstbewußtsein zu handeln?

❑ Wann und wo bringen Sie sich persönlich ein, Ihre Wünsche, Ihre Ideen, Ihre Glaubenserfahrungen?

❑ Sind Sie in Zusammenkünften und Gesprächen einer aus der Gruppe oder der "Haupt-Amtliche", der "Laien" gegenübersteht?

❑ Sind Worte oder Gesten der Ermutigung und des Dankes für Sie selbstverständlich?

Für mich ist das wirkliche Miteinander von Hauptamtlichen und Ehrenamtlichen die Grundlage für eine lebendige Gemeinde. Das stellt an beide Seiten hohe Anforderungen. Aus meiner Erfahrung in unserer Gemeinde möchte ich sagen, die Bemühungen sind zu einseitig, zu sehr auf seiten der Laien.

❑ Ob das Ehrenamtliche bei uns genauso sehen?

....

....

....

....

....

....

Impulse zum Nachdenken

* Werden wir eigentlich gebraucht?

* Beeinflußt, prägt und leitet der Pfarrer (das Team der Hauptamtlichen) die Pfarrgemeinderatsarbeit, die Arbeit in der Gemeinde?

* Welchen Stellenwert nehmen unsere Überlegungen und Fragen in der Dienstbesprechung ein?

* Wie ist es um den Informationsfluß und die Kommunikation zwischen Hauptamtlichen und Ehrenamtlichen in der Leitung der Gemeinde bestellt?

4. Fragestellung

Arbeitsblatt (M35)

Die kleinen großen Könige

Im biblischen Buch der Richter ist die Geschichte der Bäume, die sich einen König suchen, zwar als Spottlied gegen einen Tyrannen gedichtet. An dieser Stelle hier darf diese Geschichte jedoch das Nachdenken darüber anregen, welche "Bäume" es in der Gemeinde gibt, die stark sind, fest verwurzelt im Boden einer Gruppe, einer Tradition, einer Werte- oder Überzeugungsgemeinschaft, wichtige Bäume also, die tatsächlich Schatten spenden. Andererseits kann der Frage nachgegangen werden, welches die "Möchtegernkönige" sind, gleichwohl gesalbt, "in Amt und Würden", jedoch dornig und gewiß keine Schattenspender.

Eine Nach-denk-Geschichte

Einst gingen die Bäume hin, einen König über sich zu salben. Sie sprachen zum Ölbaum: sei du unser König! Aber der Ölbaum antwortete ihnen: soll ich mein Fett lassen, mit dem man Götter und Menschen ehrt, und hingehen, über den Bäumen zu schweben? Da sprachen die Bäume zum Feigenbaum: so komm du und sei unser König! Aber der Feigenbaum antwortete ihnen: soll ich meine Süßigkeit lassen und meine köstliche Frucht und hingehen, über den Bäumen zu schweben? Da sprachen die Bäume zum Weinstock: so komm du und sei unser König! Aber der Weinstock antwortete ihnen: soll ich meinen Wein lassen, der Götter und Menschen fröhlich macht, und hingehen, über den Bäumen zu schweben? - Da sprachen alle zum Dornbusch: so komm du und sei unser König! Und der Dornbusch sprach zu den Bäumen: wollt ihr in Wahrheit mich salben, daß ich König über euch sei, so kommt und bergt euch in meinem Schatten (Ri 9,8-14)!

Die Frage nach denen in der Gemeinde, die wichtig sind und nicht umgangen werden können.

❏ Oder: Welche Namen fallen mir spontan ein, wenn ich an unsere Gemeinde denke?

....

....

....

....

....

....

....

....

....

....

....

....

....

....

....

....

....

....

Impulse zum Nachdenken

* Um wirklich etwas zu beeinflussen und zu ändern, wen brauchen wir da als Verbündete?

* Wer sind die Meinungsträger in der Pfarrei, wer sind die entscheidenden Leute?

* Welche Gruppen sind unseren Anliegen aufgeschlossen? Welche blockieren oder ignorieren die Pfarrgemeinderatsarbeit?

* Wer akzeptiert den Pfarrgemeinderat als nützlich und notwendig? Wofür? - Wer hält ihn für überflüssig? - Warum?

4.2 Klärung

Wie schon bei den Fragestellungen, die den Mitgliedern des Pfarrgemeinderates bzw. dem Pfarrer als Mitglied im Pfarrgemeinderat erste Anregungen zu einer Situations- und Rollenanalyse sein sollten, können auch hier lediglich einige Überlegungen darüber angestellt werden, zu welchen möglichen Schlüssen die verschiedenen Fragesteller kommen können. Ich gehe allerdings davon aus: Wenn für die Betroffenen die Praxis genauer in den Blick kommt, können sie für sich selbst und im Gespräch untereinander auch "hinter" diese Praxis blicken, Strukturen und Zusammenhänge entdecken, mithin Gesetzmäßigkeiten und Einzelelemente impliziter Theorien, von denen sie sich in ihrem Handeln leiten lassen.

1. Möglichkeit: Aufgaben und Funktionen haben der Pfarrer und der/die Vorsitzende des Pfarrgemeinderates. Beide leiten den Pfarrgemeinderat, führen die Geschäfte und treten nach außen in Erscheinung. Die übrigen Mitglieder des Pfarrgemeinderatsvorstandes "spielen keine Rolle". Darin zeigt sich ein Stück tatsächlicher Leitungsstruktur innerhalb des Pfarrgemeinderates und in der Gemeinde. Es darf von daher gefragt werden, inwieweit diese Leitungsstruktur kollegial organisiert ist.

2. Möglichkeit: Der Pfarrer allein führt die Geschäfte des Pfarrgemeinderates bis hin zur Vorbereitung und Moderation der Sitzungen. Er hält auch allein die Kontakte zu den einzelnen Leitern von Gruppen und Vereinen, begleitet sie in ihrer Arbeit und koordiniert. Aus diesem Kontakt- und Informationsgeflecht heraus entscheidet er, was auf die Tagesordnung des Pfarrgemeinderates muß. Letztlich ist der/die Vorsitzende des Pfarrgemeinderates und auch der Vorstand funktionslos. Es muß gefragt werden, inwieweit dies Ausdruck einer synodalen Leitungsstruktur ist.

3. Möglichkeit: Die Mitglieder des Pfarrgemeinderatsvorstandes sind das eigentliche Entscheidungsgremium der Pfarrei. Dort werden alle wichtigen Fragen behandelt, beraten, beschlossen. Dort wird auch für die Durchführung Sorge getragen. In diesem Fall muß gefragt werden,

ob dies mit der Verantwortung aller und insbesondere mit dem den Pfarrgemeinderäten erteilten Mandat zu vereinbaren ist.

4. Möglichkeit: Der Vorstand des Pfarrgemeinderates steht im Kommunikationsgeflecht der Gemeinde. Er kann von daher sehr genau abschätzen, was in der momentanen Situation vordringlich ist, was kurzfristig angegangen und mittelfristig geplant werden muß, und legt so alle entscheidenden Angelegenheiten dem Pfarrgemeinderat vor. Er nimmt sich jedoch sehr wenig Zeit für die konzeptionelle und methodische Vorbereitung der Sitzungen. Gefragt werden muß hier, inwieweit ein recht unprofessionelles Verständnis von Gemeindeleitung die Verantwortlichen in ihrem Handeln leitet, und ob eine solchermaßen wahrgenommene Leitungsverantwortung effektiv sein kann.

4.3 Praktisch-theologische Verständigung

Nach meiner Überzeugung entscheidet sich die Frage, ob Gemeindeleitung gelingt, ob sie unter Berücksichtigung der ekklesiologischen und sozialwissenschaftlichen Grunddaten effektiv arbeitet, zuallererst daran, ob es möglich wird, Leitungsmonopole zu entflechten. Dies bedeutet gerade nicht, daß es keine Leitung mehr gibt. Bei einer kooperativen Struktur von Gemeindeleitung wird sogar mehr, weil differenzierter, Leitungsverantwortung wahrgenommen werden.

Ob Leitung gelingt, steht und fällt damit, ob es möglich wird, sie so zu organisieren, daß sie in einer produktiven Spannung zur Gemeinde steht; in einer Distanz, die sie die Vielfalt der einzelnen Begabungen der verschiedenen Gruppen mit ihren besonderen Zielsetzungen überschauen läßt. Leitung muß so strukturiert sein, daß dort ein Höchstmaß an Information über und aus der Gemeinde zusammenkommen kann und gebündelt wird.

Ob angesichts der sehr komplexen Struktur von Gemeinde mit ihren unterschiedlichen Personen, Aufgaben und Zielen Leitung überhaupt möglich ist, wird sich m.E. daran entscheiden, inwieweit es ihr gelingt, die Vielzahl an einzelnen und Gruppen zu einem sinnvollen Austausch und zu einem fruchtbaren Miteinander führen zu können.

Leitung braucht hierfür ein hohes Maß an kommunikativer Kompetenz und den Willen, in die Gemeinde gestalterisch einzugreifen.

Leitung einer christlichen Gemeinde kann nur wahrgenommen werden, wenn sie ständig versucht, Kairos und Charismen im Blick zu haben. D.h., sie wird darum bemüht sein, Charismen zu entdecken und ihnen, wo dies nötig ist, Raum zur Entfaltung zu verschaffen; gleichzeitig wird sie danach fragen, was gerade die jetzige Zeitstunde im geschichtlichen Prozeß der Gemeinde verlangt. Leitung braucht also eine ganz besondere spirituelle Befähigung zu ihrem Dienst.

Leitung wird auf Dauer auch nur dann in der Gemeinde akzeptiert werden und zur Führung der Gemeinde in der Lage sein, wenn sie es versteht, mit Konflikten umzugehen. Die Konfliktfähigkeit der Leitung entscheidet geradezu darüber, ob sie sich selbst "entmachtet", ob sie sich um die Möglichkeit bringt, in der Gemeinde "etwas zu machen", zu bewirken, oder ob sie, indem sie Schwierigkeiten standhält, ihre Autorität und Kompetenz zur Führung der Gemeinde in solchen Situationen unter Beweis stellt und erneuert.

4.3.1 Kooperative Leitungsstruktur

Meiner Überzeugung nach kann es die Leitung der Gemeinde in Form einer isolierten, zentralen monarchischen Spitze nicht (mehr) geben. Versuche, eine dergestaltige Leitung zu installieren, scheitern an der tatsächlichen "Fülle von Einflüssen, Machtaufteilungen und Kompetenzen innerhalb der Kirchengemeinde"[69] und entsprechen auch nicht dem ekklesiologischen "Wesen" der Gemeinde, demgemäß die Vielfalt an verantwortlicher Mitarbeit wünschenswert und legitim ist. Die darin grundgelegte "Kollegialität in der Gemeinde" kommt durch die Leitung und Verantwortung für die Pfarrei zum Ausdruck, die nicht mehr allein in den Händen des Pfarrers liegt, sondern die er sich mit dem Pfarrgemeinderat teilt.[70] Es wird eine kooperative Leitungsstruktur entwickelt werden müssen,[71] die eine möglichst effiziente

---

69 PERELS: Kirchengemeinde, 34.
70 Vgl. KLOSTERMANN, Ferdinand: Prinzip Gemeinde. Gemeinde als Prinzip des kirchlichen Lebens und der Pastoraltheologie als Theologie dieses Lebens. Wien 1965, 90.
71 Vgl. Synodenbeschluß: Räte und Verbände, I 3.3.

Leitung der Gemeinde gewährleistet. Effizienz bedeutet, hier stimme ich PERELS[72] auch in der Anwendung der Begrifflichkeiten auf die Leitung einer Pfarrgemeinde zu: Effektivität und Wirtschaftlichkeit. Effektivität wird dabei verstanden als Wille zur Wirkung, Nutzen stiften, Ziele setzen, Zielen näher kommen, Aktivitäten durchführen. Wirtschaftlichkeit meint den sinnvollen, wirtschaftlichen, sparsamen, zweckmäßigen Einsatz der vorhandenen personellen und finanziellen Mittel.

4.3.2 Kommunikation

In jeder Gemeinde gibt es eine Fülle von unterschiedlicher, eigenverantwortlich wahrgenommener Mitarbeit. So verwirklicht sich "die Sendung der Kirche im christlichen Zeugnis des täglichen Lebens, in Ehe und Familie, Arbeit und Beruf, in gesellschaftlicher und politischer Tätigkeit. In all dem handeln die Laien in eigenständiger Verantwortung. Sie üben ihre Verantwortung als einzelne oder gemeinsam aus."[73] Sie lernen dabei unterschiedlichste Menschen und Situationen in der Gemeinde kennen, machen dabei in aller Regel eine Fülle von Erfahrungen, kommen zu Erkenntnissen und Einsichten, überdenken Vorstellungen und Ziele ihrer Arbeit, "formulieren" ihre Absichten. Die Vollzüge gemeindlichen Lebens sind so komplex, daß Informationen und Erfahrungen, falls nicht schon immer ein einzelner die Entscheidungsprozesse dominierte, in der Regel breit gestreut sind.

Gerade aber um des Gemeinschaftscharakters gemeindlichen Handelns willen, was ja heißt, sachgerechte Mitverantwortung aller, und dies ist m.E. eines der obersten Ziele der Gemeindeleitung, braucht es eine umfassende wechselseitige Information und eine innerkirchliche öffentliche Meinung.[74]

GLATZEL weist darauf hin, welch hoher Anspruch in diesem Kontext an Gemeindeleitung zu stellen ist. Es geht hier um die Kompetenz, "Informationen aus dem Beziehungsnetz der Gruppe in das der sie

---

72 Vgl. PERELS: Kirchengemeinde, 54.
73 Synodenbeschluß: Räte und Verbände, I 2.2.
74 Vgl. Synodenbeschluß: Räte und Verbände, I 3.4.

umschließenden Umwelt zu übersetzen,"[75] darüberhinaus darum, Forderungen der einen Seite gegenüber der anderen plausibel zu machen,
und auch um das "Zurückhalten von solchen Informationen, die die
Gruppe oder die Organisation belasten und beeinträchtigen könnten".[76]

All dies bedeutet, die Gemeindeleitung muß so organisiert sein, daß in
ihr sich die verschiedenen Informationsflüsse bündeln. Dabei wird es
um Vollständigkeit und Kontinuität gehen. Informationen müssen zusammengetragen, gedeutet, zu einem Gesamtbild verarbeitet und
sinnvoll weitergegeben werden.

4.3.3 Integration und Differenzierung

"Je intensiver die Kommunikationsformen innerhalb einer Pfarrei
sind, je größer die Möglichkeit zur aktiven Partizipation ist und je
zahlreicher sich kleine Gemeinschaften bilden, die sich untereinander
vernetzen, desto berechtigter ist auch die Hoffnung, daß die Kirche
des Volkes Gottes auferstehen wird."[77] In diesem Sinn ist es Aufgabe
der Gemeindeleitung, der Auferbauung einer lebendigen, vielfältigen,
sich im Dialog befindlichen und immer wieder auch gemeinschaftlich
handelnden Gemeinde zu dienen.

Dabei wird es einerseits darum gehen, "eine Zersplitterung der Gemeinde durch Isolierung und Eigenbrötelei der Gruppen zu verhindern
und ihre Einordnung in das größere Ganze immer zu gewährleisten".[78]
Andererseits kann es nicht Aufgabe der Gemeindeleitung sein, dergestaltige "verbindliche Regelungen zu treffen, die der Entfaltung des
Unterschiedenen hinderlich wären, vielmehr soll gerade diese freie
Entfaltung gefördert und fürs Ganze nutzbar gemacht werden".[79]

Was KEHL im Blick auf die Leitung der Universalkirche formuliert,
daß hier in besonderem Maß die Fähigkeit gebraucht werde, "die bei-

---

75   GLATZEL: Gemeindebildung, 119.
76   Ebd.
77   GMELCH, Michael: Impulse für eine zukünftige Gemeindespiritualität. In: Diakonia 20
     (1989) 170.
78   BLASCHE: Kollegialität, 202.
79   HEMMERLE: Theologische Bemerkungen, 142.

den Prinzipien der Integration und der Differenzierung miteinander zu verbinden," weil "nur in dieser gegenläufigen Einheit 'Universalkirche' entsteht,"[80] gilt m.E. ohne Einschränkung auch für die Leitung der Pfarrgemeinde.

4.3.4 Innovation

Die Pfarrgemeinde als "Kerngemeinde" verstanden "umfaßt in der Regel nur einen kleinen Teil der Pfarrei; sie ist in jedem Fall erweiterungs- und ausbaufähig. Ihr können / müssen auch heute noch einige hinzugefügt / oder wieder eingegliedert werden. In einer nicht mehr selbstverständlich christlichen Gesellschaft müssen solche Pfarrgemeinden immer wieder neu gegründet werden."[81] Dies ist die Aufgabe des gemeindeleitenden Amtes: Gemeinden zu gründen und im Geist der Fußwaschung zu leiten.[82]

Gemeinde je neu zu "gründen", verlangt von der Gemeindeleitung die Fähigkeit, innerhalb der Gemeinde einen Prozeß der Zielentwicklung und -vereinbarung zu initiieren, der die Gemeinde öffnet und grundsätzlich solidarisch macht mit allen Suchenden. Dabei ist entscheidend, inwieweit es ihr gelingt, eine Kultur des Wandels und der Innovation zu schaffen.[83]

Es muß möglich werden, das entscheidende Ziel kirchlich-gemeindlichen Handelns als das Ziel Gottes mit seinen Menschen zu reformulieren. "Zugespitzt finden wir dieses Ziel 'göttlicher Praxis' in der Auferweckung Jesu, in der aber wiederum öffentlich wird, was Gott mit allen Mitteln vorhat: (ewiges) Leben durch Auferweckung."[84] Gemeindeleitung hat jedoch nicht nur dem Prozeß der Zielvergewisserung zu dienen, sie muß sich auch um Situationsgerechtigkeit mühen. D.h., sie muß die Gesellschaft im Blick haben, den

80   KEHL, Medard: Ecclesia Universalis. Zur Frage nach dem Subjekt der Universalkirche. In: Elmar KLINGER u. Klaus WITTSTADT (Hrsg.): Glaube im Prozeß. Freiburg - Basel - Wien 1984, 253.
81   SOZIALTEAM E.V. Sozialforschung - Pastoralplanung - Sozialarbeit (Hrsg.): Gründen. Deuten. Leiten. Augsburg 1988, 15.
82   Vgl. DIE DEUTSCHEN BISCHÖFE: Zur Ordnung der pastoralen Dienste. Bonn 1977, 12.
83   Vgl. HEIDENREICH, Hartmut: Gemeindeberatung - Organisationsentwicklung - Pastorale Supervision. In: Pastoraltheologische Informationen 1 (1988) 146 f.
84   ZULEHNER: Fundamentalpastoral, 19.

Wandel der Gesellschaft und somit den Wandel in der pastoralen Situation.[85]

Es geht dabei um das Entdecken, Fördern und Zur-Entfaltung-Bringen gerade der Charismen in der Gemeinde, die im besonderen Maße dem Leben, der Auferweckung zum Leben dienen, und um die Einsicht in den Kairos der Gemeinde, das Gespür dafür, was in dieser Zeitstunde not-wendig ist für das "Leben in Fülle".[86]

4.3.5 Konfliktbewältigung

"Dort, wo es um gemeinsame Verantwortung geht, gibt es auch Konflikte."[87] Das Zusammenleben und -arbeiten unterschiedlicher Einzelpersonen und Gruppen in einer Gemeinde ist immer auch konfliktbestimmter Natur. Mit dieser Tatsache wird sich das Gemeindeleitungsteam ständig auseinanderzusetzen haben. Größere und kleinere Konflikte auf der Wertebene, auf der Sachebene oder auf der zwischenmenschlichen Ebene sind an der Tagesordnung.[88] Diese Konflikte sind Krisen und Chancen zugleich. Sie müssen bearbeitet und bewältigt werden. Wird dies versäumt, kann es dazu kommen, daß "Leitungsgremien und Mitarbeiterschaften durch solche latenten oder lavierten Konflikte bis an den Rand der Arbeitsunfähigkeit gelähmt werden. Die Aufdeckung von Konflikten und die Beobachtung des gesamten Konfliktpotentials sind darum eine besondere Aufgabe von Mitarbeiterführung."[89]

Ziel der Gemeindeleitung kann nicht eine Gemeinde sein, in der es zu keinen Konflikten kommt. Vielmehr müssen Methoden friedlicher Konfliktlösung gelernt werden und eine Chance erhalten. Dann kann der Konflikt eine sehr wichtige Form der Kommunikation sein, die eine Aufforderung für jede Seite ist, "den Blick von sich und den eigenen Anliegen weg auf die andere Partei zu richten, die sie davon abhält, im eigenen Erleben und Handeln so fortzufahren wie bisher".[90]

85 Vgl. ebd. 25.
86 Vgl. Joh 4, 14; 6, 35. 47. 51. 57; 10, 10.
87 VERWEIJEN: Verantwortung, 54.
88 Vgl. BERKEL: Organisationspsychologie, 318.
89 SCHALL: Mitarbeiterführung, 85 f.
90 BERKEL: Organisationspsychologie, 317.

4.4 Zielvereinbarung: Aufgabe des Pfarrgemeinderatsvorstandes

Mit dem in den Pfarrgemeinderatssatzungen vorgeschriebenen Gremium des Pfarrgemeinderatsvorstandes scheint mir der Gemeindeleitung ein institutionalisierter Rahmen vorgegeben zu sein, der in Richtung einer starken, kooperativ organisierten Führung der Gemeinde entwickelt werden kann. Hier könnte ein gemeindliches Leitungsteam eingerichtet werden, bei dem die Prinzipien der Partnerschaft und Gleichberechtigung wesentliche Grundmomente des Handelns sind. Jedoch dürfen "Partnerschaft und Gleichberechtigung auch hier nicht mit Rollengleichheit verwechselt werden. Das bringt schon die personale Verschiedenheit der Mitglieder mit sich."[91]

Ich möchte hier ausdrücklich für eine Weiterentwicklung des Pfarrgemeinderatsvorstandes zu einem gemeindlichen Leitungsteam plädieren und schlage dafür folgende Aufgabenteilung innerhalb dieses Vorstandes des Pfarrgemeinderates vor:

Ein Mitglied des Vorstandes (der Pfarrer) repräsentiert die Pastoralkonferenz der Gemeinde, d.h. die hauptamtlichen Mitarbeiter im Dienst der Gemeinde.

Ein weiteres Mitglied des Vorstandes (der erste Stellvertreter) repräsentiert den Mitarbeiterkonvent, d.h. alle in der Gemeinde ehrenamtlich Tätigen.

Ein weiteres Mitglied des Vorstandes (der zweite Stellvertreter) repräsentiert den Teil der Gemeinde, der nicht in der Lage oder willens ist, aktiv in der Gemeinde mitzuarbeiten.

Der Vorsitzende des Vorstandes (der Pfarrgemeinderatsvorsitzende) koordiniert die Arbeit des Vorstandes. Ihm obliegt die Sorge dafür, daß und wie alle zur Beratung und Beschlußfassung anstehenden Angelegenheiten in den Pfarrgemeinderat eingebracht und dort behandelt werden.

---

91   ZIRKER, Leo: Leben im Dialog. Mainz 1976, 178.

Der Vorstand des Pfarrgemeinderates kann im Blick auf eine möglichst effektiv gestaltete Gemeindeleitung zuerst zur Kommunikationszentrale der Gemeinde werden. Er bietet dafür von seiner Zusammensetzung und unter der Voraussetzung, daß es zur oben beschriebenen Aufgabenteilung kommt, die besten Voraussetzungen.

Beim Pfarrer treffen in der Regel die Nachrichten übergeordneter Stellen (Pfarrverband, Dekanat, Diözese...) ein, dem Pfarramt steht eine ganze Reihe von Möglichkeiten offen, Informationen zu erhalten und nachzufragen; hier werden Fachzeitschriften bezogen, gelesen, ausgewertet u.ä.m. Darüber hinaus stehen dem Pfarrer Erfahrungen und Informationen aus der Pastoralkonferenz zur Verfügung.

Wenn es dem Vorstandsmitglied, das den Mitarbeiterkonvent repräsentiert, gelingt, in einem stetigen informellen und formellen Kontakt mit den ehrenamtlichen Mitarbeitern der Pfarrei zu stehen, wird es über eine Fülle von Informationen über die Aktivitäten, Ziele, Erfahrungen und Probleme der Kerngemeinde verfügen.

Die schwierigste Aufgabe kommt gewiß dem zu, der in besonderem Maße den Stimmungen, Meinungen, Lebensgefühlen derjenigen auf der Spur sein muß, die in innerer oder äußerer Distanz zu dem stehen, was die Gemeinde tut, wie sie lebt und worin sie ihre hauptsächlichen Ziele sieht. Dabei wird es nicht bei der bloßen Feststellung bleiben dürfen, "daß das, was der Kirche wichtig ist, und das, was in der unmittelbaren Umwelt wichtig ist, nicht übereinstimmt,"[92] es wird vielmehr um ein Erkunden und Verstehen dieser "anderen" Wichtigkeiten gehen.

Der Vorsitzende des Pfarrgemeinderates wird die Aufgabe haben, für die Kontinuität dieses Informationsflusses zu sorgen. Er trägt auch die Verantwortung dafür, daß die Informationen weitergegeben werden. Aktive "Beteiligung an Entscheidungsprozessen und das Mittragen der Konsequenzen von Entscheidungen, dies setzt umfassende, wechselseitige Information voraus".[93] Besonders der Pfarrgemeinderat muß

---

92 ZULEHNER, Paul M.: Leutereligion. Eine neue Gestalt des Christentums auf dem Weg durch die 80er Jahre? Freiburg - Basel - Wien 1982, 34.
93 BRÜNTRUP: Pfarrgemeinderat und Pfarrer, 68.

also all jene Informationen erhalten, über die er nicht verfügt, die er aber zu einer sachgerechten Arbeit benötigt.

Der Vorstand des Pfarrgemeinderates kann mit seiner Arbeit zweitens zur Integration und zur Differenzierung der Gemeinde und damit ganz wesentlich zu deren Auferbauung beitragen.

Der Pfarrer wird dabei besonders die Einheit der ganzen Gemeinde im Blick haben. Seine Aufgabe ist es, "den wichtigen Dienst der Einheit und Versöhnung auszuüben, das Gespräch anzubahnen und ausufernde Emotionen auf sachbezogene Arbeit zurückzuführen".[94] Wenn Integration vor allem den Vollzug der Einheit in der Gemeinde meint, wird der Pfarrer als eine seiner wesentlichen Aufgaben die Sorge um "den von allen getragenen Abbau der Polarisierung in der Gemeinde"[95] sehen. Dieses Anliegen hat er immer wieder neu in den Pfarrgemeinderat einzubringen.

Dem Vorstandsmitglied, das den Mitarbeiterkonvent repräsentiert, obliegt dagegen in erster Linie die Vertretung der Mitarbeiter und der einzelnen Gruppen der Gemeinde. Er/Sie muß diese Seite der Gemeinde im Blick haben und versuchen, bei allen anstehenden Überlegungen mögliche Tendenzen zur Uniformierung einzelner und von Gruppen zu wehren.[96] Die Interessen und Positionen einzelner Gruppen und Mitarbeiter müssen innerhalb der Gemeindeleitung deutlich artikuliert werden.

Außerdem darf Gemeinde nicht neben den Problemen der Gesellschaft herleben, sondern muß mitten in ihr präsent sein. So muß sie "sich verantwortlich wissen für die gesellschaftlich an den Rand Gedrängten und Zurückgesetzten, für die Entrechteten und alle Menschen in Not".[97] So ist es ihr aufgegeben, mit der menschlichen Gesellschaft, in der sie lebt, in ein Gespräch zu kommen.[98] Darin besteht eine ihrer zentralen Aufgaben. Infolgedessen scheint es mir wichtig, daß in das Gemeindeleitungsteam immer wieder die Situation von Welt und Ge-

94 Ebd. 69.
95 DAIBER: Leitung, 186.
96 Vgl. BÜHLMANN, Walbert: Von der Kirche träumen. Graz - Wien - Köln 1986, 254.
97 WIEH: Konzil und Gemeinde, 71 ff.
98 Vgl. CD 13.

sellschaft eingebracht wird, daß dort auch um Aktivitäten und Projekte einzelner und von Gruppen im nahen sozialen und gesellschaftlichen Umfeld der Gemeinde gewußt wird. Der Vorsitzende des Pfarrgemeinderates wird im Vorstand des Pfarrgemeinderates und im Pfarrgemeinderat die Aufgabe haben, dafür einzustehen, daß dieses Spannungsverhältnis von Integration, Differenzierung und Öffnung auf die Welt hin nicht aufgelöst wird.

Im folgenden sollen exemplarisch zwei Aufgaben vorgestellt werden, von deren Wahrnehmung durch den Pfarrgemeinderatsvorstand nach meiner Meinung die Effektivität der Gemeindeleitung wesentlich abhängt. Erstens müssen Ziele entwickelt und Aufgaben klar umschrieben werden. Zweitens müssen Konfliktsituationen bewältigt werden.

4.4.1 Wahrnehmung der Ziel- und Aufgabenbestimmung / Kontrolle

Aufgabe des Pfarrgemeinderatsvorstandes ist es - im Sinn eines geordneten Miteinanders der Charismen und Dienste[99] -, für einen Verständigungs- und Vereinbarungsprozeß zwischen den einzelnen Mitgliedern des Pfarrgemeinderates zu sorgen, dessen Ziel eine von möglichst allen akzeptierte Aufgaben- und Kompetenzverteilung ist. Dies bedeutet u.a., daß eine klare Struktur der Delegation von Aufgaben, Kompetenzen und Verantwortung an die Personen und "Orte", wo sie sinnvollerweise angesiedelt sind, erarbeitet werden muß.

Der Vorstand des Pfarrgemeinderates trägt die Sorge dafür, daß es dem Pfarrgemeinderat möglich ist, sich der Situation der Gemeinde und der Gesellschaft zu vergewissern; daß der Pfarrgemeinderat in der Lage ist, diese Situation zu deuten und zu bewerten; und daß der Pfarrgemeinderat zu einer Entscheidung über die Dringlichkeit, mit der einzelne Momente dieser Situation das Handeln erfordern, kommt. Der Vorstand des Pfarrgemeinderates ist dafür verantwortlich, daß es im Pfarrgemeinderat zu einer abschließenden Zielvereinbarung kommt, daß diese in Einzelschritte operationalisiert und deren Durchführung kontrolliert wird.

---

99 Vgl. WANKE: Seelsorge, 3.

Arbeitsblatt (M36)

Stellenbeschreibung

Hier sollen einige Hinweise gegeben, ein möglicher Weg vorgeschlagen werden, wie jedes Mitglied des Pfarrgemeinderates die Möglichkeit erhalten kann, ausführlich transparent zu machen, für welche Aufgabe es in der Gemeinde Verantwortung übernehmen will. Unabhängig davon, ob der Pfarrgemeinderat als ganzer zum jetzigen Zeitpunkt in dieser Aufgabe einen Schwerpunkt der Gemeindearbeit sieht oder nicht, sollte er in der Lage sein, daß seine Mitglieder Verantwortung für die von ihnen gewünschte Aufgabe übernehmen können und "offiziell" mit dieser Aufgabe beauftragt werden.

❏ Bilder. Jedes Pfarrgemeinderatsmitglied bringt ein Bild mit, das aus seiner Sicht etwas mit der Aufgabe, die es übernehmen möchte, zu tun hat. Es zeigt dieses Bild und stellt damit sich selbst und die Aufgabe, für die es zu einer Präferenz gekommen ist, vor. Ziel dieses ersten Schrittes ist es, daß sich das Pfarrgemeinderatsmitglied mit seiner "ganzen Person" hinter ein Anliegen bzw. eine Aufgabe stellen kann.

❏ Interview. Die Pfarrgemeinderäte bilden Zweiergruppen und ziehen sich für eine bestimmte Zeit zurück. In den Zweiergruppen informieren sich die Teilnehmer gegenseitig über Stärken, Grenzen, Wünsche und über das, was sie gerne tun würden, was sie von ihrer Aufgabe erwarten, was sie eventuell befürchten. Ziel des zweiten Schrittes ist, im Zweiergespräch durch Fragen und Nachfragen die Vorstellungen von der künftigen Aufgabe präzisieren zu können.

❏ Spruchkarten. Es steht eine Fülle von unterschiedlichen Spruchkarten zur Verfügung. Für jedes einzelne Mitglied des Pfarrgemeinderates versuchen alle anderen, gemeinsam eine Karte auszuwählen, die ihrer Meinung nach zu der Person und der von ihr gewählten Aufgabe paßt. In einem Gespräch soll dann geklärt werden, ob das Pfarrgemeinderatsmitglied diese Karte "annehmen" kann. Ziel dieses dritten Schrittes ist es, in der ganzen Gruppe zu einer Klärung zu kommen, ob man sich richtig verstanden hat. Die Übergabe und Annahme der Karte ist dann auch ein Ausdruck dafür, daß eine Aufgabe angenommen wird und dem entsprechenden Pfarrgemeinderatsmitglied gleichzeitig seitens des ganzen Gremiums die Kompetenz zur eigenverantwortlichen Übernahme dieser Aufgabe zugestanden wird.

❏ Stellenbeschreibung. Aufgabe des Vorstandes wird dann die Erarbeitung einer ausführlichen Stellenbeschreibung mit dem jeweiligen Pfarrgemeinderatsmitglied zusammen sein. Mit dieser setzt sich dann der gesamte Pfarrgemeinderat noch einmal auseinander, bittet eventuell um eine Modifizierung oder billigt sie.

Impulse zum Weiterdenken
Der Pfarrgemeinderatsvorstand sollte sich fragen:
* Sind die Aufgabenbereiche klar beschrieben?
* Sind alle mit dieser Aufgabenumschreibung einverstanden?
* Weiß jeder, wofür er verantwortlich ist?
* Weiß jeder, wen er um Rat fragen kann?
* Sind die Mitarbeiter in der Lage und bereit, ihren Aufgabenbereich eigenverantwortlich zu gestalten?
* Ist jedem klar, für welchen Bereich er Entscheidungskompetenz besitzt?
* Ist sichergestellt, daß in regelmäßigen Zeitabständen ein Informations- und Erfahrungsaustausch durchgeführt wird?

Arbeitsblatt (M 37)

Aufgaben, Kompetenzen, Verantwortung

Zunächst muß im Pfarrgemeinderat die Frage der Delegation von Aufgaben, Kompetenzen und Verantwortung geklärt werden. Es geht um die unterschiedlichen Ebenen der Gemeinde, auf der jeweils Entscheidungen fallen. Dann obliegt dem Pfarrgemeinderat die Verantwortung, daß dort, wo Verantwortung wahrgenommen wird, diese so wahrgenommen wird, daß möglichst viele daran teilhaben und sich dabei entfalten können. Die folgenden Hinweise sollen dem Pfarrgemeinderatsvorstand als Anregung dienen, auf welche Weise dieser Klärungsprozeß eingeleitet werden könnte.

1. Delegation

❏ Der Pfarrgemeinderat sollte in regelmäßigen Abständen in ein ausführliches grundsätzliches Gespräch über die Frage kommen: Auf welcher Ebene der Gemeinde kann und muß wer worüber entscheiden?

→   Einzelne

→   Sprecher von Gruppen

→   Vorstände der kirchlichen Verbände

→   Sachausschußvorsitzende/Sachbeauftragte

→   Pfarrgemeinderat

→   Pastoralkonferenz

→   Pfarrgemeinderatsvorstand

→   ....

→   ....

→   ....

→   ....

→   ....

→   ....

2. Mitverantwortung

❏ Der Pfarrgemeinderat sollte in regelmäßigen Abständen mit allen Verantwortlichen für einzelne Aufgaben ins Gespräch kommen und mit ihnen zusammen folgenden Fragen nachgehen:
→ Wie stellt sich das Aufgabenfeld dar?
→ Wer arbeitet schon in dem Arbeitsfeld bzw. mit den angesprochenen Zielgruppen?
→ Wer hat noch Erfahrungen mit dem Aufgabenfeld?
→ Mit welchen Verbänden, Gruppen, freien Initiativen sollte der Kontakt aufgenommen werden?

Impulse zum Weiterdenken
Delegierbar ist im Prinzip alles, was auf der jeweils betroffenen Ebene selbst entschieden werden kann. Wenn etwas auf der betroffenen Ebene entschieden werden kann, muß es dort auch entschieden werden (Subsidiarität).
* Wo muß delegiert werden?
* Wo muß eine sachlich nicht gerechtfertigte Delegation widerrufen werden?
* Wer hat die Kompetenz dazu?

413

Arbeitsblatt (M 38)

Am Puls des Lebens bleiben ...

Dieses Arbeitsblatt geht davon aus, daß die "beste" Situationsanalyse nicht dadurch entsteht, daß Informationen aus Zeitungen gesammelt, Interviews geführt und soziologische und psychologische Abhandlungen studiert werden. Vielmehr soll der Pfarrgemeinderatsvorstand ermutigt werden, Wege zu suchen, wie im Pfarrgemeinderat das, was jeder und jede im Leben mit anderen erfährt, zur Sprache kommen kann und gedeutet wird.

1. Nachdenken über unser Lebensgefühl

❏ Wenn ich versuche zu sagen, wie ich unsere Welt empfinde, so komme ich von einem Bild nicht los, das sich mir aufdrängt und mich gefangenhält: die Eiszeit - dieses langsame Vorrücken der Kälte, dieser Prozeß der Vereisung, den wir erleben und zu vergessen suchen (Dorothee Sölle).

❏ Vor zwei Jahren beschloß eine 9. Klasse, die bei mir Religionsunterricht hatte, ein Tonbild zu gestalten. Der Titel, den die Jugendlichen wählten, lautete: "Es schyßt mi a." Sie waren froh, ihre Unzufriedenheit ausdrücken zu dürfen und ihr Gefühl des Alleinseins in den Wohnblocks, in der Schule, in der Kirche, vor dem Fernsehen, in den Einkaufsläden loszuwerden (Angelo Lottaz).

❏ Max Frisch läßt seine berühmte Romanfigur Stiller folgendes sagen: "Wie soll einer denn beweisen können, wer er in Wirklichkeit ist? Ich kann's nicht. Weiß ich es denn selbst, wer ich bin? Ich habe keine Sprache für meine Wirklichkeit."

❑ Der deutsche Untertitel von Pier Paolo Pasolinis "Freibeuter-schriften" lautet: "Die Zerstörung der Kultur des einzelnen durch die Konsumgesellschaft".

❑ Die Vorsichtigen, die Besitzenden, wiegen sich in Sicherheit, doch notwendigerweise sind sie alles andere als sicher. Sie sind abhängig von ihrem Besitz, ihrem Geld, ihrem Prestige, ihrem Ego - das heißt von etwas, das sich außerhalb ihrer selbst befindet. Aber was wird aus ihnen, wenn sie verlieren, was sie haben? Und in der Tat gibt es nichts, was man haben und nicht auch verlieren kann (Erich Fromm).

❑ In den Gesprächen wurde oft erwähnt, daß sich das "wahre" Leben anderswo abspiele. Die Leute fahren wenn immer möglich weg (Angelo Lottaz).

Vielleicht kann im Pfarrgemeinderat zunächst mittels dieser kurzen Textausschnitte ein Gespräch angestoßen werden, in dem von Begebenheiten und Erfahrungen berichtet wird, die dazu beitragen, das in der Gemeinde vorherrschende Lebensgefühl beschreiben zu können. - Es lohnt sich, das Erzählte kurz zu notieren.

→ ....
→ ....
→ ....
→ ....
→ ....
→ ....

2. Was ist das Gebot dieser Zeit und Stunde?

❏ Aus dem Buch Kohelet. Alles hat seine Stunde. Für jedes Geschehen unter dem Himmel gibt es eine bestimmte Zeit: eine Zeit zum Gebären und eine Zeit zum Sterben, eine Zeit zum Pflanzen und eine Zeit zum Abernten der Pflanzen, eine Zeit zum Töten und eine Zeit zum Heilen, eine Zeit zum Niederreißen und eine Zeit zum Bauen, eine Zeit zum Weinen und eine Zeit zum Lachen, eine Zeit für die Klage und eine Zeit für den Tanz, eine Zeit zum Steinewerfen und eine Zeit zum Steinesammeln, eine Zeit zum Umarmen und eine Zeit, die Umarmung zu lösen, eine Zeit zum Suchen und eine Zeit zum Verlieren, eine Zeit zum Behalten und eine Zeit zum Wegwerfen, eine Zeit zum Zerreißen und eine Zeit zum Zusammennähen, eine Zeit zum Schweigen und eine Zeit zum Reden, eine Zeit zum Lieben und eine Zeit zum Hassen, eine Zeit für den Krieg und eine Zeit für den Frieden (Koh 3,1-8).

❏ Aus dem Evangelium nach Lukas. Außerdem sagte Jesus zu den Leuten: Sobald ihr im Westen Wolken aufsteigen seht, sagt ihr: Es gibt Regen. Und es kommt so. Und wenn der Südwind weht, dann sagt ihr: Es wird heiß. Und es trifft ein. Ihr Heuchler! Das Aussehen der Erde und des Himmels könnt ihr deuten. Warum könnt ihr dann die Zeichen dieser Zeit nicht deuten (Lk 12, 54-56)?

Diese beiden Schriftworte sollen ein Impuls sein, sich mit den Zeichen der Zeit auseinanderzusetzen. Sie sollen ein Gespräch anregen helfen, in dem Lebensgefühl, Stimmung und Situation der Menschen in der Gemeinde gedeutet werden. Von hier ausgehend wird dann die Frage zu stellen sein: Was braucht diese Zeit? Was ist unsere vordringlichste Aufgabe?

➡ ....
....
....
....
....
....
....

3. Welches Moment der gegenwärtigen Situation erfordert am dringendsten unser Handeln?

1. Schritt: Eine kleine Arbeitsgruppe soll die "Erstanalyse" vervollständigen und sie dann dem Pfarrgemeinderat in seiner nächsten Sitzung unterbreiten.

❑ Diese Analyse hat besonders zu berücksichtigen:
➜ die konkrete soziale und pastorale Wirklichkeit in der Gemeinde;
➜ die Wünsche und Erwartungen, Nöte, Probleme und Konflikte der verschiedenen Zielgruppen;
➜ die Erwartungen derer, die außerhalb der Gemeinde stehen.

❑ Sie muß auch darüber Auskunft geben, wo bislang gehandelt wurde, wo mehr oder weniger bewußt Schwerpunkte gesetzt wurden und sich "einfach" Aktivitäten ergaben:
➜ aus jahrelang geübter Praxis ("Das war immer schon so!");
➜ aus der Vorliebe des Pfarrers und einiger aktiver Mitarbeiter für bestimmte Angebote;
➜ aufgrund neuer Ideen, die die Gemeinde attraktiver machen sollen;
➜ aus Anregungen, die von außen an die Gemeinde herangetragen werden, z.B. Bildungsveranstaltungen;
➜ aus der Initiative einer aktiven Mitarbeitergruppe, die auch andere begeistert und einbezieht.

Erste Ergebnisse der Analyse:
➜ ....
➜ ....
➜ ....
➜ ....
➜ ....
➜ ....

2. Schritt: Der Pfarrgemeinderat muß in einem Beratungs- und Konsensverfahren entscheiden, welches Moment der beschriebenen und gedeuteten Situation am vordringlichsten die Gemeinde zum Handeln herausfordert.

Versuch einer Prioritätenliste:

1 ....

2 ....

3 ....

4 ....

5 ....

6 ....

7 ....

Impulse zum Weiterdenken
Hält die Entscheidung für diese oder jene Situation einer kritischen Prüfung stand, die es in erster Linie durch die Gemeinde zu bewältigen gilt,
* wenn wir uns auf den Auftrag der Gemeinde besinnen?
* wenn wir die Gemeinde-Wirklichkeit untersuchen?
* wenn wir uns an eine Bestandsaufnahme vorhandener Aktivitäten und ungelöster Probleme machen?
* wenn wir die Betroffenen einbeziehen?
* wenn wir die verfügbaren oder erreichbaren Arbeits- und Finanz-Möglichkeiten der Gemeinde berücksichtigen?
* wenn wir nach den dieser Gemeinde geschenkten Charismen fragen?

Arbeitsblatt (M 39)

Wir handeln gemeinsam

Mit diesem Arbeitsblatt sollen einige wenige Vorschläge gemacht werden, wie eine Vision entwickelt werden könnte, die zu einer Zielvereinbarung wird und in konkrete Aktivitäten zur Erreichung dieses Zieles mündet.

1. Schritt: Im Pfarrgemeinderat Visionen und Perspektiven entwickeln, mit der auf die zu bewältigende Situation "geantwortet" werden soll.

a) Sich auf ein Vorgehen einigen.
→ Aktivität: Was ist das Problem in dieser Situation?
Wie formulieren wir das Problem?
Erreichen wir unser Ziel?
→ Ziel: Der Pfarrgemeinderat legt fest, wie (gemeinsam!) das Problem angegangen wird.

b) Sich ein Bild machen.
→ Aktivität: Daten sammeln, Erfahrungen, Beispiele im Kontext der anstehenden Situation.
Noch keine Lösung.
Haben alle Mitglieder eine deutliche Vorstellung vom Sachverhalt?
→ Ziel: Ein gemeinsames Bild schaffen.

c) Sich ein Urteil bilden
→ Aktivität: Was sind mögliche Visionen und Perspektiven, die eine Lösung der Situation mit sich bringen?
Alternativen und Kriterien gegenüberstellen.
→ Ziel: Gemeinsam akzeptierte Alternativen und Kriterien.

d) Den Entschluß fassen.
→ Aktivität: Optimale Perspektive finden.
Deren Vor- und Nachteile untersuchen ("denkbare Probleme").
→ Ziel: Einen gemeinsamen Entschluß herbeiführen über eine Vision, die eventuell zu einer Zielvereinbarung für die ganze Gemeinde werden kann.

2. Schritt: Der Vorstand des Pfarrgemeinderates sorgt dafür, daß diese Vision in verschiedenen Gruppen und Kreisen der Gemeinde diskutiert wird.

Er schlägt als Fragen z.b. vor:
→ Was bedeutet diese Vision für Sie und in Ihrer Gruppe?
→ In welchen Zuständen würden Sie ein Stück Verwirklichung dieser Vision erleben?
→ Was könnten Sie dazu beitragen, daß diese Vision in Ihrem näheren Umfeld ein Stück konkrete Realität wird?

3. Schritt: Im Pfarrgemeinderat werden die im Zusammenhang mit der von möglichst vielen diskutierten Vision entwickelten Zielvorstellungen zusammengetragen und gegebenenfalls untereinander abgestimmt.

Möglicherweise kann sich der Pfarrgemeinderat dabei von folgenden Fragen leiten lassen:
→ Was genau will diese oder jene Gruppe, dieser oder jener Mitarbeiter erreichen? ("Inhalt")
→ Bis wann will sie/er dieses Ziel erreicht haben? ("Termin")
→ Woran können alle Beteiligten erkennen, ob und inwieweit dieses Ziel erreicht worden ist? ("Maßstab")
→ Welche Voraussetzungen müssen seitens des Pfarrgemeinderates dafür geschaffen werden, daß dieses Ziel erreicht werden kann? ("Rahmenbedingungen")

4. Schritt: Aufgabe des Pfarrgemeinderates ist es nun, den angelaufenen Prozeß zu steuern und zu begleiten.

Er wird dabei

→ ermutigen, wenn Resignation droht;
→ unterstützen, wo ein Mitglied oder eine Gruppe allein nicht mehr weiter weiß;
→ die Gemeinde fortlaufend über die Entwicklung informieren;
→ auftretende Probleme und Konflikte ansprechen und mit den Beteiligten gemeinsam lösen.

Impulse zum Weiterdenken

* Es braucht das regelmäßige gemeinsame Überprüfen, inwieweit die Zielvorgaben von allen eingehalten werden.
* Es muß beobachtet werden, wieweit einzelne Ziele schon erreicht sind.
* Es muß gefragt werden, warum im einen oder anderen Fall Vorhaben ins Stocken geraten sind.
* Es braucht eine abschließende Diskussion, die aus den gewonnenen Erfahrungen heraus Ziele neu formuliert.

4.4.2 Konfliktbearbeitung

Der Vorstand des Pfarrgemeinderates kann die Leitungsinstanz der Gemeinde werden, die für den produktiven Umgang mit Konflikten verantwortlich ist.

Dies setzt jedoch voraus, daß in diesem Gremium ein positives Verhältnis zu Konflikten entwickelt wird. Konflikte dürfen nicht als eine "christlich-katholische Unmöglichkeit" tabuisiert werden. Der Vorstand des Pfarrgemeinderates muß selbst konfliktfähig werden, "dazu muß allerdings immer wieder durch Gespräch und Gebet das Vertrauen darauf gestärkt werden, daß auf dem Christus-Weg die Wahrheit gefunden werden kann".[100]

Eine sorgsame Konfliktdiagnose in Form einer detaillierten Erfassung der Konflikursachen ist der erste notwendige Schritt zur Konfliktlösung. Wenigstens der Anstoß zu dieser Diagnose kann vom Gemeindeleitungsteam erwartet werden.

Zum anderen ist es Aufgabe der Gemeindeleitung, mit Beharrlichkeit dafür Sorge zu tragen, daß Konflikte bearbeitet und bewältigt werden.

Wo dies nötig ist, wird sie diesen Prozeß zu begleiten haben, so daß am Ende "jede Seite wieder ungebrochen erlebnis- und handlungsfähig ist".[101]

---

100 WINDISCH: Auf dem gemeinsamen Weg, 40.
101 BERKEL: Organisationspsychologie, 317.

1. Impuls

Von der Harmonieseligkeit zum Konfliktrisiko

Ingeborg VERWEIJEN hat bei ihrem Vortrag anläßlich der österrei-chischen Pastoraltagung 1986 in wenigen Sätzen einen wichtigen Aspekt im Zusammenhang der Frage nach den Konflikten herausge-stellt. Davon ausgehend sollen die Mitglieder des Pfarrgemeinderats-vorstandes über ihr Verhältnis zu Konflikten nach-denken. Ziel dieses Schrittes soll es sein, eine positive Beziehung zum Konflikt als Form der Kommunikation zu ermöglichen.

1. Konflikt und Beziehung

Dort, wo es um gemeinsame Verantwortung geht, gibt es auch Kon-flikte. Ich möchte zunächst die Vokabel Konflikt Ihrer besonderen Beachtung empfehlen. "Configere" heißt "aneinandergeraten" und drückt aus, daß dort, wo es Konflikte gibt, Kontakt besteht. Ich betone das deshalb so sehr, weil meine Erfahrung gerade in kirchlichen Gre-mien sehr oft die ist, daß Konflikte möglichst nicht sein dürfen, daß sie als etwas sehr Unproduktives und Verabscheuungswürdiges gese-hen werden. Nun sind Konflikte sicher nicht angenehm; aber Kon-flikte sind besser als keine Konflikte, weil Konflikte zeigen, daß eine Beziehung lebt. Wenn es in Beziehungen keine Konflikte mehr gibt, dann ist eigentlich ein sehr bedenkliches Stadium erreicht.

Jedes Vorstandsmitglied soll versuchen, sich anhand der folgenden Fragen zunächst selbst einzuschätzen. Dann schätzt jeder ein anderes Mitglied des Vorstandes ein. Anschließend werden die Ergebnisse vorgestellt und besprochen. Die Fremdeinschätzung wird mit der Selbsteinschätzung vergli-chen. Zuletzt der Versuch eines Fazits: Wie ist es um unser Verhältnis zu Konflikten bestellt?

Wenn es Konflikte gibt,

❏ will ich davon eher wissen / eher nicht wissen?

❏ stört es mich, wenn sie öffentlich bekannt sind / oder ist mir das dann egal?

❏ tut mir das für die Beteiligten eher weh / oder denke ich eher: die müssen da halt durch?

❏ finde ich das mit dem Geist einer christlichen Gemeinde eher nicht vereinbar / oder denke ich z.b.: "wir sind ja auch bloß Menschen"?

❏ ist es mir eher unangenehm, wenn mich eine der Parteien um Rat, Hilfe oder Vermittlung fragt / oder bin ich eher stolz, fühle mich in meiner Rolle anerkannt, wenn ich um Schlichtung gebeten werde?

❏ würde ich die Sache eher mit einem "Machtwort" beenden / oder würde ich eher die Beteiligten bitten, selbst eine einvernehmliche Lösung zu finden?

Bei Konflikten verhalte ich mich so:

....

....

....

....

....

....

Herr X/Frau Y verhält sich bei Konflikten so:

....

....

....

....

....

....

424

2. Umgang mit dem Konflikt

Jesus ging in das Haus eines Pharisäers, der ihn zum Essen eingeladen hatte, und setzte sich zu Tisch. Als nun eine Sünderin, die in der Stadt lebte, erfuhr, daß er im Haus des Pharisäers bei Tisch war, kam sie mit einem Alabastergefäß voll wohlriechendem Öl und trat von hinten an ihn heran. Dabei weinte sie, und ihre Tränen fielen auf seine Füße. Sie trocknete seine Füße mit ihrem Haar, küßte sie und salbte sie mit Öl (Lk 7, 36-39).

Wie verhalten wir uns als Gemeindeleitung bei Konflikten in der Gemeinde, im Pfarrgemeinderat in unserer eigenen Arbeit? SCHÄFER hat den Ausgang dieser bekannten biblischen Geschichte verfremdet und dabei unterschiedliche Möglichkeiten "erzählt", wie Jesus mit dem Konflikt in dieser Situation hätte umgehen können. "Stoff" zum Nachdenken!

❑ Der Gastgeber dachte bei sich: Der ist sicher kein Beauftragter Gottes - sonst müßte er doch merken, daß diese Frau eine Sünderin ist! Jesus erriet, was der Pharisäer im stillen dachte. Während er die Frau weitermachen ließ, verständigte er sich mit Simon mit den Augen und seinem Mienenspiel darüber, daß er merke, was für eine das sei, aber kein Aufhebens machen wolle, um das Essen, das Gespräch und die Atmosphäre nicht zu stören. Simon war beruhigt. Die Frau hatte mittlerweile ihr Öl verbraucht. Als weder Jesus noch sonst jemand im Raum von ihr Notiz nahm, stand sie auf und ging schweigend hinaus.

❑ Während Simon sich so seine Gedanken machte, stand Jesus plötzlich auf und rief: Ihr alle, hört her! Ich habe euch etwas über Simon zu sagen. Er ist ein Heuchler. Er kommt sich besser vor als diese Frau hier. Aber im Grunde ist er genauso schlecht wie sie. Bei diesen Worten wurde Simon wütend. Er ließ Jesus und die Frau hinauswerfen.

❑ Während er seine linke Hand begütigend auf den Arm Simons legte, bat er mit der rechten um Schweigen und begann dann zu sprechen: Liebe Freunde, laßt mich diese Frau zum Anlaß nehmen, euch wieder einmal zu sagen, was ich immer sage: Gott ist gut! Ist es nicht schön, daß er so gnädig und gütig ist und auch diese Frau liebt? Seine gütige Vorsehung führt selbst noch jene, die gesetzlos leben und mit uns nichts zu tun haben. Simons Vorbehalte schwanden dahin. Schließlich herrschte eine weihevolle Stille, als Jesus geredet hatte.

3. Unsere Beziehung zum Phänomen Konflikt und unser tatsächlicher Umgang mit Konflikten

Frageimpulse, Anstöße für ein Gespräch ...

❑ Decken wir Konflikte in der Gemeinde zu? - Warum?

❑ Versuchen wir es allen recht zu machen? - Warum?

❑ Sind wir die klugen Jongleure, die es sich mit niemand verderben wollen? - Warum?

❑ Solidarisieren wir uns stets mit einer Seite? - Warum?

Erste Ergebnisse des Gespräches:

....

....

....

....

....

....

....

....

....

....

....

....

4. Der Umgang Jesu mit Konflikten

❏ Wenn wir unseren Umgang mit Konflikten mit dem authentischen Ende dieser eben bedachten Geschichte (Lk 7,36-50) vergleichen, dann:

....
....
....
....
....
....
....
....
....
....
....
....
....

❏ Erich GARHAMMER kommentiert Lk 7,36-50 und weist damit auf einen Aspekt jesuanischen Umgangs mit Konflikten hin:

Jesu Handeln macht also deutlich: jede Situation enthält eine dynamische und eine labile, eine chancen-, aber auch eine risikoreiche Konstellation. Jesus gerät nicht in Konflikte, weil er sie gern vom Zaun bricht, sondern weil er die schon vorhandenen aufdeckt. In jedem Konflikt steckt aber auch ein Wachstumspotential. Jesus steht damit in der Tradition der Propheten, deren Tun ebenfalls konfliktaufdeckend und nicht harmonieselig war.

❏ Platz für die ersten Eindrücke nach diesem "Fragedurchgang"

→ ....
→ ....
→ ....
→ ....
→ ....
→ ....
→ ....
→ ....
→ ....
→ ....
→ ....
→ ....
→ ....

Schlußimpuls

* Welche Einschätzungen unserer Beziehung zum Phänomen Konflikt haben bei uns ein gutes Gefühl ausgelöst? Welche haben uns zum Nachdenken angeregt, drängen auf Veränderung?

* Was kam beim gemeinsamen Nachdenken über unser tatsächliches Verhalten in Konfliktsituationen zur Sprache? Womit sind wir zufrieden? Womit nicht?

* Kann das Verhalten Jesu in Konflikten für uns eine Orientierungshilfe sein? Worin wird es zur Herausforderung, unsere Einstellung und unsere Praxis zu verändern?

* Was gilt es konkret zu verändern? Können wir darüber Einvernehmen erzielen? Brauchen wir jemanden, der uns bei diesem Prozeß begleitet?

428

Arbeitsblatt (M 41)

Wo drückt der Schuh? Anregungen zur Konflikt-diagnose

Mit diesem Arbeitsblatt werden den Mitgliedern des Pfarr-gemeinderatsvorstandes einige Kriterien und Fragestellungen an die Hand gegeben, die es ihnen erleichtern sollen, in einer konkreten Situation sich selbst und eventuell auch den daran Beteiligten darüber Klarheit zu verschaffen, worum es sich bei diesem Konflikt handelt und welche grundsätzlicheren Fragen dabei geklärt werden sollten.

1. Bewertungskonflikte. Liegen die Ursachen des entstandenen Konfliktes in unterschiedlichen Wertvorstellungen, Zielen, Normen, Lebensmaximen der Beteiligten?

❑ Was hat in der Gemeinde Vorrang?
❑ Was darf bei uns überhaupt nicht passieren?
❑ Welchen Werten und Maximen fühlt sich der einzelne ver-pflichtet?
❑ Stimmen die pastoralen und die persönlichen Ziele überein?

2. Beurteilungskonflikte. Liegen die Ursachen des entstandenen Konfliktes an den unterschiedlichen Informationen, über die die Beteiligten verfügen, an ihren unterschiedlichen Qualifikationen, Erfahrungen und persönlichen Erwartungshaltungen?

❑ Welche Mittel, Wege und Methoden, welche Aufgabenstellungen sind am besten geeignet, um die beabsichtigten Ziele zu verwirklichen?
❑ Wie wahrscheinlich ist es, daß ein Plan oder ein Vorhaben den gewünschten Erfolg bringt?
❑ Was muß von wem in welcher Weise getan werden, um ein Scheitern auszuschließen?

3. Beziehungskonflikte. Liegen die Ursachen des entstandenen Konfliktes an dem Gefühl einzelner daran Beteiligter, von den anderen nicht akzeptiert, respektiert und ernstgenommen zu werden?

❑　Was erwarten die Mitarbeiter voneinander?
❑　Wie möchten sie, daß mit ihnen umgegangen werden soll?
　　Welche Wünsche haben sie aneinander?

Impulse zum Weiterdenken

* Welche Möglichkeiten haben wir, "hinter die eigentlichen Fragen zu kommen"?

* Wer von uns wird bei welchem Konflikt am ehesten mit den Beteiligten ins Gespräch kommen können?

* Welche Form der Konflikte tritt in unserer Gemeinde zur Zeit am häufigsten auf?

Arbeitsblatt (M 42)

Wie mit Konflikten umgehen?

Karl BERKEL weist darauf hin, daß es ein Merkmal erfolgreichen Führens ist, Konflikte aktiv anzugehen, in Konfliktsituationen zu agieren und nicht bloß auf sie zu reagieren. Die am Konflikt Beteiligten gehen unterschiedlich mit dem Konflikt um. Auf die damit zu erwartenden verschiedenen Möglichkeiten soll hier hingewiesen werden. Der Vorstand des Pfarrgemeinderates wird je neu für sich abzuwägen und zu entscheiden haben, in welcher Situation welcher Konfliktstil erforderlich ist, wie seine Intervention also aussehen muß.

❑ **Konflikte vermeiden.** Den Konflikt zum jetzigen Zeitpunkt nicht austragen. Der Versuch, innerlich damit fertig zu werden.

❑ **Konflikte offensiv austragen.** Die eigenen Positionen behaupten, unnachgiebig an ihnen festhalten.

❑ **Konflikte defensiv angehen.** Darauf verzichten, die eigenen Interessen durchzusetzen. Die Bereitschaft erkennen lassen, die eigenen Anliegen vorerst nicht mehr weiter zu verfolgen.

❑ **Konflikte kompromißbereit angehen.** Der Verzicht auf Maximalforderungen und der Versuch, ein Ergebnis auszuhandeln, das beide Seiten wenigstens halbwegs zufriedenstellt.

❑ **Integrative Lösung des Konfliktes.** Alle Anstrengungen darauf richten, durch eine gemeinsame Problemlösung eine Regelung zu finden, die alle Beteiligten voll zufriedenstellt.

❏ Spontane Einfälle:
→ ....
→ ....
→ ....
→ ....
→ ....
→ ....
→ ....
→ ....
→ ....
→ ....
→ ....
→ ....

Impulse zum Weiterdenken
* Mit welcher "Haltung" gehen die Beteiligten oder einer der
  Beteiligten in den Konflikt?
* Ist es angezeigt und gibt es Möglichkeiten, diese Haltung zu
  beeinflussen, zu verändern?
* Welche Chancen liegen in dieser Konfliktkonstellation? - Wel-
  che Grenzen?
* Mit welchem Ziel begleiten wir den Konflikt? (Ihn vermeiden?
  Einer Seite zum Erfolg verhelfen? Einen Kompromiß erzielen?
  Ihn integrativ lösen?)
* Welcher Konfliktstil ist in der Gemeinde vorherrschend?

Schlußbemerkung

Die Fähigkeit, Ziele zu entwickeln und Aufgaben zu umschreiben, einerseits und das Maß an Konfliktfähigkeit andererseits entscheiden meiner Überzeugung nach letztendlich über die Effektivität der Gemeindeleitung. So sollte gerade mit Impulsen zu diesen beiden Bereichen der "Schlußpunkt" der Arbeit gesetzt werden.

"Wer nicht genau weiß, wohin er will, darf sich nicht wundern, wenn er dort ankommt, wohin er nicht wollte."[102] Ohne daß in einer Gemeinde Ziele vereinbart und in konkreten Einzelschritten angegangen werden, verliert sie ihre Identität und wird ihrem Auftrag nicht gerecht werden können. Es wird dabei eine große Konfliktbereitschaft und -fähigkeit von allen Beteiligten brauchen. Die konfliktfreie Gemeinde ist eine Illusion, sie wäre eine tote Gemeinde. Ziel pastoralen Handelns wird die konfliktfähige Gemeinde sein.

Der Pfarrgemeinderat kann einen sehr großen Beitrag zur Ziel- und Aufgabenbewältigung und zur Konfliktfähigkeit der Gemeinde leisten, wenn er in seinem eigenen Handeln entsprechende Schritte zu einer veränderten Praxis geht. Dabei wird immer anzusetzen sein beim "Veränderbaren, nämlich dem eigenen Handeln, der eigenen Person, bei der Leitungsverantwortung".[103]

---

102 LOTTAZ: Kirche, 15.
103 WICHMANN, Martin: Mut zur gültigen Praxis. Plädoyer für das eigentlich Selbstverständliche. In: Josef MÜLLER u. Norbert SCHUSTER (Hrsg.): Die Sorge um die Gemeinden. Waldkirch 1990, 58.

Verzeichnis der Dokumente

Dokumente des Zweiten Vatikanischen Konzils

AA   Apostolicam actuositatem. Dekret über das Apostolat der Laien.

AG   Ad gentes. Dekret über die Missionstätigkeit der Kirche.

CD   Christus Dominus. Dekret über die Hirtenaufgabe der Bischöfe in der Kirche.

DH   Dignitatis humanae. Erklärung über die Religionsfreiheit.

GS   Gaudium et spes. Pastoralkonstitution über die Kirche in der Welt von heute.

LG   Lumen Gentium. Dogmatische Konstitution über die Kirche.

OT   Optatam totius. Dekret über die Ausbildung der Priester.

PO   Presbyterorum ordinis. Dekret über Dienst und Leben der Priester.

SC   Sacrosanctum Concilium. Konstitution über die heilige Liturgie.

UR   Unitatis redingratio. Dekret über den Ökumenismus.

Dokumente der Gemeinsamen Synode der Bistümer in der BRD

❏ Unsere Hoffnung. Ein Bekenntnis zum Glauben in dieser Zeit (zit. **Synodenbeschluß: Unsere Hoffnung**).

❏ Gottesdienst (zit. **Synodenbeschluß: Gottesdienst**).

❏ Ziele und Aufgaben kirchlicher Jugendarbeit (zit. **Synodenbeschluß: Ziele und Aufgaben kirchlicher Jugendarbeit**).

❏ Die Beteiligung der Laien an der Verkündigung (zit. **Synodenbeschluß: Laienverkündigung**).

❏ Der Beitrag der katholischen Kirche in der Bundesrepublik Deutschland für Entwicklung und Frieden (zit. **Synodenbeschluß: Entwicklung und Frieden**).

❏ Die pastoralen Dienste in der Gemeinde (zit. **Synodenbeschluß: Dienste und Ämter**).

❑ Verantwortung des ganzen Gottesvolkes für die Sendung der Kirche (zit. **Synodenbeschluß: Räte und Verbände**).

❑ Rahmenordnung für die pastoralen Strukturen und für die Leitung und Verwaltung der Bistümer in der Bundesrepublik Deutschland (zit. **Synodenbeschluß: Pastoralstrukturen**).

❑ Gemeinsame Synode der Bistümer in der Bundesrepublik Deutschland. (Hrsg.): Protokoll der 2. Vollversammlung vom 10.-14. Mai 1972 (zit. **SYNODE: Protokoll 2. VV**).

❑ Gemeinsame Synode der Bistümer in der Bundesrepublik Deutschland. (Hrsg.): Protokoll der 7. Vollversammlung vom 7. - 11. Mai 1975 (zit. **SYNODE: Protokoll 7. VV**).

❑ **Sachkommission V**: Arbeitspapier **Aufgaben der Kirche** in Staat und Gesellschaft. In: Synode 8/1973 39 - 63.

❑ **Sachkommission VIII**: Bericht zur Vorlage: **Verantwortung des ganzen Gottesvolkes** für die Sendung der Kirche. In: Synode 1/1975, 33 - 37.

❑ Deutsche Bischofskonferenz: **Stellungnahme zur Vorlage der Sachkommission VIII**: Verantwortung des ganzen Gottesvolkes für die Sendung der Kirche. In: Synode 3/1975, 11 - 14.

Weitere Dokumente

❑ DIE DEUTSCHEN BISCHÖFE: **Zur Ordnung der pastoralen Dienste**. Bonn 1977.

❑ Schlußdokument der **Bischofssynode 1985**. In: Amtsblatt der Erzdiözese Freiburg 6/1986.

❑ SEKRETARIAT DER DEUTSCHEN BISCHOFSKONFERENZ (Hrsg.): Stellungnahmen der Deutschen Bischofskonferenz und des Zentralkomitees der deutschen Katholiken zu den Lineamenta für die **Bischofssynode 1987**. Arbeitshilfen Nr. 45. Bonn 1986.

❑ Zentralkomitee der deutschen Katholiken: Erklärung zur **Arbeit der Pfarrgemeinderäte**. In: Generalsekretariat des ZDK (Hrsg.): Berichte und Dokumente 36. 1978, 7 - 12.

❑ Nachsynodales Apostolisches Schreiben "Christifideles Laici". Papst Johannes Paul II. über die Berufung und Sendung der Laien in Kirche und Welt. In: Amtsblatt der Erzdiözese Freiburg 17/1989.

❑ Pius XII: Enzyklika "Mystici Corporis". **AAS 35** (1943) 193 - 248.

❏ BOGENSBERGER, Hugo: Erfahrungen mit **Pfarrgemeinderäten** in Österreich. In: Theologisch-praktische Quartalschrift 3 (1982) 261 - 267.

❏ FISCHER, Michael: Der **Kirchengemeinderat**. Eine empirische Untersuchung über die Arbeitsweise und seine Mitglieder. Dipl. theol. masch. Tübingen 1990.

❏ FLECKENSTEIN, Heinz: **Kirchenbesuch** und aktive Mitarbeit am kirchlichen Leben - in ihrer Beziehung zum Verhältnis zur Kirche und Gemeinde. In: Karl FORSTER (Hrsg.): Befragte Katholiken. Zur Zukunft von Glaube und Kirche. Freiburg - Basel - Wien 1973, 73 - 82.

❏ FORSTER, Gerhard: **Pfarrgemeinderäte**/ Dekanatsräte/ Diözesanrat der Katholiken. In: die katholische aktion 9 (1990) 855 - 858.

❏ INSTITUT FÜR KIRCHLICHE SOZIALFORSCHUNG **IKSÖ** (Hrsg.): Pfarrgemeinderäte. Eine Untersuchung über Aufgabenbereiche, Arbeitsweise und Arbeitseffizienz von Pfarrgemeinderäten in Österreich. Wien 1979.

❏ INSTITUT FÜR KIRCHLICHE SOZIALFORSCHUNG DES BISTUMS ESSEN **IKSE** (Hrsg.): Synopse der Satzungen und Wahlordnungen für die Pfarrgemeinderäte. Bericht Nr. **64**. Essen 1971.

❏ INSTITUT FÜR KIRCHLICHE SOZIALFORSCHUNG DES BISTUMS ESSEN **IKSE** (Hrsg.): Mitgliederstatistik der Pfarrgemeinderäte. Bericht Nr. **79**. Essen 1971.

❏ INSTITUT FÜR KIRCHLICHE SOZIALFORSCHUNG DES BISTUMS ESSEN **IKSE** (Hrsg.): Probleme und Arbeitsweise der Pfarrgemeinderäte. Bericht Nr. **81**. Essen 1972.

❏ INSTITUT FÜR KIRCHLICHE SOZIALFORSCHUNG DES BISTUMS ESSEN **IKSE** (Hrsg.): Einstellungen, Motive und Wertorientierungen der Pfarrgemeinderäte. Bericht Nr. **82**. Essen 1972.

❏ JOOS, Karl: Kirchliche **Bildungsarbeit** mit katholischen Kirchengemeinderäten. Dipl. theol. masch. Tübingen 1984.

❏ LENICH, Hubert: **Pfarrgemeinderäte** in der Statistik. In: HAUPTABTEILUNG IM BISCHÖFLICHEN GENERALVIKARIAT MÜNSTER (Hrsg.): Mitteilungen Nr. 44, Münster 1987, 10 - 13.

❏ SANDERS, Rudolf u. Joachim VOSS: Eine **Umfrage** unter Pfarrgemeinderäten in der Seelsorgeregion Ruhrgebiet-Ost. In: Diakonia 6 (1977) 287 - 290.

❏ SCHMIDTCHEN, Gerhard: Zwischen **Kirche und Gesellschaft**. Freiburg - Basel - Wien 1972.

❏ SCHMIED, Gerhard: Pfarrgemeinderäte im **Wandel**. In: Diakonia 2 (1988) 128 - 133.

❏ DERS.: **Pfarrgemeinderäte im Zeitvergleich**. In: Aktuelle Information 47. Mainz 1987.

❏ Interne **Statistik** über die Sachbeauftragten in den Pfarrgemeinderäten der Seelsorgeregion **München** im Vergleich 1986 - 1990 (Stichtag: 31.08.90).

❏ Interne **Statistik** des Diözesanrates Köln: Anzahl der Sachausschüsse in den Pfarrgemeinderäten im Erzbistum **Köln** (Stichtag: 31.10.1990).

Arbeitshilfen

❏ **BISCHÖFLICHES ORDINARIAT LIMBURG** (Hrsg.): **Leben aus dem Glauben**. Arbeitshilfen für Pfarrgemeinderäte 2. Limburg 1982.

❏ DIÖZESANRAT DER KATHOLIKEN **FREIBURG** u. ERZBISCHÖFLICHES SEELSORGEAMT FREIBURG I.BR. (Hrsg.): "Was ein Pfarrgemeinderat wissen muß." **Handbuch** für Pfarrgemeinderäte. Freiburg 1983.

❏ ERZBISCHÖFLICHES SEELSORGEAMT **FREIBURG** I.BR. (Hrsg.): Materialdienst. "Ihr alle seid Brüder." **Grundorientierung** zur Arbeitsweise des Pfarrgemeinderates. Freiburg o. J.

❏ GESELLSCHAFT FÜR CHRISTLICHE ÖFFENTLICHKEITSARBEIT (GCÖ) e.V. (Hrsg.): Ratgeber Gemeinde. Wirkungsvolle **Pfarrgemeinderatsarbeit**. Würzburg o. J.

❏ HAUPTABTEILUNG GEMEINDEARBEIT IM BISCHÖFLICHEN GENERALVIKARIAT **AACHEN** u. DIÖZESANRAT DER KATHOLIKEN IM BISTUM AACHEN (Hrsg.): **Gemeindepraxis**. Arbeitshilfen zur Mitverantwortung. 1. Bd. 2. Aufl. Aachen o. J.

❑ HAUPTABTEILUNG GEMEINDEARBEIT IM BISCHÖFLI-CHEN GENERALVIKARIAT AACHEN u. DIÖZESANRAT DER KATHOLIKEN IM BISTUM AACHEN (Hrsg.): **Gemeindepraxis.** Arbeitshilfen zur Mitverantwortung. 2. Bd. 2. Aufl. Aachen o. J.

❑ **KATHOLISCHES VOLKSBÜRO HEIDENHEIM** (Hrsg.): Miteinander im Kirchengemeinderat. Eine **Arbeitshilfe** zu Aufgaben und Arbeitsweise des Kirchengemeinderates. Heidenheim 1987.

❑ **LANDESKOMITEE DER KATHOLIKEN** IN BAYERN (Hrsg.): **Handbuch** für den Pfarrgemeinderat. München 1990.

❑ **MISSIO,** INTERNATIONALES KATHOLISCHES MISSIONS-WERK MÜNCHEN u. MISSIO, INTERNATIONALES KATHO-LISCHES MISSIONSWERK AACHEN (Hrsg.): **Gemeinsam Verantwortung** tragen. Pfarrgemeinderat. München/Aachen 1989.

❑ STADTKATHOLIKEN-AUSSCHUSS **SKA** GELSENKIRCHEN (Hrsg.): Arbeitshilfe für **Pfarrgemeinderäte.** Oberhausen 1990.

❑ VIKARIAT **WIEN** STADT (Hrsg.): "**Mitdenken - Mitwirken.**" Bildungsvorgang für Pfarrgemeinderäte und Kirchliche Mitarbeiter. Wien o. J.

Erfahrungsberichte

❑ **BDKJ FREIBURG** (Hrsg.): **Materialmappe** zur Pfarrgemeinderatswahl. Freiburg 1990.

DIÖZESANLEITUNG **KJG** ERZDIÖZESE FREIBURG (Hrsg): Jugend im **Pfarrgemeinderat.** Freiburg 1985.

❑ **DIÖZESANRAT** DER KATHOLIKEN **FREIBURG**: 20 Jahre Pfarrgemeinderäte - **Erfahrungen** und Perspektiven. In: Erzbistum Freiburg Informationen 4 (1989) 23 - 36.

❑ **DIÖZESANRAT** DER KATHOLIKEN **MÜNCHEN** (Hrsg.): **Erwachsenenbildung** in der Pfarrei. München o. J.

❑ **DIÖZESANRAT** DER KATHOLIKEN **EICHSTÄTT** (Hrsg.): Kleines **abc** für Pfarrgemeinderäte. Eichstätt o. J.

❑ HAUPTABTEILUNG IM BISCHÖFLICHEN GENERALVIKA-RIAT **MÜNSTER** (Hrsg.): Mitteilungen Nr. **46** 1989 (Beilage "Aus der Praxis für die Praxis").

❑ HAUPTABTEILUNG IM BISCHÖFLICHEN GENERALVIKA-RIAT **MÜNSTER** (Hrsg.): Mitteilungen Nr. **45** 1988.

❏ **HÜMMELER**, Elke: **Kandidaten** gesucht! In: Die Lebendige Zelle 1 (1990) 18 - 21.

❏ **KJG** - DIÖZESANSTELLE FREIBURG (Hrsg.): **Einen Stein** ins Rollen bringen. Impulse für Gottesdienst und Gemeinde. Freiburg o. J.

❏ **LUHMANN**, Josef: **Feste** in der Gemeinde. Erfahrungen. In: Im pastoralen Dienst (1988) 36 - 57.

❏ **LUHMANN**, Josef: **Wünsche** - Erfahrungen - Einsichten - Fragen. In: Im pastoralen Dienst (1985) 28 - 30.

❏ **FORUM** REGENBOGEN: **Wahlprogramm** zur Pfarrgemeinderatswahl. In: Publik-Forum 3 (1991) 4.

❏ **SEILER**, Peter: Damit das **Betriebsklima** stimmt. In: Die Lebendige Zelle 5 (1990) 171 - 174.

❏ **TRILLING**, Karl: **Verantwortung** für die Weltkirche. In: Im pastoralen Dienst (1980) 86 - 87.

Satzungen

❏ Satzung für Pfarrgemeinderäte der Erzdiözese München und Freising vom 24. November 1977 (**Pfarrgemeinderatssatzung München**).

❏ Satzungen der Pfarrgemeinderäte im Erzbistum Freiburg vom 20. Oktober 1976 (**Pfarrgemeinderatssatzung Freiburg**).

❏ Satzung der Pfarrgemeinderäte im Bistum Berlin vom 10. Oktober 1990 (**Pfarrgemeinderatssatzung Berlin**).

Literaturverzeichnis

❏ ANTONS, Klaus: Praxis der **Gruppendynamik**. Göttingen 1976.

❏ ATTESLANDER, Peter: Methoden der empirischen **Sozialfor-schung**. 4. Aufl. Berlin - New York 1975.

❏ AUER, Alfons: **Umweltethik**. Ein Beitrag zur ökologischen Diskussion. Düsseldorf 1985.

❏ BALTHASAR, Hans Urs von: Der **Priester** in der Kirche. In: Lebendige Seelsorge 23 (1972) 4 - 15.

❏ BAUMGARTNER, Konrad: Der **Seelsorger** - ein Ermutiger der Gewissen. In: Hubert WINDISCH (Hrsg.): Mut zum Gewissen. Einladung zu einer riskanten Seelsorge. Regensburg 1987, 75 - 99.

❏ BERKEL, Karl: **Konflikttraining**. Konflikte verstehen und bewältigen. Heidelberg 1990.

❏ DERS.: **Organisationspsychologie** der Gemeinde. In: Isidor BAUMGARTNER (Hrsg.): Handbuch der Pastoralpsychologie. Regensburg 1990, 303 - 330.

❏ BIEMER, Günter: **Gemeinde** lernen. In: Diakonia 20 (1989) 145 - 150.

❏ BIRKENBEIL, Edward J.: **Dialogisches Leben** als fundamentale Voraussetzung für die Communio - Praxis im Miteinander - Kirche - Sein. In: Josef MÜLLER u. Edward J. BIRKENBEIL (Hrsg.): Miteinander Kirche sein. Idee und Praxis. München 1990, 61 - 88.

❏ BLASCHE, Helmut: **Kollegialität** in der Gemeinde. In: Lebendige Seelsorge 19 (1968) 199 - 204.

❏ BOFF, Leonardo: Die **Neuentdeckung der Kirche**. Basisgemeinden in Lateinamerika. Mainz 1980.

❏ BOHREN, Rudolf: **Prophetie** und Seelsorge. Neunkirchen 1982.

❏ BORN, Gudrun: Pfarrgemeinderat. **Tips** für die Praxis. Freiburg 1978.

❏ BORNKAMM, Günter: mysterion. In: THWNT Bd. 4. 809 - 834.

❏ BRÜNTRUP, Wilhelm u. Ludwig HÖNLINGER u. Hermann KLEIN u.a.: **Pfarrgemeinderat und Pfarrer**. In: Hermann KLEIN u. Michael B. MERZ u. Peter WEIGAND (Hrsg.): Der Dienst in der Gemeinde. Düsseldorf 1986, 66 - 70.

❏ BÜHLMANN, Walbert: **Von der Kirche träumen**. Graz - Wien - Köln 1986.

❏ CONGAR, Yves: **Der Heilige Geist**. Freiburg - Basel - Wien 1982.

❏ CORECCO, Eugenio: **Aspekte** der Rezeption des Vaticanum II im neuen Codex Iuris Canonici. In: Hermann J. POTTMEYER u. Giuseppe ALBERIGO u. Jean-Pierre JOSSUA (Hrsg.): Die Rezeption des II. Vatikanischen Konzils. Düsseldorf 1986, 313 - 368.

❏ DAIBER, Karl-Fritz: **Leitung** in der Ortsgemeinde. In: Norbert GREINACHER u. Norbert METTE u. Wilhelm MÖHLER (Hrsg.): Gemeindepraxis. Analysen und Aufgaben. München - Mainz 1979, 180 - 197.

❏ DIE DEUTSCHEN BISCHÖFE: **Der Laie** in Kirche und Welt. Stellungnahme der deutschen Bischöfe zur Bischofssynode 1987. In: Herder Korrespondenz 41 (1987) 323 - 333.

❏ DÖPFNER, Julius Kardinal: Verlauf, Leitlinien und Impulse der Gemeinsamen **Synode** der Bistümer in der Bundesrepublik Deutschland 1971 - 1975. Bonn 1975.

❏ FISCHER, Josef: Über das **Gottvorkommen** in der heutigen Kirche. Wider den ekklesialen Atheismus. In: Michael ALBUS u. Paul M. ZULEHNER (Hrsg.): Nur der Geist macht lebendig. Mainz 1985, 29 - 37.

❏ FORSTER, Karl: Die **Sendung des Laien**. In: Lebendige Seelsorge 32 (1981) 77 - 84.

❏ FRALING, Bernhard: **Basisgemeinden** als Orte der Normfindung und als kritisches Potential der Volkskirche. In: Elmar KLINGER u. Rolf ZERFASS (Hrsg.): Die Basisgemeinden: Ein Schritt auf dem Weg zur Kirche des Konzils. Würzburg 1984, 98 - 110.

❏ FRANKEMÖLLE, Hubert: Die **Jesusbewegung** als Basisgemeinde? In: DERS. (Hrsg.): Kirche von unten: Alternative Gemeinden; Modelle, Erfahrungen, Reflexionen. München/Mainz 1981, 36 - 61.

❏ FRIEDBERGER, Walter: **Gemeindearbeit** im Umbruch. Freiburg 1988.

❏ FRIES, Heinrich: Die Göttliche **Offenbarung**. Ökumenische Aspekte der Dogmatischen Konstitution. In: Karlheinz SCHUH (Hrsg.): Die ökumenische Bedeutung der Konzilsbeschlüsse. Hildesheim 1986, 98 - 105.

❑ FUCHS, Ottmar: Die Kirche im Ernstfall der **Diakonie**. In: Michael ALBUS u. Paul M. ZULEHNER (Hrsg.): Nur der Geist macht lebendig. Mainz 1985, 38 - 52.

❑ GANOCZY, Alexandre: **Kirche im Prozeß** der pneumatischen Erneuerung. In: Elmar KLINGER u. Klaus WITTSTADT (Hrsg.): Glaube im Prozeß. Freiburg - Basel - Wien 1984, 196 - 206.

❑ GARHAMMER, Erich: Ermunterungen zu einer **riskanteren Praxis**. In: Hubert WINDISCH (Hrsg.): Mut zum Gewissen. Einladung zu einer riskanten Seelsorge. Regensburg 1987, 162 - 183.

❑ GÄRTNER, Heribert W.: Die Einheit von prägender **Lebens- und Glaubensgeschichte**. In: Michael B. MERZ u. Josef MÜLLER u. Alois SCHWARZ (Hrsg.): Auftrag und Praxis des Pfarrgemeinderates. Informationen, Impulse, Perspektiven. 2. Aufl. München 1991, 169 - 177.

❑ GASTGEIGER, Franz: **Ein Wort** verändert den Menschen. In: Hubert WINDISCH (Hrsg.): Mut zum Gewissen. Einladung zu einer riskanten Seelsorge. Regensburg 1987, 129 - 161.

❑ GLATZEL, Norbert: **Gemeindebildung** und Gemeindestruktur. (Abhandlungen zur Sozialethik. Bd. 14.) München - Paderborn - Wien 1976.

❑ GMELCH, Michael: Impulse für eine zukünftige **Gemeindespiritualität**. In: Diakonia 20 (1989) 162 - 171.

❑ GRILLMEIER, Aloys: Kommentar zum **I. Kapitel der Dogmatischen Konstitution über die Kirche**. In LThK Bd. 12. Freiburg 1986, 156 - 175.

❑ GROSSE, Heinrich: Was kann getan werden, damit **Kirchenvorsteher** ihre Aufgaben sachgemäß wahrnehmen können? In: Norbert GREINACHER u. Norbert METTE u. Wilhelm MÖHLER (Hrsg.): Gemeindepraxis. Analysen und Aufgaben. München - Mainz 1979, 224 - 236.

❑ HABERMAS, Jürgen: **Theorie des kommunikativen Handelns**. Bd. 1. Frankfurt 1981.

❑ HAHNE, Werner: **De Arte Celebrandi**. Von der Kunst, Gottesdienst zu feiern. Freiburg - Basel - Wien 1990.

❑ HASENHÜTTEL, Gotthold: Kritische **Dogmatik**. Graz 1979.

❑ HEIDENREICH, Hartmut: **Gemeindeberatung** - Organisationsentwicklung - Pastorale Supervision. In: Pastoraltheologische Informationen 1 (1988) 144 - 167.

❏ HEMMERLE, Klaus: **Theologische Bemerkungen** zur "Synopse der Satzungen für die Pfarrgemeinderäte". In: IKSE (Hrsg.): Synopse der Satzungen und Wahlordnungen für die Pfarrgemeinderäte. Essen 1971, 137 - 149.

❏ HERMANN, Theo: **Priester und Gemeinde**. In: Lebendige Seelsorge 17 (1966) 141 - 148.

❏ HOFFMANN, Paul: Von der "**Priesterkirche**" zu einer Kirche des Volkes Gottes. In: DERS. (Hrsg.): Priesterkirche. Düsseldorf 1987, 346 - 368.

❏ HÜNERMANN, Peter: Reflexionen zum **Sakramentenbegriff** des II. Vatikanums. In: Elmar KLINGER u. Klaus WITTSTADT (Hrsg.): Glaube im Prozeß. Freiburg - Basel - Wien 1984, 309 - 324.

❏ INHOFFEN, Peter: Die **Kommunikation** zwischen Gemeinde und Kirchenleitung. In: Lebendige Seelsorge 24 (1973) 96 - 101.

❏ JOSUTTIS, Manfred: Der Pfarrer und der **Erfolg**. In: Ottmar FUCHS (Hrsg.): Theologie und Handeln. Beiträge zur Fundierung der Praktischen Theologie als Handlungstheorie. Düsseldorf 1984, 164 - 176.

❏ KAMPHAUS, Franz: Zur **Lebenssituation des Priesters**. In: Bibel und Liturgie 60 (1987) 23 - 34.

❏ KASPER, Walter: **Zukunft** aus der Kraft des Konzils. Freiburg - Basel - Wien 1986.

❏ KAUFMANN, Franz-Xaver: **Kirche begreifen**. Freiburg - Basel - Wien 1979.

❏ KEHL, Medard: **Ecclesia universalis**. Zur Frage nach dem Subjekt der Universalkirche. In: Elmar KLINGER u. Klaus WITTSTADT (Hrsg.): Glaube im Prozeß. Freiburg - Basel - Wien 1984, 240 - 257.

❏ KELLERHOFF, Reinhard: **Mitarbeiter** gewinnen, Mitarbeiter schulen. Limburg 1973.

❏ KLEIN, Hermann: **Verantwortung** des ganzen Gottesvolkes für die Sendung der Kirche. In: Dieter EMEIS u. Burkard SAUERMOST (Hrsg.): Synode. Ende oder Anfang. Düsseldorf 1976, 343 - 352.

❏ DERS.: **Verbände und Gruppen** in der Gemeinde. In: DERS. u. Michael B. Merz u. Peter WEIGAND (Hrsg.): Der Dienst in der Gemeinde. Düsseldorf 1986, 71 - 78.

❏ KLINGER, Elmar: Das **Amt des Laien** in der Kirche. In: DERS. u. Rolf ZERFASS (Hrsg.): Die Kirche der Laien. Eine Weichenstellung des Konzils. Würzburg 1987, 67 - 85.

❑ DERS.: Die **Kirche der Basisgemeinden**. In: DERS. u. Rolf ZER-FASS (Hrsg.): Die Basisgemeinden: Ein Schritt auf dem Weg zur Kirche des Konzils. Würzburg 1984, 43 - 57.

❑ KLOSTERMANN, Ferdinand: **Prinzip Gemeinde**. Gemeinde als Prinzip des kirchlichen Lebens und der Pastoraltheologie als Theologie dieses Lebens. Wien 1965.

❑ KÖNIG, Franz: **Karl Rahners theologisches Denken** im Vergleich mit ausgewählten Textstellen der Dogmatischen Konstitution "Lumen Gentium". In: Elmar KLINGER u. Klaus WITTSTADT (Hrsg.): Glaube im Prozeß. Freiburg - Basel - Wien 1984, 121 - 136.

❑ KRÄTZL, Helmut: Zur **Spiritualität** des Pfarrgemeinderats. In: Michael B. MERZ u. Josef MÜLLER u. Alois SCHWARZ (Hrsg.): Auftrag und Praxis des Pfarrgemeinderates. Informationen, Impulse, Perspektiven. 2. Aufl. München 1991, 34 - 40.

❑ LANGE, Ernst: Die Schwierigkeit, **Pfarrer zu sein**. In: Norbert GREINACHER u. Norbert METTE u. Wilhelm MÖHLER (Hrsg.): Gemeindepraxis. Analysen und Aufgaben. München - Mainz 1979, 212 - 223.

❑ LISS, Bernhard: **Pfarrgemeinderat** - was ist das? Wien 1972.

❑ LOTTAZ, Angelo: Wach auf, du kalte **Kirche**. Zürich - Einsiedeln - Köln 1984.

❑ LUMMER, Franz: **Gemeindeberatung**. In: Isidor BAUMGARTNER (Hrsg.): Handbuch der Pastoralpsychologie. Regensburg 1990, 333 - 347.

❑ LUYN, Kees van: **Der Seelsorger** als Instrument seines pastoralen Handelns. In: Lebendige Seelsorge 34 (1983) 88 - 94.

❑ MAYRHOFER, Friedrich: **Erfahrungen** der Pfarrgemeinderäte der Diözese Linz. In: Diakonia 7 (1976) 209 - 212.

❑ MEIER, Josef: Das geistliche **Gespräch**. Regensburg 1976.

❑ METTE, Norbert u. Hermann STEINKAMP: **Sozialwissenschaften** und Praktische Theologie. (Leitfaden Theologie Bd. 11.) Düsseldorf 1983.

❑ METTE, Norbert: Chancen einer **Basiskirche** in der Bundesrepublik Deutschland? In: Hubert FRANKEMÖLLE (Hrsg.): Kirche von unten: Alternative Gemeinden; Modelle, Erfahrungen, Reflexionen. München/Mainz 1981, 17 - 35.

❏ DERS.: **Gemeinsam im Dienst** einer evangelisierenden Pastoral. In: Paul HOFFMANN (Hrsg.): Priesterkirche. Düsseldorf 1987, 208 - 231.

❏ METZ, Johann Baptist: **Glaube in Geschichte** und Gesellschaft. Mainz 1977.

❏ MÜLLER, Josef: **Communio und Kommunikation.** Perspektiven des Miteinander-Kirche-Seins in der Gemeinde. In: DERS. u. Edward J. BIRKENBEIL (Hrsg.): Miteinander Kirche sein. Idee und Praxis. München 1990, 89 - 103.

❏ DERS.: Das Mit- und Füreinander im Gottesvolk. Perspektiven einer **Communiotheologie** und -ekklesiologie. In: DERS. u. Edward J. BIRKENBEIL (Hrsg.): Miteinander Kirche sein. Idee und Praxis. München 1990, 45 - 59.

❏ DERS.: **Der dreifache Auftrag** der Gemeinde. In: Michael B. MERZ u. Josef MÜLLER u. Alois SCHWARZ (Hrsg.): Auftrag und Praxis des Pfarrgemeinderates. Informationen, Impulse, Perspektiven. 2. Aufl. München 1991, 44 - 46.

❏ DERS.: **Die Gemeinde meiner Träume.** In: Michael B. MERZ u. Josef MÜLLER u. Alois SCHWARZ (Hrsg.): Auftrag und Praxis des Pfarrgemeinderates. Informationen, Impulse, Perspektiven. 2. Aufl. München 1991, 197 - 201.

❏ DERS.: **Einer sagt's dem andern weiter.** In: Michael B. MERZ u. Josef MÜLLER u. Alois SCHWARZ (Hrsg.): Auftrag und Praxis des Pfarrgemeinderates. Informationen, Impulse, Perspektiven. 2. Aufl. München 1991, 9 - 13.

❏ DERS.: **Gemeinde** - Reform? Kritisches Korrektiv oder Zufluchtsort. Wien - München 1983.

❏ DERS.: **Lebensräume des Glaubens.** München 1981.

❏ DERS.: Was ist ein **Pfarramt?** In: Lebendige Seelsorge 38 (1987) 315 - 319.

❏ NEUNER, Josef: Einleitung und Kommentar zum Dekret über die **Ausbildung der Priester.** In: LThK Bd. 13. Freiburg 1986.

❏ NEUNER, Peter: Der **Laie** und das Gottesvolk. Frankfurt a. M. 1988.

❏ OLLROG, Wolf-Henning: **Paulus** und seine Mitarbeiter. Neunkirchen 1979.

❏ PERELS, Hans-Ulrich: Wie führe ich eine **Kirchengemeinde?** Möglichkeiten des Managements. Gütersloh 1990.

❏ PÖTTER, Wilhelm: Einleitung: **Räte und Verbände**. In: Gemeinsame Synode der Bistümer in der Bundesrepublik Deutschland. Beschlüsse der Vollversammlung. Offizielle Gesamtausgabe. Bd. 1. Freiburg - Basel - Wien 1976, 637 - 651.

❏ POTTMEYER, Hermann J.: **Amt als Dienst - Dienst als Amt**. In: Lebendige Seelsorge 33 (1982) 153 - 158.

❏ RAHNER, Karl: **Strukturwandel** der Kirche als Aufgabe und Chance. Freiburg 1972.

❏ RATZINGER, Joseph: **Das Neue Volk Gottes**. Entwürfe zur Ekklesiologie. Düsseldorf 1977.

❏ DERS.: Die pastoralen Implikationen der Lehre von der Kollegialität der Bischöfe. In: Concilium 1 (1965) 16 - 29.

❏ REGNER, Bruno: **Aufgaben des Pfarrgemeinderates**. In: Wilhelm ZAUNER (Hrsg.): Der Pfarrgemeinderat. Wien - Freiburg - Basel 1972, 118 - 125.

❏ DERS.: **Pfarrgemeinderatsbildung**. In: Diakonia 8 (1977) 404 - 407.

❏ RIGAUX, Beda: Das **Mysterium der Kirche** im Lichte der Schrift. In: Guilherme BARAUNA (Hrsg.): De Ecclesia. Beiträge zur Konstitution "Über die Kirche" des Zweiten Vatikanischen Konzils. Bd. 1. Freiburg - Basel - Wien / Frankfurt 1966, 199 - 219.

❏ ROOS, Klaus: Damit **Gemeinde** lebt. Ein Grundkurs für die Arbeit im Pfarrgemeinderat. Mainz 1990.

❏ SAIER, Oskar: "**Communio**" in der Lehre des II Vatikanischen Konzils. München 1983.

❏ SCHÄFER, Klaus: **Zu Gast bei Simon**. Eine biblische Geschichte langsam gelesen. Düsseldorf 1973.

❏ SCHALL, Traugott Ulrich: **Mitarbeiterführung** in Kirche und Kirchengemeinde. (Perspektiven für die Seelsorge. Bd. 3.) Würzburg 1991.

❏ SCHAUPP, Klemens: Der **Pfarrgemeinderat**. Eine qualitative Interview-Analyse zum Thema "Biographie und Institution". (Innsbrucker theologische Studien. Bd. 26.) Innsbruck - Wien 1989.

❏ SCHLÖSSER, Felix: Testfall **Pfarrgemeinderat**. Lahn 1969.

❏ DERS. u. Michael KRATZ: **Gemeinden ohne Priester**. Limburg 1973.

❏ SCHMIED, Gerhard: **Pfarrgemeinderat und Kommunikation**. Zur Soziologie einer neuen Institution. München/Freiburg 1974.

❏ SCHNACKENBURG, Rudolf: Das **Johannesevangelium**. Bd. 2. 4. Aufl. Freiburg - Basel - Wien 1985.

❏ SCHNEIDER, Gert: **Grundbedürfnisse und Gemeindebildung**. Soziale Aspekte für eine menschliche Kirche. München - Mainz 1982.

❏ SCHROER, Hans: Der **Pfarrgemeinderat** als gesamtkirchliche Aufgabe. Trier 1967.

❏ SCHULZ, Heinz-Manfred: **Die territoriale Gemeinde** als Basisgemeinde. In: Hubert FRANKEMÖLLE (Hrsg.): Kirche von unten: Alternative Gemeinden; Modelle, Erfahrungen, Reflexionen. München/Mainz 1981, 111 - 121.

❏ DERS.: Ein Jahr in **Gottes Werkstatt**. Mainz 1978.

❏ SCHUSTER, Norbert: **20 Jahre**: Grundorientierungen in der Pastoral. Ein Gespräch mit Hermann KLEIN. In: Josef MÜLLER u. Norbert SCHUSTER (Hrsg.): Die Sorge um die Gemeinden. Waldkirch 1990, 19 - 30.

❏ DERS.: **Letztverantwortung**. Betrachtung über einen Unbegriff. In: Josef MÜLLER u. Norbert SCHUSTER (Hrsg.): Die Sorge um die Gemeinden. Waldkirch 1990, 65 - 73.

❏ DERS.: Elemente einer Spiritualität des Leitens. Oder: Auf den Pfarrgemeinderat kommt es an. In: Josef MÜLLER u. Norbert SCHUSTER (Hrsg.): Die Sorge um die Gemeinden. Waldkirch 1990, 124 - 143.

❏ DERS.: An die Arbeit - oder vor lauter Bäumen den Wald nicht mehr sehen? Eine Ermutigung zum gemeinsamen Hinschauen, Nachdenken und Tun im Pfarrgemeinderat. In: Michael B. MERZ u. Josef MÜLLER u. Alois SCHWARZ (Hrsg.): Auftrag und Praxis des Pfarrgemeinderates. Informationen, Impulse, Perspektiven. 2. Aufl. München 1991, 22 - 33.

❏ SEEBER, David: **Die Laienfrage**. In: Herder Korrespondenz 41 (1987) 401 - 405.

❏ SEIBEL, Wolfgang u. Luitpold A. DORN: **Tagebuch des Konzils**. Die Arbeit der Zweiten Session. Nürnberg - Eichstätt 1964.

❏ SEIBEL, Wolfgang: **Vom Zweiten Vatikanischen Konzil** bis zur außerordentlichen Bischofssynode 1985. In: SOG SPEYER (Hrsg.): Verpaßte Reform. Frankfurt 1986, 59 - 85.

❏ SEMMELROTH, Otto: Die **Präsenz der drei Ämter** im gemeinsamen und besonderen Priestertum der Kirche. In: Theologie und Philosophie 44 (1969) 516 - 531.

❏ SIELERT, Uwe: Die **Mitarbeiter** in den Jugendverbänden. München 1978.

❏ SILLER, Hermann Pius: Der **Weg einer Gemeinde** in der gesellschaftlichen und kirchlichen Situation der Bundesrepublik Deutschland. In: Hubert FRANKEMÖLLE (Hrsg.): Kirche von unten: alternative Gemeinden. München/Mainz 1981, 122 - 139.

❏ DERS.: **Die Kompetenz** des "Laien" beim Aufbau der kirchlichen Gemeinde. In: Elmar KLINGER u. Rolf ZERFASS (Hrsg.): Die Kirche der Laien. Eine Weichenstellung des Konzils. Würzburg 1987, 156 - 171.

❏ SMEDT, Emile Joseph de: Das **Priestertum** der Gläubigen. In: Guilherme BARAUNA (Hrsg.): De Ecclesia. Beiträge zur Konstitution "Über die Kirche" des Zweiten Vatikanischen Konzils. Bd. 1. Freiburg - Basel - Wien / Frankfurt 1966, 380 - 393.

❏ SOZIALTEAM E.V. Sozialforschung - Pastoralplanung - Sozialarbeit (Hrsg.): **Gründen**. Deuten. Leiten. Augsburg 1988.

❏ SPIEGEL, Yorick: Der **Pfarrer** im Amt. München 1970.

❏ SPÖLGEN, Johannes: **Ehrenamtliche** Mitarbeiter in der Gemeindekatechese. Freiburg - Basel - Wien 1984.

❏ STENGER, Hermann: **Dienen** ist nicht nur dienen. Ein Beitrag zur Redlichkeit pastoralen Handelns. In: Lebendige Seelsorge 34 (1983) 82 - 87.

❏ SUENENS, Leon-Joseph: Das II. Vatikanische Konzil **20 Jahre später**. In: Elmar KLINGER u. Klaus WITTSTADT (Hrsg.): Glaube im Prozeß. Freiburg - Basel - Wien 1984, 182 - 194.

❏ DERS.: Die **Mitverantwortung** in der Kirche. Salzburg 1968.

❏ TAMAYO-ACOSTA, Juan-José: Die **Bedeutung organisierter** oppositioneller **Gruppen** und Richtungen in der Kirche. In: Concilium 18 (1982) 594 - 599.

❏ VAUCELLES, Louis de: Der **Katholizismus** in der Zeit nach dem Konzil. Veränderungen des gesellschaftlichen Umfeldes. In: Hermann J. POTTMEYER u. Giuseppe ALBERIGO u. Jean-Pierre JOSSUA (Hrsg.): Die Rezeption des II. Vatikanischen Konzils. Düsseldorf 1986, 66 - 84.

❏ VENETZ, Hermann-Josef: Der **Umgang mit den Widersprechenden** in den neutestamentlichen Gemeinden. In: Concilium (1982) 578 - 584.

❑ VERWEIJEN, Ingeborg: Verwirklichung gemeinsamer **Verantwortung**. In: Helmut ERHARTER u. Rudolf SCHWARZENBERGER (Hrsg.): Kirche in gemeinsamer Verantwortung. Wien - Freiburg - Basel 1987, 45 - 58.

❑ VISCHER Lukas: Die Rezeption der Debatte über die **Kollegialität**. In: Hermann J. POTTMEYER u. Giuseppe ALBERIGO u. Jean-Pierre JOSSUA (Hrsg.): Die Rezeption des II. Vatikanischen Konzils. Düsseldorf 1986, 293 - 312.

❑ VOGEL, Eva-Maria: **Pfarrgemeinderat** in gemeinsamer Verantwortung. In: Helmut ERHARTER u. Rudolf SCHWARZENBERGER (Hrsg.): Kirche in gemeinsamer Verantwortung. Wien - Freiburg - Basel 1987, 116 - 122.

❑ VOLK, Hermann: Ihr seid eine **Schöpfung**. Nachdenkliches über Kirche, Konzil und Ökumene. Freiburg - Basel - Wien 1987.

❑ VORGRIMLER, Herbert: **Sakramententheologie**. Düsseldorf 1987.

❑ WANKE, Joachim: **Seelsorge** im priesterlichen Alleingang? Fünf Thesen zur Mitarbeit der Laien beim Gemeindeaufbau. O.O. o.J.

❑ WEIGAND, Peter: Zusammenkünfte und **Sitzungen**. In: Hermann KLEIN u. Michael B. Merz u. Peter WEIGAND (Hrsg.): Der Dienst in der Gemeinde. Düsseldorf 1986, 231 - 246.

❑ WEIGAND, Rudolf: Zur **Stellung des Laien** im neuen Kirchenrecht. In: Elmar KLINGER u. Rolf ZERFASS (Hrsg.): Die Kirche der Laien. Eine Weichenstellung des Konzils. Würzburg 1987, 145 - 155.

❑ WEINRICH, Michael: Das **Priestertum** ohne Priesteramt. In: HOFFMANN Paul (Hrsg.): Priesterkirche. Düsseldorf 1987, 242 - 258.

❑ WESS, Paul: **Ihr alle seid Geschwister**. Mainz 1983.

❑ DERS.: Überlegungen zum Pfarrgemeinderat. In: Diakonia 5 (1974) 245 - 250.

❑ WICHMANN, Martin: Mut zur gültigen **Praxis**. Ein Plädoyer für das eigentlich Selbstverständliche. In: Josef MÜLLER u. Norbert SCHUSTER (Hrsg.): Die Sorge um die Gemeinden. Waldkirch 1990, 55 - 59.

❑ WIEH, Hermann: Das **Gemeindeverständnis** des Konzils und der Synode. In: Hubert FRANKEMÖLLE (Hrsg.): Kirche von unten: Alternative Gemeinden; Modelle, Erfahrungen, Reflexionen. München/Mainz 1981, 62 - 77.

❏ DERS.: **Konzil und Gemeinde.** Frankfurt 1978.

❏ WINDISCH, Hubert: **Auf dem gemeinsamen Weg** zur persönlichen Radikalität. In: Hubert WINDISCH (Hrsg.): Mut zum Gewissen. Einladung zu einer riskanten Seelsorge. Regensburg 1987, 25 - 44.

❏ WINKELHOFER, Alois: Die **Kirche als Geheimnis** des Heils. In: Lebendige Seelsorge 16 (1965) 201 - 204.

❏ ZAUNER, Wilhelm: Die menschliche und spirituelle Entfaltung der **Mitarbeiter.** In: Josef WIENER u. Helmut ERHARTER (Hrsg.): Pfarrseelsorge. Von der Gemeinde mitverantwortet. Wien - Freiburg - Basel 1977, 64 - 76.

❏ ZERFASS, Rolf: Der **Seelsorger** - ein verwundeter Arzt. In: Lebendige Seelsorge 34 (1983) 77 - 82.

❏ DERS.: Die Stellung des Laien in der Kirche - **15 Jahre Pfarrgemeinderäte** - Wie geht es weiter? In: ZENTRALKOMITEE DER DEUTSCHEN KATHOLIKEN (Hrsg.): Dem Leben trauen, weil Gott es mit uns lebt. Paderborn 1984, 741 - 750.

❏ DERS.: Ein **Arbeitspapier zur Aktivierung** basiskirchlichen Bewußtseins in unseren Pfarr- bzw. Kirchengemeinden. In: Norbert METTE (Hrsg.): Wie wir Gemeinde wurden. München/Mainz 1982, 16 - 23.

❏ DERS.: **Inhalte der Praktischen Theologie.** In: Günter BIEMER u. Albert BIESINGER (Hrsg.): Theologie im Religionsunterricht. München 1976.

❏ ZIRKER, Leo: **Leben im Dialog.** Mainz 1976.

❏ ZULEHNER, Paul M.: Die **Pluralismusangst** in der Kirche. In: Stimmen der Zeit 8 (1987) 523 - 529.

❏ DERS.: **Einführung in den pastoralen Beruf.** München 1977.

❏ DERS.: Inhaltliche und methodische Horizonte für eine gegenwärtige **Fundamentalpastoral.** In: Ottmar FUCHS (Hrsg.): Theologie und Handeln. Beiträge zur Fundierung der Praktischen Theologie als Handlungstheorie. Düsseldorf 1984, 13 - 38.

❏ DERS.: **Leutereligion.** Eine neue Gestalt des Christentums auf dem Weg durch die 80er Jahre? Freiburg - Basel - Wien 1982.

❏ DERS.: Pastoraltheologie. Bd. 2. **Gemeindepastoral:** Orte christlicher Praxis. Düsseldorf 1989.

❏ DERS.: **Religion nach Wahl.** Grundlegung einer Auswahlchristenpastoral. Wien - Freiburg - Basel 1974.

❏ DERS.: **Wie kommen wir aus der Krise**? Wien - Freiburg - Basel 1978.

Quellennachweise zu den Arbeitsblättern

❑ Arbeitsblatt (M5): "Im Theater". Diese Übung ist mit einer ähnlichen Intention dargestellt in SCHUSTER, Norbert: An die Arbeit - oder vor lauter Bäumen den Wald nicht mehr sehen? Eine Ermutigung zum gemeinsamen Hinschauen, Nachdenken und Tun im Pfarrgemeinderat. In: Michael B. MERZ u. Josef MÜLLER u. Alois SCHWARZ (Hrsg.): Auftrag und Praxis des Pfarrgemeinderates. Informationen, Impulse, Perspektiven. 2. Aufl. München 1991, 33.

❑ Arbeitsblatt (M6): Vgl. dazu die Anregungen "Mein Glaubensweg". In: ROOS: Gemeinde, 123f.

❑ Arbeitsblatt (M8): Die Anregung zu dieser kleinen Typologie verdanke ich VENETZ, Hermann-Josef: Der Umgang mit den Widersprechenden in den neutestamentlichen Gemeinden. In: Concilium (1982) 578 - 584.

❑ Arbeitsblatt (M9): Die "Fundgrube" findet sich ähnlich in LANDESKOMITEE DER KATHOLIKEN: Handbuch, 4.3.2.

❑ Arbeitsblatt (M10): Die drei Thesen unter dem Titel "Provokation Leben" sind Textausschnitte aus MÜLLER: Der dreifache Auftrag, 44 - 46.

❑ Arbeitsblatt (M11): Der Dreischritt Macht, Anerkennung, Leben ist entlehnt aus ZERFASS: Seelsorger, 77 - 82.

❑ Arbeitsblatt (M14): Die Liste der Tätigkeitskategorien stammt aus LOTTAZ: Kirche, 92. Vgl. dazu auch SCHWEIZERISCHES PASTORALSOZIOLOGISCHES INSTITUT (SPI): Der Pfarrerberuf. Eine Funktionsanalyse des katholischen Pfarrers der deutschsprachigen Schweiz. Teil 1 u. Teil 2. St. Gallen 1969 u. 1971. 2, 39ff.

❑ Arbeitsblatt (M15): Zum Komplex Selbsteinschätzung vgl. den Bewertungsbogen in AACHEN: Gemeindepraxis 2, 95.

❑ Arbeitsblatt (M20): Vgl. dazu FISCHER: Gottvorkommen, 29 - 37.

❑ Arbeitsblatt (M23): Brecht, Morgens und abends zu lesen, zit. nach Hubertus HALBFAS u. Ursula HALBFAS (Hrsg.): Das Menschenhaus. Zürich / Stuttgart / Düsseldorf 1972, 48.

❑ Arbeitsblatt (M24): Die Fragestellung ist entnommen: LUH-MANN, Josef (Hrsg.): Verantwortung für die Schöpfung. Anregungen für Pfarrgemeinden und Christen im Erzbistum Paderborn. Paderborn 1989, 3 - 5.

❑ Arbeitsblatt (M25): Der Textausschnitt findet sich in LANGE: Pfarrer sein, 215f.

❑ Arbeitsblatt (M26): Die Thesen zur Identität finden sich in GÄRT-NER: Lebens- und Glaubensgeschichte, 169 - 177.

❑ Arbeitsblatt (M27): Die Anregung zu dieser Fragestellung verdanke ich ZERFASS: Seelsorger, 77 - 82.

❑ Arbeitsblatt (M30): Der Ausschnitt aus Shaws Haus Herzenstod ist zitiert nach: MÜLLER, Josef: "Leben in Fülle" als Richtmaß der Pastoral. In: DERS. u. Norbert SCHUSTER: Die Sorge um die Gemeinden. Waldkirch 1990, 77 - 86, 77.

❑ Arbeitsblatt (M32): Stimmen, Meinungen und Erfahrungen von Pfarrgemeinderäten. Zitiert u. a. aus KJG: Pfarrgemeinderat; DIÖZE-SANRAT FREIBURG: Erfahrungen.

❑ Arbeitsblatt (M33): Die einzelnen Thesen sind verschiedenen Publikationen zur PGR-Arbeit entnommen. 1. These = AACHEN: Gemeindepraxis 1, 111; 2. These = SEILER: Betriebsklima, 171; 3. These = ebd. 172; 4. These = ebd.; 5. These = ebd.; 6. These = ebd. 173; 7. These = BRÜNTRUP: Pfarrgemeinderat und Pfarrer, 70.

❑ Arbeitsblatt (M34): Fragen einer Ehrenamtlichen an Hauptamtliche. Zitiert aus MÜNSTER: 46, 2.

❑ Arbeitsblatt (M37): Die Zitate sind zu finden in SÖLLE, Dorothee: Aufrüstung tötet auch ohne Krieg. Stuttgart 1982, 93; LOTTAZ: Kirche, 155; FRISCH, Max: Stiller. Zürich 1977, 89; FROMM, Erich: Haben oder Sein. Stuttgart 1976, 110; LOTTAZ: Kirche, 165.

❑ Arbeitsblatt (M38): Zu Zielvereinbarung und Aufgabenanalyse vgl. weiterführend: SCHÖPPING, Wolfgang: Teamwork in der Gemeinde. Limburg 1971.

❑ Arbeitsblatt (M39): These zu Konflikt und Beziehung aus VER-WEIJEN: Verantwortung, 54. Zur Frage der Möglichkeiten des Umgehens mit dem Konflikt: Die einzelnen Möglichkeiten sind entnommen aus SCHÄFER, Klaus: Zu Gast bei Simon. Eine biblische Geschichte langsam gelesen. Düsseldorf 1973, 32 - 34. Die These zum Umgang Jesu mit Konflikten: GARHAMMER: Riskantere Praxis, 181.

Arbeitsblätter

Inhaltsverzeichnis